böhlau

Literatur und Leben. Neue Folge

Band 86

Antonia Barboric

DER HOLOCAUST IN DER LITERARISCHEN ERINNERUNG

Autobiografische Aufzeichnungen
von Udo Dietmar und Elie Wiesel

2014

BÖHLAU VERLAG WIEN KÖLN WEIMAR

Gedruckt mit freundlicher Unterstützung durch

das Land Steiermark - Abt. 9 - Kultur, Europa, Außenbeziehungen
das Land Steiermark - Abt. 8 - Wissenschaft und Forschung
die Stadt Graz
Zukunftsfonds der Republik Österreich

Bibliografische Information der Deutschen Nationalbibliothek:
Die Deutsche Nationalbibliothek verzeichnet diese Publikation in der
Deutschen Nationalbibliografie; detaillierte bibliografische Daten
sind im Internet über http://dnb.d-nb.de abrufbar.

Umschlagabbildung: © Antonia Barboric

© 2014 by Böhlau Verlag Ges.m.b.H & Co. KG, Wien Köln Weimar
Wiesingerstraße 1, A-1010 Wien, www.boehlau-verlag.com

Umschlaggestaltung: Michael Haderer, Wien
Satz: Bettina Waringer
Korrektorat: Karin Leherbauer-Unterberger
Druck und Bindung: Primerate Kft., Budapest
Gedruckt auf chlor- und säurefreiem Papier

ISBN 978-3-205-79524-7

Inhalt

Vorwort

Im Jahr 2008 stieß ich aufgrund eines Hinweises der Arbeitsstelle für Holocaustliteratur am Institut für Germanistik der Universität Gießen auf den
Bestand von sehr früh (teilweise noch vor 1945) auf Deutsch veröffentlichten und nunmehr unbekannten Büchern von ehemaligen KZ-Häftlingen,
die im ‚normalen Leben' nicht als Schriftsteller arbeiteten. Meist waren sie
politische Häftlinge, doch finden sich auch Texte von Menschen, die wegen
ihrer religiösen Einstellung oder anderer (seltsamer) Gründe inhaftiert waren.
All diese Werke sind Zeugnisse, die direkt nach Kriegsende entstanden sind.
Seit damals haben sie kaum Beachtung gefunden, bedürfen aber unbedingt
einer (literatur)wissenschaftlichen Analyse, da sie unmittelbare Erfahrungen
und Erlebnisse in Konzentrationslagern mit einer kurzen Distanz zum Erleben
wiedergeben. Die Texte legen nicht nur Zeugnis über NS-Gräueltaten ab, sondern stehen zugleich für das Leben zahlreicher Menschen, die, zu Feinden des
NS-Regimes erklärt, wie Millionen anderer Verfolgter Unvorstellbares erleben
mussten. Den Verfassern gebührt Hochachtung, weshalb es mir persönlich ein
Anliegen ist, zumindest eines dieser vielen unbekannten Werke, die heute nur
noch in Antiquariaten und ausgewählten Bibliotheken zu finden sind, zu bearbeiten und ihm zu etwas später Bekanntheit zu verhelfen.

Einleitung

In der Forschung zur Holocaust-Literatur existieren bedauerlicherweise kaum ganzheitliche, chronologische Darstellungsanalysen von Werken zum und über den Holocaust und zu und über Konzentrationslager. Es ist jedoch nicht nur höchst interessant, die Analyse von Gesamtwerken vorliegen zu haben, sondern auch ebenso informativ, anhand von vollständigen Texten die innertextliche Entwicklung und den Verlauf der Erlebnisse der Verfasser verfolgen zu können. Das Hauptziel der Untersuchung ist es, die Literarizität von zwei Werken der Holocaust-Literatur zu zeigen: jene des Werkes eines ‚Nichtschriftstellers‘, dessen Buch in der Forschung oftmals lediglich als reiner Bericht oder als Dokument, nicht aber als literarischer Text oder gar Autobiografie angesehen oder gelesen wird, sowie jenes eines Schriftstellers, dessen Buch bereits im Kanon – so es einen gibt, denn darüber sind die Meinungen geteilt – der Holocaust-Literatur enthalten ist. Die Analyse soll zeigen, dass es möglich ist, zwei so unterschiedliche Texte mit verschiedenen Hintergründen miteinander zu vergleichen und im Kontext der Holocaust-Literatur zu bearbeiten.

Es ist essenziell, die Termini *Holocaust, Schoah* und *Holocaust-Literatur* zu definieren und zu erläutern, um Missverständnissen vorzubeugen. Verschiedene Stichworte bzw. Forschungsrichtungen, die für die Holocaust-Literatur bedeutsam sind bzw. für die literaturwissenschaftliche Erforschung von Holocaust-Texten berücksichtigt werden, sollen im theoretischen Teil veranschaulichen, wie weitläufig das Feld der Holocaust-Literatur ist. Weil die Holocaust-Literatur-Forschung eine so große Bandbreite an verschiedenen Wissenschaftsrichtungen aufweist, musste insofern eine Auswahl getroffen werden, als einzelne wichtige Punkte, Theorien und Betrachtungsweisen nur überblicksartig gestreift und nicht detaillierter behandelt werden können. Neben genaueren Begriffsbestimmungen werden die Problematik einer Bibliografie/Enzyklopädie/eines Kanons veranschaulicht, wie ein historischer Abriss des literarischen Genres der Holocaust-Literatur gegeben wird. Zudem werden die frühen Texte der Holocaust-Literatur als Subgattung konstituiert. Auch der bekannte Topos der Unsagbarkeit bzw. Undarstellbarkeit erfährt eine genauere

Betrachtung. Für die darauf folgende praktische Textanalyse sind sowohl das autobiografische Gedächtnis bzw. die Erinnerung als auch die Autobiografie als vornehmliche Textform für die Beschreibung von Holocaust-Erlebnissen durch die Überlebenden von großer Bedeutung. Zeugenschaft und Authentizität sowie das psychische Problem des Traumas werden ebenfalls in einem kurzen Abriss dargestellt.

Die besprochenen Themen der Produktions- und Rezeptionsbedingungen der Holocaust-Literatur können, müssen aber nicht auf praktische Weise in den Analysen der beiden Texte angewandt werden oder zum Tragen kommen. Vielmehr ist die Behandlung der Werke als textimmanente Untersuchung bzw. als sogenanntes *close reading* zu verstehen, wobei der Fokus auf der jeweiligen Textentstehung bzw. den von den Verfassern verwendeten Literarisierungsstrategien liegt. Die erste Untersuchung gilt Udo Dietmars *Häftling... X...In der Hölle auf Erden!*[1], die zweite Elie Wiesels *Nacht*[2]. Das zweite Buch ist ein weltbekanntes und als Teil der Holocaust-Literatur verstandenes Werk des berühmten rumänisch-ungarischen, jüdischen Schriftstellers und Friedensnobelpreisträgers über seine Zeit in den Konzentrationslagern Auschwitz-Birkenau, Auschwitz-Monowitz und Buchenwald, das erste ein großteils unbekanntes Werk eines unbekannten deutschen Verfassers (unter Zuhilfenahme eines Pseudonyms), der als politischer Häftling in den Konzentrationslagern Natzweiler-Struthof, Dachau und Buchenwald inhaftiert war. In den beiden autobiografisch verfassten Werken werden die Narrativierung bzw. die narrativen Strategien untersucht, m.a.W. soll die Frage, wie aus Erleben eine Erzählung gemacht wurde anhand der jeweiligen Texte geklärt werden.

---

1   Udo Dietmar: *Häftling...X... In der Hölle auf Erden!* Weimar: Thüringer Volksverlag 1946. – Im Folg.: Udo Dietmar: *Häftling...X.*

2   Elie Wiesel: *Nacht.* S. 17–149. In: Ders.: *Die Nacht zu begraben, Elischa.* Nacht, Morgengrauen, Tag. München und Eßlingen a. N.: Bechtle 1963. – Im Folg.: Elie Wiesel: *Nacht.*

1 Benennung – Begriffsbestimmung

Der Begriff *Holocaust-Literatur* ist innerhalb der Literaturwissenschaft diskrepant und erfordert eine ausführliche Erläuterung. Bevor allerdings eine Definition der Literatur zum und über den Holocaust gegeben werden kann, muss kurz erklärt werden, wie es sich mit dem Begriff Holocaust verhält. Die Grundthese hierzu lautet: Der Holocaust als Begriff für den maschinell und gezielt durchgeführten Massenmord durch die Nationalsozialisten ist nicht ausschließlich mit jüdischem Bezug zu verstehen. Holocaust steht als Synonym für den Massenmord an jeglichen Menschen, die den Nationalsozialisten als Feinde galten. Neben Juden waren das etwa Slawen, politisch anders Gesinnte, Berufsverbrecher, Homosexuelle, Zeugen Jehovas, Roma und Sinti sowie körperlich und geistig behinderte Menschen (lebensunwertes Leben). Tatsache ist freilich: Aus der Gruppe der Juden als *Hauptfeinde* wurden sechs Millionen Menschen getötet; keine andere Gruppierung wurde so systematisch ausgerottet. Doch sind auch viele andere Menschen zu Feinden der NS-Ideologie ernannt und methodisch verfolgt und getötet worden, die ebenso wenig vergessen werden dürfen.

1.1 DEFINITION: HOLOCAUST

Nach der Definition Feucherts konstituiert der Begriff *Holocaust* zuvorderst eine Metapher. Metaphern erzeugen aus sprachlicher Perspektive „eine ‚bildliche‘ Rede, in der Wörter nicht ihre ‚eigentliche‘, ‚wörtliche‘ Bedeutung vermitteln, sondern eine (meist abstraktere) ‚uneigentliche‘, ‚übertragene‘, ‚metaphorische‘ Bedeutung"[3]. Das heißt, dass der ursprüngliche Sinn des Wortes Holocaust – griech. Brandopfer, völlig verbrannt – durch die geschichtliche Entwicklung, genauer: die NS-Menschenvernichtung, eine Bedeutungsübertragung erfahren hat: Es wurde demnach begonnen, Holocaust als Bezeichnung für einen Genozid, Völkermord (namentlich des jüdischen Volkes) beziehungsweise für eine Massenvernichtung, die es zuvor in diesem Ausmaß

---

3   Katrin Kohl: *Metapher*. Stuttgart/Weimar: Metzler 2007. (= Sammlung Metzler. 352.) S. 19.

und mit dieser Bedeutung noch nicht gegeben hat, zu verwenden.[4] Im englischsprachigen Raum war der Begriff schon länger in Verwendung, bevor er
im deutschsprachigen ebenso Platz fand. Holocaust wurde etwa 1957 im *Yad
Vashem Bulletin* gebraucht, wenngleich Elie Wiesel Anspruch erhoben hat,
diesen sogar noch früher verwendet zu haben.[5]

Der Historiker Gerd Korman wies in Amerika Anfang der 1970er-Jahre
auf die Entstehungsgeschichte der Verwendung des Begriffs Holocaust für die
Vernichtung der Juden hin. Korman erläuterte, dass es in der englischen Sprache im Jahr 1949 noch keinen *Holocaust* gegeben hätte, sondern dass jüdische
Wissenschaftler wie Jacob Lestschinsky von „permanent pogrom", „recent (Jewish) catastrophe", „great catastrophe", „disaster" oder „the disaster" gesprochen hätten.[6] Im Jahr 1968 war die Verwendung von ‚Holocaust' als Bezeichnung für die Judenvernichtung dagegen bereits so häufig, „that the Library of
Congress had no choice"[7] – eine Karteikarte mit folgendem Eintrag musste
angelegt werden: „Holocaust–Jewish, 1939–1945"[8]. (Der) Holocaust

> came to be the noun symbolizing a new phenomenon in Western civilization:
> the destruction of European Jewry. It was also, I believe, that a change in word
> usage in the English language helped to shift concern from the particularity of
> the disaster within Jewish history to an emphasis on its uniqueness in modern
> history.[9]

Von der Besonderheit zur Einzigartigkeit: In Zusammenhang mit Holocaust
und der Geschichtsschreibung findet sich in Kormans Erläuterung ein wichtiges Schlagwort: uniqueness, die Einzigartigkeit des Holocaust. Feinberg

---

4 Vgl. zur möglichen erstmaligen Verwendung des Terminus Holocaust: Sascha Feuchert:
  Einleitung Holocaust-Literatur. S. 5–41. In: Ders. (Hg.): *Holocaust-Literatur.* Auschwitz. Arbeitstexte für den Unterricht. Für die Sekundarstufe I. Stuttgart: Reclam 2000. (= Universal-Bibliothek. 15047.). S. 7 f. [Kurztitel aufgrund einer anderen verwendeten Einleitung
  desselben: Sascha Feuchert: *Einleitung Holocaust-Literatur.*]
5 Vgl. Gunnar Heinsohn: *Lexikon der Völkermorde.* Anm. 6. S. 175. [zit. n. Sascha Feuchert:
  Einleitung Holocaust-Literatur. S. 9]. – Vgl. dazu: Dies bezieht sich auf die französische Erst-
  ausgabe von *Nacht, La Nuit,* die allerdings erst 1958 publiziert wurde.
6 Gerd Korman: *The Holocaust in American Historical Writing.* S. 45–48. (ursprünglich erschienen 1972 in Societas 2) In: John K. Roth und Michael Berenbaum (Hg.): *Holocaust.*
  Religious and Philosophical Implications. New York: Paragon House 1989. S. 45.
7 Ebda. S. 47.
8 Ebda.
9 Ebda. [Kursivierung AB].

spricht von der „Einzigartigkeit des Holocausts, de[s] unwiderrufliche[n] Bruch[s] in der Chronik unserer Zivilisation"[10], auf welche eben auch Wiesel hinweist, indem er das Ereignis Holocaust in einen größeren Kontext zu platzieren versucht. Wiesel verbindet die Einzigartigkeit des Holocaust ferner mit seinem persönlichen Problem des Schreibens über den Holocaust sowie mit seiner eigenen Geschichte:

> Wegen seiner Einzigartigkeit widersetzt sich der Holocaust jeder Literatur. Darin liegt das Dilemma des Geschichtenerzählers, der sich als einen Zeugen betrachtet, das Drama des Botschafters, der unfähig ist, seine Botschaft weiterzugeben: wie kann man je darüber sprechen, wie kann man je nicht darüber sprechen? Ohne Zweifel gibt es für ihn kein anderes Problem: alle Situationen, alle Konflikte, alle Ideen werden – vergleicht man sie mit dem Holocaust – fahl und sinnlos erscheinen.[11]

Der *Historikerstreit* – nachstehend nur in wenigen Worten umrissen – wurde 1986 ausgelöst, als von dem Historiker Ernst Nolte infrage gestellt wurde, ob das Wort „einzigartig" als Attribut für das Beschreiben des Holocaust verwendet werden dürfe. Seine Hauptthesen lauteten: „Die Gewalttaten des Dritten Reiches sind singulär"[12] bzw. „War nicht der ‚Archipel GULag' ursprünglicher als Auschwitz?"[13] Er versuchte – vergeblich – den Holocaust, die Judenvernichtung, in „eine Reihe mit den Verbrechen der stalinistischen Diktatur zu stellen"[14] und „die Singularität der Judenvernichtung"[15] auf „den technischen

---

10   Anat Feinberg: *Das Unbeschreibliche beschreiben.* S. 47–57. In: Reinhold Boschki, Dagmar Mensink (Hg.): *Kultur allein ist nicht genug.* Das Werk von Elie Wiesel – Herausforderung für Religion und Gesellschaft. Münster: LIT Verlag 1998. (= Religion – Geschichte – Gesellschaft. 10. Hg. v. Johann Baptist Metz, Johann Reikerstorfer, Jürgen Werbick). S. 48.

11   Elie Wiesel: *„One Generation After".* S. 10. Zit. n. Robert McAfee Brown: *Elie Wiesel.* Zeuge für die Menschheit. Freiburg, Basel, Wien: Herder 1990. S. 35.

12   Ernst Nolte: *Zwischen Geschichtslegende und Revisionismus?* S. 13–35. In: Ernst Reinhard Piper (Hg.): *„Historikerstreit".* Die Dokumentation der Kontroverse um die Einzigartigkeit der nationalsozialistischen Judenvernichtung. München, Zürich: Piper 1987. (= Serie Piper. 816.). S. 15.

13   Ernst Nolte: *Vergangenheit, die nicht vergehen will.* S. 39–47. In: Ernst Reinhard Piper (Hg.): *„Historikerstreit".* S. 45.

14   Michael Hofmann: *Literaturgeschichte der Shoah.* Münster: Aschendorff 2003. (= Literaturwissenschaft. Theorie und Beispiele. Hg. v. Herbert Kraft. 4.). S. 8.

15   Jürgen Habermas: *Eine Art Schadensabwicklung.* S. 62–76. In: Ernst Reinhard Piper (Hg.): *„Historikerstreit".* S. 71.

Vorgang der Vergasung"[16] zu reduzieren. Daraufhin entbrannte bekanntermaßen ein Streit unter Historikern, welcher insbesondere in Form von Leserbriefen in der FAZ zu verfolgen war.[17]

Es ist auch heute noch zu überlegen, ob die Einzigartigkeit der Judenvernichtung tatsächlich als solche verstanden werden darf, da dieses Verständnis in Richtung Isolierung des Geschehens einerseits und Sinnstiftung – und daher paradoxerweise dem NS-Denkgut zuarbeitend, weil Sinn aus dem Unsinnigen bzw. Wahnsinn hergestellt würde – andererseits ginge. Indem ein Ereignis, gleich welcher Art, als einzigartig und damit nicht wiederholbar angesehen wird, erscheint es auf gewisse Art entschuldbar und erklärbar. Wenn der Holocaust als einzigartig gilt, muss angenommen werden, dass dieser *nur* zur Zeit des Zweiten Weltkriegs und *nur* in Deutschland/Österreich stattfinden konnte, was nachweislich und bekanntlich nicht stimmt.[18] In weiterer Folge wird gewissermaßen entschuldigend auf die Umstände nach der wirtschaftlich äußerst schlechten Lage nach dem Ersten Weltkrieg und während der Zwischenkriegszeit für die Deutschen und Österreicher hingewiesen, wodurch sich ja *logischerweise* nur dort und zu dieser Zeit eine solche Menschenhatz entwickeln konnte – was ein gefährlicher und sehr kurz gegriffener Gedanke ist. Dieses Gedankenspiel, was das Wort Einzigartigkeit bedeutet und auslöst, zeigt bereits die Kontroverse, die sich durch eine solch simple Stilisierung und Zuweisung – d.h. anhand des Wortes Einzigartigkeit oder Singularität – an ein Ereignis ergibt. Diese Überlegung steht in Zusammenhang mit Jürgen Habermas' Meinung, dass in diesem Fall auch beinahe von Revisionismus gesprochen werden kann, welchem mit einer solchen Betitelung des Holocaust zugearbeitet wird. Folglich ist eine derartige Zuweisung mit äußerster Vorsicht zu betrachten und wäre am besten zu vermeiden.

---

16 Ernst Nolte: *Vergangenheit, die nicht vergehen will.* S. 45.

17 Vgl. dazu etwa Wolfgang Benz/Peter Reif-Spirek: *Geschichtsmythen.* Berlin: Metropol 2003. – Dan Diner (Hg.): *Ist der Nationalsozialismus Geschichte?* Frankfurt/Main: Fischer Taschenbuch Verlag 1987. – Jürgen Peter: *Der Historikerstreit und die Suche nach einer nationalen Identität der achtziger Jahre.* Frankfurt/Main: Europäischer Verlag der Wissenschaften 1995. – Dominick La Capra: *Reflections on the Historians' Debate.* S. 43–67: In: *Representing the Holocaust.* History, Theory, Trauma. Ithaca and London: Cornell University Press 1994 sowie Ders.: *History and Memory after Auschwitz.* Ithaca and London: Cornell University Press 1998. S. 10 ff.

18 Vgl. dazu etwa die Thesen bei Daniel Jonah Goldhagen: *Hitlers willige Vollstrecker.* Ganz gewöhnliche Deutsche und der Holocaust. Berlin: Siedler 2000.

Für den deutschsprachigen Raum war es vornehmlich die amerikanische Fernsehserie *Holocaust – Die Geschichte der Familie Weiss*, welche den Begriff bzw. die Metapher Holocaust für die NS-Menschenvernichtung (nicht nur in der Literaturwissenschaft) eingeführt bzw. großflächig verbreitet hat. Die Serie wurde 1979/80 in Österreich und Deutschland ausgestrahlt und machte damit erstmals zahlreichen Menschen Bilder zum Geschehen mitsamt einer Benennung – Holocaust – zugänglich. Obwohl die meisten anfangs kaum etwas mit diesem Wort anfangen konnten, weil die Bedeutung desselben in keinem Lexikon oder Wörterbuch adäquat erläutert wurde,[19] hat die Fernsehserie dennoch viel dazu beigetragen, dass man sich im deutschsprachigen Raum vermehrt (auch wissenschaftlich) mit der nationalsozialistischen Massenvernichtung auseinanderzusetzen begann.

Die *Metapher Holocaust* gilt nach Feuchert als „Bezeichnung für den nationalsozialistischen Massenmord"[20]. Bezüglich der Bedeutung dieses Massenmords gibt es konträre Meinungen, da teilweise nicht geklärt zu sein scheint, was diese Metapher Holocaust bezeichnet bzw. bezeichnen soll: Es ist allgemein oft problematisch, ob Holocaust ‚nur' die Vernichtung des jüdischen Volkes meint oder ebenso den Mord an jenen anderen Menschen, die zu NS-Feinden erklärt wurden – etwa Roma und Sinti, Homosexuelle, Zeugen Jehovas, politische Gegner oder behinderte Menschen.[21] Wie schon eingangs dargelegt und angelehnt an Feuchert, gilt für diese Studie die These, dass Holocaust die *ganzheitliche Menschenvernichtung* der Nationalsozialisten bezeichnet. Mit den Worten Feucherts ist unter Holocaust demnach „die Gesamtheit der Repressions- und Vernichtungspolitik der Nationalsozialisten gegen alle Opfergruppen"[22] zu verstehen. Eine derartige Erläuterung ist die einzige Möglichkeit, bei einer ersten Begriffsbestimmung ansetzen zu können. Auch Simbürger fordert

> ein weites Verständnis der Begriffe „Holocaust", „Auschwitz" und „Shoah" […], das alle Aspekte der nationalsozialistischen Verfolgungs- und Vernichtungspolitik gegen alle Opfergruppen – wie Juden, Sinti und Roma, Homosexuelle, Zeugen Jehovas, Slawen, politische Gegner und geistig und körperlich Behinderte – umfasst.[23]

---

19 Vgl. Sascha Feuchert: *Einleitung Holocaust-Literatur*. S. 5 ff.
20 Ebda. S. 5 f.
21 Vgl. ebda. S. 13 f.
22 Ebda. S. 15.
23 Brigitta Elisa Simbürger: *Faktizität und Fiktionalität:* Autobiographische Schriften zur

Stephan/Tacke plädieren ebenfalls für einen weiter gefassten Begriff von Holocaust:

> Auch wenn der Begriff Holocaust sicherlich in gewisser Hinsicht eine „unglückliche Bezeichnung" ist, zumal der griechische Begriff holokauston [sic] wörtlich übersetzt ‚ganz verbrannt' bedeutet und in der Septuaginta eine spezielle Art des Brandopfers bezeichnet, geben wir ihm dennoch – nicht zuletzt in Anlehnung an James E. Young – den Vorzug, weil er [...] weiter gefasst ist und die Vernichtung auch nichtjüdischer Gruppen mit einschließt.[24]

Noch drastischer formuliert der Sozialphilosoph Jürgen Habermas angesichts der Errichtung des Holocaust-Denkmals für die sechs Millionen ermordeten Juden in Berlin im Jahr 1999 in einem Artikel in *Die Zeit* die Überlegung, dass

> [...] die exklusive Bezugnahme auf die ermordeten Juden einer Partikularisierung [folgt], die das Opfer anderer Gruppen [...] ignoriert. Wenigstens implizit scheint sie den Sinti und Roma, den Politischen, den Geisteskranken, den Homosexuellen, den Zeugen Jehovas und den Deserteuren ein Unrecht zuzufügen, das nach Wiedergutmachung verlangt.[25]

Habermas' Überlegungen entsprechen also der zuvor angesprochenen Problematik der Klassifizierung. Den Opfern des Holocaust darf nicht noch einmal Unrecht zugefügt werden, indem man sie ignoriert und – nunmehr für die bzw. innerhalb der Definition von Holocaust-Literatur – ausschließt. Brown sieht die Zeit des Nationalsozialismus bzw. Holocaust als „eine Zeit der ‚bren-

---

Shoa. Berlin: Metropol Verlag 2008. S. 18. – Allerdings legt Simbürger weiter fest, dass sie die Begriffe „Holocaust", „Schoah" und „Auschwitz" alternierend mit der „Vernichtung der europäischen Juden" verwendet und damit keine festgelegte Begriffsdefinition vertritt.

24 Inge Stephan und Alexandra Tacke: *Einleitung.* S. 5–14. In: Dies. (Hg.): *NachBilder des Holocaust.* Köln, Weimar, Wien: Böhlau 2007. S. 13. – Und weiter: „Um das Für und Wider der begrifflichen Verwendung von *Holocaust* wissend, haben wir unseren Autor/innen die freie Wahl gelassen. Vor allem im französischen Sprachraum lebende Autor/innen arbeiten mit dem Begriff *shoah [sic]*, da dieser dort stärker gebräuchlich ist als der im angloamerikanischen Bereich verwendete Begriff *Holocaust.*" [Hervorhebungen im Orig., Anm. AB]

25 Jürgen Habermas: *Der Zeigefinger.* Die Deutschen und ihr Denkmal. In: *Die Zeit* 14/1999 vom 31.03.1999. Online im Internet: http://www.zeit.de/1999/14/199914.denkmal.2_.xml/ komplettansicht [Stand: 13.08.2013]

nenden Opfergaben' – etymologisch wie existentiell"[26]. Weiter führt er neben der Bestätigung der Heterogenität der verschiedenen Opfergruppen andere Beispiele von Menschenverbrennungen (Hexenverbrennungen, Ketzer u.a.) zeitlich vor dem Holocaust an, um gleich anschließend daraus zu folgern:

> Aber die Verbrennungen in den Krematorien des Holocaust sind ohne Beispiel. Die Opfer waren nicht nur militärische, politische oder ideologische Gegner der Nationalsozialisten, sondern das einzige „Verbrechen" des größten Teils der Opfer war, Jude zu sein. Grund genug für die Einäscherung war, die falschen Großeltern zu haben; der Mord an den Kindern – jüdischen Kindern – lag ganz in der Logik des Holocaust.[27]

Allerdings wurden eben, wie Brown auch nochmals betont, Menschen noch nie zuvor aufgrund eines solchen „Verbrechens", wie dessen, jüdisch zu sein, so zahlreich ermordet. Auf dieses Faktum wird selbstverständlich von allen oben genannten Verfassern verwiesen, indem sie an die herausragende Besonderheit des Völkermords an den Juden erinnern, da dieser unbestritten der zentrale Punkt der NS-Massenvernichtungsmaschinerie ist.[28] Schließlich stellt sich die Frage nach einem allgemeingültigen Namen für den NS-Massenmord an den Millionen von Menschen:

> Es braucht gleichwohl einen Namen für den administrativen Gebrauch, für die Wegweiser, vor allem im öffentlichen Bewußtsein. Heute wird der zuerst eingebürgerte Kollektivname *Auschwitz* fast gleichbedeutend mit dem später übernommenen Ausdruck *Holocaust* gebraucht. Tatsächlich erstreckt er sich aber nicht nur auf das Schicksal der Juden. Als Pars pro toto *[sic]* meint er das komplexe Vernichtungsgeschehen im ganzen *[sic]*.[29]

---

26 Robert McAfee Brown: *Elie Wiesel*. Zeuge für die Menschheit. Freiburg, Basel, Wien: Herder 1990. S. 31 f.

27 Ebda.

28 Bemerkenswert erscheint dabei, dass einige der Verfasser – abgesehen von Feuchert, der seine Arbeit früher erstellt hat – ihre Überlegungen Mitte des ersten Jahrzehnts des neuen Jahrtausends präsentiert haben, was vielleicht auf ein neuerliches Umdenken bzw. einen Umschwung innerhalb der literaturwissenschaftlichen Holocaust-Forschung hindeutet. Konkret: Es ist zu überlegen, ob mit einer neuen Generation von Literaturwissenschaftlern die Meinung in die Arbeiten einfließt, dass „Holocaust" bzw. die NS-Menschenmassenvernichtung ganzheitlich zu verstehen und keiner Opfergruppe der Vorrang zu geben ist. Anm. AB.

29 Jürgen Habermas: *Der Zeigefinger*. http://www.zeit.de/1999/14/199914.denkmal.2_.xml/ komplettansicht [Stand: 13.08.2013]

Wie sollte aber, so die weiterführende Überlegung zu einer Namensfindung, dieser gezielte Massenmord stattdessen genannt werden? Würde es einen großen Unterschied machen, einen anderen, ‚neuen‘ Begriff, einen ‚unbelasteten‘ – welcher ist ein solcher? –, zu verwenden? Der bestehende, d.h. bereits eingebürgerte, Terminus Holocaust sollte doch – wie es Jürgen Habermas in seinem Artikel darlegt – auch heute noch wie damals ausreichen, um als Schlagwort für die NS-Vernichtung legitimiert zu sein. Der Begriff beschreibt die schreckliche Massenbeseitigung von Menschen – ungeachtet ihrer, nach NS-Verständnis, „Vergehen", wie jüdisch, homosexuell oder kommunistisch gewesen zu sein. Um in einem parallel gesetzten Schritt die Exorbitanz der Vernichtung von sechs Millionen europäischen Juden hervorzuheben bzw. zu bezeichnen, ist daher freilich eine eigene Bezeichnung vonnöten.

I.2 DEFINITION: SCHOAH

Der Begriff *Schoah* ist in Wörterbüchern seltener und oftmals auch ohne nähere Erläuterung seiner Bedeutung zu finden; im englischsprachigen Raum ist er insgesamt sehr wenig verbreitet. Allerdings wurde der Begriff Schoah bereits *während* des Nationalsozialismus erwiesenermaßen für die jüdische Vernichtung verwendet. Young verweist auf Uriel Tal, der „eine Sammlung von Augenzeugenberichten über die Massenmorde, die 1940 in hebräischer Sprache unter dem Titel *Sho'at Jehudei Poli (Shoah* der polnischen Juden) erschien"[30], zitierte. Zudem wurde auf einer Konferenz bei der Jewish Agency in Jerusalem im Jahr 1942 ein Vortrag des Dichters Saul Tschernichowski unter dem Titel „*Das Gesetz der schrecklichen Shoah, die über uns kommen wird*" gehalten, und im selben Jahr verfassten 400 Rabbiner bei einer Konferenz ebendort eine Schrift, worin sie betonten, „daß die *Shoah*, die an den europäischen Juden begangen wird, beispiellos in der Geschichte""[31] sei. Schließlich nannte der Historiker Benzion Dinur 1943 die „*,Shoah [...]* ein Symbol für die Einzigartigkeit der Geschichte des jüdischen Volkes unter den Nationen""[32].

---

30 James E. Young: *Beschreiben des Holocaust.* S. 143 sowie Sascha Feuchert: *Einleitung Holocaust-Literatur.* S. 10 (ebenso: Gunnar Heinsohn: *Lexikon der Völkermorde.* S. 302. Anm. 6 [zit. n. Sascha Feuchert, S. 10] und Brigitta Elisa Simbürger: *Faktizität und Fiktionalität.* S. 16.). – Vgl. dazu Uriel Tal: *Holocaust and Genocide.* S. 46–52. In: Yad Vashem Studies 13 (1979). bzw. Ders.: *Excursus on the Term: Shoah.* In: Shoah, 1, Nr. 4 (1979). [kursiv im Orig., Anm. AB]

31 James E. Young: *Beschreiben des Holocaust.* S. 143. [kursiv im Orig., Anm. AB]

32 Vgl. ebda. [kursiv im Orig., Anm. AB]

Eine Differenzierung des vorhandenen Terminus Holocaust wurde mittels des Begriffs Schoah von Walter Reich, dem ehemaligen Leiter des Holocaust Memorial in Washington, D.C., ebenfalls angesichts der Errichtung des Holocaust-Denkmals im Jahr 1999 vorgenommen:

> Nun, da der Bundestag für den Bau eines gewaltigen Holocaust-Mahnmals in Berlin gestimmt hat, müssen die Verantwortlichen dafür sorgen, dass ihm ein richtiges Museum zur Seite gestellt wird – ein Museum, das Besucher zukünftiger Generationen wirklich begreifen lässt, warum ein so gewaltiges Mahnmal im Herzen der Hauptstadt erbaut wurde. Als der Bundestag, nach einem Jahrzehnt oft erbitterter Debatten, für das Mahnmal stimmte, gab er nicht nur ein riesiges, an einen Friedhof erinnerndes Feld mit 2500 Steinsäulen in Auftrag, sondern auch ein Element, das frühere Entwürfe nicht eingeschlossen hatten – ein „Dokumentationszentrum", dessen Ausstellungen über Wesen und Geschichte des Holocaust unterrichten sollen. Und es wurde sichergestellt, dass das Mahnmal vor allem dem grauenvollen Kern des Holocaust gewidmet sein würde – der *Shoah, der Vernichtung der europäischen Juden.*[33]

Reich bestätigt mit seiner Ausführung also gleichsam Habermas' Erläuterung des Holocaust als „Vernichtungsgeschehen im ganzen" und bezeichnet mit dem Begriff Schoah explizit die Judenvernichtung während des Nationalsozialismus, die als „Kern des Holocaust" zu verstehen ist. Das bedeutet, dass es in Abgrenzung zum Terminus Holocaust eben *auch* jenen der Schoah gibt, sogar geben muss, der als enger gefasster Begriff zu verstehen ist.[34]

Young nimmt ebenfalls eine Unterscheidung zwischen den Begrifflichkeiten Holocaust und Schoah vor. Er plädiert dafür, den Terminus Schoah (zusammen mit dem Begriff „Churban"[35]) als Beschreibung für die Judenver-

---

33 Walter Reich: *Die große Lektion.* In: *Süddeutsche Zeitung (SZ).* 14.08.1999. S. 13. – Reich war von 1995 bis 1998 Direktor des Holocaust-Museums in Washington, D.C. [Kursivierung AB]

34 Vgl. dazu Yehuda Bauer: *Die dunkle Seite der Geschichte.* Die Shoah in historischer Sicht. Interpretationen und Re-Interpretationen. Frankfurt/Main: Jüdischer Verlag 2001. S. 26 ff.: Bauer bezeichnet die Shoah quasi als „Genozid" oder „Völkermord" an dem jüdischen Volk, was wiederum außerhalb einer Diskussion bzgl. der Benennung vom jüdischen Leiden in Zusammenhang mit dem Leiden anderer von den Nazis verfolgten Menschen steht. Er weist aber selbst darauf hin, dass er als Historiker den Begriff Shoah auf diese Art verwendet.

35 Vgl. James E. Young: *Beschreiben des Holocaust.* S. 143: Churban ist der hebräische Begriff (jiddisch: „Churbm") für „weit zurückliegende konkrete historische Katastrophen wie die Zerstörung des Ersten und Zweiten Tempels". Aufgrund der religiösen Konnotationen war

nichtung zu verstehen, der ein „spezifisch jüdisches Verständnis und Erinnern dieser Periode bewahren und zugleich erzeugen"[36] soll. Young argumentiert also auch in eine ähnliche Richtung, was die Unterscheidung beziehungsweise den Zusammenhang von Holocaust und Schoah – beide Begriffe sind dabei als Metaphern und heuristische Bezeichnungen zu verstehen – betrifft: Es hat ein großes Ereignis gegeben – den Holocaust, die nationalsozialistische Menschenvernichtung –, und innerhalb dessen ist eine einzelne Opfergruppe – die jüdische – mit solcher Vehemenz und Grausamkeit verfolgt worden, dass diese Vernichtung als weiteres Ereignis mit dem Begriff Schoah bezeichnet wird.

Interessant im Zusammenhang mit der Differenzierung der beiden Ausdrücke erscheint eine Anmerkung in Yehuda Bauers Werk *Die dunkle Seite der Geschichte* zur Verwendung von Holocaust und Schoah: Der Übersetzer Christian Wiese erläutert seine Entscheidung, im Deutschen den Begriff *Schoah* verwendet zu haben, wogegen im englischen Originaltext *Holocaust* zu finden ist. Er weist darauf hin, dass Holocaust der „im amerikanischen Kontext gebräuchlicher[e] Begriff"[37] ist. Allerdings lässt es ein wenig erstaunen, wenn lediglich in der *deutschen* Übersetzung unter Hinweis auf den biblischen Gehalt desselben von der Verwendung des sakralen Begriffs Holocaust abgesehen wird, um einem „Mißverständnis einer religiösen Sinngebung der Vernichtung des europäischen Judentums (im Sinne eines gleichsam sakralen Geschehens, in dem jüdische Menschen geopfert wurden)"[38], vorzubeugen. Soll das also heißen, dass im Englischen bzw. Amerikanischen keine solche religiöse Sinngebung vorgenommen werden könnte, im Deutschen dagegen aber sehr wohl?

Habermas setzte sich während der Debatte um das Berliner Holocaust-Memorial in seinem Artikel außerdem eingehend mit der Frage auseinander,

---

für jene jüdischen Verfasser (u.a. Zionisten in Palästina), die schon um 1940 über die NS-Judenvernichtung schrieben, die Verwendung dieses Begriffs nicht denkbar. – Vgl. dazu auch Sascha Feuchert: *Einleitung Holocaust-Literatur.* S. 10 ff. sowie Brigitta Elisa Simbürger: *Faktizität und Fiktionalität.* S. 16. – Vgl. dazu weiter: Susanne Düwell: *„Fiktion aus dem Wirklichen."* Strategien autobiographischen Erzählens im Kontext der Shoah. Bielefeld: Aisthesis 2004. S. 8 f. Fußnote 1: Bezüglich der Bezeichnungen des systematischen Massenmords, vorrangig an den Juden, merkt Düwell an, dass die Begriffe Holocaust und Shoah synonym für die Vernichtung der europäischen Juden verwendet wurden.

36   James E. Young: *Beschreiben des Holocaust.* S. 145 f. – gesamtes Kapitel „Die Namen des Holocaust. Bedeutungen und Folgen": S. 139–163.

37   Christian Wiese: *Anmerkung.* In: Yehuda Bauer: *Die dunkle Seite der Geschichte.* S. 328.

38   Ebda. – Diese Problematik der religiös-impliziten Bedeutung des Wortes Opfer ist im Deutschen nach wie vor relevant. Allerdings wird hierin nicht weiter darauf eingegangen. Anm. AB.

wie (der) Holocaust und ein Denkmal für dieses Schrecknis und dessen Opfer zu verstehen sein sollen bzw. dürfen, und „ob das geplante Denkmal den ‚ermordeten Juden' oder allen Opfergruppen gewidmet werden soll"[39]. Im Verlauf seines Artikels kommt er nochmals in anderer Form zu einem eindeutigen Schluss: „Eine differentielle Behandlung von Opfern, die am Ende alle dasselbe Schicksal geteilt haben, ist moralisch nicht zu rechtfertigen."[40] Die Konzentrationslager wurden für jegliche Regimegegner der Nazis erbaut. Anfänglich waren diese Gegner noch fast ausschließlich politische, doch auch ‚rassisch' Verfolgte wurden immer zahlreicher verhaftet. Zum Zeitpunkt der ersten Lagererrichtungen (teilweise durch die Internierten selbst) war noch nicht entschieden worden, dass die Juden als Volk einen ebensolchen Feind darstellten, welchem die Nazis sodann auch den Krieg erklärten. Es erfolgten Feldzüge gegen andere Länder, bevor sie sich den im selben Land – und später in vielen anderen Ländern – lebenden Juden zuwandten, die sie allesamt vernichten wollten. Indem nun also anfangs politische Gegner der Nazis in KZ inhaftiert wurden, bedeutet das, dass diese Beseitigung von den Nazis unliebsamen Gegnern die ‚Uridee' der Lager war. Zusammengefasst soll das heißen: Am Anfang waren die Lager – dann erst folgte die (‚Idee' der) Endlösung. Dazwischen begann der Holocaust, der Menschenmassenmord. Das besagt wiederum, dass die Vernichtung der Juden – die Schoah – nur ein weiteres Glied in der Kette der furchtbaren ‚Ideen' und Gräueltaten der Nationalsozialisten war und dass der Gedanke und der Wille, jene Menschen zu vernichten, die nicht ins Bild des Tausendjährigen Reichs passten, die Konzentrationslager entstehen ließen und demnach eine gesamtheitlich zu verstehende Menschenvernichtung in Gang gesetzt wurde – noch bevor den Juden ein eigener Krieg erklärt wurde. Das bedeutet folglich, dass sehr viele nichtjüdische Menschen bereits vor der massenhaften Internierung der Juden jene Gräuel in den Lagern erlebten, die diese sodann – und vermehrt, oft noch willkürlicher – über sich ergehen lassen mussten. Das heißt also tatsächlich, dass der Holocaust alle von den Nationalsozialisten verfolgten Menschen miteinschließt. Diese Tatsache sollte nicht außer Acht gelassen werden, um für eine bzw. die bestehende Begriffsdefinition von Holocaust und Holocaust-Literatur argumentieren zu können.

Feuchert verweist darauf, dass der Begriff Holocaust „ausgedehnt" wird, indem jegliche und nicht nur jüdische NS-Opfer unter diesem Terminus sub-

---

39 Jürgen Habermas: *Der Zeigefinger.* http://www.zeit.de/1999/14/199914.denkmal.2_.xml/
    komplettansicht [Stand: 13.08.2013]
40 Ebda.

sumiert werden, was jedoch – wie oben mehrfach dargelegt wurde – von Anfang an höchst legitim ist. Feucherts Wortwahl „Ausdehnung" bedeutet nun
aber wiederum, dass er seine eigene Definition – die sogleich folgt – ad absurdum führt und scheinbar selbst dem Irrtum erliegt, dass die Begrifflichkeit für
die NS-Menschenvernichtung nicht legitimiert, sondern nur sehr vorsichtig
verwendet werden dürfte, was aber erneut einer zu erbringenden Definition
zuarbeitet.[41] Seine Bedenken, die die Inkludierung vor allem politischer Häftlinge betreffen, laufen auf seine Annahme hinaus, dass frühe Vergeltungs-
maßnahmen gegen diese – wie am Anfang des Absatzes dargelegt – nicht den
aufkommenden Gedanken der Endlösung gefördert haben.[42] Allerdings, und
da stimme ich Feuchert zu, wurden natürlich „mit den ersten Lagern auch
‚Institutionen' und Verwaltungshierarchien geschaffen, die bei der Politik der
Vernichtung eine entscheidende Rolle spielten"[43].

1.3 DEFINITION: HOLOCAUST-LITERATUR[44]

Nach Feuchert bezeichnet „‚Holocaust-Literatur' [...] alle literarischen Texte
über den Holocaust. Zugrunde gelegt wird hierbei zunächst ein weites Verständnis der Metapher ‚Holocaust'. Diese umfasst ‚alle' Aspekte der national-

---

41 Vgl. Sascha Feuchert: *Einleitung.* S. 2–45. In: Ders.: *Oskar Rosenfeld und Oskar Singer. Zwei
Autoren des Lodzer Gettos. Studien zur Holocaustliteratur.* Frankfurt am Main: Peter Lang
2004 (= Gießener Arbeiten zur Neueren Deutschen Literatur und Literaturwissenschaft.
24.). S. 18. [Kurztitel aufgrund o.a. Gründe: Sascha Feuchert: *Einleitung Rosenfeld und Singer.]* – Feucherts Wortwahl und Erläuterungen könnten allerdings auch reiner Vorsichts-
maßnahme zuzuschreiben sein, welche bei jeglichen Begriffsdefinitionen betreffend Holocaust angebracht ist. Anm. AB.

42 Dies scheint auch in der Geschichtswissenschaft nicht ganz eindeutig zu sein, gibt es doch
eine Zweiteilung nach Intentionalisten und Funktionalisten. Erstere vertreten die These, dass
die Judenvernichtung von vornherein ein Ziel der Nationalsozialisten gewesen wäre, Zweitere sind dagegen der Meinung, dass die Judenvernichtung erst im Laufe des Kriegs und der
Erweiterung des KZ-Systems für die Regimefeinde zu einer fixen Idee wurde. Anm. AB.

43 Sascha Feuchert: *Einleitung Rosenfeld und Singer.* S. 19.

44 Vgl. dazu Ausführungen, die im Sinne der hierin vertretenen These bzw. der Tradition einer Holocaust-Literatur ihre Untersuchungen vornehmen, wie: Brigitta Elisa Simbürger:
Faktizität und Fiktionalität: Autobiographische Schriften zur Shoa. Berlin: Metropol Verlag 2008; Inge Stephan und Alexandra Tacke (Hg.): *NachBilder des Holocaust.* Köln, Weimar, Wien: Böhlau 2007; Helmut Peitsch: *Zur frühen ‚Holocaust-Literatur' am Beispiel von
Jeannette Wolff.* S. 371–394. In: Willi Jasper, Eva Lezzi, Elke Liebs [u.a.] (Hg.): *Juden und Judentum in der deutschsprachigen Literatur.* Wiesbaden: Harrassowitz 206. (= Jüdische Kultur.
Studien zu Geistesgeschichte, Religion und Literatur. Hg. v. Karl E. Grözinger. 15.) u.a.

sozialistischen Rassen- und Vernichtungspolitik gegen ‚alle' Opfergruppen."[45]
Einerseits erscheint dieser Terminus als literarische Gattungsbezeichnung aufgrund gemeinsamer – nachfolgend noch aufzulistender – Merkmale innerhalb
der Texte einleuchtend und nachvollziehbar, wie er auch landläufig als Gattungsbegriff verwendet und akzeptiert wird (insbesondere in englischsprachigen Ländern); andererseits gibt es Vorwürfe, dass mit diesem einer Uneindeu-
tigkeit hinsichtlich der literarischen Qualität und Autorenschaft sowie einer
Unterminierung der jüdischen Leidensgeschichte in Bezug auf den Holocaust
als maschinelle NS-Judenvernichtung zugearbeitet wird.

Wie bereits zuvor definiert, beschreibt der Terminus Holocaust die gesamte
nationalsozialistische Menschenverfolgung und -vernichtung, innerhalb welcher der Begriff Schoah explizit und ausschließlich die Ermordung der rund
sechs Millionen Juden bezeichnet. An dieser (geschichtlichen) Begriffsbestimmung wird natürlich weiterhin festgehalten. Angelehnt an die oben dargelegten Ausführungen von Habermas und Feuchert steht der vorliegenden
Analyse die These voran, dass der gesamte Bestand an – faktualen wie fiktionalen – Texten, die die Verfolgung, Deportation und Internierung während
der NS-Zeit zum Thema haben, verfasst von jeglichen jüdischen wie nichtjüdischen Überlebenden des Holocaust, zur Genrebezeichnung Holocaust-
Literatur zu zählen ist.[46] Der Gattungsbegriff Holocaust-Literatur ist – wie
Holocaust und Schoah – ein heuristischer Terminus für die literaturwissenschaftliche Beschäftigung mit der Thematik Holocaust-Literatur und versucht
demnach *nicht,* die Geschehnisse an sich zu beschreiben. Diese Bestimmung
wird dadurch begründet, dass der Terminus aus der formalen Ähnlichkeit der
Texte und ihrer stark ausgeprägten Interdependenzen und Intertextualitäten
hergeleitet wird. Die Holocaust-Literatur kann auch als diachron entstandene
bzw. gewachsene Literaturgattung verstanden werden. Nicht zuletzt sind es die
frühen Texte von Holocaust-Überlebenden, die Topoi vorgeben, welche die

---

45 Sascha Feuchert (Hg.): *Einleitung Holocaust-Literatur.* S. 22.
46 Jegliche Texte von Menschen, die den Holocaust nicht selbst erlebt haben, aber dennoch
    darüber schreiben – wie es ab nun, wenn es immer weniger Zeitzeugen gibt, immer häufiger
    der Fall sein wird –, werden ebenfalls der literarischen Gattung der Holocaust-Literatur zu-
    gerechnet; allein, für die vorliegende Studie werden nur die Texte direkter Opfer des Holo-
    caust berücksichtigt. – Dabei werden jedoch jene Aspekte, die etwa von Young vorgebracht
    werden, außer Acht gelassen. Er inkludiert in seinen Begriff von Holocaust-Literatur das
    postmoderne Verständnis, nach dem auch Denkmäler und KZ-Gedenkstätten, Foto- und
    Filmmaterial etc. lesbar und damit als Texte zu verstehen seien, welches für den Kontext
    dieser Analyse nicht geteilt wird (vgl. James E. Young: *Beschreiben des Holocaust.*). Anm. AB.

späteren Texte innerhalb dieses Genres übernehmen. Als Beleg für die erstmalige Verwendung des Begriffs Holocaust-Literatur kann der Gebrauch durch Susan E. Cernyak-Spatz, einer in Österreich geborenen Holocaust- bzw. KZ-Überlebenden, im Jahr 1985 angeführt werden. Cernyak-Spatz prägte den Terminus insofern, als sie diesen in ihrer in den USA verfassten literaturwissenschaftlichen Germanistikdissertation ganz selbstverständlich und ohne weitere Erläuterung verwendete:

> The literary works dealing in part or entirely with the events before, during and after the Holocaust could, for the sake of simplification, be considered part of the mid-twentieth century or post-World War II literature. But the events treated in these works are more than just part of the twentieth century. They represent an aberration in the history of civilization that needs to be recorded as a separate entity. Therefore the literature dealing with the concentration camps, German as well as non-German, has become known under the specific sub-heading: *Holocaust literature.*[47]

Zum Begriff Holocaust-Literatur zählt Cernyak-Spatz als Literaturgattung also jegliche fiktionalen deutschsprachigen (jüdischen *und* nichtjüdischen) Texte von Überlebenden. Weiter subsumiert sie alle verwendeten Texte unter diesem, ohne Einschränkung der Merkmale oder Rücksicht auf die jeweilige Entstehungsgeschichte.[48] Dies ist natürlich eine sehr leichtfertige und kühne Vorgehensweise und lässt ihre wissenschaftliche Methodik hinterfragen – zumal sie nicht einmal ihre Definition von „Fiktion" darlegt –, doch ist ihre undifferenzierte Verwendung des infrage stehenden Terminus nicht minder zu bewerten, da diese ja nichts mit ihrer persönlichen literaturwissenschaftlichen Kenntnis und Arbeitsweise zu tun hat. Vielleicht erscheint eine solche Handhabung bisweilen sogar angebracht, um als Wissenschaftler in der Holocaust-Literatur innovative Wege zu beschreiten, um neue Erkenntnisse zutage zu fördern. Das Ziel der Arbeit von Cernyak-Spatz war schließlich folgendes:

---

47 Susan Cernyak-Spatz: *German Holocaust Literature.* New York, Bern, Frankfurt/Main: Lang 1985. (= American University Studies: Ser. 1, Germanic Languages und Literature. 29.). S. 9. [Kursivierung AB] – Zu beachten ist auch die Formulierung „has become known", die darauf hinweist, dass der Begriff Holocaust-Literatur im Englischen sogar länger schon bekannt war und verwendet wurde. Anm. AB.

48 Vgl. ebda. S. 9.

This study intends to pursue and analyse the development of „Holocaust" literature created by German and German-Jewish authors up to 1970. For this
purpose I have chosen representative examples of fictional „Holocaust" literature
and drama. I have felt it necessary to include several well-known non-German
authors of „Holocaust" fiction, since their treatment of the same events and lo-
cations throws additional light on the possibilities of literary evaluation of the
subject.[49]

Der letzte Satz weist also auch in dieselbe Richtung wie die zu bedenken gegebene Überlegung, als Forscher der Literaturwissenschaft neue Möglichkeiten
zu (er)öffnen. Dieser Vorschlag ist einer für die vielen Beschäftigungsmöglich-
keiten der Literaturwissenschaft und soll nur als Randbemerkung verstanden
werden.

Bezüglich des Verständnisses von fiktional bzw. Fiktionalität im Kontext
dieser Analyse sei hier kurz die Definition Fluderniks nachgezeichnet, die
von drei Ebenen ausgeht, auf denen sich Fiktionalität bzw. Literarizität „des
Erzähldiskurses, also seine teleologische Struktur, seine literarischen und rhetorischen Qualitäten"[50], zeigen: „der Konstruiertheit von Geschichte *(fictio);*
der Erfundenheit der Ereignisse *(fictum);* und der Imaginiertheit *(suppositio)*
eines Gegenstandes oder einer Situation"[51]. Im Allgemeinen werden die ersten
beiden Kategorien als Fiktionalität verstanden, und zumeist ist bereits durch
die *fictum*-Bedeutung das Konzept von Fiktionalität bezeichnet. Extra-textuelle
Wahrheit kann weiters nicht durch Informationen aus Texten festgestellt, sondern muss durch den Kontext oder andere Quellen ermittelt werden.[52] Zur Verknüpfung von Narrativität und Fiktionalität ist noch Folgendes anzumerken:

Insofern Erzählung Bewusstsein darstellt, ist sie fiktional, da Bewusstsein nicht
eigentlich darstellbar ist außer durch fiktionale Strategien […]. Schließlich ist
Bewusstsein konstituierend für Narrativität – Erfahrungshaftigkeit und Bewusstsein bedingen einander.[53]

---

49 Ebda. S. 10. – Interessant erscheint, dass Cernyak-Spatz trotz ihrer Definition das Wort
    „Holocaust" weiterhin unter Anführungszeichen setzt. Über ihren Grund, dies zu machen,
    kann spekuliert werden (Hervorhebung, metaphorischer Gebrauch, Unzulänglichkeit des
    Begriffs für das Ereignis etc.). Anm. AB.
50 Monika Fludernik: *Erzähltheorie.* Eine Einführung. 2., durchgesehene Aufl. Darmstadt:
    Wissenschaftliche Buchgesellschaft 2008. S. 73.
51 Ebda. S. 74.
52 Vgl. ebda.
53 Ebda. S. 73.

Allerdings meint Fludernik auch, dass es „keine typisch literarischen Erzählaspekte"[54] gibt. Insgesamt ist festzuhalten, dass Fiktion(alität) einerseits als Darstellung oder Kennzeichen von „Erfundenem", „Fingiertem" zu verstehen ist (und sich dabei dem Begriff Imagination annähert), detto fiktional als „erfunden", „fingiert", „nicht real"; andererseits aber ebenso als Form, um das Erleben anderer verstehen zu können, was weiter unten noch genauer erläutert wird. Fiktionalität bedeutet in diesem Zusammenhang nicht das Fehlen referenzieller Bezüge – stattdessen steht das fiktionale Element im Mittelpunkt, das durch einen Text (v.a. eine Autobiografie) und dessen eigene konstruierte Wirklichkeit entsteht.

Von Claude Conter stammt ein höchst interessanter und bedeutungsvoller Aufsatz zur Literatur der 1930er-Jahre. Bereits zu dieser Zeit gab es Texte (zum überwiegenden Großteil von politischen Häftlingen, die etwa schon frühzeitig entlassen worden waren) über KZ-Erfahrungen. Im Schlusswort zu seinem Artikel *KZ-Literatur der 30er Jahre oder die Genese der KZ-Darstellung* stellt Conter Folgendes klar: „Die Holocaust-Literatur beginnt nicht nach 1945, sie beginnt bereits in den 30er Jahren."[55] Er untersuchte sogenannte Zeitzeugen-, Lager- oder KZ-Berichte, die bereits zu dieser Zeit publiziert wurden und heute – aufgrund vermeintlich fehlender literarischer Qualität – allzu oft nicht als Teil der Holocaust-Literatur angesehen wurden. Dabei fand er Themen und Topoi, die nach 1945 zum Grundstock dieser Art der Zeugnis-[56] und eben auch Holocaust-Literatur geworden sind: „Wolfgang Langhoff beschreibt in den *Moorsoldaten* das Gefühl von verlorenem Weltvertrauen, das in der folgenden Holocaust-Literatur, vor allem bei Jean Améry, zentrales Thema wird."[57] Das bedeutet also, dass ein Verfasser von sogenannter KZ- oder Lagerliteratur wie Wolfgang Langhoff, der politischer Häftling war und nur ein einziges Mal zum Schreibstift gegriffen hat, um seine KZ-Erfahrungen niederzuschreiben,

---

54 Ebda. S. 74.

55 Claude Conter: *KZ-Literatur der 30er Jahre oder die Genese der KZ-Darstellung.* S. 24–30. In: Ders. (Hg.): *Literatur und Holocaust.* Universität Bamberg 1996. (= Fußnoten zur Literatur. Hg. v. Wulf Segebrecht. 38.). S. 30.

56 Vgl. dazu etwa Susanne Düwell: *„Fiktion aus dem Wirklichen."* S. 8 f., die durchwegs den Begriff *Zeugnisliteratur* für frühe Texte verwendet.

57 Claude Conter: *KZ-Literatur der 30er Jahre oder die Genese der KZ-Darstellung.* S. 30. [kursiv im Orig., Anm. AB] – Vgl. dazu etwa auch Julius Freund: *O Buchenwald!* Klagenfurt: Selbstverlag 1945 (Lizenznummer 27 vom 17. November 1945 des Press and Publications Board, Kärnten), der seine KZ-Erfahrungen bereits 1939 (! – nach seiner Entlassung) aufschrieb, aber erst 1945, nach Ende des Krieges, veröffentlichte. Anm. AB.

einen Weg von vielen eröffnet hat, der bis ins Heute reicht. Er konnte dabei nicht auf schriftstellerisches Handwerk zurückgreifen, doch die Verschriftlichung seiner ureigenen Erfahrung in diesem grässlichen Umfeld war – als ein Werk von vielen ähnlichen, entstanden auf solche Weise – schließlich wegweisend für die nachfolgende Holocaust-Literatur. Rosenfeld spricht in seinem für die Theorie der Holocaust-Literatur bahnbrechenden Werk *Ein Mund voll Schweigen* (Original: *A Double Dying, 1980*) vor allem im Zusammenhang mit den frühen Berichten passenderweise von „Ein-Buch-Autoren"[58], um jene Vielzahl an Überlebenden zu beschreiben, die nur ein Buch über den Holocaust geschrieben hat. Der Zweck dieses einmaligen Schreibens diente demnach allein der Berichterstattung und Erfahrungsweitergabe. Jean Améry nannte, um das oben angeführte „zentrale Thema" kurz zu erläutern, nach seiner KZ-Erfahrung im Übrigen seine Mitmenschen nunmehr „Gegenmenschen", wodurch er dem Verlust seines Weltvertrauens nach Erleben von Folter und menschlicher Bestialität Ausdruck verlieh: „Daß der Mitmensch als Gegenmensch erfahren wurde, bleibt als gestauter Schrecken im Gefolterten liegen."[59]

So liegt der Schluss nahe, dass eigentlich jeder Text, der nach diesen ersten Texten der 1930er-Jahre erschienen ist, noch einmal auf Topoi untersucht werden sollte, die in frühen Werken zu finden sind, wodurch das bisherige Verständnis für die vorliegenden Begriffe wie Holocaust und Holocaust-Literatur, KZ-, Lager-, Zeugen- bzw. Zeugnisliteratur/-Bericht ebenso überdacht würde. Zudem erfüllen die frühen Texte die ihnen eigene Funktion als Erinnerungstext und Fundament bzw. Ausgangspunkt für eine historiografische oder literaturwissenschaftliche Untersuchung: „Die Berichte können heute nicht nur als Zeitzeugen verstanden werden, vielmehrstellen [sic] sie eine unverzichtbare Grundlage dar, die historische Entwicklung der sozialistischen antifaschistischen Literatur nachzuvollziehen."[60] Dass es sich hierbei oftmals um sozialistische/kommunistische Texte gehandelt hat, darf allerdings nicht deren Bedeutung schmälern; stattdessen sollten solche Werke beispielsweise unter dem Begriff *frühe Texte* mit dem spezifischen Merkmal des Politischen als Teil oder Subgattung der Holocaust-Literatur zu verstehen sein.

---

58   Alvin H. Rosenfeld: *Ein Mund voll Schweigen.* Literarische Reaktionen auf den Holocaust. Überarb., aktual. und erg. Fassung. Göttingen: Vandenhoeck und Ruprecht 2000. S. 24.

59   Jean Améry: *Jenseits von Schuld und Sühne.* Bewältigungsversuche eines Überwältigten. München: Szczesny 1966. S. 70.

60   Claude Conter: *KZ-Literatur der 30er Jahre oder die Genese der KZ-Darstellung.* S. 30.

1.3.1 Diskrepanzen in der Holocaust-Literatur

Die Literaturwissenschaft – mit all ihren verschiedenen Aspekten und Strömungen – sieht sich bei der Benennung von Holocaust-Literatur aber eben noch immer und trotz vieler wissenschaftlicher Untersuchungen, die interessante und fruchtbare Ergebnisse zutage gefördert haben, mit einer grundsätzlichen Verständnisproblematik konfrontiert, weshalb – wie schon betont – eine genaue Definition und Begriffsbestimmung von Holocaust-Literatur von enormer Wichtigkeit ist. Innerhalb der deutschsprachigen Literaturwissenschaft wird fortwährend mit diesem Terminus gehadert, weil nicht klar bzw. gesichert scheint, ob es erlaubt ist, den Begriff Holocaust-Literatur als Überbegriff für jegliche im Zusammenhang mit Nationalsozialismus und Massenvernichtung – d.h. nicht nur mit der Vernichtung der Juden – stehende Literatur und Publikation zu verwenden. Dazu gibt es auch Meinungen von Forschern, die Holocaust-Literatur nicht als Genre verstehen und sich der zuvor veranschaulichten Problematik zu entziehen versuchen.[61]

Hans-Joachim Hahn formuliert in seiner Analyse *Repräsentationen des Holocaust* sein (Un-)Verständnis von Holocaust-Literatur etwa folgendermaßen:

> Eine einheitliche Verwendungsweise des Terminus „Holocaust-Literatur" existiert nicht. Häufig wird er synonym verwendet für „Zeugnisliteratur" oder „Überlebendenliteratur" bzw. ähnliche Umschreibungen wie z.B. „Literatur der Holocaust-Überlebenden". Fiktionale Texte über den Holocaust sind selten unter dem Begriff der Holocaust-Literatur gemeint; allenfalls, wenn es sich um die Literatur von Überlebenden handelt wie z.B. Romane von Imre Kertész oder Aleksander Tišma. Die im zweiten Teil der vorliegenden Arbeit untersuchten Romane, Prosatexte und Essays von nichtjüdischen Deutschen sind im engeren Sinne nicht als Holocaust-Literatur zu beschreiben.[62]

Diese Ausführung zeigt, dass sich Hahn anscheinend nicht ernsthaft mit der Begriffsbedeutung und -definition von Holocaust bzw. Schoah auseinanderge-

---

61 Zuweilen finden sich in der Forschungsliteratur als Abgrenzung und genauere Bestimmung allerdings mittlerweile auch die Benennungen „Schoah-Text", „Schoah-Literatur" oder „Schoah-Autobiografie" für Texte von jüdischen Holocaust-Überlebenden, die einem besseren Verständnis, welches auch in dieser Analyse propagiert wird, dienlich sein sollen. Anm. AB.

62 Hans-Joachim Hahn: *Repräsentationen des Holocaust.* Zur westdeutschen Erinnerungskultur seit 1979. Heidelberg: Universitätsverlag Winter 2005. (= Probleme der Dichtung. Studien zur deutschen Literaturgeschichte. Hg. v. Peter Uwe Hohendahl und Rüdiger Steinlein. 33.). S. 28. Fußnote 19.

setzt oder nachgeforscht hat, wie es sich mit den verschiedenen vorhandenen Begriffen wirklich verhält. „Zeugnisliteratur" wird tatsächlich hauptsächlich für Texte, die früh entstanden sind und meist von Nichtschriftstellern stammen, verwendet. Wenn Hahn nun Texte von nichtjüdischen deutschen Verfassern *nicht* zum Genre Holocaust-Literatur – welche er gar nicht als Genre kennt – rechnet, zeigt das das bestehende Problem der Abgrenzung der verschiedenen Texte (siehe nachstehend) – und zudem natürlich seine nicht vorhandene Kenntnis (der Unterschiedlichkeit) dieser Begrifflichkeiten. Jaiser wirft die Überlegung auf, dass es vielleicht gar keine Spezifikation von Holocaust-Literatur gibt. Weder Entstehungszeit noch vorhandener literarischer Anspruch oder ein bestimmter Aspekt bezüglich des Holocaust oder der Hintergrund des Autors dient laut derselben als Kriterium, um dieses Genre zu differenzieren.[63] Es stellt sich hierzu allerdings die Frage, wie Jaiser Texte von Holocaust-Überlebenden behandeln möchte, wenn sie keinerlei Kriterien zulässt und keine Definitionen vorschlägt. Dass Hahn zudem fiktionale Holocaust-Texte von (jüdischen) Schriftstellern doch unter die Holocaust-Literatur – allerdings mit offensichtlichem Unbehagen – reiht, unterstreicht noch einmal die allgemein vorherrschende Problematik der Benennung und Einteilung innerhalb der Literaturwissenschaft, die im Anschluss bildlich veranschaulicht werden soll. Eine solche Unkenntnis und nicht stattgefundene Auseinandersetzung mit den vorhandenen Begrifflichkeiten ist dabei eigentlich gefährlicher als die immer wieder vorgebrachte (nicht weiter durchdachte) Kritik, dass Holocaust-Literatur nicht auch für Texte anderer Opfergruppen, sondern ausschließlich für Texte der jüdischen Überlebenden gebraucht werden darf. Indem sich Wissenschaftler nicht ausreichend über die vorhandenen Aporien informieren und diese für sich selbst und innerhalb ihres Forschungsumfelds klären, wird falschen Kritiken und womöglich Revisionisten in die Hände gespielt. Doch sollte es wohl das erste Ziel jeglicher Holocaust-(Literatur)-Forscher sein, genau das zu verhindern.

Irmela von der Lühe lehnt eine literaturwissenschaftliche Einteilung von Holocaust-Texten unter dem Begriff Holocaust-Literatur mit der Begründung ab, dass diese Subsumierung eine viel zu sachliche Behandlung des vorliegenden Themas sei.[64] Im Grunde klingt diese Überlegung plausibel, da ge-

---

63   Vgl. Constanze Jaiser: *Die Zeugnisliteratur von Überlebenden der deutschen Konzentrationslager seit 1945.* S. 107–134. In: Norbert Otto Eke und Hartmut Steinecke (Hg.): *Shoah in der deutschsprachigen Literatur.* Berlin: Schmidt 2006. S. 107.

64   Irmela von der Lühe: *Wie bekommt man ‚Lager'?* Das Unbehagen an wissenschaftlicher Zu-

1 Benennung – Begriffsbestimmung

rade bei einem solch heiklen Thema die Emotionen einerseits nicht vergessen werden dürfen. Andererseits ist allerdings gerade eine Genrefindung für diese wichtige Art der Zeugnis- und Zeugenliteratur eine Chance, in ihrer Bedeutung besser verstanden zu werden, da sie unter bestimmten Gesichtspunkten einfacher zu analysieren ist. Mit der Manifestierung des Terminus Holocaust-Literatur als Gattungsbeschreibung erhält diese Literatur eben die Bedeutung und den Stellenwert, die ihr zustehen. Zugleich ist mit einer Ausweitung des Begriffs auf Holocaust-Literatur von 1933 bis heute die weitere Möglichkeit gegeben, eine gewisse Chronologie und Entwicklung dieser Gattung zu verfolgen.[65] Die ersten Texte während und nach der Zeit des Nationalsozialismus stehen unverrückbar als Zeugen ihrer Zeit da; die nachfolgenden Texte nach Ende des Krieges und mit einer fortschreitenden Distanz zum Geschehen bieten dagegen eine weiter gefasste Beschäftigungsmöglichkeit mit den Ereignissen und Literarisierungen derselben: Die Texte haben vermehrt intertextuelle, intermediale und selbstreferenzielle Bezüge, welche aufgrund der zu kurzen Distanz zum Geschehen in frühen Texten natürlich noch nicht zu finden waren. Im Gegensatz zu den dokumentarischen, berichtenden frühen Texten wird in späteren Texten auch häufig der „Konstruktionscharakter der Texte […] betont, indem der spezifisch ästhetische Fiktionalitätscharakter des Schreibens hervorgehoben wird, der sich in einer Selbstreflexion des sprachlichen Materials niederschlägt"[66]. Somit lässt sich bereits eine erste grobe Weiterentwicklung vom Quasi-Nullpunkt des Beginns der Holocaust-Literatur mit Tagebüchern und Berichten über das Geschehen ohne weitere Erläuterung oder Interpretation der Erlebnisse hin zum späteren bis zum heutigen Stand derselben Literatur verfolgen: Die späteren Texte weisen eine verstärkte Literarizität auf, die aufgrund der zeitlichen Distanz zum Geschehen und der eigenen persönlichen Aufarbeitung durch die Autoren möglich wurde. Auch wenn es sich um *ein* Genre handelt, innerhalb dessen sich so viele mannigfal-

---

richtung von ‚Holocaust-Literatur' – mit Blick auf Carl Friedmans Erzählung „Vater". S. 67–78. In: Stephan Braese, Holger Gehle, Doron Kiesel [u.a.] (Hg.): *Deutsche Nachkriegsliteratur und der Holocaust.* Frankfurt/Main, New York: Campus 1998. (= Wissenschaftliche Reihe des Fritz-Bauer-Instituts. 6.). S. 68 f.

65   Klar ist, dass an dieser Stellung die Verwendung des Terminus „Gattung" für die Holocaust-Literatur etwas problematisch erscheint, da sowohl der Bericht als auch der Roman jeweils eine eigenständige Gattung konstituieren. Allerdings soll hier über dieses definitorische Problem hinweggesehen werden, um die Holocaust-Literatur als wiederum eigenes Genre gelten lassen zu dürfen. Anm. AB.

66   Susanne Düwell: *„Fiktion aus dem Wirklichen."* S. 7.

tige Texte finden, sollte nicht vergessen werden, dass das Hauptthema dasselbe ist: der Holocaust, die NS-Vernichtungsmaschinerie.

Nach wie vor wird in der Forschung (oftmals implizit) die Unterscheidung zwischen jüdischen und nichtjüdischen Texten bzw. Autoren gefordert, mit der Begründung, dass nichts an die Grausamkeit des Massenmords an den Juden heranreicht. Es ist eine Tatsache, dass die Ausrottung eines Volkes nie so vehement verfolgt wurde wie von den Nazis, weshalb die Dimension dieser Unmenschlichkeit auf keine Weise geschmälert werden darf. Doch geht es im Folgenden nun nicht um die Beschreibung des Mordes an Millionen von Menschen, sondern um eine Definition von Literatur zum und über das Ereignis Holocaust und in Folge um den Legitimierungsanspruch der diversen Formen von vorhandenen Schriften. Die Art von Literatur, die seit dem Holocaust über denselben erschienen ist, ist im deutschsprachigen Raum zweigeteilt: Es gibt jüdische und nichtjüdische Holocaust-Literatur. Das heißt in Folge, dass nichtjüdische NS-Überlebende, selbst wenn sie als Roma/Sinti und Slawen ebenso wegen ihrer Herkunft, ihrer „Rasse" verfolgt wurden, desgleichen unter die nichtjüdische Autorenschaft eingeordnet werden. Bei näherer Betrachtung wird erkennbar, wie leichtfertig diese Differenzierung eigentlich ist: Das heißt nämlich, dass es auf der einen Seite jüdische Verfasser und Texte gibt und auf der anderen Seite „alle anderen". Es wird klassifiziert, eingeteilt – und selektiert: Was ist jüdisch, was nichtjüdisch, und was darf Holocaust-Literatur genannt werden? Habermas spricht sich in oben zitiertem Artikel ausdrücklich gegen eine „Hierarchisierung der Opfergruppen' [...]"[67] aus. Denn, wie er es höchst treffend formuliert: „Wir dürfen die Opfer im Gedenken nicht noch einmal nach Gesichtspunkten sortieren, nach denen sie von den Schergen selektiert und abgestuften Qualen unterworfen worden sind."[68]

Von manch einem Wissenschaftler wird in diesem Zusammenhang vorgebracht, dass Juden, Roma/Sinti, Slawen und andere ‚Nichtarier' innerhalb der NS-Maschinerie keine Wahl gehabt hätten – dagegen etwa Zeugen Jehovas, Homosexuelle und politische Häftlinge sehr wohl: Sie hätten *einfach* ihrem Glauben, ihren Neigungen, ihrer Überzeugung abschwören müssen. Hätten

---

67 Jürgen Habermas: *Der Zeigefinger.* http://www.zeit.de/1999/14/199914.denkmal.2_.xml/
komplettansicht [Stand: 13.08.2013]

68 Ebda. [Hervorhebung durch AB] – In diesem Kontext ist darauf hinzuweisen, dass das Wort
Opfergruppen bereits eine gewisse verbale Differenzierung und auch Hierarchisierung beinhaltet, indem eben *gruppierend* vorgegangen wird und Opfer in verschiedene Gruppen geteilt werden. Demgemäß sollte dieser Begriff mit großer Vorsicht verwendet werden. Anm. AB.

sie das wirklich *einfach nur* tun müssen? Denn bei der bekannten Organisiertheit und Beflissenheit der Nationalsozialisten hätten diese wohl eben *nicht einfach* begonnen, wieder jene, die sich von ihren den Nazis als Inhaftierungsgründen geltenden Interessen/Neigungen distanziert hätten, freizulassen. Keine Tore von Konzentrationslagern wären *einfach* für diese geöffnet worden, damit sie in Scharen mit einem „Lebewohl" *einfach* wieder entlassen worden wären.[69] Erfolgt hier also (endlich) eine angemessene Reaktion oder ist eine noch deutlichere Erläuterung dessen, was in der Literaturwissenschaft damit eigentlich vor sich geht, vonnöten, wenn sich Forscher geschlossen hinter die herrschenden Konventionen stellen – um nicht zu sagen: dahinter verstecken –, anstatt einen Schritt vorwärts zu machen und das Eindeutige zu erkennen bzw. zu benennen? Wieso haben Literaturwissenschaftler das bisher nicht gesehen, nicht sehen wollen – zumal es doch auch so viele diesbezügliche Ansätze aus Amerika und England gibt? Wer hat das Recht, das eine Leiden hervorzuheben und das andere zu vernachlässigen, indem an einer solchen Differenzierung festgehalten wird?

Für deutschsprachige Literaturwissenschaftler ist eine Orientierung an England und Amerika erforderlich, um mehr Weitblick zu erlangen und Holocaust-Literatur – analog zur Kriegsliteratur[70] – als eigenständige und umfassende Literaturgattung zu verstehen. Ihre Daseinsberichtigung und Signifikanz erhält die Holocaust-Literatur einerseits durch ihre Vielfältigkeit und die Anzahl an Texten, andererseits durch die große Aufgabe für Wissenschaftler, den „Holocaust durch die Literatur, die er hervorgebracht hat, begreifbarer zu machen"[71]. Und das bedeutet, dass diese literarische Gattung nicht hinsichtlich ihrer Unterschiede zwischen jüdischen und nichtjüdischen Verfassern – aufgrund des gezielten Völkermordes – untersucht werden soll, sondern nach

---

69 Es stimmt natürlich, dass manche Menschen vorzeitig wieder aus der KZ-Haft entlassen wurden oder geflüchtet sind, die alle keine Juden waren – doch diese Entlassungen gab es am Ende des Krieges auch nicht mehr. Bemerkenswert hier ist etwa allerdings, dass z.B. Samuel Graumann von Buchenwald nach Auschwitz und wieder retour nach Buchenwald kam; dies war ein Rücktransport, der praktisch nicht möglich war, v.a. nicht nach Beschluss der Endlösung: Da gab es nur noch Transporte nach Auschwitz, aber nicht zurück. Vgl. Samuel Graumann: *Deportiert!* Ein Wiener Jude berichtet. Wien: Stern 1947.

70 Vgl. dazu Alvin H. Rosenfeld: *Ein Mund voll Schweigen.* S. 27: Holocaust-Literatur ist nicht Teil der Kriegsliteratur oder Literatur zum Zweiten Weltkrieg, weil der Krieg gegen die Juden kein erklärtes Kriegsziel war. – Siehe dazu auch die Überlegungen von Susan Cernyak-Spatz.

71 Alvin H. Rosenfeld: *Ein Mund voll Schweigen.* S. 14.

den inhaltlichen Aspekten, was für uns alle, Wissenschaftler wie Nichtwissen-
schaftler, von Interesse ist, um von Vergangenem zu lernen.

1.3.2 Heterogenität als Merkmal der Holocaust-Literatur

Folgendes ist indes klar: Die englischsprachige, vor allem amerikanische,
Holocaust-Literatur-Forschung trennt *nicht* zwischen jüdischen und nichtjüdischen Texten.[72] Oftmals kommt es vor, dass man beim Lesen des Inhalts-
verzeichnisses eines wissenschaftlichen Werkes über Holocaust-Literatur, die
im deutschsprachigen Raum eben oftmals nur als jüdisch verstanden wird,
über die in einer solchen Abhandlung verwendeten Bücher – allesamt bekannt
und immer wieder zitiert – folgender Autoren stolpert, als da beispielsweise
wären: Elie Wiesel, Imre Kertész, Jorge Semprún (!), Ruth Klüger, Charlotte
Delbo (!), Tadeusz Borowski (!), Primo Levi, Jean Améry oder Chaim Kaplan.
Rosenfeld nennt Holocaust-Literatur eine „internationale Literatur"[73], die in
vielen verschiedenen Sprachen verfasst ist, was bereits sein weiter gefasstes Verständnis zeigt.

Um zu veranschaulichen, wie unsinnig eine Unterteilung in jüdische und
nichtjüdische Literatur zum Holocaust innerhalb der literaturwissenschaftlichen Beschäftigung mit Holocaust-Literatur ist, erfolgen nachstehend eine
Auflistung sowie eine bildliche Aufstellung der oben willkürlich angeführten
Autorennamen nach möglichen Differenzierungskriterien. Schließlich muss,
möchte man von Differenzierungen sprechen, von viel mehr und weiter rei-
chenden Kategorien ausgegangen werden als nur von jener der ‚rassischen'
Herkunft der Verfasser. Am Ende einer kategorischen Auflistung – ich nehme
es vorweg, wie es bereits zuvor auch angesprochen wurde – sollte als Erstes die
Erkenntnis stehen, was eine solche Differenzierung und Ausführung eigentlich

---

72 Vgl. dazu: Alvin H. Rosenfeld, James E. Young, Michael Rothberg, Sem Dresden, Lawrence
Langer u.a.

73 Vgl. Alvin H. Rosenfeld: *Ein Mund voll Schweigen*. S. 14. – z.B. die hierin genannten Werke
neben Wiesel und Améry: Ruth Klüger: *weiter leben*: Eine Jugend. Göttingen: Wallstein
1992; Charlotte Delbo: *Trilogie: Auschwitz und danach*. Basel, Frankfurt/Main: Stroemfeld/
Roter Stern 1990; Tadeusz Borowski: *Bei uns in Auschwitz*. München: Piper 1987; Primo
Levi: *Ist das ein Mensch?* Erinnerungen an Auschwitz. Frankfurt am Main: Fischer 1961;
Jorge Semprún: *Schreiben oder Leben*. 2. Aufl. Frankfurt/Main: Suhrkamp 1995; Imre Ker-
tész: *Roman eines Schicksallosen*. Reinbek b. Hamburg: 17. Aufl. Rowohlt Taschenbuch
2004; Abraham I. Katsh (Hg.): *Buch der Agonie*. Das Warschauer Tagebuch des Chaim A.
Kaplan. 1. September 1939–42. August 1942. Aus dem Amerikanischen von Harry Maor.
Frankfurt am Main: Insel 1967.

bedeutet: nämlich eine Anlehnung an nationalsozialistische Methoden, nach strikten Kategorien vorzugehen und womöglich willkürliche Klassifizierungen vorzunehmen. Diese Erkenntnis am Schluss – durch eine bildliche Darstellung unterstrichen – sollte verstören.

Unter den oben genannten Verfassern von Holocaust-Literatur, die ohne Weiteres unter diesem Genrebegriff in einem englischsprachigen literaturwissenschaftlichen Werk subsumiert werden, finden sich ehemalige jüdische (Wiesel, Kertész, Klüger, Levi, Améry, Kaplan) und politische Häftlinge (Semprún, Delbo, Borowski) sowie zugleich Autoren autobiografischer (Wiesel, Klüger, Levi, Améry, Semprún, Delbo) und fiktionaler Texte (Kertész, Borowski) sowie ferner ein Tagebuchschreiber (Kaplan). Die Aufgliederungen bzw. Überschneidungen führen noch weiter: Es gibt von den genannten Verfassern reine (erlebnisbezogene) Autobiografien (Wiesel, Delbo) wie auch (selbst)reflexive autobiografische bzw. analysierende, essayistische Texte (Klüger, Levi, Améry, Semprún), und es kann in Schriftsteller (Wiesel, Kertész, Semprún, Klüger, Delbo, Borowski, Améry) und Nichtschriftsteller (Levi – hat erst später zu schreiben begonnen, man könnte hier also weiter nach dem Ursprung des Schreibens fragen: Liegt dieser etwa im Erleben des Holocaust selbst? –, Kaplan) unterteilt werden. Schließlich sind alle Texte zusammen den unterschiedlichsten Entstehungszeiten zuzuschreiben: Es gibt frühe (Kaplan, Levi), mittlere (Wiesel, Borowski, Améry) sowie späte Texte (Delbo, Kertész, Semprún, Klüger), wie sie auch nach Erleben als Kind (Wiesel, Kertész, Klüger) und als Erwachsene (Kaplan, Levi, Borowski, Delbo, Améry, Semprún) aufzugliedern sind. Der Verfasser eines Werkes (Kaplan) hat das Ende der NS-Zeit nicht mehr erlebt, d.h. sein Werk ist als einziges posthum erschienen.

Die Sprache ist selbstredend eine nicht zu vernachlässigende Kategorie, da sich durch Übersetzungsfehler oder teilweise aufgrund der verschiedenen Kulturen (d.h. ob ein Häftling der deutschen oder einer anderen, nicht NS-belasteten Kultur entstammt) Fehlerquellen eröffnen. Somit ist die Frage, ob ein Text ursprünglich schon auf Deutsch geschrieben und publiziert (Klüger, Améry) oder ob dieser erst übersetzt wurde (Wiesel, Kertész, Semprún, Delbo, Borowski, Levi, Kaplan), nicht außer Acht zu lassen. Dazu kommt zudem die Vergleichsmöglichkeit, ob vom Veröffentlichungszeitpunkt eines ins Deutschen übersetzten Textes auszugehen ist oder von jenem in der Originalsprache. An weiteren literaturwissenschaftlichen Kategorien wären in Folge auch zu berücksichtigen: Literaturtheorien: (post)moderne und feministische Literaturtheorie (Klüger), die Einbettung der eigenen Geschichte in religiöse

Traditionen (Wiesel), die Umkehrung von literarischen genretypischen Formen wie dem Bildungsroman bzw. dem Entwicklungsroman (Wiesel),[74] die Engerfassung des autobiografischen Textes als Bericht bzw. Analyse (Levi) etc. Wie klar erkennbar ist, lässt sich diese Liste beinahe endlos weiterführen, wie auch für jeden einzelnen Text eine ganz eigene Beschreibung oder, wenn man so möchte, Kategorisierung möglich ist.

Mit dieser Ausführung sollte also veranschaulicht werden, wie schwierig es ist, innerhalb einer solch inhomogenen literarischen Gattung eine explizite Trennung oder Aufteilung vorzunehmen, und was eine solche Klassifikation eigentlich bedeutet. Außerdem beginnt eine solche Trennung großteils bei der Aufteilung nach „Opferschaft" – und endet auch hier. Diese Charakterisierung allein – Opferschaft, die Frage nach *freiwilligem* (religiösen) Opfer – erscheint skrupellos und sollte dringend ein Umdenken bewirken. Die Verantwortung, eine solche Separierung rechtfertigen zu können, ist demnach größer, als bisher angenommen wurde, weshalb die Leichtfertigkeit und Selbstverständlichkeit, die bei der bestehenden und oftmals vorgenommenen Klassifizierung vorgefunden werden, infrage zu stellen sind. Die Hinwendung zu einem die Homogenität der innerhalb der Holocaust-Literatur behandelten Texte hochhaltenden Begriffsverständnis ist folglich mehr als nur ratsam und dringend anzudenken.

Folgendermaßen sieht eine grafische Darstellung[75] der oben aufgelisteten Punkte zum besseren Verstehen aus, die zugleich auch das innerhalb der englischsprachigen Literaturwissenschaft weiter gefasste Verständnis des Begriffs Holocaust-Literatur veranschaulicht:

---

74 Vgl. dazu Alvin H. Rosenfeld: *Ein Mund voll Schweigen*. S. 38: Bekannte, herkömmliche literarische Modelle sollen nach ihm umgekehrt werden, da es durch den Holocaust Deformierungen und Verletzungen in der Literatur gegeben hat.

75 Die Darstellung erhebt keinen Anspruch auf Vollständigkeit. Vgl. zudem etwa Peter Weiss' Werk *Die Ermittlung* (jüdisch, autobiografisch, Drama (!), Schriftsteller, mittlere Entstehungszeit (1965), deutsch, Erwachsener) oder Viktor Frankls „*Trotzdem Ja zum Leben sagen"* (jüdisch, autobiografisch, Analyse, frühe Entstehungszeit (1946), deutsch, Erwachsener). Anm. AB.

	jüdisch	politisch	autobiografisch	fiktional	Tagebuch	Essay	Schriftsteller	früh	mittel	spät	Sprache: Deutsch	Erleben als Kind
Wiesel	X		X				X	X				X
Kertész	X			X			X			X		X
Semprún		X	X			X	X			X		
Klüger	X		X			X	X			X	X	X
Delbo		X	X				X			X		
Borowski		X		X			X	X				
Levi	X		X			X		X				
Améry	X		X			X	X			X	X	
Kaplan	X				X			X				

Eigene Darstellung

Anhand einer solchen willkürlichen Auflistung wird ersichtlich, wie wenig fassbar versuchte Unterteilungen in Autorenschaft bzw. Herkunft, Genrezuteilung und Entstehungs- sowie Publikationszeit sind. Außerdem darf einerseits die gar nicht greifbare Menge an bestehenden und teilweise noch immer unbekannten oder auch nicht übersetzten Werken von Überlebenden des Nationalsozialismus – seit Beginn der Macht der Nazis bis heute – nicht vergessen werden, zu der sich andererseits die nächste große Gruppe gesellt, die in unserer Zeit vermehrt an Bedeutung gewinnen wird: jene von Schriftstellern – wobei hier tatsächlich hauptsächlich Schriftsteller gemeint sind, die über diese Thematik (meist) in Romanform schreiben –, die weder die NS-Zeit selbst erlebt haben noch (bisweilen) Nachfahren von Opfern oder Tätern sind. Eine solche Darstellung wie oben kann demnach hoffentlich als Argument beitragen, warum es sinnvoll und auch wichtig ist, einen weiten Gattungsbegriff zu verwenden.

Der nachstehenden Analyse der Texte von Udo Dietmar und Elie Wiesel vorgreifend, sieht eine bildliche Darstellung am Beispiel der oben angeführten dieser Art aus:

	jüdisch	politisch	autobiografisch	Schriftsteller	früh	spät	deutsch	Kind
Wiesel	X		X	X		X		X
Dietmar		X	X		X		X	

Eigene Darstellung

Es kann also nur noch einmal die Heterogenität[76] der Texte innerhalb der Holocaust-Literatur als allumfassende Text- bzw. literarische Gattung betont werden, die – nicht bloß aufgrund der Unterteilung in jüdische und nichtjüdische Texte, sondern aufgrund der oben dargelegten zahlreichen Differenzierungen – eben als einzige Gemeinsamkeit ihre Herkunft im geschichtlichen Ereignis Holocaust finden. Somit sollte dieses Ereignis als Anhalts- bzw. Ausgangspunkt zu verstehen sein, wodurch sich die Vielzahl an Texten, die bisher veröffentlicht wurde und die noch geschrieben wird, erklärt. Dass keine Schmälerung der Leiden und schriftstellerischen Leistung jeglicher Überlebenden des Nationalsozialismus geschieht, ist nun hoffentlich klar. Zugleich sollte damit auch eine Antwort auf die Frage nach der Legitimierung der Verwendung des Terminus Holocaust-Literatur als Bezeichnung für die Gesamtheit der vorhandenen Texte – besonders unter Betonung ihrer Vielfalt und zugleich jeweiligen Einzigartigkeit – gefunden sein.

In diesem Zusammenhang wird zudem verständlich, warum es keine vollständige Bibliografie der Holocaust-Literatur gibt:[77] Die vorherrschende Uneinigkeit darüber, wie eine solche Bibliografie aussehen könnte, beginnt doch genau an der Stelle, an der für viele Literaturwissenschaftler nicht sicher scheint, ob jüdische wie auch nichtjüdische Literatur zur Holocaust-Literatur zu zählen ist. Das heißt, der Versuch der Erstellung einer Bibliografie wird im Keim erstickt, sobald Grenzen gezogen und somit Texte ausgeschlossen werden. P. Langer seinerseits sieht als Begründung für eine nichtexistente Bibliografie „die oft undifferenzierte Vermengung von ‚rein' fiktionaler Literatur (z.B. Jurek Becker: *Jakob der Lügner),* autobiographisch relevanten Romanen (z.B. Elie Wiesel: *Nacht)*[78] und Autobiographien (z.B. Ruth Klüger: *weiter le-*

---

76 Dass in der Analyse zwei so unterschiedliche Werke betrachtet und – bis zu einem gewissen Maße – miteinander verglichen werden, soll nicht der Übervorteilung des einen oder anderen Werkes oder Autors dienen, sondern, im Gegenteil, eben genau die Heterogenität betonen: die Heterogenität dieser literarischen Form bzw. Gattung. Unter dieser werden schließlich so viele unterschiedliche Texte subsumiert, welchen die große Aufgabe zukommt, der Erinnerung zu dienen. Anm. AB.

77 Vgl. Constanze Jaiser: *Die Zeugnisliteratur von Überlebenden der deutschen Konzentrationslager seit 1945.* S. 109.

78 Hier wird Wiesels *Nacht* von Phil C. Langer als autobiografisch relevanter Roman bezeichnet, Lawrence L. Langer nennt Wiesels Text „an authentic *Bildungsroman".* [kursiv im Orig., Anm. AB] – In: Lawrence L. Langer: *The Holocaust and the literary Imagination.* New Haven and London: Yale University Press 1975. S. 75. – Ich selbst würde den Text eine stark literarisch überformte Autobiografie mit teilweise stark fiktionalen Umformungen nennen. Anm. AB.

ben) [...]"[79]. Das, was P. Langer also als Defizit anprangert – eine uneinheit-liche Schreibform innerhalb der Holocaust-Literatur –, sieht Jaiser dagegen als Kennzeichen einer solchen Gattung:

> In der Holocaust-Literatur sind im Grunde dieselben Genre *[sic]* und Erzähl-verfahren anzutreffen wie in der Literatur insgesamt: Erzählung, Bericht-Essay (Améry, Klüger), Entwicklungsroman in der Tradition eines Till Eulenspie-gel oder Simplicissimus (Kertész), Reisebericht (Semprún), Montageroman (Delbo), autobiografische Reportage oder die Holocaust-Lyrik.[80]

Indessen spricht sich Hofmann wiederum explizit *gegen* eine Verwendung der literarischen Gattungen in der „Formtradition der Tragödie, des Ent-wicklungsromans oder der Erlebnislyrik"[81] aus, was in direktem Kontrast zu oben Zitiertem steht. Er begründet dies mit der Überlegung, dass mit dem durch den Holocaust hervorgerufenen Zivilisationsbruch das Aufheben der herkömmlichen literarischen Formen einhergeht, weil mithilfe dieser norma-lerweise eine Identitätsstiftung erfolgt.[82] Nach meinem Verständnis erscheint es nicht allzu sinnvoll, darüber zu debattieren, welche verschiedenen Genres in der Holocaust-Literatur zu finden sein dürfen; es wäre wichtiger, allgemein zu akzeptieren, dass die Holocaust-Literatur ein breites Spektrum an Genres bietet. Zudem sollte eine weitreichende Gattungsdifferenz eher als Gewinn für die Literaturwissenschaft wie auch für die literarische Landschaft zu sehen sein denn als Manko. Rosenfeld stellt ebenso fest, dass die Holocaust-Literatur Eingang in verschiedene Gattungen[83] gefunden und dagegen keine eigenen, neuen literarischen Gattungen hervorgebracht habe.[84] Es findet sich demnach

---

79 Phil C. Langer: *Schreiben gegen die Erinnerung?* Autobiographien von Überlebenden der Schoah. Hamburg: Krämer 2002. S. 48. Fußnote 55.

80 Constanze Jaiser: *Die Zeugnisliteratur von Überlebenden der deutschen Konzentrationslager seit 1945.* S. 115.

81 Michael Hofmann: *Literaturgeschichte der Shoah.* S. 9.

82 Vgl. ebda. – Diese Überlegung lässt an Theodor Adornos Diktum denken, wonach nach Auschwitz das Schreiben von Gedichten barbarisch sei. So oft dieses Diktum allerdings zitiert wurde, so oft wurde es auch falsch übernommen, wie dies etwa zum Entstehen des „Topos der Undarstellbarkeit/Unsagbarkeit" beigetragen hat, welcher hernach noch bespro-chen wird und praktisch keine Gültigkeit haben sollte. Anm. AB.

83 Vgl. Alvin H. Rosenfeld: *Ein Mund voll Schweigen.* S. 14. – Diese Gattungen sind u.a. Au-tobiografie, Memoiren, Roman (dazu Subgattungen wie Entwicklungsroman, Bildungsro-man), Essay, Drama, Lyrik etc.

84 Vgl. dazu Andrea Reiter: *„Auf daß sie entsteigen der Dunkelheit."* Die literarische Bewäl-

also eine Doppelung des Begriffs Holocaust-Literatur: Einerseits ist sie als eine
eigene literarische Gattung, innerhalb welcher verschiedene Textarten Platz
finden, zu verstehen, andererseits wird Holocaust-Literatur in der Tradition
der klassischen (Epik, Drama, Lyrik) sowie weiter reichender Literaturgattun-
gen verfasst.

tigung von KZ-Erfahrung. Wien: Löcker 1995. S. 222: Viele Überlebende und zugleich
Nichtschriftsteller waren in der Tradition der herkömmlichen literarischen Formen gefan-
gen, denn Innovationen in Stil und Form sind nur durch eine gewisse zeitliche Distanz
zum Geschehen, während des Niederschreibens, möglich. Zudem sollte die Orientierung
an einem realistischen Stil dem eigenen Erleben noch mehr Glaubwürdigkeit verleihen.
Dichterische und literarische Strategien galten für diese teilweise eher als negative Fiktiona-
lisierungsstrategien, welche ihrem tatsächlichen Erleben die Wahrhaftigkeit hätten abspre-
chen können.

2 Problematik einer Bibliografie/Enzyklopädie/eines Kanons der Holocaust-Literatur

Im Vorwort der *Encyclopedia of Holocaust Literature* werden jegliche Problematiken bei der Erstellung einer solchen angesprochen:

> The body of primary and secondary texts in Holocaust literature is vast and steadily growing. While this encyclopedia is generally intended for an English-speaking audience, Holocaust literature is written in all the languages of European Jewry, and many outstanding works have yet to be translated into English. To simplify the selection of authors for inclusion in the limited space available here, second-generation authors are excluded. A second-generation literature is emerging in its own right – a literature with its own defining features which are fundamentally different from those in this encyclopedia of Holocaust literature. All the authors selected for this volume survived the Holocaust, perished in the Holocaust, or were otherwise closely connected to the Holocaust; nearly all of them – some notable exceptions are Tadeusz Borowski and Charlotte Delbo – are Jewish. Authors who have merely incorporated the Holocaust theme into a work – such as William Styron, Thomas Keneally, and Sylvia Plath – and who have no other direct link to the Holocaust are not included. Furthermore, all 128 authors included in this volume have had their works examined in one or more critical editions dealing with Holocaust literature.[85]

Die folgenden Punkte sind beim Aufbau einer Enzyklopädie beispielsweise zu berücksichtigen: Die voranstehende wurde hauptsächlich für eine englisch-sprachige Leserschaft konzipiert, sie enthält nur einige wenige nichtjüdische

---

85 David Patterson, Alan L. Berger, Sarita Cargas (Ed.): *Encyclopedia of Holocaust Literature.* Westport and London: Oryx 2002. (= Oryx Holocaust Series). Preface. S. IX. – Vgl. dazu einen weiteren Versuch einer Gesamtdarstellung, ebenso auf Englisch: William R. Fernekes: *The Oryx Holocaust Sourcebook.* Westport and London: Oryx Press 2002. (= Oryx Holocaust Series) Benn E. Williams: *An International Bibliography of Holocaust Literature.* S. 245–386. In: Aukje Kluge and Benn E. Williams (Ed.): *Re-Examining the Holocaust through Literature.* Newcastle: Cambridge Scholars Publishing 2009.

Texte (was bei englischsprachigen Texten selten ist); alle Publikationen wurden bereits einmal wissenschaftlich untersucht; Nachkommen der Holocaust-Überlebenden wurden nicht berücksichtigt etc. etc. Es müssen natürlich Kriterien vorgegeben werden, anhand derer eine Enzyklopädie oder Bibliografie erstellt wird; allein, es gibt solcher zuhauf. Doch sind es zugleich genau diese Kriterien, die wiederum sehr viele Texte, die eigentlich zur Holocaust-Literatur zu zählen sind, ignorieren und strikte Grenzen ziehen. Die Frage bleibt: Wie soll hier vorgegangen werden? Von Bedeutung wäre, dass etwa eine ständig zu erweiternde Auflistung erstellt wird, in der jegliche vorhandene Texte vermerkt sind.

Es liegt die Vermutung nahe, dass die Heterogenität der zahlreichen Texte über den Holocaust eine Bibliografie insofern nicht möglich macht, als eine Grundbedingung für eine Bibliografie die Einheitlichkeit der Textformen oder der Genres ist. Allerdings ist auch diese Annahme eine eher eng gefasste, und als kleinster gemeinsamer Nenner ist nicht einmal eine allen Autoren ähnliche Holocaust- oder KZ-Erfahrung anzunehmen, da es auch (v.a. später, im Heute) Verfasser gibt, die gar nicht mehr direkt vom Holocaust betroffen sind. So weist Jaiser anstatt auf eine Bibliografie zumindest auf einen Kanon[86] der Holocaust-Literatur. Zu einem solchen hinzuzuzählen wären demnach etwa „neben Levi und Améry vor allem Borowski, Antelme, Hilsenrath, Klüger und Kertész, vielleicht noch Edvardson und Delbo"[87]. Eine Kanonisierung dieser Art berücksichtigt also erneut nur (bekannte) Schriftsteller und deren Werke, darunter aber auch ehemalige jüdische und politische KZ-Häftlinge. Texte von unbekannten Häftlingen sind dagegen nicht in dieser Auflistung zu finden, und diese Tatsache stellt eine solche Kanonisierung wiederum infrage. Schließlich sollten jegliche Texte zum und über den Holocaust einer gewissen Gattung zugeordnet werden können bzw. irgendwo gemeinsam abrufbar sein.

---

86 Vgl. Überlegungen zur Kanonisierung bei Dominick La Capra: *Representing the Holocaust. History, Theory, Trauma.* Ithaca and London: Cornell University Press 1994. S. 19–41: *Canons, Texts, and Contexts* sowie von der Lühe, Irmela: *Wie bekommt man ‚Lager'?* S. 69 f.

87 Constanze Jaiser: *Die Zeugnisliteratur von Überlebenden der deutschen Konzentrationslager seit 1945.* S. 116. – Interessant erscheint, dass Jaiser hierin doch wieder jüdische als auch nicht-jüdische Verfasser auflistet; allein, diese sind alle Schriftsteller. – Einige der hier genannten Schriftsteller haben sich teilweise nur literarisch-fiktiv mit KZ-Erlebnissen auseinandergesetzt, also nicht autobiografisch, weshalb hier sogar von einer Ausweitung des Begriffs Holocaust-Literatur gesprochen werden kann, was als positiv anzusehen ist. Vgl. etwa Tadeusz Borowski: *Bei uns in Auschwitz.* München: Piper 1987, Edgar Hilsenrath: *Der Nazi und der Friseur.* Köln: Braun 1977 (= *The Nazi and the Barber.* New York: Doubleday 1971.) sowie Ders.: *Nacht.* Köln: Braun 1978 etc.

So, wie oftmals von der Besonderheit des Holocaust zu lesen ist, sollte wohl auch die Literatur zu und über diesen als besonders bzw. auch thematisch definierte Gattung innerhalb der Literatur zu verstehen sein.

Um an die Überlegung bezüglich einer Genre-Einteilung zuvor anzuknüpfen, bedient sich Prümm der Verwendung des „Prinzip[s] der Poetisierung"[88] bei einem Text, der nicht mehr zu den reinen Dokumentationen gezählt wird, sondern „zum Romanhaften"[89] tendiert. Es sind dieselben Strukturmerkmale wie bei sogenannten Holocaust-Erlebnisberichten[90] zu finden, jedoch kommen „die dramaturgische Steigerung des Schrecklichen, die strukturierenden Vorausdeutungen, der Einsatz von Leitmotiven"[91] hinzu. Das „Romanhafte" findet sich m.E. aber auch in jeglichen dieser Erlebnisberichte, denn einerseits wird jedes Erlebnis, das narrativiert wird, eben durch die Erzählung automatisch zu einem literarisch und dadurch beinahe fiktional – d.h. fingiert – anmutenden Element, und andererseits erkennt man als aufmerksamer Leser sehr wohl niveauvolle Texte, da sich viele Verfasser – wie teilweise bereits gezeigt wurde bzw. noch wird – narrativer Formgebungen bedienen, um ihre Berichte als mehr denn als bloße Erlebnisliteratur erscheinen zu lassen.

2.1 KONZEPTVORSCHLÄGE FÜR EINE BIBLIOGRAFIE DER WERKE DER HOLOCAUST-LITERATUR

Nachfolgend werden drei Konzepte vorgeschlagen, um Möglichkeiten für die Erstellung einer Bibliografie der Holocaust-Literatur zu eröffnen.

---

88   Karl Prümm: „*Die Zukunft ist vergeßlich.*" Der antifaschistische Widerstand in der deutschen Literatur nach 1945. S. 33–68. In: Hans Wagener (Hg.): *Gegenwartsliteratur und Drittes Reich*: Deutsche Autoren in der Auseinandersetzung mit der Vergangenheit. Stuttgart: Reclam 1977. S. 40.

89   Ebda.

90   Es ist bemerkenswert, dass die Texte von den Verfassern in den Untertiteln zuweilen selbst *Erlebnisbericht* genannt werden, um sich damit sogar bewusst von Schriftstellern abzusetzen. Anm. AB. – Vgl. etwa Erwin A. Komleitner: *Todeslager Emsland im Moor*. Der Teufelsberg ruft! Ein *Erlebnisbericht* aus dem deutschen Internierungslager im Moor. Wien: Selbstverlag der „Österreichischen Gesellschaft Nächstenhilfe in Wien, Roman Karl Scholz, Dr. Hans Zimmerl, Hans Georg Heintschel-Heinegg-Bund" 1947 sowie Erwin Gostner: *1000 Tage im KZ*. Ein *Erlebnisbericht* aus den Konzentrationslagern Dachau, Mauthausen und Gusen. Innsbruck: Selbstverlag 1945. [Kursivierung AB]

91   Karl Prümm: „*Die Zukunft ist vergeßlich.*" S. 40.

2.1.1 Einteilung nach Entstehungszeit

Eine Einteilung nach der zeitlichen Entstehung der Werke der Holocaust-Literatur in vier Phasen könnte folgendermaßen aussehen:[92]

1. Phase 1933–1945
2. Phase 1945–1950
3. Phase 1950–1980
4. Phase 1980–heute

Die erste Phase deckt die Zeit der Machtergreifung der Nationalsozialisten nach Ende der Weimarer Republik bis zum Ende des Zweiten Weltkriegs ab. Diese Zeitspanne ist deshalb eine längere, weil erste Repressionsmaßnahmen gegen NS-Regimegegner (u.a. natürlich Juden) bereits ab 1933 begannen. Einen traurigen „Höhepunkt" in diesen zwölf Jahren stellt zum Beispiel die Reichskristallnacht von 8. auf 9. November 1938 dar, welche schon deutlich die Verfolgungspläne der Nationalsozialisten zeigte. In diese Zeitspanne fallen an schriftstellerischen Zeugnissen viele Ad-hoc-Berichte wie etwa Tagebücher, vornehmlich in Ghettos (das Schreiben war sowohl in Ghettos als auch in Konzentrationslagern aufgrund von Papiermangel sehr schwierig bzw. auch verboten und konnte dadurch nur unter Lebensgefahr erfolgen) oder Verste-

---

92 Angelehnt an Sascha Feuchert: Feuchert hat in seiner Untersuchung „*Fiction oder Faction?*" ebenfalls eine zeitliche Einteilung von Holocaust-Literatur vorgenommen, die sehr präzise die geschichtlichen Hintergründe miteinbezieht. Er definiert dafür sechs Phasen, die wie folgt gestaltet sind. Für die erste Phase (1933 bis 1939) ist als Kennzeichen gegeben, dass die meisten Texte von politischen Häftlingen stammen, für die zweite (1939 bis 1942), dass viele Texte zur Subgattung Ghetto-Literatur zu zählen sind. In der dritten Phase (1942 bis 1945) wird in den Texten die Ungläubigkeit über das Erlebte zum Ausdruck gebracht, wie auch die Umschichtungen der bisher bekannten Werte und Wertevorstellungen verlautbart werden. Die Texte der vierten Phase (1945 bis 1949) sind jene, die meist unter dem Schlagwort „Zeugnisliteratur" laufen, da deren Verfasser authentisch vom Erlebten Zeugnis ablegen wollten; in der fünften Phase (1949 und 1979) werden die politischen Verfasser weniger, es kommen sogar schon ,Außenstehende' zu Wort, die den Holocaust nicht selbst erlebt haben. Schließlich bringt die sechste und letzte Phase (ab 1979) eine neue Fülle an Memoiren hervor, geschrieben von Überlebenden mit großer zeitlicher Distanz und damit Reflexionsmöglichkeit (bzw. möglichen vermehrten Erinnerungslücken), bevor das Aussterben der Opfergeneration beginnt. – Vgl. dazu Feuchert: *Fiction oder Faction?* Grundsätzliche Überlegungen zum Umgang mit Texten der Holocaustliteratur im Deutschunterricht. S. 129–143. In: Jens Birkmeyer (Hg.): *Holocaust-Literatur und Deutschunterricht.* Perspektiven schulischer Erinnerungsarbeit. Hohengehren: Schneider 2008. S. 135 ff. – Diese Texte sind auch jene, die heute generell als Holocaust-Literatur bezeichnet werden. Anm. AB.

cken (man denke an Anne Franks Tagebuch) geschrieben, die einen Einblick quasi in Echtzeit geboten haben bzw. heute immer noch bieten. Dazu kommen Texte von KZ-Häftlingen, die frühzeitig (noch vor Beginn des Kriegs) inhaftiert und auch wieder freigelassen wurden sowie erste bereits früh publizierte Werke nach Kriegsende. Das Gesamtausmaß des Holocaust ist zu diesem Zeitpunkt noch nicht bekannt. Erste Bilder und Tropen entstehen, wie es auch Conter aufgezeigt hat. So etwa wurde beispielsweise Julius Freunds Buch *O Buchenwald!* 1945 im Selbstverlag publiziert, doch war es bereits 1939 (!) geschrieben worden. Das heißt, Freund hat den Holocaust noch gar nicht erlebt, indes das Konzentrationslager Buchenwald sehr wohl. Am Schluss seines Werkes richtet er Appelle an die Menschen in Österreich und Deutschland – vornehmlich Sozialisten –, sich gegen das Nazi-Regime zu stellen und Widerstand zu leisten. Es ist höchst interessant zu lesen, wie er in seinem Bericht vom Präteritum ins Präsens wechselt, um die Menschen im Jahr 1939, nach seiner Flucht aus dem KZ und noch vor Beginn des Zweiten Weltkriegs (!), zu erreichen und sie vor dem Nationalsozialismus zu warnen.[93]

In der zweiten Phase entstehen sehr viele Texte der (heute) sogenannten Zeugnis- oder Lagerliteratur, die vornehmlich von ehemaligen politischen Häftlingen verfasst werden. Dabei sind natürlich auch besonders die Verlags- und Produktionsbedingungen zu berücksichtigen, wie etwa die verschiedenen Besatzungszonen oder die wirtschaftlichen Notlagen, weshalb Publikationen vielleicht auch oft nicht möglich sind. Als Kennzeichen dieser frühen (Nachkriegs-)Texte sind die oftmals nichtschriftstellerische Tätigkeit im ‚normalen‘ Leben der Verfasser sowie deren Authentizitätsbekundungen zu nennen. Die Verfasser ringen um Worte, um das bisher so noch nicht Dagewesene zu beschreiben.

Schließlich beginnt für die dritte Phase eine große Zeitspanne von 30 Jahren, in welcher sich die Texte stark wandeln. Viele Menschen, die erst nach einiger Zeit wieder über ihre Erlebnisse sprechen wollen und dürfen – und auch angehört werden –, schreiben diese nun nieder. Das bedeutet in dem Fall, das Schreiben erfolgt aus der Erinnerung. Das Erleben ist nicht mehr so präsent, es wird stärker überformt. Das erlittene Trauma fließt bewusst oder unbewusst in den Schreibprozess ein. Zugleich sprechen viele Menschen, die den Ho-

---

93   Weil sich Freund nach seiner Flucht ab 1939 nicht mehr in Österreich (bzw. im Dritten Reich) aufhielt, hat er seinem Text den Bericht über die letzten Stunden im KZ Buchenwald (11. April 1945), vor dem Einmarsch und der Befreiung durch die Amerikaner, von Augenzeugen beigefügt. Anm. AB.

locaust als Kinder erlebt haben, nun aus ihrer Sicht als Erwachsene über die Ereignisse. Auch das bringt gänzlich andere Erzählungen über die Erlebnisse hervor: Die mittlerweile erwachsenen Menschen haben inzwischen ein ganz anderes Verständnis von dem, was passiert ist.

Die vierte Phase ist noch nicht abgeschlossen und kann erst nach dem Tod des ‚letzten‘ Holocaust-Überlebenden als komplette vierte Phase angesehen werden. Wenn dies einmal der Fall sein wird, wird sich zudem noch eine fünfte Phase dazugesellen, die man als „Post-Holocaust-Literatur" bezeichnen könnte. Diese Literatur wird sodann auch nur noch fiktionale Texte mit keinerlei autobiografischen Zügen oder solche, die auf Tatsachen beruhen, aber nicht selbst erlebt wurden, zutage fördern. Für die vierte Phase gilt inzwischen noch, dass sich – etwa auch in der Tradition der Postmoderne – literarische Werke herausgebildet haben, die nicht mehr allein nur auf die Ereignisse Bezug nehmen, diese also nicht rein nacherzählen, sondern selbstreferenziell und kontextbezogen selbstständig agieren. Viele Schlagworte innerhalb der Holocaust-Literatur sind bereits ins kulturelle Gedächtnis übergegangen und somit nicht mehr ‚neu‘ für die Leser.

2.1.2 Einteilung nach Verfassern

Für die voranstehende zeitliche Unterteilung können zudem noch weitere Gliederungen vorgenommen werden. Indem die Texte der ersten und zweiten Phase zusammengenommen unter dem Schlagwort ‚frühe Texte‘ verstanden werden, stehen sie den ‚mittleren‘ (der dritten Phase) sowie den ‚späten‘ Texten (der vierten Phase) gegenüber. Dazu kommt die Einzelkategorie der Tagebücher (die der Zeitspanne von 1933–1945, also der ersten Phase, zuzurechnen sind). Die frühen, mittleren und späten Texte werden sodann jeweils nach (‚Art der Verfolgung‘ der) Verfasser aufgeschlüsselt, und hierbei wird nun endgültig die Gefährlichkeit einer solchen Differenzierung der Texte ersichtlich: Entweder erfolgt eine Aufteilung nach *jüdisch* und *nichtjüdisch* oder separat aufgeschlüsselt: *politisch, rassisch, jüdisch, homosexuell, religiös* (Zeugen Jehovas, auch *Bibelforscher*; katholische Pfarrer u.a.), *behindert (unwertes Leben)*. Und allerspätestens an dieser Stelle ist abzubrechen, weil klar wird, dass das ein verfemtes Schema ist, das es in solcher Art bereits gegeben hat. Von einem Versuch einer Einteilung nach Verfassern gelangt man also ganz einfach zu einer Klassifizierung von Menschen angelehnt an das NS-Schema. Somit ist der gescheiterte Versuch einer Aufteilung bzw. Einteilung von diversen Texten der Holocaust-Literatur nach Verfassern (und unweigerlich nach deren Art der Verfolgung) als Bestätigung dafür zu verstehen, dass eine solche Differenzierung nicht durchgeführt werden darf. Schließlich ist allen Überlebenden, gleich welchen Internierungsgrundes, das Wichtigste – und zugleich Schlimmste – ohnehin gemeinsam: Sie wurden zu Feinden der Nationalsozialisten erklärt. Und allein diese Tatsache sollte für alle Verfasser von Texten zum und über den Holocaust die Zuschreibung zum Genre Holocaust-Literatur bedingen.

2.1.3 Einteilung nach inhaltlichen bzw. formalen Kriterien

Neben einer Einteilung der Texte nach Entstehungszeit können auch Modelle für inhaltliche oder formale Kriterien gestaltet werden, welche verschiedene in den diversen Texten verwendete Topoi umfassen. Im Folgenden werden zwei Beispiele von möglichen Kriterienkatalogen für frühe Holocaust-Literatur vorgestellt. Diese Kriterien könnten – nach Prüfung ihrer Eignung – in das oben erstellte Modell eingefügt werden. Der erste Kriterienkatalog eignet sich m.E. gut für eine praktische Untersuchungsanwendung; zudem scheint er einfach ausweitbar zu sein. Der zweite Kriterienkatalog ist etwas gewagt und nicht unbedingt passend, zumal er einige Diskrepanzen beinhaltet, die bei der Erstellung anscheinend nicht bemerkt oder berücksichtigt wurden.

Simbürger listet vier verschiedene allgemeine Kriterien auf, die Texte in der Tradition von Holocaust-Literatur kennzeichnen: Internationalität, Genrevielfalt, Zeugnisablegung und Überlebensdiskurs bzw. Extremerfahrung als zentrales Thema.[94] Der erste Punkt ist als äußeres Kennzeichen bzw. die Verfasser betreffend zu verstehen: Die Internationalität deutet auf die Weitläufigkeit der Opferherkunft hin, was noch einmal das Ausmaß der NS-Massenvernichtung betont. Die Genrevielfalt sowie der Überlebensdiskurs bezeichnen in explizit literaturwissenschaftlicher Sicht einerseits die vielen verschiedenen möglichen Darstellungsformen der KZ- oder Ghetto-Erfahrungen, andererseits die Themenfestlegung: die Holocaust-Erfahrung. Schließlich bedeutet die Zeugnisablegung oftmals die grundsätzliche Motivation von – vor allem – Nichtschriftstellern, ihr Erleben zu Papier zu bringen, um vom Erlebten zu berichten: Nach Boschki lassen

[d]ie Berichte selbst [...] eine klare Intention ihrer Autoren erkennen, die sich in allen Schriften der Opfer wiederfindet: Man will unter allen Umständen Zeug-

---

94   Vgl. Brigitta Elisa Simbürger: *Faktizität und Fiktionalität*. S. 40 f.

nis ablegen und der Nachwelt – falls es eine Nachwelt geben wird – berichten, was geschehen ist. Angesichts des Todes wurde das Zeugnis dieses Todes zur einzigen Hoffnung.[95]

Diese vier Kennzeichen sind ein erster Schritt, um Holocaust-Literatur als Gattung zu manifestieren, zugleich sind sie aber alle eher „selbstverständlich" und selbsterklärend, weshalb es noch weitere, genauere und rein auf die Holocaust-Literatur ausgelegte Merkmale als Auflistung geben muss, um diesen Begriff einwandfrei festsetzen zu können.

Als ein weiteres, quasi den bestehenden von Simbürger vorgeschlagenen Katalog ausweitendes Merkmal könnte eine Untersuchung von Texten nach ‚Kapiteleinteilung' erfolgen. Wiederholt erstaunt der Aufbau der diversen KZ-Texte. Etwa hängt die Entscheidung für oder gegen eine Kapiteleinteilung mit der Länge eines Textes zusammen, m.a.W.: Ein langer Text erfordert Kapitel, ein kurzer nicht und vice versa. In Wolfgang Langhoffs *Moorsoldaten* gibt es zum Beispiel zwar Kapitel und Kapiteltitel, aber kein Inhaltsverzeichnis; insgesamt umfasst das Buch über 300 Seiten. Das Buch *Deportiert! Ein Wiener Jude berichtet* von Samuel Graumann verfügt wie Langhoffs Werk über Kapitelnamen, und es gibt sogar ein Inhaltsverzeichnis am Schluss. Die Kapitel sind allerdings nicht nummeriert. In Erwin A. Komleitners *Todeslager Emsland im Moor* ist keinerlei Kapiteleinteilung zu finden, das Buch ist sozusagen in einem durchgeschrieben und mit etwa 40 Seiten auch sehr schmal. Gerhart Seger erstellte in *Oranienburg* dagegen umfassende vorwegnehmende Kapitelbeschreibungen; sein Werk weist dennoch nur etwa 80 Seiten auf, was die oben stehende mögliche These also nicht bestätigt. Ein Beispiel von den 14 durchnummerierten Kapiteln daraus sieht folgendermaßen aus: „I. Vom Gefängnis ins Konzentrationslager. Der Transport nach Oranienburg – Der Empfang im Lager – Die Schlafsäle – Nasse Kühlkeller einer Brauerei – Die ersten Eindrücke – S. 13."[96]

Es gibt also unzählige Beispiele. Sodann können die Inhalte der Kapitel-(titel) analysiert werden: ob sie nur kurz und in Schlagworten das darauffolgende Kapitel benennen oder tatsächlich schon genau vorwegnehmen, was im folgenden Kapitel erzählt wird. Auf solche – und noch detailliertere – Art

---

95 Reinhold Boschki: *Der Schrei*. S. 44.

96 Gerhart Seger: *Oranienburg*. Erster authentischer Bericht eines aus dem Konzentrationslager Geflüchteten. Karlsbad: Verlagsanstalt Graphia 1934. (= Probleme des Sozialismus. Sozialdemokratische Schriftenreihe. Nr. 5: „Oranienburg".) (Mit einem Geleitwort von Heinrich Mann). S. 9.

kann demnach eine Untersuchung nach Kapiteleinteilung aussehen, um ein weiteres Untersuchungskriterium für die frühen Texte zu erhalten. Eine andere interessante Analyse verspricht jene der Titel und Untertitel von Holocaust-Texten zu sein. Besonders frühe Texten sind oftmals sehr appellativ und haben entweder das Wort *Konzentrationslager* oder spezifisch den Namen des/der jeweiligen KZ im Titel. Die Subtitel beinhalten häufig eine nähere Erläuterung des (Genres des) vorliegenden Textes, also etwa Bericht oder Erlebnisbericht.[97] Die Verwendung von Rufzeichen ist ebenfalls nicht zu ignorieren.

Jaiser gibt nachstehende Kriterien für KZ-Texte an, die zugleich als Schreibmotivation der Verfasser zu verstehen sind: Erstens – diese Überlegung war auch zuvor bei Simbürger zu finden –, der Überlebende findet oftmals nicht mehr seinen Platz in der Welt, er erkennt sein eigenes Zerstörtsein; die Situation des sogenannten ‚Überlebens nach dem Überleben‘ offenbart sich.[98] Wie soll der Mensch, der Grauenhaftes überstanden hat, wieder Vertrauen zu den Menschen – die Mitmenschen oder, nach Améry, die Gegenmenschen – fassen, die teilweise tatenlos zugesehen haben? Wie soll ein solcher Mensch wieder in sein ‚altes‘ Leben zurückfinden, wenn es dieses gar nicht mehr geben kann; wenn etwa nicht einmal seine Wohnstätte mehr vorhanden ist, und wenn er nicht weiß, was mit seiner Familie, mit Freunden und Verwandten geschehen ist.

Zweitens hat es bei vielen Häftlingen im Konzentrationslager schon das Verlangen gegeben, „die erlittenen Erfahrungen auszusprechen, so wie sie waren"[99] Und „[b]ereits im Lager erhielt die Absicht, einst ihre Erfahrungen einer größeren Öffentlichkeit mitzuteilen, Häftlinge am Leben"[100]. Sie wollten reden, erzählen, Zeugenschaft ablegen – und gehört werden.[101] Felman und Laub zitieren dazu Elie Wiesel, der meint, dass „our generation invented a new literature, that of testimony"[102], und fragen nach dem Stellenwert von

---

97 Hierzu stellt sich die Frage, ob die Forschung sodann nicht einfach diese Subtitel als Namen für die frühen Texte verwendet hat, weil diese gar sehr passend wirken. Dennoch darf nicht von dem von Nichtschriftstellern verwendeten Begriff Erlebnisbericht oder Bericht angenommen werden, dass notgedrungen keinerlei literarische Aspekte darin zu finden sind. Anm. AB.

98 Vgl. Constanze Jaiser: *Die Zeugnisliteratur von Überlebenden der deutschen Konzentrationslager seit 1945.* S. 122.

99 Ebda. S. 123.

100 Andrea Reiter: *„Auf daß sie entsteigen der Dunkelheit."* S. 160.

101 Vgl. ebda.

102 Shoshana Felman: *Education and Crisis, Or the Vicissitudes of Teaching.* S. 1–56. In: Shoshana

„testimony", Zeugenschaft: „Why has testimony in effect become at once so central and so omnipresent in our recent cultural accounts of ourselves?"[103] Zeugenschaft wird also als Transportmittel für das Verbalisieren von Erlebtem verstanden, wodurch sich die Frage nach der Besonderheit derselben erübrigt bzw. auch Wiesels Aussage, wonach nur in unserer Zeit Zeugenschaft so wichtig ist, etwas überflüssig wirkt: Es ist seit jeher üblich, dass Menschen darüber erzählen und davon Zeugenschaft ablegen, was sie erlebt und gesehen haben. Folglich ist vielmehr die Tatsache, dass dies heute so stark thematisiert wird, als Besonderheit zu verstehen.

Der dritte Punkt hängt direkt mit dem zweiten zusammen, da es hierin um die im KZ zurückgelassenen Toten geht, die die Verfasser von (hauptsächlich frühen) Texten überlebt haben. Letztere konnten und wollten also nicht vergessen, was ihnen und jenen, die die Torturen nicht überlebt haben, angetan worden war. Sie haben demnach das Schreiben als ihre Pflicht und Aufgabe gesehen, um den Toten gerecht zu werden und ihnen gegenüber Treue zu halten.[104] Die Überlebenden sühnen damit die Toten, wie es etwa bei Dietmar zu finden ist:

> Dies Buch ist [...] geschrieben im Gedenken an meine 51 000 gemordeten Kameraden von Buchenwald, an die vielen Tausend und aber Tausend anderen gemordeten Kameraden von Dachau und Natzweiler, mit denen ich, Schulter an Schulter, Jahr für Jahr, den Weg des Grauens, der schier endlos schien, gegangen bin, die aber den Tag der Freiheit nicht erleben durften.[105]

Der vierte und letzte Punkt der von Jaiser vorgeschlagenen Charakteristika von KZ-Texten erscheint – im Gegensatz zu den ersten drei Punkten – etwas merkwürdig und gewagt. Demnach verleihe das Überleben des Holocaust einem Menschen die Aura eines Propheten aufgrund seiner Erfahrung: Die Texte als wichtige Zeugnisse zeigen „die Paradoxie von Zerstörung des Individuums und lebendigem Wort eines rufenden Ich"[106]. Die Überlegung

---

Felman and Dori Laub: *Testimony*. Crises of Witnessing in Literature, Psychoanalysis, and History. New York [u.a.]: Routledge 1992. S. 6.

103 Ebda.

104 Vgl. Constanze Jaiser: *Die Zeugnisliteratur von Überlebenden der deutschen Konzentrationslager seit 1945*. S. 123.

105 Dietmar: *Häftling…X.* S. 10.

106 Constanze Jaiser: *Die Zeugnisliteratur von Überlebenden der deutschen Konzentrationslager seit 1945*. S. 124.

bezüglich einer solchen Erhöhung von überlebenden Menschen geht allerdings in eine falsche Richtung: Dies würde nämlich bedeuten, dass jegliche Überlebende als Seher und Heils- oder Unheilsbringer fungieren müssten, und das nur allein aufgrund ihres Überlebens und ihrer traumatischen Erfahrung. Es wäre allerdings absolut vermessen anzunehmen, dass auch nur ein einziger Überlebender durch die schlimme KZ-Erfahrung auf irgendeine Art gewissermaßen *erleuchtet* und *weitergebildet* wurde, um diese *neuen Erkenntnisse* hernach weiterzugeben. Weiter meint Jaiser, dass das schriftliche Wort als Gedenken und Mahnung bewahrt bleiben muss. Zudem obliegt den Überlebenden die Last der Verantwortung mit der Verkündigung und Aufforderung zur Umkehr oder Reue.[107] Diesbezüglich kann Jaiser wiederum recht gegeben werden, da Überlebende sehr wohl als Mahner fungieren können. Dazu ist hinsichtlich Wiesels Text und Figurenkonstellation auch folgende Überlegung einzubringen: So, wie die Menschen bei ihm als Figuren teilweise als Propheten und Künder agieren, kann behauptet werden, dass Wiesel selbst als Verfasser des Textes und als Zeuge quasi am Ende als Umkehrung seiner Figuren steht. Seine Figuren haben zuerst das Unheil kommen sehen und verkündet, welchem diese letztlich selbst zum Opfer gefallen sind; Elie Wiesel hat aber überlebt und agiert nun als Künder bzw. Mahner und Aufrechterhalter von Erinnerung. Wiesels gegenwärtige Funktion als Autor wird dadurch bestätigt; sein künstlerisches Schaffen wird durch die Bedeutung seiner eigenen Figuren motiviert.

---

107 Vgl. ebda.

3 Geschichtlicher Abriss der Holocaust-Literatur: Bemerkungen zu frühen/mittleren/späten Texten[108]

Für das erste Jahrzehnt nach dem Ende des Zweiten Weltkriegs zeigt sich für die Forschung zur Holocaust-Literatur seltsamerweise ein zwiespältiges Bild: Auf der einen Seite weisen Forscher auf die Vielzahl von frühen Texten hin, auf der anderen Seite wird das Schweigen der Holocaust-Überlebenden – das nachfolgend noch detaillierter thematisiert wird – betont, weswegen nach Auffassung letzterer Forscher keine bekannten Texte aus der Zeitspanne stammen.[109] Gesichert ist dagegen das zur Zeit der Publikation früher Texte vorhandene Desinteresse der Menschen an diesen: „Niemand wollte das Zeugnis hören."[110] Es war damals schon eine Menge an KZ-Berichten vorhanden – allein, sie wurden oftmals nicht beachtet und gerieten folglich in Vergessenheit. In dieser Zeit war die Verbreitung von Texten Holocaust-Überlebender gering, selbst wenn es im deutschsprachigen Raum zwischen 1945 und 1949 eine erste Welle von Veröffentlichungen gab.[111] So mangelte es in den späten 1940er-/frühen 1950er-Jahren nicht an Publikationen bzw. Publikationsmöglichkeiten, sondern schlicht am Interesse des Publikums:[112]

---

108 Vorgreifend auf Kapitel 4, welches auf die Merkmale früher Texte der Holocaust-Literatur fokussiert, werden auch in diesem Abriss vereinzelt speziell in frühen Texten zu findende Charakteristika für diese Gattung angeführt. Es können sich zwar Überschneidungen mit Kapitel 4 ergeben, was sich durch eine Verfolgung der chronologischen Abläufe innerhalb der Geschichte der Holocaust-Literatur ergibt, doch lässt sich dadurch noch besser die Etablierung des Begriffs Holocaust-Literatur gerade anhand von für diese Gattung spezifischen Merkmalen nachvollziehen.

109 Vgl. etwa Andrea Reiter: *„Auf daß sie entsteigen der Dunkelheit"*, die auch beide Seiten aufzeigt, S. 222: „[...] zogen viele Überlebende vor zu schweigen. [...] Andererseits entstanden viele Texte bereits unmittelbar nach der Befreiung."

110 Phil C. Langer: *Schreiben gegen die Erinnerung?* S. 46.

111 Vgl. Constanze Jaiser: *Die Zeugnisliteratur von Überlebenden der deutschen Konzentrationslager seit 1945.* S. 109 f.

112 An anderer Stelle wird dieses Publikum noch in Verbindung mit Zeugenschaft genannt – es war nunmehr die Aufgabe des Publikums, Zeugenschaft, die von anderen abgelegt wurde, zu übernehmen. Doch waren die Menschen eben nicht bereit, dies zu tun, was zu genannter Problematik geführt hat. Anm. AB.

Die erstaunlich große Anzahl von Texten in der frühen Nachkriegszeit korrespondiert mit der Motivation vieler Autorinnen und Autoren, ihre erzählten Erfahrungen würden auf großes Interesse stoßen und es würde ihnen, wenigstens im nachhinein [sic], Gerechtigkeit widerfahren – eine Annahme, die bekanntlich weitgehend enttäuscht wurde.[113]

Als ein erstes Kennzeichen für Holocaust-Literatur wurde sodann etwas erkennbar, was sich mit der Zeit zu einem Topos entwickelte: das Erzählen als Bedürfnis. Die meisten Verfasser hatten die Hoffnung, die Erlebnisse mithilfe der Niederschrift zu überwinden.[114] Dieses erste, frühe Auf- oder Niederschreiben war aber keineswegs ein Akt der Selbstdarstellung und erwies sich auch nicht als exakte Erläuterung von historischen Fakten,[115] wenngleich immer wieder Beteuerungen des Wahrheitsgehalts – was nach und nach ebenso ein Kennzeichen bildete – des Erlebten zu finden sind. Die Intention zu schreiben war durch das eigene Erleben und zugleich durch jene Mithäftlinge, die in den Konzentrationslagern zurückgelassen worden waren – und nicht überlebt hatten –, motiviert. Aus psychologischer Sicht wird die geringe frühe Publikationstätigkeit auf die traumatischen Erlebnisse zurückgeführt, wonach Überlebende diese erst nach gewisser Zeit verarbeiten und wiedergeben konnten. Die Erzählung des Erlebten hat alsdann den Sinn, „durch Herstellung eines kohärenten Zusammenhanges die Kontingenz der Erfahrungen zu bewältigen, und so [dienen diese] einer Wiederaneignung der Subjektivität"[116], wobei in diesem Fall Subjektivität als Identität konstituierender Faktor und quasi Selbstbestimmung zu verstehen ist.

Als ein anderes Kennzeichen fungiert der Anspruch auf Objektivität. Hier ist Objektivität im Gegensatz zur soeben dargelegten Form von Subjektivität als Subjektivität literarischer Darstellung oder sogar als möglicherweise subjektiv-verzerrte Darstellungsart gemeint. Düwell erläutert, dass die „Zeugnisliteratur als erste Phase der Shoah-Literatur [...] vor allem an Dokumentation und historischer Referenz orientiert"[117] war. Für die frühen Texte waren rea-

---

113 Constanze Jaiser: *Die Zeugnisliteratur von Überlebenden der deutschen Konzentrationslager seit 1945.* S. 110.

114 Vgl. ebda.

115 Vgl. ebda. S. 121.

116 Phil C. Langer: *Schreiben gegen die Erinnerung?* S. 45. – Gegen diese These sprechen allerdings jene Werke, die kurz nach Kriegsende verfasst wurden. Anm. AB.

117 Susanne Düwell: *„Fiktion aus dem Wirklichen."* S. 8 f. – Düwells Verwendung bzw. Eingrenzung des Begriffs Shoah-Literatur als rein jüdisch weite ich in diesem Fall aus, wodurch

listische Erzählverfahren und dokumentarische Formen am gebräuchlichsten. Viele Überlebende und Zeugen waren „um die möglichst objektive historiographische Darstellung des Erlebten, wofür die Mehrheit die Berichtform am geeignetsten"[118] hielt, bemüht. Es wurden außerdem zunehmend Werke mit wissenschaftlichem Anspruch produziert.[119] Prägte die ersten Texte, wie schon erwähnt, ein appellativer Charakter, so finden sich in den späteren Texten immer wieder literarische Stilmittel, Überlegungen und persönliche Meinungen der Autoren.[120] Schließlich entstanden nach Jaiser die meisten der Holocaust-Texte Ende der 1960er- und der 1980er-Jahre und nach P. Langer in den späten 1970er-Jahren bis zu den 1990er-Jahren, als sich ein Höhepunkt abzeichnete: Seit 1990 sind die meisten Zeugnisse erschienen.[121] Bei Letzteren ist allerdings wiederum die Selbstreferenzialität der Texte zu berücksichtigen, die bei frühen Werken, ohne große zeitliche Distanz, noch nicht gegeben ist. Selbstreferenzialität hängt vom zeitlichen Abstand, von Wissens- und Erinnerungsdiskursen oder vom Grad der literarischen und gesellschaftlichen Strömung ab.[122] In späteren Werken wird etwa der bewusste fiktive Dialog mit dem Leser verfolgt, oder es werden der Schreibprozess und die Frage der Darstellbarkeit thematisiert.[123] Solche Texte sind somit auch vielfach Werke von

---

Shoah-Literatur quasi als Synonym für Holocaust-Literatur steht. Denn tatsächlich stammte der Großteil der früh erschienenen Texte *nicht* von jüdischen Verfassern. Anm. AB.

118 Andrea Reiter: *„Auf daß sie entsteigen der Dunkelheit."* S. 222.

119 Vgl. Phil C. Langer: *Schreiben gegen die Erinnerung?* S. 44. – Derselbe verweist in diesem Zusammenhang auf folgende Werke: Eugen Kogon: *Der SS-Staat. Das System der deutschen Konzentrationslager.* Stockholm: Bermann-Fischer 1947 sowie Viktor Frankl: *Ein Psychologe erlebt das Konzentrationslager.* Wien: Verlag für Jugend und Volk 1946.

120 Vgl. Ruth Klüger: *weiter leben:* Das immer wieder genannte Beispiel für eine ganz unkonventionell und modern erscheinende Holocaust-Autobiografie ist der Text von Ruth Klüger, der mit großem zeitlichen Abstand zum Geschehen verfasst und publiziert wurde. Die Germanistin führt Dialoge mit ihren (hauptsächlich weiblich antizipierten) Lesern und erzählt nicht stringent die Geschichte ihrer Konzentrationslager-Erfahrungen. Anm. AB.

121 Vgl. Constanze Jaiser: *Die Zeugnisliteratur von Überlebenden der deutschen Konzentrationslager seit 1945.* S. 109 und 114 sowie Phil C. Langer: *Schreiben gegen die Erinnerung?* S. 45.

122 Vgl. Constanze Jaiser: *Die Zeugnisliteratur von Überlebenden der deutschen Konzentrationslager seit 1945.* S. 120. – Vgl. dazu ebda. S. 121: „Der Text legt sich selbst Zeugnis ab von seinem (immer schon gebrochenen) Überleben."

123 Beides findet sich etwa bei Ruth Klüger: Die Schwierigkeit bei Memoiren ist, dass der Verfasser am Leben geblieben und keinem Ungemach zum Opfer gefallen ist. So ergibt sich nämlich die falsche Darstellung eines Happy End – der Leser ist froh, dass alles gut ausgegangen ist: „Wer schreibt, der lebt. Der Bericht, der eigentlich nur unternommen wurde, um Zeugnis abzulegen von der großen Ausweglosigkeit, ist dem Autor unter der Hand zu einer ‚escape story' gediehen. Und das wird nun auch zum Problem meines Rückblicks. Wie

Holocaust-Überlebenden, die jahrelang geschwiegen haben und doch eines Tages ihr Schweigen brachen, um die Erlebnisse niederzuschreiben oder sogar bereits dargelegte Erlebnisse bzw. Erinnerungen anderer zu widerlegen.[124] Das Erzählen solcher Erinnerungen bedeutet ein Darstellen von stark überformten Erlebnissen, weshalb die Menschen also meist ihre Erinnerung und nicht (mehr) ihr Erleben erläutern: „Der erinnerte Sachverhalt erscheint als Produkt des Erinnerungsvorgangs."[125] Das bedeutet, dass nicht das Erlebnis in der Vergangenheit im Gedächtnis gespeichert wird, sondern lediglich eine Vorstellung von diesem.[126]

---

kann ich euch, meine Leser, davon abhalten, euch mit mir zu freuen, wenn ich doch jetzt, wo mir die Gaskammern nicht mehr drohen, auf das Happy-End einer Nachkriegswelt zusteuere, die ich mit euch teile?" („weiter leben", S. 140)

124 Vgl. etwa Fania Fénelon: *Das Mädchenorchester in Auschwitz*. Frankfurt/Main: Röderberg 1980. vs. Anita Lasker-Wallfisch: *Ihr sollt die Wahrheit erben*. Die Cellistin von Auschwitz. Erinnerungen. 8. Aufl. Reinbek b. Hamburg: Rowohlt Taschenbuch 2007: Letztere bezieht sich z.B. direkt auf einige Ausführungen Fénelons, um diesen gänzlich andere Erfahrungen derselben Erlebnisse (!) entgegenzusetzen. Anm. AB.

125 Martina Wagner-Egelhaaf: *Autobiographie*. Stuttgart, Weimar: Metzler 2000. (= Sammlung Metzler. 323.). S. 12.

126 Vgl. ebda. S. 43.

4 Frühe Texte: Zeugnis-/Lager-/KZ-Literatur[127] als Subgattung der Holocaust-Literatur

Zu den oftmals als unliterarisch angesehenen, vermeintlich unmittelbaren, distanzlosen und persönlichen KZ-Berichten gibt es im Folgenden polarisierende Meinungen. An diese Diskussion anschließend, werden Kennzeichen der frühen Literatur über den Holocaust aufgelistet, um diese einerseits als Subgattung[128] und andererseits als wegweisenden frühen Teil der Holocaust-Literatur in den Fokus zu rücken. Schließlich werden Konzepte geboten, um durch verschiedene Kriterien Zuordnungsmöglichkeiten zur literarischen Gattung Holocaust-Literatur vorzuschlagen.

Verfasser von früher Holocaust-Literatur scheinen oftmals keinen Anspruch auf Literarizität ihrer Texte erheben zu dürfen. „Literarische Ambitionen weisen die Texte weit von sich"[129], heißt es beispielsweise auf eine negativ verallgemeinernde Weise bei Prümm. Diese Annahme oder auch Beinahe-Vorgabe soll in der vorliegenden Analyse aber zumindest entkräftet werden. Nichtschriftsteller haben sehr wohl beachtliche literarische ‚Geschichten' verfasst, die literaturwissenschaftlich untersucht werden können. Zuzustimmen ist Hofmann, für den „die Frage nach der literarischen Qualität […] eine unangemessene Reaktion des Literaturwissenschaftlers"[130] ist. Dennoch ist natürlich einzuräumen, dass sich innerhalb der Holocaust-Literatur von Nichtschriftstellern sowohl „in formaler Hinsicht unbeholfen"[131] erscheinende Texte als auch Texte

---

127 Als Sekundärliteratur für die Untersuchung von frühen, vornehmlich nicht als Literatur eingestuften KZ-Texten hat sich am besten das Werk von Andrea Reiter, *„Auf daß sie entsteigen der Dunkelheit"*, erwiesen, da sie als eine der ersten und einzigen Literaturwissenschaftler den Fokus auf sogenannte KZ- oder Erlebnisberichte gelegt hat. Zur Benennung ist vorauszuschicken, dass alle (bisher) vorgeschlagenen Termini wie Zeugnis-, Lager- oder KZ-Literatur bzw. -Berichte oder -Texte oder eben frühe Holocaust-Literatur denselben Stellenwert einnehmen. Anm. AB.

128 Auf ähnliche Weise können auch mittlere und späte Texte in jeweilige Subgattungen der Holocaust-Literatur eingegliedert werden. Anm. AB.

129 Karl Prümm: *„Die Zukunft ist vergeßlich."* S. 41.

130 Michael Hofmann: *Literaturgeschichte der Shoah.* S. 10.

131 Ebda.

mit hohem literarischen Niveau herausgebildet haben. Bezüglich Zweiterer meint Reiter sogar, dass sich manche „[m]it direkter Rede, Verallgemeinerung, iterativer Raffung, Vorausblick und Rückschau sowie inhaltlich bestimmtem Tempuseinsatz [...] der gleichen ‚Bauformen des Erzählens‘ wie der Roman"[132] bedienen. Dagegen stellt Dresden Folgendes fest: „Ein [...] einfacher Bericht liegt jenseits aller Fragen nach Wahrscheinlichkeit, Unwahrscheinlichkeit und gutem Geschmack. Holocaustliteratur ist deshalb nicht besser oder schlechter als die sogenannte *schöne Literatur,* jedoch hat sie mit einem Teil dieser Literatur schlicht und einfach nichts gemein."[133]

4.1 CHARAKTERISTIKA FRÜHER HOLOCAUST-LITERATUR

Um die Spezifität von frühen Texten der Holocaust-Literatur hervorzuheben, werden nachfolgend einige Merkmale und Topoi dieser Subgattung besprochen. Diese Berichte – wie Conters Ausführungen bereits zitiert wurden – haben als erste Texte über den Holocaust gewisse Konventionen und literarische Traditionen für die späteren Texte festgesetzt. Die Auflistung ist als beliebige Auswahl zu verstehen, da nur einige der immer wiederkehrenden Kennzeichen oder der textimmanenten Bestandteile zu einem besseren Verständnis aufgezeigt werden. Zuweilen werden praktische Beispiele aus frühen Texten gegeben, um die theoretischen Grundlagen zu veranschaulichen, wobei es auch hier zu Überschneidungen zwischen den Merkmalen kommen kann, da keine eindeutige Bestimmung möglich ist.

4.1.1 Anfangsgestaltung

In einigen Berichten wird ein bekanntes literarisches Stilmittel verwendet, um den Leser bereits am Anfang unmittelbar ins Geschehen zu katapultieren: Die Zuhilfenahme des Gestaltungselements *in medias res,* also eines direkten Einstiegs ins Geschehen, vermittelt beinahe den Eindruck eines Kriminalromans – wodurch sogar ad hoc eine gewisse Literarizität aufgrund einer möglichen Gattungszuteilung erkennbar wird. Erst allmählich wird nach dem plötzlichen Einstieg die Geschichte aufgerollt, und genauere Informationen werden ver-

---

132   Andrea Reiter: *„Auf daß sie entsteigen der Dunkelheit."* S. 177.
133   Sam Dresden: *Holocaust und Literatur.* Essay. Frankfurt/Main: Jüdischer Verlag 1997. S. 25.
        – Dresden bezieht sich in seinem Essay lediglich „auf die jüdische Holocaustliteratur", doch ist sein Verständnis von Holocaust-Literatur ebenso ein gesamtheitliches.

mittelt, um das Geschehen zu erläutern. Viele Autoren berichten aber auch gar nicht von Anfang an über die Hintergründe ihrer Verhaftung, sondern geben nur hie und da Informationsbruchstücke preis. Dazu folgen zwei Beispiele. In den Anfangszeilen von Erwin Gostners Werk ist durch Zuhilfenahme der von Genette so genannten literarischen Praxis der „simultaneous narrative" – des Erzählens eines Geschehens direkt zum Zeitpunkt des Geschehens, oder: „narrative in the present contemporaneous with the action"[134] – eine gewisse Dramatik erkennbar, mit welcher er seine Verhaftung beschreibt. Diese Dramatik ergibt sich durch den unmittelbaren Einstieg mit direkter Rede und der minutiösen Schilderung des Geschehens im Präsens.

> „Achtung, Gostner hat eine Pistole! Bei dem geringsten Zeichen von Widerstand sofort schießen!"
> Ich stehe im Schlafanzug hinter der Wohnungstür und höre erschreckt diese geflüsterten Worte. Durch ein kleines Fenster erspähe ich in dem vom Schein einer trüben Lampe erhellten Hausflur mehrere Zivilisten. Sie tragen Hakenkreuzarmbinden und halten schußbereite Pistolen in den Händen. Einer schlägt mit der Faust gegen die Türe: „Aufmachen!"
> Es ist der 12. März 1938, wenige Stunden nach den Abschiedsworten des Bundeskanzlers Schuschnigg. Er muß der Gewalt, die ihm der Deutsche Reichskanzler und Führer der Nationalsozialisten entgegensetzt, weichen. Es gibt kein unabhängiges Österreich mehr. Die illegalen Parteigänger Hitlers haben freie Bahn. Sie veranstalten ihre ,Nacht der langen Messer', von der so mancher SA.-Mann [sic] seit langem träumte. Und SA.-Männer [sic] von dieser Sorte stehen in diesem Augenblick vor meiner Türe. Sie suchen mich.[135]

Das zweite Beispiel bildet ein Auszug aus dem Werk von Hans Berke. Dieser Beginn klingt aufgrund der Verwendung des Imperfekts und Perfekts gewissermaßen zusammenfassend-erzählerisch und nicht so unmittelbar wie der Einstieg bei Gostner im Präsens.

---

134   Gérard Genette: *Narrative Discourse*. Oxford: Basil Blackwell 1980. S. 217 bzw. siehe dazu auch S. 218 f. – Zugl.: Gérard Genette: *Die Erzählung*. München: Fink 1994 (= UTB für Wissenschaft. Große Reihe: Literatur- und Sprachwissenschaft.).

135   Erwin Gostner: *1000 Tage im KZ*. Ein Erlebnisbericht aus den Konzentrationslagern Dachau, Mauthausen und Gusen. Innsbruck: Selbstverlag 1945. S. 11: „Kapitel 1, Meine Verhaftung."

An einem Wintertage, früh gegen sechs Uhr, klingelte es an meiner Wohnungstür. Ein Zivilist, der sich als Polizeibeamter auswies, bat mich, ihm zu einer kurzen Befragung zum Polizeipräsidium zu folgen. Da er mir ausdrücklich versicherte, es handele sich nur um eine eilige Zeugenvernehmung, habe ich mich von meiner Frau und meinen ein- und dreijährigen Kindern nur flüchtig verabschiedet.

Auf dem Polizeipräsidium fiel mir auf, daß um diese zeitige Morgenstunde ein außerordentlicher Verkehr herrschte. Von allen Seiten brachten Beamte Zivilisten, als hätte soeben eine Razzia stattgefunden.[136]

Diese zwei Beispiele ähneln einander aufgrund der Art und Weise, wie die beiden Männer von ihrer Verhaftung erzählen. Vermeintliche Zivilisten, die sich sodann als Polizisten und SA-Männer herausstellen, verhaften sowohl Gostner als auch Berke bereits kurz nach dem *Anschluss* am 12. März 1938 – was danach folgt, wird jeweils in ihren Büchern beschrieben.

Es gibt auch einige Texte, die zwar ebenfalls Stringenz und Chronologie aufweisen, aber gewissermaßen mit Unterbrechung. Bei solchen Texten ist der literarische Einstieg häufig in der Gegenwart nach Kriegsende zu finden, also im Danach, aus dem Schritt für Schritt die soeben zu Ende gegangene schlimme Vergangenheit erläutert wird, und zwar wiederum in möglichst chronologischer Reihenfolge; Genaueres zur Chronologie wird nachstehend erläutert. Nach Lämmert ist die „zukunftsgewisse Vorausdeutung das wichtigste Mittel des Erzählers, den Leser zum Mitwisser und zum Vertrauten zu machen"[137]. Zudem beobachtet der Leser „gleich dem Erzähler Menschen und Schicksale *par derrière* mit wägender und wertender Teilnahme"[138]. Es wird vonseiten dieser Autoren somit nicht noch einmal ganz genau dieselbe Erfahrung wiedererlebt und auch so dargestellt, sondern die Erlebnisse werden aus der Retrospektive auf andere Art gezeichnet, um dadurch literarischen Anspruch erheben zu können und nicht als reine Berichterstattung verstanden zu werden.[139]

Von der Möglichkeit, die Erzählung am Punkt der (vorzeitigen) Befreiung aus dem Konzentrationslager beginnen zu lassen, machen ebenso einige Ver-

---

136 Hans Berke: *Buchenwald*. Eine Erinnerung an Mörder. Salzburg: Ried-Verlag 1946. S. 13: „Meine Verhaftung."

137 Eberhard Lämmert: *Bauformen des Erzählens*. 8., unveränderte Aufl. Stuttgart: Metzlersche Verlagsbuchhandlung und Carl Ernst Poeschel Verlag 1993. S. 175.

138 Ebda.

139 Vgl. ebda. S. 175.

fasser Gebrauch. Auch dieser Einstieg in die Erzählung ist ein Blick *par der-rière* und lässt den Leser – wie oben – mit dem Wissen, der Verfasser ist heil davongekommen, den Text rezipieren. Allerdings ist in Zusammenhang mit der Befreiung auch Reiters Beobachtung zu berücksichtigen, die durch ihre Analyse von frühen Texten feststellte, dass bei vielen ehemaligen Häftlingen, die plötzlich entlassen wurden, nicht Freude, sondern ein gewisser Schock im Vordergrund stand. Schließlich ist die plötzliche Entlassung sowohl mit dem Gedanken, dieses Grauen hinter sich lassen zu können, als auch mit jenem Gefühl, durch die Entlassung womöglich andere im Lager im Stich zu lassen, verbunden.[140] Ein interessantes Beispiel findet sich etwa im Werk von Manfred Schifko-Pungartnik, der einen Einstieg in medias res am Punkt der Entlassung mit direkter Rede wählt:

> „…durch die unendliche Güte des Führers sind Sie frei." Frei! Ich möchte hin-ausrufen in die Welt: „Seht Ihr, ich lebe, ich lebe!"
> Doch ich weiß nur, daß ich jung bin und daß ich weinen möchte – weinen oder lachen – es ist so gleich. –
> Noch einmal, ein letztesmal wohl, betrete ich meine Zelle. Alles ist mir vertraut. Dieser Tisch, hier das Stockerl, in der Ecke das Bett, sie waren Zeugen meines Elends. Werden sie – stumme Vertraute – dem Nächsten von mir künden? Habe ich hier zu leben vermocht? Sind die endlos scheinenden Tage, diese trostlosen Monate der Einzelhaft nun zu Ende? Oder bin ich aus einem häßlichen, atembe-klemmenden Angsttraum erwacht?
> Ach nein, es ist wohl alles bittere Wahrheit für mich gewesen. […]
> Die Zellentür öffnet sich, der Wärter fordert mich auf mitzukommen.
> Ich möchte laufen, nicht mehr zurücksehen müssen nach diesem Gebäude. Aber es geht alles seinen gewohnten Gang. In der Effektenkammer tausche ich das Häftlingsgewand für meine Zivilkleider ein. Es ist, als wäre ich erst jetzt wieder ich, als streifte ich mit den Lumpen auch alles Erinnern an das Vergangene ab. Ein Mensch ist wieder geworden![141]

Die Zeilen klingen sehr resignativ, die Unsicherheit ob der plötzlichen und nicht erwarteten Entlassung ist verständlich. Andere Autoren hingegen ver-wenden, wie bereits kurz angerissen, einen geschichtlichen Zugang, indem sie

---

140 Vgl. dazu Andrea Reiter: *„Auf daß sie entsteigen der Dunkelheit."* Kapitel „Befreiung": S. 35–47, hier besonders S. 36 f.

141 Manfred Schifko-Pungartnik: *Leichenträger ans Tor.* Bericht aus fünf Jahren Konzentrations-lager. Graz: Ulrich Moser Verlag 1946. S. 7 f.

die historisch relevanten Daten in Form einer Einleitung an den Beginn der Erzählung setzen, um einen außertextlichen Kontext zu schaffen. Ist jener gegeben, wird ihre Geschichte in diesen Rahmen eingebettet. Solcherart kann der Autor einer möglichen Unterstellung, sich in diesem zeitgeschichtlichen Rahmen (unsinnigerweise) zu sehr selbst in den Mittelpunkt zu rücken, zuvorkommen. Ein Beispiel dafür ist das folgende von Samuel Graumann:

> Den Juden in Österreich erging es schlecht. Unmittelbar nach dem Einmarsch der Hitler-Truppen am 11. März 1938 setzte ihre Verfolgung ein. Die Nazibrut schwelgte in Orgien des Hasses und ließ ihren verbrecherischen Instinkten völlig freien Lauf. Trupps von SA, SS und der HJ marschierten unter wüsten Droh- und Schmährufen durch die Straßen und Gassen unserer österreichischen Heimat und veranstalteten Hetzjagden auf alte Männer, Frauen und Kinder. Die Juden galten als Freiwild. Man raubte ihnen ihr Eigentum, vertrieb sie aus ihren Wohnungen und nannte diese Verbrechen großzügig ‚Sicherstellung von jüdischem Eigentum‘ oder kurz ‚arisieren‘. In einigen Wiener Bezirken […] In der Provinz […] In Mödling […].[142]

Auch gibt der nächste Einstieg geschichtliche Hintergründe an, wobei sogar auf das Jahr 1848 Bezug genommen wird und Julius Freund unverhohlen seine Meinung einfließen lässt:

> Der Monat März mit seinen Stürmen hatte schon manche Revolution ausgelöst, so wie der März des Jahres 1848 in Wien. An demselben Tage, an dem Hitler mit seiner SS und Wehrmacht in Österreich und Wien einzog, waren genau 90 Jahre vergangen, seit durch die Französische Revolution von Paris aus der Funke nach Deutschland und auch nach Wien sprang und das Volk gegen Metternich und seine Kamarilla, gegen Hof und Militärkaste für Freiheit und Demokratie kämpfte. Diese Revolution wurde durch kroatische Soldaten blutig erdrückt. Der 13. März war somit immer ein Erinnerungstag für die Märzgefallenen des Jahres 1848, die mutigen Kämpfer Wiens gegen seine absolutistischen Herrscher.
> Nach 90 Jahren kam der große Bruder aus dem Reich, um das Volk von der Schuschnigg-Regierung zu befreien, um aus diesem Gau dem Versprechen des Führers gemäß ein Paradies zu machen.
> An diesem 13. März 1938 flogen hunderte Flugzeuge ganz nieder über diese Häuser Wiens. Tanks erschütterten die Straßen Tag und Nacht. Infanterie mar-

---

142 Samuel Graumann: *Deportiert!* S. 21 f.

schierte in Kriegsformation durch die Straßen. Alles trug über Nacht Haken-
kreuze; Briefträger, Polizei, Eisenbahner und Straßenbahner trugen Armbinden
mit dem Hakenkreuz. Die Straßenpropaganda funktionierte ausgezeichnet. In
kurzer Zeit flatterten 10.000 Hakenkreuzfahnen, welche in Autos direkt aus
München kamen, an allen Ecken und Fronten der Straßen Wiens. Das Volk erhielt eine Hitlerimpfung, die wie eine Seuche alles mit einer braunen Nazikrätze
überzog, welche aber Narben zurücklassen wird.[143]

4.1.2 Direkte Anrede an den Leser

In vielen frühen Texten erfolgte die Hinwendung an eine Person, also eine
direkte Anrede der Leserschaft, die diese Erfahrung nicht teilte.[144] Der Grund
dieser Anrede lag wahrscheinlich im Aufbau einer gewissen persönlichen Beziehung zwischen Verfasser und Leser, was in Folge mit einer Wahrheits- und
Authentizitätsbeteuerung vonseiten der Verfasser einherging. Entsprechendes
gilt für den Paratext, der in frühen Texten wiederholt formuliert wurde. Ein
Paratext findet sich oftmals in Form eines Vor- oder Nachworts in einer Autobiografie und dient als Erläuterung gewisser Verhältnisse und nähere Informationsvergabe.[145] Mit einer persönlichen Verbindung zwischen Verfasser und
Leser erhoffen sich Erstere eine größere Chance, angehört zu werden. Udo
Dietmar formuliert sein Vorwort folgendermaßen, indem er den Leser miteinbezieht:

Wenn ich mich in diesem Buch nur auf die wesentlichen Erlebnisse meines
Konzentrationslagerlebens beschränke und nicht auf alle Einzelheiten eingehen
kann, die bedeutend mehr Raum in Anspruch nehmen und durch ihre stetige
Wiederholung den Leser nur ermüden würden, so weiß ich, daß man mich auch
ohnedies voll und ganz verstehen und in der Lage sein wird, das Gesamtbild klar
in sich aufzunehmen. Die geschilderten Grausamkeiten sind oft so unfaßbar,
daß es kultivierten Menschen schwer fällt, an ihre Wirklichkeit zu glauben; dennoch bleiben sie Tatsachen.[146]

---

143 Julius Freund: *O Buchenwald!* Klagenfurt: Selbstverlag 1945.
144 Vgl. Constanze Jaiser: *Die Zeugnisliteratur von Überlebenden der deutschen Konzentrations-
     lager seit 1945.* S. 121. – Vgl. dazu auch Sam Dresden: *Holocaust und Literatur.* S. 37 ff.: Etwa
     werden so persönliche Gründe oder Rachegefühle oder auch eine Selbstbestätigung als Mo-
     tivation für das Schreiben deutlich.
145 Vgl. Phil C. Langer: *Schreiben gegen die Erinnerung?* S. 63.
146 Udo Dietmar: *Häftling…X.* S. 10.

Zuweilen ist sogar eine Rechtfertigung für die Existenz eines vorliegenden Buches zu finden. Im Schlusswort seines Buches schreibt Erwin Gostner:

> [...] die menschliche Gesellschaft hat sie *[die Nationalsozialisten, Anm. AB]* ausgestoßen und spricht ihr Urteil. Dazu, daß dieses Urteil ein treffendes wird, möge dieses Buch beitragen. Seine Rede ist die Sprache der Wahrheit. Drei Jahre Konzentrationslager in Dachau und Mauthausen geben mir ein Recht, es herauszugeben, drei Jahre schwerster Verbannung, dauernder körperlicher und seelischer Folter. [...] Lange mußte ich warten, ehe ich mein Schweigen brechen durfte, aber ich habe warten gelernt. Heute darf ich sprechen.[147]

Das Schweigen, das Gostner hier meint, ist jenes, das ihm bei seiner (vorzeitigen) Entlassung aus dem KZ Mauthausen im Jahre 1941 auferlegt wurde: „Ich verpflichte mich, über alles, was ich im Lager gesehen und erlebt habe, Stillschweigen zu bewahren."[148] Oder wie es der SS-Oberscharführer bei Gostners Unterschreiben der Entlassungspapiere ausdrückt: „Wenn Sie nicht das Maul halten können, dann denken Sie daran, was Ihnen blüht! Ein zweites Mal werden Sie von uns nicht mehr entlassen!"[149] Gostners Schweigen ist somit *nicht* jenes, das P. Langer thematisiert, um einen weiteren Grund für die (scheinbar) geringe Anzahl an frühen Publikationen zu nennen und damit ein weiteres Kennzeichen der frühen Holocaust-Literatur: Er verweist auf die Unmöglichkeit, das Schweigen mittels Schreiben zu überwinden und die richtigen Worte für das Grauenhafte zu finden.[150]

Die Feststellung Prümms, wonach frühe KZ-Texte als „unmittelbare Umsetzung erlittener Erfahrung mit dem Ziel, ‚das wahre Gesicht des Nationalsozialismus erkennen zu lassen', Anklage [...] erheben"[151], wird durch die folgenden Textbeispiele bestätigt. Die Überlebenden, die ihre Erlebnisse aufgeschrieben haben, um die Mitmenschen über diese in Kenntnis zu setzen, betonen in ihren Werken meist die Ungeheuerlichkeit der Geschehnisse, die ihrer Auffassung nach teilweise sogar zu grausam sind, um beschrieben zu werden. Interessanterweise sind in den folgenden zwei Textbeispielen dieselben Formulierungen wie in Prümms Erläuterung zu finden. Hans Berkes Vorwort lautet folgendermaßen:

---

147 Erwin Gostner: *1000 Tage im KZ.* S. 9.
148 Ebda. S. 161.
149 Ebda.
150 Vgl. Phil C. Langer: *Schreiben gegen die Erinnerung?* S. 44.
151 Karl Prümm: *„Die Zukunft ist vergeßlich."* S. 40.

In mir nahm die Erkenntnis Platz: Sie haben dich nicht zerbrechen können!! […] [I]n diesem Buch [ist] nur ein Bruchteil der Leiden geschildert, die ich im nationalsozialistischen Deutschland erlebt und gesehen habe. Das Buch umfaßt nur einen Teil der Dinge, die sich im Lager Buchenwald während meiner Anwesenheit abgespielt haben. Es erhebt keinen Anspruch auf Vollständigkeit. Mir kommt es darauf an, dem Leser durch Ausschnitte aus den Geschehnissen um mich herum im K.Z. Buchenwald das wahre Gesicht des Nationalsozialismus und der SS zu zeigen. […] Nur was ich persönlich erlebt und mit eigenen Augen gesehen und mit eigenen Ohren gehört habe, ist darin geschildert. […] kommt es mir hier auch nicht darauf an, alle Grausamkeiten zu schildern, aber der Leser soll sich ein Bild über nationalsozialistische Methoden machen […].[152]

Ähnlich klingt das Nachwort auch bei Samuel Graumann:

Ich habe dies alles niedergeschrieben, weil ich an Österreich und seine Menschen glaube. Alle jene, die die Grausamkeiten des Faschismus nicht ernst genug nehmen, will ich durch meine Zeilen aufrütteln und ihnen das wahre Gesicht des Faschismus zeigen. Wenn sich meine Hoffnung erfüllt und ich das neue, wirklich demokratische Österreich erlebe, wenn ich wieder lachende und glückliche Menschen sehen werde, dann will auch ich mich mit meinem Schicksal versöhnen.[153]

Die beiden gleichlautenden Sätze sind also die folgenden: Berke: „Mir kommt es darauf an, dem Leser durch Ausschnitte aus den Geschehnissen um mich herum im K.Z. Buchenwald das wahre Gesicht des Nationalsozialismus und der SS zu zeigen." Graumann: „Alle jene, die die Grausamkeiten des Faschismus nicht ernst genug nehmen, will ich durch meine Zeilen aufrütteln und ihnen das wahre Gesicht des Faschismus zeigen." Beide Verfasser sprechen ihre jeweilige Leserschaft direkt an – Graumann sogar mit einem Appell an zweifelnde Personen – und machen die Aussage des vorliegenden Buches klar. Mittels sinnbildlicher Formulierung „das wahre Gesicht des Nationalsozialismus/Faschismus" verleihen die zwei Überlebenden ihrer Erfahrung noch mehr Nachdruck. Schließlich findet sich auch bei Dietmar dieselbe Formulierung: Sein Buch „soll mithelfen, die Menschheit, vor allem unser deutsches Volk, das wahre Gesicht des Nationalsozialismus erkennen zu lassen; ihnen die Augen zu öffnen", und „[B]esonders die ewig Gestrigen soll es wachrütteln, die

152 Hans Berke: *Buchenwald.* S. 7 ff.
153 Samuel Graumann: *Deportiert!* S. 164 f.

vom Zeitgeschehen wenig berührt sind, die noch glauben, es wäre alles gut geworden, wenn Deutschland, das heißt der Nationalsozialismus, den Krieg gewonnen hätte".[154]

4.1.3 Emotionalität als gestalterisches Element

Reiter stellt fest, dass gerade der „subjektiv[e] Charakter *[von Gedichten in KZ-Texten, Anm. AB]* ein nicht zu unterschätzendes Maß an Information"[155] vermittelt. Denn Lyrik als literarisches Genre sowie gleichzeitig Vehikel für den Ausdruck unmittelbarer Emotionen und starken Empfindens gibt Gefühle und Gedanken unverschleiert wieder und verrät somit Gegebenheiten, Umstände oder Erkenntnisse, die auf prosaische Art oftmals nicht vermittelt werden können.[156] Allgemein verstanden, kann Reiters Beobachtung auch insofern auf Prosatexte umgelegt werden, als die in der frühen KZ-Literatur häufig zu findenden emotionalen Schilderungen oder Äußerungen, die manchmal nur aus einer Unvermitteltheit und plötzlichen Gemütsbewegung heraus entstehen, ebenso eine Subjektivität (durch das eigene Erleben) transportieren, die viele Informationen über einen Menschen, der den Holocaust erlebt bzw. erlebt hat, preisgeben. Allerdings stellt Dresden in Bezug auf jegliche Holocaust-Literatur fest: „[E]ines ist mit Sicherheit deutlich geworden: Alles Geschriebene […] ist aus einer bestimmten Perspektive geschrieben, auch wenn in manchen Texten Perspektive und Parteilichkeit deutlicher sind als in anderen."[157]

Prümm, der KZ-Berichte als „Dokumente subjektiver Betroffenheit"[158] versteht, formuliert einige Komponenten, durch die Subjektivität im Sinne des eigenen Erlebens in den Holocaust-Texten sichtbar wird: „Die stringent durchgehaltene Ich-Perspektive, die einfache Chronologie, die meist von der Verhaftung bis hin zur Entlassung oder Befreiung reicht, deuten hin auf den Charakter der Unmittelbarkeit, der subjektiven Betroffenheit."[159] Prümms Meinung, dass Emotionalität durch Chronologie erzeugt wird, ist natürlich insofern richtig, als in den frühen Texten durch die nicht vorhandene zeitliche Distanz kaum eine Möglichkeit zu einer *nicht*chronologischen Darstellung

---

154 Udo Dietmar: *Häftling…X.* S. 9.
155 Andrea Reiter: *„Auf daß sie entsteigen der Dunkelheit."* S. 173.
156 Vgl. ebda.
157 Sam Dresden: *Holocaust und Literatur.* S. 18.
158 Karl Prümm: *„Die Zukunft ist vergeßlich."* S. 39.
159 Ebda. S. 39 f.

gegeben war. In den Texten, die direkt nach Kriegsende publiziert wurden, ist die zeitliche, „distanzlose Nähe"[160] zum kürzlich erst zu Ende gegangenen NS-Regime und damit noch zu den KZ-Schrecknissen deutlich wahrnehmbar. Allerdings ist Prümms Erkenntnis mehr oder minder eine Nullerkenntnis und hebt nur abermals Emotionalität als Charakteristikum der frühen Holocaust-Literatur hervor. Reiter differenziert auf ähnliche Art zwischen nichtschriftstellerischen und schriftstellerischen Werken anhand von inhaltlicher Emotionalität vs. Darstellungsweise, was m.E. etwas zu kurz gefasst ist: „Die Mehrheit der Überlebenden schrieb buchstäblich nieder, wie es aus ihr herausbrach. Nur die wenigen Schriftstellerberichte, die außerdem mit größerer Verzögerung entstanden, lassen eine literarisch-stilistische Durchkomponierung erkennen."[161] Die nicht zu leugnende persönliche Betroffenheit in Texten über den Holocaust sollte aber nichts an der Brisanz der Berichte ändern. Durch die fehlende emotionale Distanz der Texte können wiederum ganz andere Aspekte entdeckt werden. Denn natürlich sind „[w]ährend des Holocaust oder sofort nach der Befreiung geschriebene Texte [...] meist subjektiver als spätere Werke, die sich inzwischen etablierten Konventionen anschließen"[162]. Pathos, „das vorwiegend durch den Einsatz rhetorischer Mittel erzeugt wird"[163], manifestiert sich im Text „in der einhämmernden Wortwiederholung und in der Rhythmik"[164]. Pathetische Darstellungen werden dort eingesetzt, wo Erlebnisse spannungsreich wiedergegeben werden, um diese zu literarisieren und auch gleichzeitig

---

160 Ebda. S. 40.
161 Andrea Reiter: *„Auf daß sie entsteigen der Dunkelheit."* S. 222. – Vgl. dazu: Alexandre Métraux: *Authentizität und Autorität.* Über die Darstellung der Shoah. S. 362–388. In: Jürgen Straub (Hg.): *Erzählung, Identität und historisches Bewußtsein.* Die psychologische Konstruktion von Zeit und Geschichte. Erinnerung, Geschichte, Identität 1. Frankfurt/Main: Suhrkamp 1998. (= suhrkamp taschenbuch. wissenschaft. 1402.). S. 383: „In der ersten Zeit seiner Befreiung stillte Levi, gelegentlich beinahe ziellos, seinen wie zur zweiten Natur gewordenen Erzähltrieb. Deswegen brechen die frühen Narrationen unvermittelt aus ihm heraus. In die Äußerungen aus späteren Jahre *[sic]* hat Levi dagegen Reflexionen auf das Erinnern, auf die Gedächtnisfunktionen sowie auf die Wertigkeit der Narrationen eingeflochten. Damit modifiziert sich auch die Sprechintention: Wollte der Augenzeuge zuerst in eigenem Namen sprechen, tut er dies später als Stellvertreter derer, die nicht mehr sprechen können."
162 Dagmar C.G. Lorenz: *Verfolgung bis zum Massenmord.* Holocaust: Diskurse in deutscher Sprache aus der Sicht der Verfolgten. New York, Berlin, Bern [u.a.]: Lang 1992. (= German Life and Civilization. Ed. by Jost Hermand. Vol. 11.). S. 5.
163 Andrea Reiter: *„Auf daß sie entsteigen der Dunkelheit."* S. 183.
164 Ebda.

Emotionen zu betonen.[165] Einige Verfasser waren jedoch sogar geflissentlich darauf bedacht, pathetische Schilderungen zugunsten der ‚Wahrheit' ihrer Erlebnisse zu vermeiden. Als Gegenteil von Pathos nennt Reiter Lakonie: So sind in Texten von Holocaust-Überlebenden häufig „emotionslose, scheinbar völlig unbeteiligte"[166] Beschreibungen zu finden, was auch in den beiden Textanalysen an mehreren Stellen zu bestätigen sein wird.

4.1.4 Chronologie

Wie bereits vorweggenommen, wird in den meisten frühen Berichten der Holocaust-Literatur

> […] chronologisch [erzählt], nur selten unterbrochen von Vor- oder Rückgriffen, die Syntax und Grammatik sind leicht verständlich. Der chronologische Fluß wird dort unterbrochen, wo versucht wird, über iterative Erzählakte Distanz zum fortlaufenden Geschehen der Vernichtung herzustellen und das tödliche Einerlei des Lageralltags zum Ausdruck zu bringen. Oder die lineare Abfolge von Zeit wird aufgelöst, um über ein singulatives Erzählen unmittelbare Nähe zum Erzählten herstellen zu können bzw. gerade durch den Focus auf Einzelheiten übergeordnete Ordnung und Überblick zu verlassen, um so die omnipräsente Willkür in den Ereignissen hervorzuheben.[167]

Frühe Texte weisen also eine gewisse Chronologie und Stringenz auf, die von späteren Texten bewusst und absichtlich zugunsten einer selbstreferenziellen Beschäftigung mit der Geschichte durchbrochen werden. Bei frühen Texten ist oftmals ein direkter Einstieg in das Geschehen vor der Verhaftung zu finden, dann werden die Gestapo-Haft und die Deportierung in einem (Vieh- oder Zug-) Waggon erläutert. Die Initialisierung und Initiierung in einem Konzentrationslager erfolgen zusammen mit der endgültigen Entmenschlichung etwa in Form einer eintätowierten Nummer. Danach wird die Lagerhaft beschrieben, die nicht unbedingt chronologisch geordnet sein muss. Schließlich werden die

---

165   Vgl. ebda. und weiter: „Die überlebenden Zeugen der Konzentrationslager bedienen sich
        ebenfalls der Mittel des emphatischen Ausdrucks. So verleiht die gehobene Sprache einzel-
        nen Abschnitten ihrer Schilderungen expressive Eindringlichkeit. Manche Autoren schlagen
        einen pathetischen Ton an, wenn es darum geht, das Leiden im Lager zu beschreiben […]."
166   Ebda. S. 191.
167   Constanze Jaiser: *Die Zeugnisliteratur von Überlebenden der deutschen Konzentrationslager seit
        1945.* S. 119. – Vgl. dazu auch Sam Dresden: *Holocaust und Literatur.* S. 44 ff.

meisten Texte mit einer Beschreibung der frühzeitigen Entlassung – was allerdings während der Dreißigerjahre neben ein paar politischen Häftlingen fast nur Juden vorbehalten war, „wenn sie ein Ausreisevisum vorweisen konnten und sich verpflichteten, binnen kürzester Zeit das Deutsche Reich zu verlassen"[168] –, der Befreiung durch die Alliierten oder durch das Kriegsende bzw. den Zusammenbruch des Nazi-Regimes abgeschlossen.[169] Einigen Texten wird zuweilen eine Rahmenerzählung beigefügt, die den Text einleitet bzw. abschließt, wodurch eine gewisse literarische Finesse erkennbar wird. Reiter skizziert den allgemein üblichen Aufbau eines Lager- oder Erlebnisberichts auf ähnliche Art:

> Die KZ-Berichte sind typischerweise chronologisch aufgebaut. Sie beginnen mit der Internierung oder (seltener) mit den Ereignissen, die zu dieser führten, und enden mit der Befreiung. Diese beiden zeitlichen Eckpunkte der Lagererfahrung werden ausführlich geschildert und unterscheiden sich damit wesentlich vom Mittelteil, wo, mitunter thematisch gereiht, einzelne Aspekte des Lagerlebens wie Hygiene, Ernährung oder Arbeit gerafft und generalisierend zur Sprache kommen. Diese Struktur des Berichts folgt der Struktur des Erlebens selbst. Die Wahl von Anfangs- und Endpunkt entspricht ihrer Bedeutung für den berichteten Lebensabschnitt.[170]

Auch Bannasch und Hammer weisen darauf hin, dass viele Texte mit Initiationserlebnissen wie einer ersten Diskriminierung oder der Deportation anderer Menschen eingeleitet werden. Diese Erlebnisse bedeuteten einen Bruch: Das Leben davor, wie es den Verfassern bis dorthin bekannt war, war ab sofort vorbei und abgetrennt von dem, was nun passieren sollte. Dieser Bruch wird allerdings oft erst viel später, also meist im Moment des Erzählens und Beschreibens, erkennbar.[171] Berücksichtigt werden muss in diesem Zusammenhang, wie P. Langer feststellt, dass „Chronologie [...] die Kohärenz einer Erzählung [erhöht] und [...] letztlich die Darstellung des Bruches [erschwert], den die Shoah im Leben des Einzelnen hinterließ"[172]. Der Versuch einer möglichst chronologischen Dar-

---

168 Andrea Reiter: *„Auf daß sie entsteigen der Dunkelheit."* S. 36.
169 Vgl. Phil C. Langer: *Schreiben gegen die Erinnerung?* S. 64.
170 Andrea Reiter: *„Auf daß sie entsteigen der Dunkelheit."* S. 174.
171 Vgl. Bettina Bannasch und Almuth Hammer: *Jüdisches Gedächtnis und Literatur.* S. 277–295. In: Astrid Erll und Ansgar Nünning (Hg.): *Gedächtniskonzepte der Literaturwissenschaft. Theoretische Grundlegung und Anwendungsperspektiven.* Berlin, New York: de Gruyter 2005. (= Media and Cultural Memory/Medien und kulturelle Erinnerung. 2.). S. 285 sowie Susanne Düwell: *„Fiktion aus dem Wirklichen."* S. 7.
172 Phil C. Langer: *Schreiben gegen die Erinnerung?* S. 64.

stellung von Ereignissen wie dem Holocaust bietet dem Verfasser eine Möglichkeit, mittels dieser Ordnung eine gewisse Kontrolle über die Ereignisse und die Reihenfolge der Ereignisse zu haben. Aufgrund der Tatsache, dass den Menschen in den Lagern die Möglichkeit genommen wurde, ihr Leben selbstbestimmt zu führen, können sie zumindest in der Darstellung dieses Erlebens die Oberhand zurückgewinnen und selbst bestimmen, wie sie dieses erzählen. Zugleich bedeutet Chronologie Struktur und Struktur wiederum einen Halt, eine Art mentale Stütze – ganz zu schweigen von der Sinnsuche[173]: „Anfang und Ende des Lageraufenthalts bilden in der Mehrheit der Berichte nicht zufällig die Eckpunkte der Darstellung. Im Rückblick werden sie zu relevanten Daten, die ihrerseits den dazwischenliegenden Ereignissen Bedeutung verleihen."[174] Für viele Menschen, die im „normalen" Leben keine Schriftsteller waren, stellt eine chronologische Anordnung der Ereignisse eine sie in ihrer Integrität absichernde Gewährleistung von Wahrheit dar. Die ‚unverfälschte' Wiedergabe der zeitlichen Abfolge untermauerte für viele Menschen den Wahrheitsgehalt ihrer Erlebnisse und Erzählung. Das bedeutet mithin auch, dass diese Texte „ihren ästhetischen Charakter nicht reflektieren oder durch ihre Rhetorik Effekte von Authentizität oder dokumentarischer Realitätswiedergabe zu erzeugen suchen"[175].

Abzulehnen ist die schablonenhafte Einordnung und Gleichstellung jeglicher Prümm bekannter Texte aus der Zeit unmittelbar nach dem Krieg. Es gibt tatsächlich Texte, die bei der Verhaftung beginnen und chronologisch dem Ende zustreben. Wenn es sich um einen Text handelt, der auf diese Weise aufgebaut ist, muss allerdings wiederum bedacht werden, dass es den Urhebern der Berichte eben gerade wichtig war, diese Chronologie aufzuzeigen, damit ihr Leidensweg einerseits insgesamt besser nachvollzogen werden konnte, und um damit andererseits erneut auf die in den Texten zu findende ‚nackte' Wahrheit hinzuweisen.

4.1.5 Tempus

„Mikrostrukturell schlägt sich nachträgliche Interpretation, d.h. Erkenntnis *[sic]* in der Wahl der narrativen Mittel nieder, wie eben das Tempus eines dar-

---

173 Vgl. dazu Andrea Reiter: *„Auf daß sie entsteigen der Dunkelheit."* S. 181: „Einzelerfahrungen werden zwar in den wenigsten Fällen eindeutig als unumgänglich notwendig für die Erreichung dieses Ziels gedeutet, die Gesamtheit der Erfahrungen wird jedoch in einem zeitlichen Rahmen gesehen, der dem KZ-Erlebnis eine gewisse Geschlossenheit gibt."
174 Ebda.
175 Susanne Düwell: *„Fiktion aus dem Wirklichen."* S. 7.

stellt. Die zeitliche Strukturierung im KZ-Text obliegt, wie in anderen epischen Texten auch, den *temporalen Steuermitteln* Raffung, Vorausdeutung und Rückblick [...]."[176] Von einer Person, die ihre Erfahrungen zu Papier bringen möchte, werden verschiedene Mittel zur Literarisierung verwendet. Die Teleologie ist für Erlebnisberichte von besonderer Bedeutung. So transportieren viele frühe Texte eine bestimmte Aussage und sind „mit dem Wissen vom Ende geschrieben"[177], was „die Interpretation der Erlebnisse bis zu einem bestimmten Grad"[178] beeinflusst. Insgesamt ist zur verwendeten Zeit in den KZ-Texten zu sagen, dass man als Leser der „Erzählhaltung des Rückblicks entsprechend"[179] erwarten würde, dass die Lagerberichte im Präteritum niedergeschrieben sind, und zwar deshalb, „weil es sich um eine Realitätsaussage handelt"[180], die „auch Vergangenheitsbedeutung besitzt"[181]. Durch die Literarisierung (und oftmals vermeintliche Fiktionalisierung) der Erlebnisse verliert „das epische Präteritum seine Vergangenheitsbedeutung"[182]. Zugleich gibt es aber auch eine große Anzahl an Texten, die fast ausnahmslos im Präsens geschrieben ist. Insbesondere emotional aufwühlende Ereignisse werden von den Überlebenden – oftmals ohne Absicht – ins Präsens gesetzt, selbst wenn sie von vergangenen Begebenheiten berichten: „Auch die im Präteritum gehaltenen Berichte fallen immer wieder passagenweise ins Präsens."[183] Die Verwendung des Präsens deutet zumeist auf „Authentizität und suggeriert Unmittelbarkeit"[184], wobei während der Lektüre zu bemerken ist, wie der Verfasser, der Überlebende oftmals in 'die damalige Zeit kippt und vieles noch einmal zu erleben scheint. So wird ein solcher Gebrauch von anderen bzw. der Wechsel der Zeitformen von Reiter als „emotionaler Tempuseinsatz"[185] be-

---

176 Andrea Reiter: *„Auf daß sie entsteigen der Dunkelheit."* S. 181. [kursiv im Orig., Anm. AB]
177 Ebda.
178 Ebda.
179 Ebda. S. 177.
180 Ebda.
181 Ebda.
182 Ebda. – Vgl. dazu Monika Fludernik: *Erzähltheorie.* S. 63 ff., speziell S. 63 f.: „Wie bereits Käte Hamburger in ihrer *Logik der Dichtung* (1957) ausgeführt hatte, ist die im Deutschen übliche Mitvergangenheit des Erzähltextes keine ,wirkliche' Vergangenheit, sondern ein Signal für die Fiktionalität des Textes. [...] Die Vergangenheit, die normalerweise deiktisch auf ein Jetzt des Sprechers und ein von diesem Jetzt in der Vergangenheit liegenden Ereignis verweist, hat keine Vergangenheitsfunktion mehr."
183 Andrea Reiter: *„Auf daß sie entsteigen der Dunkelheit."* S. 177.
184 Ebda. S. 178.
185 Ebda. S. 177. – Vgl. dazu etwa Jürgen H. Petersen: *Erzählsysteme: eine Poetik epischer Texte.*

zeichnet. Tatsächlich „durchleben die Zeugen ihre Haftqualen buchstäblich noch einmal"[186], was immer wieder an diversen Stellen ersichtlich wird, wenn eine besonders emotionale oder, im Gegenteil, eine besonders nüchterne Beschreibung erfolgt. So schließt Reiter aus ihrer Untersuchung der verwendeten Tempusformen, dass diese „im KZ-Text durchaus strategisch eingesetzt"[187] werden. Im Gegensatz zu frühen Texten ist für spätere Texte festzustellen,

> [...] daß sich die Zeit, die zwischen Erleben und dem Bericht darüber verstrichen ist, nicht nur auf der inhaltlichen Ebene niederschlägt, sondern auch die Erzählstruktur beeinflußt. In später verfaßten Texten gewinnt mit dem zunehmenden Wissen und den Überlegungen – die Reflexion nimmt mehr Raum ein – auch das Wie der Darstellung an Gewicht.[188]

Ehemalige Konzentrationslager-Häftlinge, die zur Zeit des Nationalsozialismus schon erwachsen waren und ihre Texte direkt nach dem Krieg verfassten, taten dies aus ihrer Sicht als Erwachsene mit Lebenserfahrung. Jene Menschen, die zur Nazizeit noch Kinder waren, nahmen ihre Erfahrungen (und in Folge Traumata) – speziell als Heranwachsende – über die Zeit deutlicher wahr, hatten aber dadurch auch eher die Möglichkeit, diese zu bewältigen.

4.1.6 Sprache

„Es fehlt den Augenzeugen eine adäquate Sprache als Vermittlungsform, da das Geschehen mit allen Formen, Normen, Werten bricht und folglich auch nicht in den herkömmlichen Sprachformen vermittelt werden kann."[189] Die Frage nach der verwendeten Sprache korrespondiert mit jener der Darstellung innerhalb der Holocaust-Literatur. Wie die Überlegung bezüglich einer möglichen Form, in der ein Bericht, ein Text über den Holocaust präsentiert werden kann, noch diskutiert wird, so stellt sich allgemein auch die Frage nach dem Medium, mithilfe dessen diese Berichte kommuniziert werden. Für Menschen, deren Muttersprache Deutsch ist, gilt speziell Folgendes: Der Holocaust hat sich auf Deutsch ereignet, dadurch haftet dieser Sprache ein Makel

---

Stuttgart, Weimar: Metzler 1993. (= Metzler Studienausgabe).

186 Andrea Reiter: „Auf daß sie entsteigen der Dunkelheit." S. 177.

187 Ebda. S. 179.

188 Ebda. S. 180.

189 Constanze Jaiser: Die Zeugnisliteratur von Überlebenden der deutschen Konzentrationslager seit 1945. S. 119.

an. Die Sprache der Mörder kann demnach nicht zugleich die Sprache der Opfer bei deren Erinnerungsarbeit und Vergangenheitsaufarbeitung sein.[190] Doch welche andere Sprache kann hierbei hilfreicher sein? Es muss mit jener den Verfassern eigenen Sprache gesprochen bzw. in jener geschrieben werden, wenn diesen keine andere verfügbar ist. Tatsächlich haben einige Überlebende ihre Erlebnisse nicht auf Deutsch, ihrer Muttersprache, geschrieben, sondern in einer anderen (etwa nach ihrer Auswanderung aus Österreich oder Deutschland in ein anderssprachiges Land) – weil sie die deutsche Sprache als von den Nazis missbrauchte nicht mehr selbst verwenden konnten und wollten,[191] wie auch das Nachwort eines Überlebenden veranschaulicht: „Erst die Übertragung [...] in eine Sprache, in welcher die Erinnerung alles erfinden mußte, ohne es erlebt zu haben, machte das Schreiben [...] möglich."[192]

Die Sprache, die von den Verfassern verwendet wurde, wurde hauptsächlich als mündliche verstanden. Neben dem Problem der Sprache, der Artikulierung wird jenes der äußeren Form erkennbar, welches die Frage aufwirft, in welcher literarischen Tradition – außer der hauptsächlichen, der Autobiografie – das Erleben dargestellt werden soll oder kann:

> Auch für die Holocaust-Literatur kann ein Modus der Oralität konstituiert werden, dem ästhetische Formen untergeordnet sind. Leitend für die Literatur als mündliche Rede sind v.a. einfache, konventionelle Formen und Inhalte, die von Alltagssprache, Redundanzen und damit Nachvollziehbarkeit bestimmt werden. Diese sind zum Funktionieren der Kommunikation notwendig, ihre Kennzeichen liegen sowohl im Text als auch (noch mehr) in der Situation. Ein typisches Merkmal ist die Aufnahme anderer sprachlicher bzw. literarischer Einflüsse, im Falle der Literatur der Überlebenden z.B. Erzählmuster des Reiseberichts oder – besonders sichtbar in der fremdsprachigen Zeugnisliteratur – die Benutzung des so genannten Lagerjargon *[sic]* und vieler einzelner Begriffe in unübersetzter oder deutscher Sprache.[193]

---

190 Vgl. Phil C. Langer: *Schreiben gegen die Erinnerung?* S. 41.
191 Vgl. ebda.
192 Georges Arthur Goldschmidt: *Ein Garten in Deutschland*. Frankfurt/Main 1991. S. 184. [zit. n. Mona Körte: *Der Krieg der Wörter*. Der autobiographische Text als künstliches Gedächtnis. S. 201–214. In: Nicolas Berg, Jess Jochimsen und Bernd Stiegler (Hg.): *Shoah – Formen der Erinnerung*. München: Fink 1996. S. 202.]
193 Constanze Jaiser: *Die Zeugnisliteratur von Überlebenden der deutschen Konzentrationslager seit 1945*. S. 119 f.

Die Überlebenden versuchten anfangs, eine Alltagssprache, literarische Sprache oder eine Sprache aus der Mythologie zu verwenden, doch verwarfen sie all diese alsbald als untauglich für die ungeheuerlichen Erlebnisse.[194] Die „Unzulänglichkeit der Sprache – insbesondere der deutschen – [hinterläßt] bei den Überlebenden ein Gefühl der Ohnmacht: Die Erfahrungen sind nicht in – bekannte, konventionalisierte – Worte zu fassen."[195] Wörter könnten zur Verharmlosung des Holocaust führen – so lautete die (oftmals nicht ausformulierte) Überlegung der Überlebenden. Daher orientierten sich viele Menschen für ihre Autobiografien oftmals an „kulturell etablierten Geschichtsmustern"[196] oder diversen literarischen Motiven.[197]

In vielen Texten, die ursprünglich nicht auf Deutsch publiziert wurden, findet sich die Verwendung von deutschen Ausdrücken auch in der jeweiligen Sprache der Niederschrift. Diese Worte entstammen dem sogenannten *Lagerjargon* der Konzentrationslager. So sind beispielsweise die Begriffe *Selektion, Sonderkommando, Muselmann* oder *Block,* teilweise hervorgehoben, in nicht ursprünglich auf Deutsch erschienenen Texten zu finden, und einige Überlebende mit einer anderen Muttersprache als dem Deutschen berichten, wie sie ihre KZ-Nummer auf Befehl in einem zackigen Tonfall auf Deutsch zu melden hatten. Zuweilen wird die Schreibweise einiger dieser Wörter der eigenen Originalsprache angeglichen, so etwa die der folgenden bei Elie Wiesel (Schreibweise jeweils übernommen): „block" (Wiesel: *La Nuit.* S. 104); „*Lagerkapo"* (Ebda. S. 121), „*Stubenelteste"* (Ebda. S. 135), „*blockelteste"* (Ebda. S. 136); „*pipel"* (Ebda. S. 122 sowie Ders.: *Night.* S. 60), „*musulman"* (Ebda. S. 66 sowie Ders. *La Nuit.* S. 132). Ferner ist festzustellen, dass manche Inhaftierten die nationalsozialistische Ausdrucksweise, den SS-Jargon, für ihre eigene Verwendung zweckentfremdeten. So schreibt etwa Freund: „Es war ein Schwur, einmal mitzukämpfen an der Vernichtung dieser *entarteten* Bestien

---

194 Vgl. Constanze Jaiser: *Die Zeugnisliteratur von Überlebenden der deutschen Konzentrationslager seit 1945.* S. 120. – Vgl. dazu auch Andrea Reiter: *„Auf daß sie entsteigen der Dunkelheit."* S. 195 ff.

195 Phil C. Langer: *Schreiben gegen die Erinnerung?* S. 40.

196 Birgit Neumann: *Literatur, Erinnerung, Identität.* S. 149–178. In: Astrid Erll & Ansgar Nünning (Hg.): *Gedächtniskonzepte der Literaturwissenschaft. Theoretische Grundlegung und Anwendungsperspektiven.* Berlin: de Gruyter 2005. S. 157.

197 Vgl. Andrea Reiter: *„Auf daß sie entsteigen der Dunkelheit."* S. 195 ff. – Vgl. dazu: Constanze Jaiser: *Die Zeugnisliteratur von Überlebenden der deutschen Konzentrationslager seit 1945.* S. 121: Einige verwendete Stilmittel innerhalb der Holocaust-Literatur sind die folgenden: Metonymie, weniger allegorische, symbolisierende Formen und Metaphern, Verfremdung.

[= SS, Anm. AB]. "[198] Wie anhand der soeben dargestellten Merkmalen der frühen Holocaust-Texten gesehen werden konnte, sind Untersuchungen verschiedenster inhaltlicher wie produktionsbedingter Charakteristika endlos und können in dieser Art immer weiter fortgesetzt werden, da jeder einzelne Text eine Vielzahl an interessanten Elementen aufweist. Die Empfehlung zu einer solchen diskursanalytischen Studie sei hier also ausdrücklich gegeben.

---

198 Julius Freund: *O Buchenwald!* S. 125. [Kursivierung AB]

5 Schreiben über den Holocaust

5.1 GEGEN DAS UNSAGBARE UND UNDARSTELLBARE

> Man kann also immer alles sagen.
> Das Unsagbare [...] ist nur ein Alibi.[199]

Die „Feststellung der Undarstellbarkeit der Shoah [erzeugt] das Dilemma, von etwas erzählen zu müssen, das sich der Darstellung zu entziehen scheint"[200]. Die Schwierigkeit, mit der sich Überlebende des Holocaust konfrontiert sahen, ist jene, das Unvorstellbare mittels Sprache vorstellbar zu machen – und das durch den Schock erzeugte Schweigen zu durchbrechen, da gleichsam nur das Schweigen das vermeintlich richtige Verhalten sein kann.

> Wenn Worte aber per definitionem nicht mehr dazu in der Lage sind, Wirklichkeit wiederzugeben, dann kann man sich fragen, welche Möglichkeiten Literatur oder Texte anderer Art überhaupt noch haben. [...] Stille, Schweigen und Nicht-Schreiben könnten die einzigen Reaktionen sein, die allen Ereignissen des Holocausts wirklich angemessen wären.[201]

Allerdings bestätigt Dresden mit dieser Aussage nicht das Diktum von Schweigen, sondern revidiert, dass rein das Schweigen von Überlebenden zu wenig ist. Nach Adorno entsteht der Unsagbarkeitstopos durch die „Allgemeinheit der Sprache, [die] die ,exemplarische Einmaligkeit und die individuelle Erfahrung' vereinnahmt"[202]. Ein großer Teil der Überlebenden des Holocaust sah

---

199 Jorge Semprún: *Schreiben oder Leben.* 2. Aufl. Frankfurt/Main: Suhrkamp 1995. S. 22. (zugleich: Ders.: *Der Rauch aus den Öfen hat die Vögel vertrieben.* In: Frankfurter Allgemeine Zeitung vom 26.01.1995, S. 33. [zit. n. Phil C. Langer: *Schreiben gegen die Erinnerung?* S. 131]

200 Susanne Düwell: *„Fiktion aus dem Wirklichen."* S. 27.

201 Sam Dresden: *Holocaust und Literatur.* S. 80.

202 Theodor Adorno: *Standort des Erzählers im zeitgenössischen Roman.* S. 46. In: Ders.: *Noten zur Literatur. Frankfurt/Main: Suhrkamp 1981.* [zit. n. Susanne Düwell: *„Fiktion aus dem Wirklichen."* S. 25]

sich daher nach Ende des Zweiten Weltkriegs mit der Frage nach der Darstellbarkeit ihres Erlebens konfrontiert.[203] Diese Überlebenden hatten nicht wie
die Verfasser von früher Holocaust-Literatur das Bedürfnis, die Geschehnisse
sobald wie möglich niederzuschreiben, sondern sie haderten mit dem von
ihnen erlebten Schicksal und konnten erst nach einiger Zeit des Schweigens
über ihr Erleben sprechen. Zu diesen zählt unter anderem Elie Wiesel. Für ihn
ergibt sich eine Situation des bewusst gewählten Schweigens, wie er es selbst
immer wieder thematisiert hat: „It took me ten years before I felt I was ready
to do it. I wrote my first book, *Night*, in Yiddish, a tribute to the language of
those communities that were killed. I began writing it in 1955. I felt I needed
ten years to collect words and the silence in them."[204] Wiesels selbst auferlegtes
Schweigegebot wird auch in seinen Biografien erörtert:[205]

> In 1945, the year of his release from Buchenwald, he took a self-imposed oath
> never to speak or write about the abominable experiences he had endured in the
> camps. This terrible debasement of the human spirit he could not bring himself
> to describe. For more than ten years he remained silent, consumed by the gna-
> wing need to remind a naïve world about the anguish of the Jewish vicitms *[sic]*
> but simultaneously paralyzed by his inability to find the language that could do
> justice to this ordeal.[206]

Direkt nach seiner Befreiung machte er sich Notizen über all seine Erlebnisse,
doch verwendete er diese tatsächlich erst viel später, um sie literarisch aufzuar-
beiten.[207] Wiesel musste also erst einmal bewusst sein Schweigen brechen, um

---

203 Vgl. dazu Sam Dresden: *Holocaust und Literatur.* S. 78 ff.: „Was die Unbeschreibbarkeit der
      Ereignisse betrifft, so muß ich mich sehr kurz fassen, denn schon die Auflistung von Wer-
      ken der Holocaustliteratur und der Zitate daraus, in denen es um diese Unbeschreibbarkeit
      geht, würde ein ganzes Buch füllen." – Dieser Aussage muss ich leider aufgrund ausführ-
      licher Studie von Sekundärliteratur zur Holocaust-Literatur gänzlich zustimmen. Anm. AB.
204 Jack Kolbert: *The Worlds of Elie Wiesel.* An Overview of His Career and His Major Themes.
      London: Associated University Press, Selinsgrove: Susquehanna University Press 2001. S.
      29. – Vgl. dazu auch Beobachtungen von Sam Dresden: *Holocaust und Literatur.* S. 80 ff.
205 Robert McAfee Brown: *Elie Wiesel.* Zeuge für die Menschheit. Freiburg, Basel, Wien: Her-
      der 1990. S. 61: „Zehn Jahre nach der Befreiung aus Buchenwald brach Elie Wiesel das
      Schweigen, welches er sich um der Wahrheit willen auferlegt hatte."– Bzw. Jack Kolbert:
      The Worlds of Elie Wiesel. S. 29: „For ten years Wiesel remained true to his oath of silence,
      lacking the courage or psychological stamina to depict the horrors of the death camp."
206 Ebda. S. 29.
207 Vgl. ebda. S. 25.

sprechen und das Erlebte darstellen zu können. Im Gegensatz dazu wollten
viele Verfasser von frühen Texten, wie bereits erläutert, unbedingt von ihren
Erfahrungen erzählen, wie auch Jorge Semprún meint, dass es nichts gibt, das
man nicht sagen oder aussprechen könnte. Mahler-Bungers äußert ihre Bedenken, dass der „Gehalt der Ereignisse"[208] im bzw. während des Holocaust
durch die Versprachlichung trivialisiert werden bzw. verloren gehen könnte,
statt erinnert zu werden. Die menschliche Sprache reicht ihrer Einschätzung
nach nicht für die Beschreibung von KZ-Erlebnissen aus.[209] Auch P. Langer
meint bezüglich einer möglichen Darstellung: „Bevor gefragt werden kann,
was erinnert wird [...], muss klar sein, wie es textuell (und paratextuell) überhaupt erzählt werden kann."[210]

Es stehen einander also die unterschiedlichen Erfahrungen gegenüber, die
jeweils akzeptiert werden müssen. Allerdings darf nicht unhinterfragt hingenommen werden, was die vorherrschende Meinung in der Wissenschaft zu
sein scheint: dass etwas wie der Holocaust nicht beschrieben werden kann,
zumindest nicht ‚adäquat'. Wie diese Beschreibung aussehen soll, wurde noch
nicht eruiert, weshalb im Folgenden die Thematik der Unsagbarkeit und Undarstellbarkeit anhand von verschiedenen Meinungen erörtert werden soll.
Die Stimmen von Überlebenden und Verfassern von Überlebensberichten
werden hierin weniger berücksichtigt, weil allein das Problem, wie es in der
Forschung vorhanden ist, betrachtet werden soll. Die Frage (nach) der Darstellbarkeit, die seit den 1960er-Jahren unter dem Schlagwort *Undarstellbarkeitstopos* bekannt ist,[211] ist „im Zusammenhang *jetzt* wahrgenommener und

---

208 Annegret Mahler-Bungers: *„Das Wort entschlief, als jene Welt erwachte."* Zur Literatur des
     Holocaust. S. 24–54. In: Wolfram Mauser und Carl Pietzcker (Hg.): *Freiburger literaturpsy-
     chologische Gespräche.* Würzburg: Königshausen & Neumann 2000. (= Jahrbuch für Litera-
     tur und Psychoanalyse. 19.). S. 28.
209 Vgl. ebda. S. 28 f. sowie von Mahler-Bungers zitierte Werke: James E. Young: *Beschreiben
     des Holocaust*; Dominick La Capra: *Representing the Holocaust.* History, Theory, Trauma.
     Ithaca and London: Cornell University Press 1994 sowie Ders.: *History and Memory after
     Auschwitz.* Ithaca and London: Cornell University Press 1998 und Michael S. Roth: *Trauma,
     Repräsentation und historisches Bewußtsein.* S. 153–173. In: Jörn Riesen und Jürgen Straub
     (Hg.): *Die dunkle Spur der Vergangenheit* – Psychoanalytische Zugänge zum Geschichtsbe-
     wußtsein. Erinnerung, Geschichte, Identität 2. Frankfurt/Main: Suhrkamp 1998.
210 Phil C. Langer: *Schreiben gegen die Erinnerung?* S. 54.
211 Vgl. Birgit R. Erdle: *Die Verführung der Parallelen.* Zu Übertragungsverhältnissen zwischen
     Ereignis, Ort und Zitat. S. 27–50. In: Elisabeth Bronfen, Birgit R. Erdle und Sigrid Weigel
     (Hg.): *Trauma.* Zwischen Psychoanalyse und kulturellem Deutungsmuster. Köln, Weimar,
     Wien: Böhlau 1999. (= Literatur – Kultur – Gesellschaft: Kleine Reihe. 14.) S. 33. – Ebda.:

empfundener Handlungsnotwendigkeiten"[212] der Diskussion um mögliche Darstellungs*formen* gewichen. Von der Frage, *ob* Holocaust-Erlebnisse überhaupt beschrieben und ausgesprochen werden können, ist die Forschung mittlerweile also zu der Frage gelangt, *wie* eine solche literarische Darstellung aussehen kann.[213] Es gibt „ein[en] unruhige[n] und verstörte[n] Diskurs über diese Sprachlosigkeit in Form der Einsicht bzw. des Zweifels darüber, ob nicht die Sprache und deren Metaphorik grundsätzlich untauglich geworden seien, diese Menschheitserfahrung zu repräsentieren"[214]. Mahler-Bungers nennt die verbale Undarstellbarkeit nach Karl Kraus ein „Versagen der Sprache für diese mit nichts zu vergleichende Menschheitserfahrung"[215]. Für Lyotard bedeuten die Überlegungen bezüglich Darstellbarkeit und Verstehen des Holocaust in erster Linie ein sprachtheoretisches Problem. Der Holocaust interessiere ihn nicht nur als geschichtliche Begebenheit, sondern ebenso als Gegenstand, der die Frage nach der Darstellungsmöglichkeit einer Grenzerfahrung aufwirft.[216]

Nachstehend folgt James E. Youngs Veranschaulichung der grundsätzlichen Aporie der Darstellbarkeit des Holocaust. Die meiste Sekundärliteratur – aus dem literaturwissenschaftlichen Bereich – hat nicht wirklich Interesse am *Inhalt*, sondern vielmehr an der *Form* der Texte. Die Frage betreffend Holocaust-Literatur und KZ-Berichte sollte allerdings *nicht* lauten, mit welchen literarischen Genres und welcher Sprachverwendung und *ob* diese Ereignisse überhaupt darstell- und beschreibbar sind, sondern *was* ihre literarische Darstellung den nachfolgenden Generationen *vermittelt*.

Der Unsagbarkeitstopos „zählt seit den frühen sechziger Jahren zum festen Repertoire deutscher Erinnerungsrede. Eingesetzt als rhetorische Gebärde, die vor Wissen schützte oder es abschirmte, diente dieser Topos zunächst als Verkleidung der Weigerung, die Zeugnisse der Überlebenden zu *lesen*, ihnen zuzuhören." – Vgl. dazu ebda. S. 34: Erdle nennt den Undarstellbarkeitstopos bezeichnenderweise auch eine „Pathosformel des ‚Undarstellbaren'".

212 Phil C. Langer: *Schreiben gegen die Erinnerung?* S. 47. [zit. n. Siegfried Schmidt: *Gedächtnis – Erzählen – Identität*, S. 393.] [kursiv im Orig., Anm. AB]

213 Nicolas Berg, Jess Jochimsen und Bernd Stiegler: *Vorwort:* Shoah – Formen der Erinnerung. Geschichte, Philosophie, Kunst, Literatur. S. 7–12. In: Dies. (Hg.): *Shoah – Formen der Erinnerung.* München: Fink 1996. S. 7 bzw. vgl. dazu auch Bettina Bannasch und Almuth Hammer: *Jüdisches Gedächtnis und Literatur.* S. 290.

214 Annegret Mahler-Bungers: *„Das Wort entschlief, als jene Welt erwachte."* S. 27.

215 Karl Kraus: *„Ich frage nicht."* In: Ders.: *Schriften.* Hg. v. Christian Wagenknecht. Bd. 9. Frankfurt/Main 1989. S. 639. [zit. n. Annegret Mahler-Bungers: *„Das Wort entschlief, als jene Welt erwachte."* S. 27. – Falschzitat von Mahler-Bungers: *„Man frage nicht"* heißt korrekterweise das Gedicht von Kraus. Anm. AB]

216 Vgl. Ulrike Vordermark: *Das Gedächtnis des Todes.* S. 82. – Vgl. dazu natürlich auch Jean-François Lyotard: *Heidegger und die Juden.* Wien: Passagen-Verlag 1988.

Leider hat das schiere Entsetzen über den Holocaust nicht selten andere, wichtigere historische und literarische Fragen verdrängt. Für manchen Forscher wird die emotionale Ergriffenheit, die Empörung, die zahlreiche Wissenschaftler dazu bewegt, sich mit dieser Periode auseinanderzusetzen, und andere veranlaßt, sie ganz zu umgehen, zum eigentlichen Gegenstand der Holocaustforschung. Für diese Literaturwissenschaftler beginnt und endet die kritische Beschäftigung mit der Holocaust-Literatur mit der Frage, wie das Grauen des Massenmords dargestellt oder die grauenvolle Dimension solchen Leidens begriffen werden kann.[217]

Ruth Klüger bestimmte in ihrer Autobiografie *weiter leben* aus dem Jahr 1992 das für sie letztlich nicht vorhandene Unsagbare. Sie berichtet von einer Szene[218] im KZ Auschwitz-Birkenau im Frauenlager, die „vielleicht die lebendigste, grellste Erinnerung aus Birkenau"[219] für sie ist:

Und doch hab ich nie darüber gesprochen. Ich dachte, die *[diese Szene, Anm. AB]* kann ich nicht aufschreiben, und wollte statt dessen hier einfügen, daß es Dinge gibt, über die ich nicht schreiben kann. Jetzt, wo sie auf dem Papier stehen, sind die Worte dafür so gewöhnlich wie andere und waren nicht schwerer zu finden. War das ein Zögern aus Scham, weil ich Vorbilder wollte und weil das Vorbild ein unantastbares Überich sein sollte?[220]

---

217 James E. Young: *Beschreiben des Holocaust.* S. 7 f. – Vgl. dazu auch Susanne Düwell und Matthias Schmidt: *Vorwort.* S. 7–13. In: Dies. (Hg.): *Narrative der Shoah.* Repräsentationen der Vergangenheit in Historiographie, Kunst und Politik. Paderborn, München, Wien [u.a.]: Schöningh 2002. (= Studien zu Judentum und Christentum. Hg. v. Josef Wohlmuth. Sonderforschungsbericht 534 „Judentum – Christentum" an der Universität Bonn.). S. 7 f. – Vgl. dazu auch Überlegungen bei Sam Dresden: *Holocaust und Literatur.* S. 22: Bei der literaturwissenschaftlichen Analyse von Holocaust-Literatur stehen oft „Formprobleme im Vordergrund. Es geht um die Komposition der Texte, um Stil und Erzähltechnik, wobei der Inhalt für zweitrangig gehalten wird."

218 Jene für den Weitertransport in ein Arbeitslager vorgesehenen Menschen – was tatsächlich eher selten vorkam, eine Überstellung aus einem Vernichtungslager in ein Arbeitslager – müssen tagelang in einer Baracke eingepfercht mit vielen anderen Häftlingen warten. Mit der Zeit stellt sich sogenannter Lagerkoller ein. Eines Tages lässt es sich Klügers Mutter nicht mehr gefallen, von den in dieser Baracke ‚herrschenden' politischen weiblichen Häftlingen herumkommandiert zu werden, und schreit deshalb zurück. Als Konsequenz muss sie zur Strafe auf einem steinernen Kamin knien, was rasch sehr schmerzvoll wird. – Ruth Klüger: *weiter leben.* S. 138: „Sie war in elender Verfassung, völlig außer sich, der Irrsinn flackerte ihr in den Augen, als sie, schon kniend, noch weiter auf die Beamtete einschrie. Ich stand hilflos daneben, wie vor etwas ganz Ungehörigem, Zeugin, wie meine Mutter bestraft wird."

219 Ebda. S. 137.

220 Ebda.

Klüger thematisiert also den unmittelbaren Schreibprozess und kommt von ihrer ursprünglichen Annahme, dass sie nicht imstande sein würde, dieses Erlebnis je zu schildern, zu dem Schluss, dass alles noch so unvorstellbar und undarstellbar Erscheinende trotz allem letztlich beschreibbar ist – zudem mit ganz „gewöhnlichen" Worten. Damit setzt sie Sprechen und Beschreiben dem vorherrschenden Unsagbarkeitstopos entgegen.[221] Klügers Überlegung bezüglich der Undarstellbarkeit ist vielmehr durch ein persönliches Schamgefühl als durch eine (oftmals unhinterfragt weitergegeben erscheinende) Doktrin der Nichtdarstellbarkeit des Holocaust-Geschehens motiviert. In ihrem literaturwissenschaftlichen Werk *Fakten und Fiktionen in der Literatur* stellt sie dagegen fest, dass die Vergangenheit bzw. der Holocaust „[e]rst später [...] durch den Heiligenschein seiner Unsagbarkeit, also durch eine Kitsch-Aura, verklärt"[222] wurde. Indessen kann Klügers Auffassung auf den allgemein herrschenden Verweis auf Nichtdarstellbarkeit übertragen werden, da der Holocaust in uns Nachgeborenen eine gewisse Scham auslöst, die letztlich für die Diskussionen über Darstellbarkeit verantwortlich ist.

Nach Young plädiert Friedländer – beschränkt auf eine bestimmte literarische Epoche – „für eine postmoderne Ästhetik, die in der Lage wäre, die Dilemmata des Erzählens von Geschichte deutlich zu machen"[223]:

> Gerade ein postmodernes Werk kann sich der moralischen Verpflichtung bewußt sein, Zeugnis abzulegen und zugleich von der Unmöglichkeit handeln, dies mit den Mitteln von Kunst und Literatur zu leisten. Kurz: Friedländer plädiert eindringlich für eine Ästhetik, die sich allererst dem Dilemma der Repräsentation widmet [...].[224]

---

221 Vgl. Martina Wagner-Egelhaaf: *Autobiographie*. S. 200.
222 Ruth Klüger: *Gelesene Wirklichkeit*. Fakten und Fiktionen in der Literatur. Göttingen: Wallstein 2006. S. 55. – Vgl. dazu auch Irmela von der Lühe: *Das Gefängnis der Erinnerung*. Erzählstrategien gegen den Konsum des Schreckens in Ruth Klügers ‚weiter leben'. S. 29–45. In: Manuel Köppen und Klaus R. Scherpe (Hg.): *Bilder des Holocaust*. Literatur – Film – Bildende Kunst. Köln, Weimar, Wien: Böhlau 1997. (= Literatur – Kultur – Geschlecht. Kleine Reihe. 10.).
223 James E. Young: *Zwischen Geschichte und Erinnerung*. Über die Wiedereinführung der Stimme der Erinnerung in die historische Erzählung. S. 41–62. In: Harald Welzer (Hg.): *Das soziale Gedächtnis*. Geschichte, Erinnerung, Tradierung. Hamburg: Hamburger Edition 2001. S. 44.
224 Ebda.

Für Friedländer und Young ist es demnach wichtig, dass ein schriftliches Werk eines Überlebenden tatsächlich als Zeugnis verstanden wird. An dieses wird allerdings zugleich die Forderung gestellt, die Frage nach der Darstellbarkeit des Holocaust zu behandeln und darauf eine Antwort zu finden. Das Problem liegt also nach wie vor in der äußeren Form einer Erzählung, weil nicht klar ist, welche dafür die geeignete ist. Indem die Diskussion bei der Darstellbarkeit oder Undarstellbarkeit von Holocaust-Erlebnissen zum Erliegen zu kommen droht, könnte das in Folge eben eine Untersuchung des Inhalts gefährden.

Es stehen interessanterweise immer wieder die Aussagen von Literaturwissenschaftlern, die über die Undarstellbarkeit von Holocaust-Erfahrungen diskutieren, jenen von Holocaust-Überlebenden gegenüber, die die Undarstellbarkeit als Mythos entlarven und für ein Sprechen, Erinnern, Mahnen plädieren. Es stimmt natürlich, dass durch die Neuartigkeit dieser industriell durchgeführten Massenmorde ursprünglich jegliche sprachlichen Konventionen und Vergleichsmöglichkeiten fehlten. Doch versuchten die Überlebenden trotzdem – und waren darin erfolgreich –, ihre Erlebnisse mithilfe der verfügbaren Sprache und sprachlichen Bilder wiederzugeben und bestmöglich darzustellen. Das gesamte Geschehen während der Zeit des Nationalsozialismus kann niemals vollständig erfasst werden, daher ist es auch unsinnig, nach einer ‚vollständigen Darstellbarkeit‘ zu streben. Vielmehr sollte man die Einzelteile, die vorhanden sind – verschiedene Texte, Bilder, Erzählungen –, als wichtige Zeugen, Geschichtenerzähler anerkennen und erinnern.

6 Autobiografisches Gedächtnis – Erinnerung

Erinnerbar – und darum auch erzählbar –
ist immer nur das personale Erleben und Erleiden.[225]

In der Literaturwissenschaft wird seit einiger Zeit der Blick auf andere – sozio-logische, historische, psychologische etc. – Wissenschaften gerichtet, um mit-hilfe dieser ein besseres Verständnis der Erinnerungs- und Gedächtnisleistung sowie des autobiografischen Gedächtnisses zu erlangen, was natürlich speziell im Kontext der Holocaust-Literatur sehr hilfreich ist. Die

[…] Kenntnis psychologischer Regelmäßigkeiten in der Funktionsweise des menschlichen Gedächtnisses [vermag] zumindest dazu beizutragen, Grund-muster literarischer Gedächtnisarbeit erkennbar werden zu lassen. Nicht ohne Grund hat die Literaturwissenschaft in den letzten Jahren der Gedächtnispro-blematik verstärkt ihre Aufmerksamkeit geschenkt, wenngleich ‚Gedächtnis‘ dabei notwendigerweise als kulturelle, rhetorische und literarische Praxis gefasst wurde. Strukturelle Gemeinsamkeiten zwischen dem von psychologisch-natur-wissenschaftlicher Seite festgestellten Funktionieren des Gedächtnisses und lite-rarischer Gedächtnisarbeit lassen sich jedoch feststellen.[226]

Für die Forschung sind die Untersuchungen des kommunikativen, sozialen und kulturellen Gedächtnisses sehr wichtig, um das Erinnern des Menschen und in Folge die Bedeutung der Erinnerung bzw. Erinnerungsleistung für das Weitertransportieren der Erinnerungen in die Literatur erforschen zu können. Das kommunikative und das kulturelle Gedächtnis sind Teil des kollektiven

---

225 Gisbert Ter-Nedden: *Poesie zwischen Rede und Schrift.* Bausteine zu einer Medientheorie der Literatur. S. 11–25. In: Ders.: Buchdruck und Aufklärung. Kurseinheit I: Zur Medienge-schichte von Literatur und Poetik. Hagen [o.V.] 1999. S. 24.
226 Martina Wagner-Egelhaaf: *Autobiographie.* S. 83. – Vgl. dazu: Harald Welzer: *Einleitung: Das soziale Gedächtnis.* S. 9–21. In: Ders. (Hg.): *Das soziale Gedächtnis.* Geschichte, Erinne-rung, Tradierung. Hamburg: Hamburger Edition 2001. S. 15 ff.: Werke wie die von Wiesel und Dietmar sowie alle anderen autobiografisch verfassten Texte werden von Welzer unter dem Begriff ‚soziales Gedächtnis‘ subsumiert.

Gedächtnisses, das von Halbwachs in den 1920er-Jahren als Terminus für das gemeinsame Erinnerungsvermögen von mehreren Menschen eingeführt wurde. Dabei bezeichnet das kommunikative Gedächtnis eine verbale Weitergabe von Geschehnissen durch Menschen und das kulturelle die gemeinsame Erinnerung verschiedener Menschen an ein Erlebnis. Das soziale Gedächtnis ist das Gegenstück zum kollektiven Gedächtnis, welches von einer Gruppe von Menschen geteilt wird, was bedeutet, dass diese Gruppe über eine gleiche oder sehr ähnliche Erinnerung an bestimmte Ereignisse verfügt.[227] Zudem bezieht es sich auf das individuelle Umfeld einer einzelnen Person, hat also mit der individuellen Gedächtnisleistung zu tun, die durch dieses Umfeld entsteht. Das soziale Gedächtnis ist kurzlebig und verschwindet nach gewisser Zeit, das kollektive Gedächtnis ist auf Langfristigkeit ausgerichtet – wodurch Ereignisse weitergetragen und auch verschriftlicht werden.[228]

Düwell nennt Erinnerungsarbeit, die mittels Imagination in Worte übersetzt werden soll, um Erfahrungen mitteilbar zu machen, einen psychologisch ausgerichteten Versuch einer Mitteilung. Zugleich verweist sie auf den Zusammenhang mit Unsagbarkeits- und Undarstellbarkeitserfahrungen.[229] „Die empirische Gedächtnisforschung macht auf die Sprachlichkeit des autobiographischen Gedächtnisses aufmerksam und rückt damit […] das psychologische Moment des autobiographischen Bewusstseins an die Seite der literarischen Autobiographie."[230] Weiters ist eine soziale Funktion des autobiografischen Gedächtnisses ableitbar. Menschen müssen und wollen ihre Erlebnisse und Erinnerungen mit anderen teilen, was ihnen durch die Sprache ermöglicht wird. Es kann daher von der narrativen Funktion des autobiografischen Ge-

---

227 Vgl. dazu Peter Burke: *Geschichte als soziales Gedächtnis.* S. 289–304. In: Aleida Assmann und Dietrich Harth (Hg.): *Mnemosyne.* Formen und Funktionen kultureller Erinnerung. Frankfurt/Main: Fischer Taschenbuch 1991. (= Fischer Wissenschaft).

228 Vgl. zum kulturellen Gedächtnis: Harald Welzer (Hg.): *Das kommunikative Gedächtnis.* Eine Theorie der Erinnerung. München: Beck 2002; Harald Welzer (Hg.): *Das soziale Gedächtnis;* Harald Welzer und Hans J. Markowitsch (Hg.): *Warum Menschen sich erinnern können.* Fortschritte in der interdisziplinären Gedächtnisforschung. Stuttgart: Klett-Cotta 2006; Maurice Halbwachs: *Das kollektive Gedächtnis.* Frankfurt am Main: S. Fischer 1985/1991; Astrid Erll, Marion Gymnich und Ansgar Nünning (Hg.): *Literatur – Erinnerung – Identität.* Theoriekonzeptionen und Fallstudien. Trier WVT 2003; Astrid Erll: *Kollektives Gedächtnis und Erinnerungskulturen.* Eine Einführung. Stuttgart und Weimar: Metzler 2005; Jan Assmann: *Das kulturelle Gedächtnis.* Schrift, Erinnerung und politische Identität in frühen Hochkulturen. München: Beck 1992.

229 Vgl. Susanne Düwell: *„Fiktion aus dem Wirklichen."* S. 12. Fußnote 10.

230 Martina Wagner-Egelhaaf: *Autobiographie.* S. 87.

dächtnisses gesprochen werden.[231] Ter-Nedden weist im Zusammenhang von schriftlicher und mündlicher Rede und basierend auf seiner Aussage, nach der „alle poetischen Texte [...] ursprünglich für die mündliche ‚Aufführung‘ durch einen ‚leibhaftigen‘ Sprecher vor den Augen und Ohren leibhaftiger Hörer bestimmt"[232] sind, darauf hin, dass Erzählen bzw. „Poesie [...] ein Pausenphänomen [ist]: Dort, wo wir mit anderen zusammen sind, entsteht in dem Augenblick so etwas wie Poesiezwang, in dem uns unsere normale Alltagsprosa freiläßt."[233] Das bedeutet, dass sich Menschen im Alltag, etwa bei der Arbeit oder früher bei der Jagd und Essensbeschaffung, und zwar genau im Moment des Geschehens, nur zweckdienlich und problembezogen verständigen. Erst hinterher, wenn diese (alltägliche, notwendige) Handlung abgeschlossen ist,

> beginnt das Erzählen. Hier geht es um eine verbale Zweitfassung unseres personalen Lebens und Erlebens, unseres Glücks und unserer Not. Hier, im konversationellen Gruppenalltag, [...] entwickelt [jeder] jenes Repertoire von dramatischen oder komischen, unerhörten oder unterhaltsamen Geschichten, die gleichermaßen die eigenen Selbstdarstellungsbedürfnisse wie die Erwartungen und Erlebnisanforderungen der Gruppe befriedigen.[234]

Durch die Verbalisierung und Erzählung von Erlebtem kann sich der Zuhörer/Leser diese Ereignisse vorstellen. Ein Erlebnis muss vor die Imagination, die eigene Vorstellung/das eigene Vorstellungsvermögen, geführt werden, damit ein Nacherleben ermöglicht wird. Diese Form der Mitteilungsmöglichmachung ist eine eigene Art der Präsentation des Geschehens –eine (narrative) Verformung und folglich beinahe Fiktionalisierung, wobei sich dies aber rein auf die Darstellung des Erlebens (die Vergegenwärtigung und damit die äußere Form) und nicht die Veränderung des Inhalts (etwa Verzerrung) bezieht. Fiktion bedeutet in diesem Fall nicht Erfundenes, Fiktionalisierung nicht Veränderung des Wahrheitsgehalts, im Gegenteil: Erst mithilfe einer solchen Ver-/Überformung eines Erlebens im Moment des Erzählens/Beschreibens wird dieses Erleben für den Zuhörer/Leser konkretisiert und damit nacherlebbar, nachfühlbar. Somit wird deutlich, wie wichtig Imagination – das Vorstellen

---

231 Vgl. ebda. S. 88.
232 Gisbert Ter-Nedden: *Poesie zwischen Rede und Schrift*. S. 19.
233 Ebda.
234 Ebda. S. 19 f.

oder Vergegenwärtigen von etwas, das man hört/liest – für das Einfühlungsvermögen auf Rezeptionsseite ist: Ohne Vorstellungskraft ist Empathie nicht
möglich, was wiederum für das Verständnis eines Erlebens oder des Erlebenden nötig ist.

6.1 ERINNERUNG – WAHRHEIT – IDENTITÄT

> Erinnerung und zeitliche Distanz
> verändern die zur Verfügung
> stehenden Fakten immer.[235]

Es ist ganz normal, dass Menschen Dinge vergessen. „Erinnerungen [gehören]
zum Unzuverlässigsten […], das es gibt"[236], und können als Fehlleistungen
des Gedächtnisses in Erscheinung treten. Die Gedächtnisleistung wird zudem
durch die natürliche Zensur beeinträchtigt, welche die Menschen vergessen
lässt, was unangenehm oder unerfreulich war. Während eines Erinnerungs-
prozesses wird eine Auswahl an zu Erzählendem getroffen, wodurch nicht
alle Erlebnisse in ihrer Gesamtheit reproduziert oder rekonstruiert werden.[237]
Dennoch ist es interessant, an welche Episoden oder Details sich jemand erinnern kann.[238] Gewöhnlich ist die Erinnerungshaltung eines Menschen eine
unkritische,[239] wenn dieser Vergangenes wiederauferstehen lässt und gleichzeitig – aus seiner heutigen Sicht – bewertet. Der Gehalt der Erinnerung ist
dadurch stets verwandelbar: „Das im Gedächtnis Gespeicherte ist kein unver-
rückbarer Bestand, es unterliegt vielmehr der ständigen Veränderung durch
Perspektivenverschiebungen und Akzentverlagerungen."[240] Diese Verschie-
bungen hängen natürlich auch mit der Identität einer Person zusammen,
und zwar zweifach: im Moment des Erlebens und im Moment des Erinnerns. Neumann verweist ihrerseits mit Locke auf die Unzuverlässigkeit des
Gedächtnisses,[241] und auch A. Assmann spricht vom „trügerischen Charakter

---

235 Sam Dresden: *Holocaust und Literatur*. S. 45.
236 Aleida Assmann: *Wie wahr sind Erinnerungen?* S. 103.
237 Vgl. Martina Wagner-Egelhaaf: *Autobiographie*. S. 42 f.
238 Vgl. Roy Pascal: *Die Autobiographie*. Gehalt und Gestalt. Stuttgart [u.a.]: Kohlhammer
      1965. S. 32.
239 Vgl. Martina Wagner-Egelhaaf: *Autobiographie*. S. 12.
240 Ebda. S. 43.
241 Vgl. Birgit Neumann: *Literatur, Erinnerung, Identität*. S. 152.

unserer Erinnerungen"[242], wenn sie auf die Ergebnisse von Erinnerungs- und Gedächtnisforschung eingeht. Und dennoch

> [...] müssen wir feststellen, daß es die Erinnerungsfähigkeit ist, die – so fragwürdig sie auch sein mag – Menschen erst zu Menschen macht. Ohne sie könnten wir kein Selbst aufbauen und nicht mit anderen als individuelle Personen kommunizieren. Auch wenn sie es nicht immer sind, müssen wir unsere Erinnerungen doch für wahr halten, weil sie der Stoff sind, aus dem Erfahrungen, Beziehungen und vor allem das Bild der eigenen Identität gemacht ist. Nur ein kleiner Anteil unserer Erinnerungen ist sprachlich aufbereitet und bildet das Rückgrat einer impliziten Lebensgeschichte.[243]

Die meisten unserer Erinnerungen sind in unserem Gedächtnis verfügbar und können durch Verbalisierung noch einmal lebendig werden. Dazu kommen aber auch Erinnerungen, die uns nicht mehr geläufig sind sowie durch Trauma oder Verdrängung verdeckte Erinnerungen. Solche latenten Erinnerungen können nicht ohne fremde Hilfe hervorgeholt und bewusst gemacht werden, da sie zu schmerzvoll sind.[244] Die Erinnerung ist zudem abhängig vom menschlichen Bewusstsein und Willen.[245] Mit der Zeit und der Häufigkeit, mit der Erinnerungen erzählt wurden, erinnert sich der Mensch immer mehr an die Worte, mit denen er diese Erlebnisse beschrieben hat, als an die Erlebnisse selbst:[246] „Das Gedächtnis für [...] Erinnerungen festigt sich also durch Wiederholung"[247], was bedeutet, dass das, „was nicht wiederholt wird, [...] wieder verlorengeht [...]"[248].

Von der Unzuverlässigkeit des (autobiografischen) Gedächtnisses führt die Frage weiter nach der Wahrheit der Erinnerungen, zumal nicht ganz klar erscheint, ob Erlebnisse im Moment des Erinnerns einer Interpretation unterworfen werden oder eine (Re-)Konstruktion durch das Gedächtnis sind. Interpretation hängt mit Sinn- und Kohärenzherstellung zusammen, da ein Ereignis in der Erinnerung mit einer gewissen Erklärung ausgestattet wird. Konstruktion und Rekonstruktion bedeuten, dass Erinnerungen nicht einfach

---

242 Aleida Assmann: *Wie wahr sind Erinnerungen?* S. 103.
243 Ebda. S. 103 f.
244 Vgl. ebda. S. 104.
245 Vgl. Roy Pascal: *Die Autobiographie.* S. 85. – Vgl. dazu auch Martina Wagner-Egelhaaf: *Autobiographie.* S. 42.
246 Vgl. Aleida Assmann: *Wie wahr sind Erinnerungen?* S. 108.
247 Ebda.
248 Ebda.

abrufbereit sind, sondern dass sie erst einmal erstellt oder wiedererstellt werden müssen, um bearbeitet werden zu können. Die Annahme hierzu lautet, dass Erinnern Rekonstruieren bedeutet. Folglich werden Erinnerungen nicht im Moment des Erinnerns, sondern erst später – etwa in einer Niederschrift – interpretiert, was ebenso zwangsläufig erfolgt. Durch die Rekonstruktion und nachfolgende Interpretation kann eine Erinnerung natürlich auch nicht als endgültige Wahrheit oder als Wahrheitsbeweis gelten. Erinnern bedeutet, dass Erlebnisse ins Bewusstsein zurückgeholt und zugleich rekonstruiert werden. Erst wenn sie erneut im Gedächtnis sind, können sie interpretiert werden.

6.2 (RE-)KONSTRUKTION VS. INTERPRETATION

Erinnerung dient als Mittel, um autobiografische Erlebnisse zu transportieren. Autobiografie als Verschriftlichung der Erinnerung an Vergangenes kann somit auch als Konservierungsform verstanden werden:

> Autobiographische Erinnerung, also das Sicherinnern zum Zwecke der Niederschrift einer Autobiographie, ist immer ein Willensakt, ein Versuch, der Erinnerung die Vergangenheit abzuverlangen. In dieser Sicht ist Erinnerung Rekonstruktion; und bedenkt man, in welchem Maß die autobiographische Rekonstruktion ihren eigenen Notwendigkeiten und Gesetzmäßigkeiten folgt […], kann man durchaus auch von ‚Konstruktion' sprechen […].[249]

Diese Konstruktion ist dadurch gegeben, dass jeder Mensch sein Erleben beim Erzählen, also Rekonstruieren, auf gewisse Art kognitiv formt und beeinflusst. Das Gedächtnis nimmt eine Aussonderung vor, welche zugleich die stärkste unbewusste Kraft beim Gestalten und Beschreiben der Vergangenheit nach der persönlichen Vorstellung des Verfassers einer Autobiografie ist.[250] In der Kognitions- und Narrationspsychologie wird davon ausgegangen, dass

> Erinnerungen vergangene Erfahrungen nicht „wiederaufleben" lassen, sondern nach Maßgabe gegenwärtiger Bedingungen rekonstruieren. Zwar steht mit der Rekonstruktion die Faktizität von Erinnerungen in Frage, allerdings wird diese „spezifische Wahrheit von Erinnerungen" als zentrale Voraussetzung für eine identitätsstiftende Aneignung der individuellen Vergangenheit angesehen.[251]

---

249 Martina Wagner-Egelhaaf: *Autobiographie.* S. 13.
250 Vgl. Roy Pascal: *Die Autobiographie.* S. 89.
251 Birgit Neumann: *Literatur, Erinnerung, Identität.* S. 150.

Erinnerung und Identität sind als zusammenhängendes Konstrukt ein weiterer wichtiger Punkt spezifisch für die Holocaust-Literatur, da in dieser auch das Wiederfinden der eigenen Person (des Verfassers) nach der völligen Degradierung und Entmenschlichung in einem Konzentrationslager eine Rolle spielt; etwa erfolgt dies im Sinne einer Identitätsstiftung gemeinsam mit einer Sinnzuweisung an das Erlebte. Wie die Rekonstruktion eines Erlebens also aussieht, hängt stark mit der eigenen Identität(swahrnehmung) zusammen.

6.2.1 Interpretation – Sinn – Fiktion

Autobiografische Erinnerungen werden zwar meist der Realität entsprechend, zugleich allerdings ungenau dargestellt.[252] Für Young konstituiert sich das Niederschreiben von Holocaust-Erlebnissen als gewisse Art von Fiktion – in dem Fall: Erfundenem, Erdichtetem –, weil für diesen jegliches Erleben in Schriftform eine Interpretation des Erlebens darstellt. Diese Schriftformen des Erlebens sind demnach „die interpretierten Versionen des Holocaust in ihrer Textgestalt"[253]. Pascal geht ebenso davon aus, dass Erinnerung und folglich Autobiografie eben nicht einfach Rekonstruktion der Vergangenheit, sondern eine Interpretation dieser ist.[254] Der Annahme Pascals und Youngs bezüglich der Interpretation von erinnerten Erlebnissen ist an dieser Stelle nicht zuzustimmen, denn, wie oben bereits dargelegt, wird hierin Erinnerung als (Re-) Konstruktion verstanden, die schließlich in der Gegenwart in verbaler oder schriftlicher Form Raum für Interpretation öffnet. Young stellt weiterführend noch folgende Frage: „Liegt nicht schon im bloßen Aspekt des Schreibens einer Geschichte des Holocaust die Aporie, daß den Ereignissen, die dargestellt werden, im selben Zug Sinn beigelegt wird?"[255] Was für Young eine Aporie darstellt, ist für Wagner-Egelhaaf keine: Nach derselben werden die Ereignisse durch das Erinnern gerade deshalb gleichzeitig interpretiert, weil das autobiografische Gedächtnis und in Folge die Autobiografie in schriftlicher Form die Aufgabe hat, „das Selbst mit Sinn zu versorgen"[256]. Die Sinnfrage offenbart sich im Zusammenhang mit Holocaust-Literatur naturgemäß auf vielfache Weise und wird daher noch an anderen Stellen diskutiert.

---

252 Vgl. Martina Wagner-Egelhaaf: *Autobiographie*. S. 87.
253 James E. Young: *Beschreiben des Holocaust*. S. 16.
254 Vgl. Roy Pascal: *Die Autobiographie*. S. 32.
255 James E. Young: *Zwischen Geschichte und Erinnerung*. S. 43 f.
256 Martina Wagner-Egelhaaf: *Autobiographie*. S. 87.

Das Leben vieler Holocaust-Überlebender erhielt durch das Erzählen der Erlebnisse und Zeugnisablegen sowie durch die gleichzeitige Beachtung von Holocaust-Literatur einen neuen Sinn, weil die Überlebenden einerseits von ihrem Erleben erzählen und andererseits retrospektiv eine gewisse Bedeutung erkennen konnten.[257] An anderer Stelle ist dagegen zu erfahren, dass dem Holocaust aus der Sicht der Überlebenden eben *kein* Sinn abzugewinnen ist:[258] „Wie man es dreht und wendet: Die Shoah geht in einen normalen menschlichen Schädel einfach nicht hinein."[259] Oder: „Für die Literatur bringt Blanchot das Problem auf den Punkt. Erzählen bedeutet, Sinnzusammenhänge herzustellen, die Erfahrung der Schoah jedoch hat jeden Sinnzusammenhang zerstört."[260] Diese Überlegung ist natürlich ebenso verständlich, doch geht sie wieder in Richtung Nichtauseinandersetzung mit der Thematik des Holocaust und des Überlebens, weil sich die Forschung keinen Schritt zu weit zu gehen traut – und zwar aufgrund des Bruchs, der durch den Holocaust entstanden ist. Jedes Nichtthematisieren aufgrund einer falsch verstandenen Ehrfurcht ist allerdings abzulehnen.

Zugleich deutet der Verfasser in der Retrospektive das Erlebte nach einer gewissen Zeit anders. Young fragt oben also danach, ob nicht durch den Akt des Niederschreibens der Ereignisse die Unmittelbarkeit des Erlebens bzw. der Erinnerung – die ihrerseits eine gewisse Deutungsweise und Version des Erlebten abspeichert – verloren geht. Seine Überlegung kann demnach bestätigt werden, da es tatsächlich keine *uninterpretierten* Darstellungen von (KZ-)Erleben gibt, weil Sinnfindung eine der wichtigsten Aufgaben für Überlebende des Holocaust und eines der wichtigsten Ziele beim Erzählen ihrer Erlebnisse war. Reiter stellt die Schwierigkeit der Sinnfindung und -zuweisung der Situation eines Romanautors gegenüber: Dieser kennt den Sinn seiner Geschichte, noch bevor er eine Geschichte schreibt. Ein Überlebender dagegen versucht durch das und während des Schreibens einen Sinn für das Erleben zu finden.[261]

---

257 Vgl. Phil C. Langer: *Schreiben gegen die Erinnerung?* S. 46.

258 Vgl. Wolfgang Bialas: *Die Shoa in der Geschichtsphilosophie der Postmoderne.* S. 107–121. In: Nicolas Berg, Jess Jochimsen und Bernd Stiegler (Hg.): *Shoah – Formen der Erinnerung.* München: Fink 1996. S. 109.

259 Robert Schindel: *Schweigend ins Gespräch vertieft.* Anmerkungen zu Geschichte und Gegenwart des jüdisch-nichtjüdischen Verhältnisses in den Täterländern. S. 3–8. In: Heinz Ludwig Arnold (Hg.): *Literatur und Holocaust.* Heft 144. München: edition text und kritik 1999. S. 6.

260 Bettina Bannasch und Almuth Hammer: *Jüdisches Gedächtnis und Literatur.* S. 290.

261 Vgl. Andrea Reiter: *„Auf daß sie entsteigen der Dunkelheit."* S. 194.

Erinnerung wird ebenfalls „als eine kreative Leistung"[262] verstanden, zugleich aber auch einschränkend „als nachträglicher konstruktiver Akt und damit zwangsläufig als Bruch mit der Vergangenheit"[263]. Für den sich erinnernden Menschen gibt es allerdings gar keine andere Möglichkeit, als dass er ein Erleben re-konstruiert und somit die Vergangenheit *nicht* so, wie sie war, darstellen kann. Dieser Bruch mit der Vergangenheit kann also im Grunde gar nie vermieden werden. Deshalb erscheint die weitere Überlegung Düwells erstaunlich, wonach es „[p]roblematisch und dem Charakter der sich entziehenden Vergangenheit unangemessen ist [...], eine bestimmte Version als Geschichte festzuschreiben"[264]. Denn daraus ergibt sich die Frage, wie die Darstellung von Vergangenem anders möglich wäre, als dass gerade die eine oder die andere Version einer Geschichte verfasst wird, und ob dieser Schnitt, der mit dem Erzählen von Erlebtem und damit mit der Vergangenheit gesetzt wird, nicht eine unabdingbare und daher natürliche Brücke zwischen Vergangenheit und Gegenwart ist. Indem eine bestimmte Version der Vergangenheit festgelegt wird, wird quasi der Bruch genützt, um dem Vergessen mithilfe von Imagination nicht weitere Möglichkeiten zu bieten, für andere oder mehrere Versionen spezifische – unwahre – *Lückenfüllungen* zu konstruieren. Tatsächlich muss keine bestimmte Version als endgültige Version der Erlebnisse dargeboten werden, sondern jegliche Version kann ständig erneuert werden, da Erinnerung und Darstellung einem ständigen Wandel und Veränderung unterworfen sind. Ein solcher Wandel zeigt sich etwa durch das Auftreten von Gedächtnislücken bzw. das Vergessen, das Wiedererinnern von bestimmten Gegebenheiten oder, auf narrativer Ebene, durch das Ausschmücken von Erlebnissen, denn, wie bereits eingangs dargelegt: „Die Vergangenheit ist mitnichten unabänderlich – im Prozess der Erinnerung unterliegt sie der dauernden Bearbeitung, sie wird verändert, den Wünschen entsprechend zurechtgerückt, Unliebsames wird verdrängt und vergessen."[265]

Pascal fragt nach dem Stellenwert der Wahrheit, indem er zugleich die Möglichkeit einer subjektiven, d.h. selbst erlebten und erinnerten Form der Wahrheit einräumt. Die Subjektivität der Wahrheit sollte verstärkt betrachtet werden, was als Leistung der Erinnerung eines Menschen anzuerkennen ist:

---

262 Susanne Düwell: *„Fiktion aus dem Wirklichen."* S. 19.
263 Ebda.
264 Ebda.
265 Martina Wagner-Egelhaaf: *Autobiographie.* S. 21.

Bedeutet die Wahrheit in der Autobiographie nicht allzu viel? Nicht nur der Leser erwartet von der Autobiographie Wahrheit, auch die Autobiographen selbst machen mehr oder weniger erfolgreiche Anstrengungen, an die Wahrheit heranzukommen, an ihr festzuhalten, oder sie versuchen wenigstens, uns davon zu überzeugen, daß sie es tun. Die Schriftsteller wissen genau, was sie tun, wenn sie autobiographische Romane schreiben. […] Es wird keine objektive Wahrheit sein, aber eine Wahrheit in den Grenzen einer bestimmten Absicht, die sich aus dem Leben des Autors ergibt, […] und die seine Auswahl der Ereignisse und die Art und Weise bestimmt, in der er sie behandelt und ausdrückt.[266]

Dass die Wahrheit jeglicher Objektivität entbehrt, ist eine Tatsache. Somit sollte einer Autobiografie nicht der Vorwurf gemacht werden, nicht die Wahrheit zu transportieren, sondern die als Wahrheit empfundene Erinnerung an das Erlebte. Die Darstellungsart der Autobiografie, deren Ausgestaltung, ist demnach dem Wahrheitsgehalt abträglich. Oder anders formuliert: „Die lineare, erzählende Form der Autobiographie bedingt eine Entstellung der Wahrheit."[267] Die Verfälschung der Wahrheit durch das Erinnern ist ein grundlegendes Merkmal der Autobiografie und das Erinnern deren unerlässliche Bedingung. Dabei geht es ferner um die Ungreifbarkeit historischer Wahrheit,[268] da jegliches Erleben eben subjektiv geprägt ist. Mit anderen Worten:

Wer von der Autobiographie „historische Richtigkeit" erwartet, geht fehl oder missversteht diese Redeform prinzipiell. Die „Wahrheit" ist nicht zu haben, höchstens der historische Abdruck einer subjektiven Wahrnehmung, die sich freilich mit anderen Wahrnehmungen decken oder überlappen kann.[269]

---

266 Roy Pascal: *Die Autobiographie*. S. 103.

267 Ebda. S. 96.

268 Vgl. Roy Pascal: *Die Autobiographie*. S. 90 sowie ebda.: Das Alter des Autors spielt eine große Rolle. Viele Menschen schreiben erst spät, von einem quasi endgültigen Standpunkt aus, wenn eine definitive Einschätzung ihres Lebens möglich ist. Aber es ist klar, dass diese weite Entfernung von den Zeiten der Anspannung und Unsicherheit zur Entstellung führen kann. Vgl. dazu auch: Martina Wagner-Egelhaaf: *Autobiographie*. S. 85: „Eine wichtige Erkenntnis der Gedächtnisforschung ist, dass der Verlauf der Zeit für das autobiographische Gedächtnis viel weniger strukturgebend ist als bisher angenommen. Wann sich etwas ereignet hat, wird viel eher vergessen als das Ereignis selbst […]." – Die Überlegung bezüglich des Alters kommt noch vermehrt in der Gegenüberstellung der zu untersuchenden Werke zum Tragen, da es sich hierbei um die Dichotomie Erleben als Kind vs. als Erwachsener, Niederschrift der Erlebnisse mit großem vs. mit kleinem zeitlichem Abstand handelt. Anm. AB.

269 Karl Müller: *Formen autobiographischen Schreibens am Beispiel von Jean Améry, Fred Wan-*

An dieser Stelle muss allerdings unbedingt darauf hingewiesen werden, dass durch die Miteinbeziehung der oben verwendeten Zitate und Überlegungen aus der Forschungsliteratur keineswegs jeglicher Wahrheitsanspruch von Werken der Holocaust-Literatur infrage gestellt wird; es sollte durch diese Berücksichtigung nur aufgezeigt werden, wie weitläufig dieses Forschungsfeld ist bzw. wie viele Fragen dazu offen sind. Trotz aller vorhandenen Diskrepanzen und Unklarheiten sowie gegensätzlichen Meinungen innerhalb der Gedächtnis- und Autobiografie-Forschung darf keinem von Holocaust-Überlebenden autobiografisch verfassten Text aufgrund von möglichen Gedächtnisfehlleistungen generell Unwahrheit bzw. eine unwahre Darstellung vorgeworfen werden. Dass sich subjektive Wahrnehmungen von objektiven Gegebenheiten unterscheiden können, ändert nichts an der Tatsache, dass die Erfahrungen des Subjekts in jedem Fall wahr sind – weil sie eben selbst gemacht wurden.

6.3 IMAGINATION ALS KONSTANTE FÜR DIE (RE-) KONSTRUIERUNG VON ERLEBEN

Der Erinnerung bzw. Gedächtnisleistung wird heute wie damals misstraut, weil sich – wie schon angesprochen – unwillkürlich Fehlleistungen und -informationen einschleichen. Keine Erinnerung kann dem wirklichen Erleben jemals gänzlich entsprechen, was ein Resultat ganz natürlicher menschlicher Vergessensprozesse ist, und doch scheint sich erst langsam die Anschauung durchzusetzen, dass Imagination, Vorstellung(skraft), als Teil der Gedächtnisleistung gemeinsam mit imaginativen und fiktionalen Zügen (wiederum gemeint hinsichtlich der Darstellungsform bzw. Aufbereitung des Sprachlichen) innerhalb der Erinnerung (und in Folge auf schriftlicher Ebene für die Autobiografie) unumgänglich ist und daher ebenso berücksichtigt werden muss:

> Theoriegeschichtlich bemerkenswert ist, dass die ältere Forschung Erinnerung und Gedächtnis als mimetische bzw. hinter dem Gebot der Widerspiegelung defizitär zurückbleibende Vermögen betrachtete, die den Eintritt der Imagination ermöglichen, während die gegenwärtige Theoriebildung Gedächtnis und Imagination unauflöslich aneinander bindet und somit die Erinnerungs- bzw. Gedächtnisleistung als kreative Funktionen bewertet.[270]

---

der und Anna Maria Jokl. S. 69–81. In: Eleonore Lappin und Albert Lichtblau (Hg.): *Die „Wahrheit" der Erinnerung*. Jüdische Lebensgeschichten. Innsbruck, Bozen, Wien: Studienverlag 2008. S. 70.

270 Martina Wagner-Egelhaaf: *Autobiographie*. S. 46.

Als einem nunmehr als notwendig erkannten Element der autobiografischen Literaturarbeit wird der Imagination heute tatsächlich mehr Berücksichtigung und Wohlwollen entgegengebracht. Imagination dient, kurz gesagt, der Erinnerung an gewisse Erlebnisse, um diese ins Heute zu transportieren und schriftlich festzusetzen. Allerdings ist „[d]ie Imagination […] nicht nur ein Lückenfüller für die Unzuverlässigkeiten des Gedächtnisses, sondern das Versagen der Autobiographie hinsichtlich der geschichtlichen Wahrheit bedingt gerade ihren ästhetischen Wert"[271]. Das bedeutet also, dass die Imagination nicht nur Vergangenes ins Jetzt holt oder das, was aus dem Gedächtnis verschwunden ist, quasi ersetzt, und dass die Autobiografie, die in der schriftlichen Form diesen Prozess veranschaulicht, eben durch die Tatsache, nicht die reine Wahrheit – d.i. früheres Erleben als vollständige Wiedergabe durch die Erinnerung – transportieren zu können, als literarische Form (und nicht etwa Instrument zur Bestimmung von Wirklichkeit) bestätigt wird. Tatsächlich kann eine Autobiografie kaum zur Wahrheitsfindung, etwa für die Ansprüche der Historie, beitragen – sie kann allerdings sehr wohl eine subjektive und erinnerte Form der Wahrheit eines Individuums als Einzelleistung präsentieren. Für die Historiografen ist Imagination dahin gehend von Bedeutung, als sie sich dadurch in andere Menschen und deren Denkweisen hineinversetzen und so deren Handlungsweisen verstehen können. Imagination ist aber auch eine unsichere Komponente, da Historiker nicht erfahren können, was sich wirklich ereignet hat und was verändert wurde.[272] „Dennoch spielt die ‚Imagination' just in diesem Moment eine Rolle, in dem er *[der Historiker, Anm.]* seine Untersuchungsergebnisse, d.h. seine Vorstellungen davon, ‚wie es wirklich gewesen ist', in der Form eines Diskurses oder einer Erzählung darstellt."[273] Also ist es auch – nach White – für die Historiografie wichtig, der Imagination innerhalb der Erinnerungsarbeit einen Platz zuzugestehen. Ferner bemerkt Ter-Nedden, dass die Historiografie mittlerweile in Form der *Oral History* die

Person- und Ereignisfixiertheit […] überwunden und […] das personale Erleben […] und damit auch das poesienahe Erzählen personalen Erlebens rehabilitiert hat, und zwar diesmal nicht als Form der historiographischen Darstellung, sondern als eigenständige Quelle für die historiographische Forschung.[274]

---

271 Ebda.
272 Vgl. Hayden White: *Die Bedeutung der Form*. Erzählstrukturen in der Geschichtsschreibung. Frankfurt/Main: Fischer Taschenbuch 1990. S. 89.
273 Ebda.
274 Gisbert Ter-Nedden: *Poesie zwischen Rede und Schrift*. S. 24.

Die Funktion der Erinnerung als Voraussetzung und unumgänglicher Bestandteil des literarischen Genres der Autobiografie wird nachstehend erläutert, zumal das Erinnern

> […] kein Vorgang, der ein Spiegelbild der Realität entwirft, sondern ein Prozeß [ist], der dem Augenblick des Erinnert-Werdens und dem Moment der Niederschrift verhaftet ist. Subjektive Wahrnehmung und psychische Verarbeitung sind ihm ebenso eigen wie temporale Verschiebungen. Sind auf der einen Seite Imagination und Fiktion konstitutive Elemente jedes Erinnerungsvorgangs, so wird auf der anderen Seite Erinnerung sinnlos ohne eine Verortung in einem zeitlichen wie räumlichen Kontext: Wer erinnert sich wann, wozu und für wen?[275]

Anhand dieser Ausführung wird der Zusammenhang zwischen Autobiografie bzw. autobiografischen Texten und Erinnerung noch einmal verdeutlicht: Fiktionale und imaginative Züge im Sinne von Vergegenwärtigung von Vergangenem sind fundamentale Bestandteile der Erinnerung auf kognitiver Ebene sowie der Versprachlichung bzw. Verschriftlichung von Erlebnissen auf narrativer Ebene. Fiktionalität im Sinne von Erfundenem ist hier insofern von Bedeutung, als jede Erinnerung in der Gegenwart das Erleben aus der Vergangenheit anders offenbart, als es tatsächlich stattgefunden hat. Somit wird aus dem Erleben in der Erinnerung eine überformte, womöglich fiktionalisierte Darstellung, die durch das Genre der Autobiografie transportiert wird. Fiktionalisierung entsteht dabei allerdings erst durch die Imaginierung, durch welche das ursprüngliche Erleben wieder aus dem eigenen Gedächtnis abgerufen wird. Fiktionalität und Imagination sind folglich zwei fest miteinander verbundene Elemente. Adorno sieht die Diskrepanz zwischen Realität und Imagination in der Autobiografie aufgehoben,[276] was Folgendes bedeutet:

> Um das prinzipiell abwesende Vergangene darzustellen, wird der Imagination eine konstitutive Funktion im Erinnerungs- und Erkenntnisprozess zugeschrieben. Die Texte, die dieses Projekt verfolgen, sind nicht an psychologischen Erklärungsmustern und der Leserempathie orientiert, sondern sie leisten vielmehr eine Gedächtnisarbeit […].[277]

---

275 Constanze Jaiser: *Die Zeugnisliteratur von Überlebenden der deutschen Konzentrationslager seit 1945.* S. 107.
276 Vgl. Susanne Düwell: *„Fiktion aus dem Wirklichen."* S. 25.
277 Ebda. S. 19.

Autobiografisches Schreiben bedeutet demnach grundsätzlich das schriftliche Festhalten von Vergangenem bzw. Erlebtem mit dem Ziel, diese Erinnerungen aufrechtzuerhalten. Imagination wird dabei als nicht mehr wegzudenkendes Medium zur Darstellung der Erinnerung verstanden.

Von Neumann wird, wie zuvor schon angesprochen, die Schwierigkeit der Darstellung einer ‚bestimmten Version' eines Erlebnisses als Bedingung für die Wiedererlangung von Identität gesehen, da jeder Mensch schließlich nur die eigene Wahrheit kennen kann, durch die er sich konstituiert. Nach Lejeune ist die Identität „der reale Ausgangspunkt für die Autobiographie"[278], weil ja der eine solche verfassende Mensch im Zentrum der Autobiografie steht. Schließlich muss der Mensch, der über sein Leben, sein Er-Leben schreibt, wissen, wer er eigentlich ist, und was er über das Vergangene schreiben, was er mitteilen möchte. Damit eine Erinnerung auch tatsächlich für die Identitätsfindung und das eigene Selbstverständnis relevant ist, müssen autobiografische Schriften an die gegenwärtige Zeit und an die dazugehörigen Umstände angepasst werden.[279] Die Funktion des Gedächtnisses liegt aber nicht nur in der Bewahrung von Vergangenem, sondern darin, früheren Erlebnissen im aktuellen Erlebenskontext Bedeutung zu verleihen.[280] Die Erinnerung übt jedoch beide Funktionen aus: Während sie Erlebtes wieder hervorbringt, stellt sie automatisch Vergangenes in einer Form dar, die für die Gegenwart passend erscheint. Somit bleibt es im verbalen Bereich nicht bei einer bestimmten Version der Erinnerung. Schmidt geht ebenfalls davon aus, dass „Erinnern [...] aktuelle Sinnproduktion im Zusammenhang jetzt wahrgenommener oder empfundener *Handlungsnotwendigkeiten*"[281] ist. Auch kognitionspsychologisch betrachtet basieren die „in der Gegenwart aktualisierten Erinnerungen auf Gedächtnisspuren *vergangener* Erfahrungen"[282], was das zuvor Erläuterte bestätigt, dass Erlebnisse an heutige Verhältnisse angepasst werden.[283]

---

278 Philippe Lejeune: *Der autobiographische Pakt.* S. 214–257. In: Günther Niggl (Hg.): *Die Autobiographie.* Zu Form und Geschichte einer literarischen Gattung. Darmstadt: Wissenschaftliche Buchgesellschaft 1989. (= Wege der Forschung. 565.) S. 247.

279 Vgl. Birgit Neumann: *Literatur, Erinnerung, Identität.* S. 157. – Vgl. dazu Aleida Assmann: *Wie wahr sind Erinnerungen?* S. 116.

280 Vgl. Birgit Neumann: *Literatur, Erinnerung, Identität.* S. 154.

281 Siegfried J. Schmidt: *Gedächtnis – Erzählen – Identität.* S. 378–397. In: Aleida Assmann und Dietrich Harth (Hg.): *Mnemosyne.* Formen und Funktionen kultureller Erinnerung. Frankfurt/Main: Fischer Taschenbuch 1991. (= Fischer Wissenschaft.) S. 386. [kursiv im Orig., Anm. AB]

282 Birgit Neumann: *Literatur, Erinnerung, Identität.* 154. [kursiv im Orig., Anm. AB]

283 Vgl. dazu ebda. S. 154: Erinnerungen an nicht stattgefundene Erlebnisse in der Vergangenheit, demnach also Falscherinnerungen, die auf die Gegenwart bezogen sind, erscheinen

6.4 HISTORIOGRAFIE UND ERINNERUNG

> Geschichte ist das, was geschehen ist,
> Erinnerung ist das, was man geschehen glaubt.[284]

„Auffällig ist, daß Historiker Tagebücher und Memoiren immer auf ihren Wahrheitsgehalt hin prüfen, während eine andere Tatsache – nämlich die, daß sie geschrieben wurden – leicht übersehen wird."[285] Wie bereits erwähnt, wird Erinnerung bzw. Autobiografie für die Geschichtsschreibung oftmals nicht als sichere und u.U. sogar nicht relevante Quelle betrachtet, um einen Sachverhalt erstellen oder bestätigen zu können: „Jeder Historiker weiß, wie vorsichtig er Autobiographien heranziehen muß, nicht nur absichtsvoller polemischer Zwecke des Autobiographen wegen, sondern auch wegen der unbewußten Polemiken des Gedächtnisses."[286] Wagner-Egelhaaf hebt ebenfalls die Unzuverlässigkeit des Gedächtnisses als Problematik für die Geschichtsschreibung hervor: „Mustert man die Gründe, die in der Forschung für die historiographische Unzuverlässigkeit der autobiographischen Selbstdarstellung genannt werden, so tritt das defizitäre Erinnerungsvermögen des Autobiographen bzw. der Autobiographin in den Vordergrund."[287] Der Autobiograf berichtet nicht von Fakten, sondern von Erfahrungen sowie von persönlichen Erlebnissen in einem gewissen Umfeld oder unter bestimmten Umständen.[288] So bestätigt Ter-Nedden, dass sich die Geschichtsschreibung nicht damit beschäftigt,

> die Wirklichkeit des vergangenen personalen Lebens und Erlebens narrativ-mimetisch zu vergegenwärtigen; sie sammelt stattdessen informative Daten, *[sic]* und rekonstruiert aus ihren Rahmenbedingungen, Ursachen und Folgen kollektiver Ereignisse und Prozesse, die als solche von den Beteiligten oft gar nicht bewußt realisiert werden konnten.[289]

---

vielleicht real, verlassen aber „den Bereich des Gedächtnisses und betreten das Reich idiosynkratischer Phantasien".

284 James E. Young: *Zwischen Geschichte und Erinnerung*. S. 47.

285 Sam Dresden: *Holocaust und Literatur*. S. 45. – Vgl. ebda.: Dresden spricht von Tagebüchern und Memoiren mitunter als „Ego-Dokumenten".

286 Roy Pascal: *Die Autobiographie*. S. 31.

287 Martina Wagner-Egelhaaf: *Autobiographie*. S. 42.

288 Vgl. Roy Pascal: *Die Autobiographie*. S. 29. – Vgl. dazu auch Martina Wagner-Egelhaaf: *Autobiographie*. S. 85.

289 Gisbert Ter-Nedden: *Poesie zwischen Rede und Schrift*. S. 24.

Es gibt außerhalb der Geschichtsschreibung keine Möglichkeit, eine so objektive Berichterstattung zu erhalten, wie es jener eigen ist. Mahler-Bungers spricht sich folglich dafür aus, dass es anstatt um „die ‚Wahrheit' im Sinne historisch rekonstruierter und nach dem Prinzip der Kausalität zu ordnender Tatsachen [...] vielmehr um den Zusammenhang von Geschichtsschreibung und Gedächtnis"[290] geht. Die Berichterstattung über Holocaust, Konzentrationslager und NS-Vernichtungsmaschinerie eröffnet jedoch nur zwei mögliche Sichtweisen: jene der Täter und jene der Opfer. Dank der akribischen NS-Ordnung und Dokumentationspflicht war es nach dem Krieg teilweise einfach, einen Einblick in diese Maschinerie zu erhalten. Zugleich wurden jedoch natürlich auch viele Dokumente vernichtet – etwa beim Abzug der SS-Truppen und der *Evakuierung* der KZ-Häftlinge aus den Lagern im Osten kurz vor der Ankunft der sowjetischen Truppen. Somit ist die Sicht der Täterseite eine relativ objektive, sofern relevante Dokumente herangezogen werden können. Natürlich gibt es zudem auch Texte von NS-Angehörigen, die ihrerseits eine sehr subjektive Darstellung präsentieren, etwa Rudolf Höß' Autobiografie oder Joseph Goebbels' Tagebuch.[291]

Dagegen ist die Betrachtung der Opferseite jene, die die Problematik hervorbringt, mit der sich Literaturwissenschaft und Geschichtsschreibung konfrontiert sehen. Oftmals wird von Vertretern der Historiografie gefordert, dass die Beschreibung des Holocaust als objektiver Bericht dargelegt wird. Allerdings sind aufseiten der Opfer nur jene Berichte und Fakten vorhanden, die von ehemaligen KZ-Häftlingen stammen. Folglich kann nicht auf dem Standpunkt der rein objektiven Berichterstattungsmöglichkeit beharrt werden, ohne dass die Gefahr gegeben wäre, dass wichtige Dokumente und Zeitzeugenberichte verloren gehen könnten.[292] Die bereits angesprochene Schwierigkeit zeigt sich hier von Neuem: Viele Texte sind von Emotionalität und Subjek-

---

290 Annegret Mahler-Bungers: *„Das Wort entschlief, als jene Welt erwachte."* S. 27 f.

291 Rudolf Höß: *Kommandant in Auschwitz.* Autobiographische Aufzeichnungen. Stuttgart: Deutsche Verlagsanstalt 1958. (= Quellen und Darstellungen zur Zeitgeschichte. 5.) bzw. z.B. Louis Paul Lochner (Hg.): *Goebbels Tagebücher.* Aus den Jahren 1942–1943. Zürich: Atlantis 1948 sowie Jadwiga Bezwinska: *KL Auschwitz in den Augen der SS.* Höss *[sic]*, Broad, Kremer. Katowice: Krajowa Agenja Wydawnicza 1981.

292 Vgl. Sam Dresden: *Holocaust und Literatur.* S. 48: Objektivität wird stets im Zusammenhang mit Wahrheit und Wirklichkeit gesehen. Doch erfüllt sogar ein Tatsachenbericht „nicht alle Erwartungen, die man unberechtigterweise zu hegen pflegt. Ein Bericht ist zwar keine Fiktion – worauf die Nähe zur Literatur hinzudeuten scheint –, aber er ist auch weder vollkommen wahr, noch muß er die ganze Wirklichkeit des Vergangenen wiedergeben."

tivität geprägt. Abermals muss hier die Leistung einer subjektiven Wahrheit betont werden – sie darf aber nicht ins Korsett des ‚Objektivitäts‘-Anspruchs gepresst werden. Zu starkes Festhalten an der Wahrheit kann eine Autobiografie beeinträchtigen, wie auch der Verfasser nicht umhinkann, das eigene Leben zu interpretieren.[293] P. Langer verweist mit White, welcher eine Erzählung als „notwendig für die Darstellung eines vergangenen Geschehens in einem bestimmten Bereich historischer Ereignisse"[294] erachtet, darauf,

> […] dass die Unterscheidung zwischen objektiver Darstellung und wertender Interpretation ebenso phantasmatisch sei wie die zwischen Faktizität und Fiktion; jegliche historiographische Darstellung sei immer schon literarische Interpretation. Eine Reihe diskursiver Operationen mache den „historische[n] Text als literarisches Kunstwerk" erkennbar.[295]

Es gibt demnach keine objektive Darstellung eines Geschehens, weil jegliches Erleben interpretiert wird, was als Antwort auf die zuvor gestellte Frage Youngs – ob durch die Verschriftlichung der Ereignisse die Unmittelbarkeit der Erinnerung verloren geht – verstanden werden kann. White betont zudem die Gestaltung einer Erinnerung – einer Erzählung bzw. Autobiografie – und hebt den Unterschied zwischen Historiografie und Narrativik hervor: „Was ‚historische‘ von ‚fiktionalen‘ Geschichten unterscheidet, ist in erster Linie ihr Inhalt und weniger ihre Form. D.h., dass die Form, in der sich historische Ereignisse dem künftigen Erzähler präsentieren, eher *vorgefunden* als *konstruiert* wird."[296] Historische Geschichten stellen den Anspruch auf Objektivität, während fiktionale Geschichten auch erfunden sein können, ohne jeglichen obligatorischen historischen Kern zu beinhalten. Wenn White von vorgefundener Form spricht, meint er damit, dass ein Konstruieren von Form wiederum in Richtung Imagination, in dem Fall: Erfindung, und damit subjektiver erfundener Darstellung geht. Folglich muss bei fiktionalen Texten angenommen werden, dass sich die Ereignisse tatsächlich so, wie sie waren, demjenigen zeigen, der sie erzählen will. Auch Welzer postuliert für die Geschichtsschrei-

---

293 Vgl. Roy Pascal: *Die Autobiographie*. S. 95. – Vgl. dazu auch Sam Dresden: *Holocaust und Literatur*. S. 17 f.: Bei der Betrachtung und Analyse von Holocaust- bzw., enger gefasst, Shoah-Literatur ist „Distanziertheit eine ebenso große Sünde […] wie Emotionalität", hier kann es also immer wieder „Vorwürfe in bezug *[sic]* auf das eine oder andere geben".

294 Hayden White: *Die Bedeutung der Form*. S. 181.

295 Phil C. Langer: *Schreiben gegen die Erinnerung?* S. 22.

296 Hayden White: *Die Bedeutung der Form*. S. 41.

bung eine bestimmte Form der Weitergabe der Geschichten, weshalb jegliche äußerliche Form der erzählten Erinnerungen in der Geschichtsforschung mitberücksichtigt werden muss.[297]

Vorgreifend auf das Kapitel ZEUGENSCHAFT UND AUTHENTIZITÄT ist auch in Zusammenhang mit Historiografie und Wahrheit der Erlebnisse bzw. Darstellung die Frage nach jener Person, die ein (historisches) Ereignis miterlebt und dadurch mögliche Wahrhaftigkeit bezeugen kann, zu stellen:

> In literature as well as in psychoanalysis, and conceivably in history as well, the witness may be – as the term suggests and as Freud knew only too well (as is evidenced by his insistence on „Zeuge") – the one who (in fact) witnesses, but also, the one who begets, the truth, through the speech process of the testimony.[298]

Mit dieser Feststellung korrespondiert auch die Tatsache, dass Historiker misstrauisch gegenüber der literarischen Gattung Autobiografie im Zusammenhang mit historisch belegbaren Fakten sind, und zwar nicht so sehr der einzelnen ungenauen oder falsch erinnerten Tatsachen wegen als vielmehr hinsichtlich der Perspektive des Zeugen und in Folge Autors, der das Vergangene von seinem gegenwärtigen Standpunkt aus sieht, mit der gegenwärtigen Erfahrung und Erkenntnis. Diese nachfolgenden Erfahrungen sind es überdies, die das Vergangene sortieren und festlegen, was berichtet werden soll und was nicht.[299] Pascal stellt fest, dass „Faktenentstellungen [...] nur harmlose Schwierigkeiten [...] im Vergleich zu denen, die zu der eigentlichen Natur der Autobiografie gehören"[300], sind. Damit erweist sich die Autobiografie erneut als Problemfall für die Historiografie und wird folglich der Literaturwissenschaft als Untersuchungsgegenstand überlassen.[301]

---

297 Harald Welzer: *Einleitung: Das soziale Gedächtnis.* S. 20.

298 Shoshana Felman: *Education and Crisis, Or the Vicissitudes of Teaching.* S. 16.

299 Vgl. Roy Pascal: *Die Autobiographie.* S. 86.

300 Ebda. S. 85.

301 Vgl. dazu geschichtliche und historiografische Untersuchungen wie: Berel Lang: *Post-Holocaust. Interpretation, Misinterpretation, and the Claims of History.* Bloomington and Indianapolis: Indiana University Press 2005; Edward T. Linenthal: *Preserving Memory.* The Struggle to Create America's Holocaust Museum, New York u.a. 1995; Dan Diner (Hg.): *Zivilisationsbruch. Denken nach Auschwitz.* Frankfurt/Main: Fischer Taschenbuch 1988; Saul Friedländer: *Memory, History, and the Extermination of the Jews of Europe.* Bloomington and Indianapolis: Indiana University Press 1993; Lawrence L. Langer: *Holocaust Testimonies.* The Ruins of Memory. New Haven und London: Yale University Press 1991 u.v.a.

7 Autobiografisches Erzählen in der Holocaust-Literatur

„Worte sind es also, die das Gedächtnis festhält, keine wie auch immer zu verstehende Erfahrungswirklichkeit. Autobiographisches Erinnern, heißt dies, ist immer schon ein sprachlicher, um nicht zu sagen literarischer Akt."[302] Der Zusammenhang bzw. die wechselseitige Beziehung zwischen der Erinnerung und ihrer verschriftlichten Version in Form der Autobiografie ist evident: „Der Vorgang der Erinnerung ist der jeder autobiographischen Reflexion zugrunde liegende Akt. In der Erinnerung wird, so die landläufige Vorstellung, das zurückliegende Leben eingeholt, er-innert. Die Erinnerung stellt dem sich erinnernden Subjekt Vergangenes vor Augen."[303] Jede Autobiografie ist Erinnerung, auch wenn sie in noch so großem Maße auf faktischen Daten basiert, die historiografisch beglaubigt sind.[304]

Eine Erläuterung der Kennzeichen der Gattung Autobiografie sei an dieser Stelle gegeben: Die Autobiografie ist ein „[r]ückblickender Bericht in Prosa, den eine wirkliche Person über ihr eigenes Dasein erstellt, wenn sie das Hauptgewicht auf ihr individuelles Leben, besonders auf die Geschichte ihrer Persönlichkeit legt"[305]. Stanzel nennt die Form der Selbstbiografie – bei fiktionalen Texten –, in der Autor und Erzähler dieselbe Person sind, „autobiographische Ich-Erzählsituation"[306]. Zugleich ist – entsprechend der oben genannten Erzählperspektive bzw. -position – in der „autobiographischen Form der Ich-Erzählung"[307] die *Innenperspektive* zu finden. Die Innenperspektive ist gegeben, „wenn der Standpunkt, von dem aus die erzählte Welt wahrgenommen oder dargestellt wird, in der Hauptfigur oder im Zentrum des

---

302 Martina Wagner-Egelhaaf: *Autobiographie.* S. 43.
303 Ebda. S. 12.
304 Vgl. Roy Pascal: *Die Autobiographie.* S. 85. – Im folgenden Abschnitt kann insofern keine Grenze zwischen Erinnerung und Autobiografie gezogen werden, als daher immer wieder auf den vorgegebenen konstitutiven Inhalt der Autobiografie, auf die Erinnerung, rekurriert werden muss. Anm. AB.
305 Philippe Lejeune: *Der autobiographische Pakt.* S. 214–257. S. 215.
306 Franz K. Stanzel: *Theorie des Erzählens.* 2., verbesserte Aufl. Göttingen: Vandenhoeck & Ruprecht 1982. (= Uni-Taschenbücher. 904.). S. 19.
307 Ebda. S. 150.

Geschehens liegt"[308]. „Autobiographische Gedächtnisbestände zeichnen sich vorrangig durch ihren hohen Selbstbezug aus, also durch ihre ‚Ich-Haftigkeit' und eine damit verbundene emotionale Bedeutsamkeit."[309] Tatsächlich handelt eine KZ-Darstellung vorrangig von der eigenen Geschichte und vom eigenen Erfahren und nicht bloß vom Beobachten des Erlebens anderer. Das autobiografische Gedächtnis erzeugt oftmals erst durch die Vergegenwärtigung von Erlebnissen, d.h. durch die Erinnerung, individuelle Erfahrungen.[310] Für Düwell hat das Genre der Autobiografie in der Holocaust-Literatur zudem eine Erinnerungsfunktion: „Die autobiographischen Texte dienen nicht zuletzt der Erinnerung an die Toten, durch die Imagination wird eine Anwesenheit der Abwesenden avisiert."[311]

Zur Erzählung als literarischer Gattung ist noch grundsätzlich festzuhalten, dass diese eine Form der Rede darstellt, dank welcher eine Person ein oder mehrere Erlebnisse aus der Vergangenheit in die Gegenwart holt.[312] Ferner: „What we call narrative we usually conceive of as a mode of discourse and as a literary genre."[313] Mit Smith definiert Felman eine Erzählung als „‚verbal acts consisting of someone telling someone else that something happened'. That ‚something happened' in itself is history; that ‚someone is telling someone else that something happened' is narrative."[314] Felman betont also den Zusammenhang zwischen Erzählung und Geschichte, welcher bei genauerer Betrachtung auch logisch erscheint – allerdings nur in einem allgemeinen Rahmen. Konkretere Überlegungen weisen auf die Kluft zwischen Literatur- und Geschichtswissenschaft hin, da der Erzähler einer Geschichte der Historiografie nicht als verlässliche Quelle gilt, wie bereits oben dargestellt wurde.[315] Für autobiografische Texte nennen Basseler und Birke die Ich-Erzählung eine

‚klassische' erzählerische Vermittlungsform von Erinnerungen […]. ‚Jemand' erzählt, was er oder sie zu bestimmten Zeiten erlebt hat, in welchem Zusammen-

---

308 Ebda.
309 Birgit Neumann: *Literatur, Erinnerung, Identität.* S. 154.
310 Vgl. ebda.
311 Susanne Düwell: *„Fiktion aus dem Wirklichen."* S. 26.
312 Vgl. Matias Martinez und Michael Scheffel: *Einführung in die Erzähltheorie.* München: Beck 1999. S. 17.
313 Shoshana Felman: *Camus' The Plague, or a Monument to Witnessing.* S. 93–119. In: Shoshana Felman and Dori Laub: *Testimony.* S. 93.
314 Ebda.
315 Siehe dazu das gesamte Kapitel von Shoshana Felman: *Camus' The Plague, or a Monument to Witnessing.* S. 93–119.

hang das Erlebte steht und welche Konsequenzen sich daraus ergeben haben. Somit ist dieser ‚Jemand‘ gleichzeitig Erzähler und Figur seiner Geschichte.[316]

Als Hauptmerkmal der Ich-Erzählsituation gilt für Stanzel „die volle Zugehörigkeit des Erzählers zur Welt der Charaktere (Ich-ES)“[317]. In dem von Stanzel konzipierten Typenkreis wird die Unterteilung in Ich-Erzählsituation, auktoriale Erzählsituation und personale Erzählsituation deutlich veranschaulicht.[318] Für Basseler und Birke ergibt sich daraus folgende Frage: „Aus wessen Perspektive wird das Geschehen geschildert, aus der des erzählenden/erinnernden Ich oder aus der des erinnerten/erlebenden Ich?‘“[319] Die Distanz zwischen erzählendem und erlebendem Ich bzw. die Erzähldistanz als narratologischer Begriff ist ein textimmanentes Merkmal und zugleich jenes wichtige Charakteristikum der Autobiografie, die das erlebende und das erzählende Ich voneinander unterscheidet bzw. trennt und „ein Maß für die Intensität des Erfahrungs- und Bildungsprozesses“[320] ist, welche das erzählende Ich durchlaufen hat. Ein Text kann allerdings auch mit großer zeitlicher Distanz entstanden sein, während die Erzählung dennoch unmittelbar auf das erlebende Ich fokussiert ist. Für Martinez und Scheffel ist die Frage nach der bzw. der Grad an Mittelbarkeit und Perspektivierung des Erzählten in einem Text zum Bereich Modus, eben der Art der Darstellung, zu zählen. Im Zusammenhang damit steht auch für sie die Frage nach der Distanz: Wie mittelbar wird das Erzählte präsentiert?[321] Mit Jakobson formuliert Stanzel folgende Überlegung bezüglich der Mittelbarkeit in einer Erzählung, welche deren Literarizität erhöht:[322] „Je kürzer die Erzähldistanz, je näher das erzählende Ich dem erlebenden Ich steht, desto enger ist der Wissens- und Wahrnehmungshorizont des erleben-

---

316   Michael Basseler und Dorothee Birke: *Mimesis des Erinnerns*. S. 123–147. In: Astrid Erll und Ansgar Nünning (Hg.): *Gedächtniskonzepte der Literaturwissenschaft*. Theoretische Grundlegung und Anwendungsperspektiven. Berlin, New York: de Gruyter 2005. (= Media and Cultural Memory/Medien und kulturelle Erinnerung. 2.). S. 134.

317   Franz K. Stanzel: *Theorie des Erzählens*. S. 33.

318   Vgl. ebda. S. 240 ff.

319   Michael Basseler und Dorothee Birke: *Mimesis des Erinnerns*. S. 134. – Vgl. dazu Franz K. Stanzel: *Theorie des Erzählens*. S. 271: Die „innere Spannung zwischen dem Ich als Helden und dem Ich als Erzähler“ nennt Stanzel das besondere Merkmal der „quasi-autobiographischen Ich-Erzählsituation“, wobei er diesen beiden Situationen die Begriffe des erlebenden und des erzählenden Ich gegenüberstellt.

320   Ebda. S. 272.

321   Vgl. Matias Martinez und Michael Scheffel: *Einführung in die Erzähltheorie*. S. 47.

322   Vgl. Franz K. Stanzel: *Theorie des Erzählens*. S. 17.

den Ich und desto geringer ist die Wirkung der Erinnerung als Katalysator, der die Erlebnissubstanz zu klären imstande ist."[323]

Der Großteil der Holocaust-Literatur, seien es frühe oder spätere Texte, ist autobiografisch verfasst. Die frühen Texte weisen einen autobiografisch-berichtenden Ton auf und beschäftigen sich allein mit der Materie – dem Erzählen des Erlebens. Jaiser rechnet Texte zum bzw. über den Holocaust jedoch nicht zum Genre der Autobiografie, weil für sie ein klassisch autobiografisches Element nicht gegeben ist: Es wird kein Überblick über die gesamte Lebenszeit eines Menschen geboten.[324] Jaisers Meinung ist allerdings entgegenzuhalten, dass einige Holocaust-Texte von Menschen, die die Zeit des Nationalsozialismus sowie ein oder mehrere Konzentrationslager während ihrer Kindheit oder Jugend erlebt und erst viel später darüber geschrieben haben, in ihren Autobiografien sehr wohl eine gesamtheitliche Darstellung ihres Lebens bieten, in welchen die Kindheit oder Jugend während des Holocaust nur einen Teil konstituiert.[325] Das Ende von Holocaust-Autobiografien markiert nach Jaiser schließlich Befreiung oder Flucht aus dem Konzentrationslager und nicht, wie bei konventionellen Autobiografien üblich, ein gewisser Punkt am Lebensabend einer Person – was aber natürlich ganz verständlich ist.[326] Als Konsequenz könnte erwogen werden, ob eine Ausweitung des Autobiografie-Begriffs möglich und auch sinnvoll wäre. Dies könnte insofern geschehen, als nicht nur das gesamte Leben, sondern lediglich ein bestimmtes zentrales Ereignis, das zugleich von historischer Bedeutung ist, im Leben einer Person fokussiert wird. Allerdings erscheint eine Überlegung hinsichtlich einer vermeintlichen Subgattung Holocaust-Autobiografie heikel, da dies erneut eine Stigmatisierung der Texte der Holocaust-Literatur nach sich ziehen würde. In frühen Erzählungen fallen die „Stimme des Erzählers und der Blick der Figur"[327] zusammen, in einer typischen Autobiografie – wie in jeglicher schriftlichen Form der retrospektiven Ich-Erzählung – hat dagegen „der Erzählende Erkenntnis inne [...], die Figur jedoch [muss] eine solche erst erringen"[328].

---

323 Ebda. S. 273.
324 Vgl. Constanze Jaiser: *Die Zeugnisliteratur von Überlebenden der deutschen Konzentrationslager seit 1945.* S. 108.
325 Unter diesen finden sich etwa die Werke von Ruth Klüger, Roman Frister oder Marcel Reich-Ranicki. Anm. AB.
326 Vgl. Constanze Jaiser: *Die Zeugnisliteratur von Überlebenden der deutschen Konzentrationslager seit 1945.* S. 108.
327 Ebda.
328 Ebda.

Fraglich und unrichtig erscheint diese Überlegung allerdings deshalb, da doch jeglicher Text (und eben nicht nur der Holocaust-Literatur) stets mit dem Wissen um den Ausgang geschrieben ist, sodass dieses Wissen von Anfang an auch dem Leser klar ist. Als kompliziert könnte sich allerdings die Tatsache erweisen, dass die Autobiografie für viele Überlebende insofern nicht passend ist, als diese Gattung normalerweise ein erfolgreiches, erfülltes Leben in der Retrospektive abbildet und damit quasi ein ‚positives' Genre ist. Im Fall der KZ-Überlebenden gibt es keine Leistung, über die berichtet wird; lediglich das Überleben und die Ereignisse im Lager werden beschrieben. Die Menschen berichten darüber, was ihnen angetan wurde, und nicht darüber, was sie selbst zuwege gebracht haben. Anders formuliert: „Autobiographisches Schreiben nach Auschwitz entbehrt des selbstgewissen Repräsentierens des Ich. Hier herrscht niemand über sein Leben, viel eher gerät die Erzählung aus den Fugen."[329]

Für die vorliegende Analyse gilt die These, dass *gerade* die Autobiografie für die passende Erzählform nichtfiktionaler KZ-Erlebnisse gehalten wird. Nicht das Genre Autobiografie ist die eigentliche Schwierigkeit, die sich dabei zeigt, sondern die Frage nach der ‚Wahrheit'. Aus diesem Grund ist etwa der Begriff der *Dokumentarliteratur,* wie frühe Holocaust-Texte auch oftmals genannt werden, zu kurz gegriffen. Dieses Genre beschreibt nämlich eine Literatur, die den Anspruch hat, wahrheitsgetreu das Vergangene und die damalige Wirklichkeit darzustellen. Tatsächlich versuchen viele Überlebende diese Wahrheit zu präsentieren und fügen obendrein ihre eigenen Erlebnisse hinzu. Dabei taucht jedoch oftmals die Problematik bezüglich der subjektiven Wahrheit auf: Eine Person hat etwas auf eine Art wahrhaftig erlebt oder ein historisch belegtes Ereignis miterlebt, doch hat sie es in ihrer Erinnerung anders verankert und dementsprechend ‚falsch' niedergeschrieben.[330]

---

329 Mona Körte: *Der Krieg der Wörter.* S. 203. – Dazu lässt sich die Überlegung von oben fügen, nach der die Chronologie den ehemaligen Häftlingen beim Aufschreiben ihrer Erlebnisse wieder eine gewisse Art von Selbstbestimmung zurückgegeben hat. Anm. AB.

330 Vgl. Constanze Jaiser: *Die Zeugnisliteratur von Überlebenden der deutschen Konzentrationslager seit 1945.* S. 108. – Siehe dazu Kapitel AUTOBIOGRAFISCHES GEDÄCHTNIS – ERINNERUNG – Vgl. dazu Analyse Wiesel: ERINNERUNGSVERMÖGEN: Auf die Überlegung zwischen ‚falscher' Erinnerung vs. historischer Wahrheit wird im Analysekapitel zu Wiesel anhand eines Textbeispiels detailliert eingegangen. Auch Überlegungen von Aleida Assmann, Andrea Reiter und James E. Young werden diesbezüglich zitiert und verwendet. Anm. AB.

Nach Basseler und Birke kann „Erinnerung [...] für den Erinnernden zumindest emotional auch ein Eintauchen in die Vergangenheit bedeuten"[331], eine Feststellung, die wiederholt durch die frühen Werken der Holocaust-Literatur bestätigt wird. Basseler und Birke sprechen weiters vom „Phänomen des Wiedererlebens"[332], welches an sich kein Phänomen, nichts Außergewöhnliches ist, sondern die logische Konsequenz im Erinnerungsprozess: Schließlich wird jeder Mensch, der sich bewusst in eine vergangene und selbst erlebte Situation zurückversetzt, zu einem gewissen Grad in das Erlebnis von einst eintauchen, um sich an Einzelheiten zu erinnern. In anderen Worten: „Für den Erinnerer ist das Erinnern eine mentale Zeitreise, das *Wiedererleben* von Dingen, die in der Vergangenheit geschehen sind."[333] Auch Stanzel bemerkt, dass viele Ich-Erzähler „das Erzählte aus ihrer Einbildungskraft wiederauferstehen"[334] lassen, was auf die vorher angestellten Überlegungen bezüglich Rekonstruktion und Interpretation zurückweist. In weiterer Folge ist im Moment der Verschriftlichung von Wiedererlebtem und Wiedererinnertem ebenso wenig von einem wie oben genannten „Phänomen des Wiedererlebens" zu sprechen, wenn (zum Teil unbewusste) Überformung und sogar Fiktionalisierung des Erlebten erfolgen. Diese Schlussfolgerung resultiert aus der Annahme, dass es ganz natürlich ist, dass ein Ereignis im Moment des Erinnerns und Erzählens wiedererlebt wird. Es ist schwierig, in der Ich-Erzählung zwischen dem Erinnerungsvorgang – dem Erinnern an das Erlebte –, der Imagination und der Niederschrift – dem Nacherzählen der Erlebnisse –, konstituiert als Triade, zu unterscheiden, da sich „[r]eproduktive Erinnerung und produktive Imagination [...] als zwei verschiedene Ansichten eines und desselben Vorganges"[335] offenbaren. Die Erinnerung bedeutet daher nicht einfach nur die üblicherweise angenommene Rückerinnerung an Erlebtes, m.a.W.: die „Vergegenwärtigung des Vergangenen"[336], sondern eine eigene Art von Erzählen, indem das Erlebte bzw. Erinnerte verändert, überformt und geordnet dargestellt wird, was allerdings, wie schon angedeutet, oft als vermeintliche ‚Fiktionalisierung' verstanden wird.[337]

---

331 Michael Basseler und Dorothee Birke: *Mimesis des Erinnerns*. S. 135.
332 Ebda.
333 Ebda.
334 Franz K. Stanzel: *Theorie des Erzählens*. S. 275.
335 Ebda.
336 Ebda.
337 Tatsächlich lässt sich – so viel sei an dieser Stelle vorweggenommen – in der Analyse von Elie Wiesels *Nacht* eine solche fiktional anmutende Darstellung finden, was auf die literarische Ge- und auch Überformtheit zurückzuführen ist. Anm. AB.

7.1 REALITÄT VS. FIKTION:
APORIE IN DER HOLOCAUST-AUTOBIOGRAFIE?

Wenn die oft in ähnlicher Weise zitierte Bemerkung, in Auschwitz habe die Realität die Imagination überholt, wahr sein sollte, dann ließe sich folgern, dass die Vernichtung nur durch weitestgehende Fiktionalisierung darstellbar sei. Shoah-Autobiographien müssen so in erster Linie vom Primat der Faktizität befreit werden, was wiederum eine Neudefinition von Authentizität nach sich zieht.[338]

Das Problem hinsichtlich fiktionaler vs. faktualer Darstellung ist – wie das einleitende Zitat vorwegnimmt – also eines jener, die in der Holocaust-Literatur sehr präsent sind und immer wieder thematisiert werden. Im Folgenden werden allgemeine Beobachtungen und Thesen zu faktualen und fiktionalen Darstellungen präsentiert. Dazu werden spezifisch im Zusammenhang mit Holocaust-Literatur sowohl die Seite jener, die die These der Fiktionalisierung verfechten, als auch die Seite derer, die als einzige Erzählmöglichkeit die Form der faktualen Darstellung sehen, diskutiert.[339] Zugleich wird nicht nur die Schwierigkeit hinsichtlich der ‚richtigen‘ oder ‚besseren‘ Darstellungsweise von Holocaust-Erlebnissen in Form von Fiktion oder Faktualität ersichtlich, sondern auch die grundsätzliche und weit verbreitete Meinung, dass jegliches Berichten oder Niederschreiben von Geschehnissen eine Fiktionalisierung nach sich zieht. Narrative Strukturierung, das heißt, die erzählerische Darstellung eines Erlebnisses, bedeutet nicht per se Fiktionalisierung. Fiktion kann durch die selektive bzw. kreative Natur der Erinnerung entstehen – wie bereits beschrieben –, wodurch Wirklichkeiten, Bilder vom Ich etc. konstruiert werden. Die Autobiografie präsentiert m.E. Wahrhaftiges – im Sinne von sich wirklich ereignetem Vergangenen –, allerdings notgedrungen mit Veränderungen. Diese Veränderungen bedeuten aber keine ‚Fiktionalisierung‘ in Form einer Unwahrheit, sondern (zuweilen erforderliche) Abstraktionen innerhalb

---

338 Phil C. Langer: *Schreiben gegen die Erinnerung?* S. 136, welcher Imre Kertész zitiert: „Das Konzentrationslager ist ausschließlich als Literatur vorstellbar, als Realität nicht." (I. K.: *Galeerentagebuch.* Berlin: Rowohlt 1993. S. 253.) – Vgl. dazu: Wolfgang Bialas: *Die Shoah in der Geschichtsphilosophie der Postmoderne.* S. 108: „Mit und in Auschwitz hat die Realität die Einbildungskraft eingeholt."

339 Es soll allerdings nicht detailliert auf die Diskussion bezüglich Autobiografie bzw. Faktizität und Fiktionalität eingegangen, sondern nur ein Grundstock erstellt werden, da diese Frage in dem Zusammenhang eben immer wieder gestellt wird und bisher noch keine adäquate Lösung gefunden wurde. Anm. AB.

des Darstellungsprozesses. Eine zwangsläufige Gleichsetzung von Literarizität bzw. Narrativität mit Fiktionalität ist demnach zurückzuweisen.[340]

Sehr treffend formuliert Körte die Frage nach Fiktion und Faktizität in der Autobiografie, mit der vor allem Überlebende des Holocaust konfrontiert sind. Indem diese ‚der Wahrheit entsprechend‘ ihre Erlebnisse schildern wollen, streben sie danach, dem möglichen Vorwurf der fiktionalen Formung zu entgehen. Allein, dieser Versuch ist praktisch von Vornherein zum Scheitern verurteilt, wie das folgende Zitat veranschaulicht:

> Der Anspruch auf Faktizität und die Notwendigkeit von Fiktion sind zentrale Momente autobiographischen Schreibens. Dieses Spannungsverhältnis, in der klassischen Autobiographie dialektisch ausgetragen, wird für die Überlebenden der Shoah zur Aporie. Denn die Shoah nötigt zum Gedenken und stellt als unvergleichliches Ereignis zugleich das Funktionieren des Gedächtnisses in Frage, welches auf Vergleichen beruht. In den meisten Zeugnissen wird dieses Problem umgangen und die Verläßlichkeit des Gedächtnisses – und, mit ihr verbunden, die Glaubwürdigkeit der Rekonstruktion – vorausgesetzt. Der Anspruch auf Faktizität manifestiert sich hier in traditionellen Erzählweisen, da das Eindringen der Fiktion als Verrat am Erlebten erscheint.[341]

In dieser Ausführung wird ebenfalls von der Rekonstruktion der Erlebnisse ausgegangen, welche eine gewisse Fiktionalisierung oder auch nur literarische Überformung derselben durch die Erinnerungsarbeit bedeutet. Was Körte mit „traditionellen Erzählweisen" meint, war das Bestreben vieler Überlebender, innovative Darstellungsweisen zu vermeiden, um nicht vorsätzlich Gefahr zu laufen, Fiktion(alisierung) in die eigene Berichterstattung eindringen zu lassen. Auch Reiter beschreibt die Problematik, mit der viele Überlebende und Verfasser früher Holocaust-Texte konfrontiert waren:

> Innovativer Stil ist immer auch Zeichen für die vorangegangene geistige Verarbeitung von Erlebtem, gerade diese Bewältigung aber erhofften sich die ehemaligen Opfer vom Akt des Schreibens. Wichtiger noch: Es geht den Zeugen um

---

340 Wie sie etwa bei Fludernik zu finden ist: Vgl. Monika Fludernik: *Erzähltheorie*. S. 72 ff. sowie Dies.: *Towards a „natural" Narratology*. London [u.a.: Routledge 1996. – Vgl. dazu auch Überlegungen bei Sam Dresden: *Holocaust und Literatur*. S. 52 ff. sowie S. 55.

341 Mona Körte: *Der Krieg der Wörter*. S. 201. – Ebenso ebda. S. 203: „Der Unteilbarkeit der Erfahrung entspricht ein Zurückschrecken vor den herkömmlichen sprachlichen und literarischen Formen […]."

die möglichst objektive historiographische Darstellung des Erlebten, wofür die Mehrheit die Berichtform am geeignetsten hält. Mißtrauisch gegenüber literarischer Innovation, identifizieren sie diese mit Dichtung, sprich: Unwahrheit, sind also nicht bereit, sich ihr Informationspotential zunutze zu machen.[342]

Die Überlebenden, wie schon darauf hingewiesen, wollten kurz nach Kriegsende einen objektiven, wahren Bericht abliefern, weil sie um die historische Bedeutsamkeit der Geschehnisse wussten. Demnach haderten diese bereits damals mit der Frage nach Wahrheit vs. Fiktion innerhalb der autobiografischen Erzählung – wie es nach wie vor das Problem für Forscher heute ist, die diese Texte nun untersuchen. Paradox erscheint außerdem, dass frühe Texte von der Literaturwissenschaft oft als zu subjektiv und emotional abgetan werden, diese zugleich aber fehlende Innovation in der Textgestaltung bemängelt.

Dennoch versuchten und versuchen damals wie heute Menschen, die dieses grauenvolle Ereignis selbst erlebt haben (sowie andere, die es nicht erlebt haben, aber durch genaue Recherche ein ebenso gültiges Bild davon zeichnen können), es zu beschreiben. Die Frage dabei ist folglich, *wie* sie das tun. Eine Antwort dafür meint P. Langer im „Medium der Erzählung" finden zu können:

Die notwendige gemeinsame Kommunikationsbasis, damit jemand, der den Holocaust nicht selbst erlebt hat, auch eher verstehen kann, konstituiert sich im Medium der Erzählung. Die autobiografische Erinnerung muss als gegenwärtige Konstruktion der individuellen Vergangenheit mittels Erzählung aufgefasst werden. Das eigene Leben wird retrospektiv geordnet, was zwangsläufig zur Auswahl (damit auch Auslassung) bestimmter Ereignisse führt. Die Erzählung selbst erhält dadurch Kohärenz und suggeriert eine Kontinuität des Lebens. Der dadurch entstehende Sinn verhält sich indes konträr zur Sinnlosigkeit des erlebten Grauens. Das Leben, das durch die Shoah abrupt beendet wurde und auch nach der NS-Herrschaft ohne Vergangenheit weitergeführt werden musste, gewinnt in der chronologischen Erzählung eine Art von Zwangsläufigkeit und Geschlossenheit, die den Lebens-, Zivilisations- und Erkenntnisbruch, als den die Shoah sich präsentiert, zu heilen scheint.[343]

Folglich muss im Zusammenhang mit Autobiografie und Narration „das jeder Erzählung inhärente Moment des Fiktionalen"[344] berücksichtigt werden,

---

342 Andrea Reiter: *„Auf daß sie entsteigen der Dunkelheit."* S. 222.
343 Phil C. Langer: *Schreiben gegen die Erinnerung?* S. 42.
344 Ebda. S. 43.

das sich im Falle der Holocaust-Autobiografien, wie eben angesprochen, als schwierig erweist, da somit womöglich an der Wahrheit dieser Erlebnisse oder Aussagen gezweifelt werden kann. Eine ähnliche Überlegung wurde zuvor bereits angedeutet und spielt auch nachfolgend eine wichtige Rolle: „Je schlüssiger und überzeugender die Geschichte, die vom eigenen Leben erzählt wird, d.h. je komplexer und kohärenter die Konstruktion der Vergangenheit ist, desto fiktionaler – und gleichzeitig überzeugender – ist diese Erzählung."[345] In Folge wird auch der Begriff „Autofiktion" verwendet, der genau diesen Zusammenschluss von Autobiografie und Fiktion veranschaulicht:

> Schließlich wird gerade in der jüngsten Autobiographiediskussion geltend gemacht, dass das Moment der Fiktion dem Begehren nach Selbstausdruck keinesfalls entgegenstehe, dass sich im Gegenteil *jeder* Ich- und Weltbezug als ein fiktionaler vollziehe, die Fiktion mithin erst die autobiographische Realität produziere. In diesem Sinne ist denn auch der Terminus ‚Autofiktion' vorgeschlagen worden.[346]

Logisch betrachtet, ist es auch ganz eindeutig, dass die Geschichte eines Lebens, sei sie mündlich oder schriftlich erzählt, niemals eine rein authentische und womöglich auf Fakten beruhende Tatsachenerzählung sein kann, da diese sonst keine Lebensgeschichte (oder Lebensphasengeschichte[347]), sondern lediglich ein Report ohne persönlichen und menschlichen Einfluss wäre. Reiter nennt diese offenkundige Aporie „Problem narrativer Darstellung von Fakten"[348]. Der Anspruch (v.a. früher) autobiografischer Holocaust-Texte – oft auch im Vorwort der Verfasser expliziert –, rein die Wahrheit darzustellen und ein authentisches Dokument vorzulegen, wird durch die genannte Überfor-

---

345 Ebda.
346 Martina Wagner-Egelhaaf: *Autobiographie*. S. 5. – Vgl. dazu Karl Müller: *Formen autobiographischen Schreibens am Beispiel von Jean Améry, Fred Wander und Anna Maria Jokl*. S. 69–81. In: Lappin, Eleonore und Albert Lichtblau (Hg.): *Die „Wahrheit" der Erinnerung*. Jüdische Lebensgeschichten. Innsbruck, Bozen, Wien: Studienverlag 2008. S. 70: Müller bezeichnet die Autofiktion, den autobiografischen Roman, Memoiren und andere als „Gattungs-Geschwister" der Autobiografie.
347 Analog zu oben dargestellter Überlegung bezüglich anderer Kriterien für Holocaust-Autobiografien könnte ja etwa als Grundmerkmal nicht von der Lebensgeschichte eines Menschen, sondern – eben aufgrund dieses zentralen Ereignisses Holocaust – von der Lebens*phasen*geschichte ausgegangen werden, womit zugleich auch ein Bezeichnungsvorschlag gegeben wäre. Anm. AB.
348 Andrea Reiter: *„Auf daß sie entsteigen der Dunkelheit."* S. 174.

mung also scheinbar widerlegt, weil sie demnach oft unweigerlich als Fiktionalisierung verstanden wird, da das reine Erleben nicht unverfälscht zu Papier gebracht wird bzw. werden kann.

Es muss ferner überlegt werden, ob es so etwas wie authentisches autobiografisches Berichten im Sinne einer faktisch richtigen Darstellung überhaupt gibt bzw. möglich ist. Dabei soll die Überlegung nicht bei der „These der Unmöglichkeit von authentischem Sprechen"[349] enden, sondern es sollte angenommen werden, dass jedes Erzählen, Darstellen und Niederschreiben von tatsächlich Erlebtem zwangsläufig literarische, z.T. auch fiktionale Züge aufweist, da sonst eine Erzählung kaum möglich wäre. Dabei ist allerdings noch nicht klar, ob eine Fiktionalisierung erst durch das verbale oder schriftliche Be- bzw. Verarbeiten einer Erinnerung – also durch Erzählen oder Niederschreiben – entsteht oder bereits davor, während des Erinnerungsvorgangs. Schließlich bedeutet Erinnern Rekonstruktion, wie der Rekonstruktion einer Erinnerung zuvor der Vorrang vor der Interpretation derselben gegeben wurde. Wird dieser Gedanke fortgeführt, ergibt sich, dass ein Erlebnis bereits durch den Akt der Erinnerung fiktionalisiert oder nachvollziehbar aufbereitet wird. Der Grad der Fiktionalisierung ist dabei natürlich ständig variabel. Ein Erleben kann nur zu einer Erzählung werden, wenn sich der Sprecher oder Verfasser gewisser Elemente bedient, die eine Narration eben erst ermöglichen. Oder:

> Das Medium der Erzählung, das zur Darstellung des geschichtlichen Geschehens notwendig ist, fügt den Ereignissen nichts hinzu, sondern reflektiert vielmehr die der Geschichte selbst innewohnende narrative Struktur; die stilistische Gestaltung dient dabei lediglich der Wirkung des Leseinteresses.[350]

Es findet demzufolge keine *Ver-*, sondern eine *Über*formung statt: Es ist dies eine Formgebung unter Berücksichtung der beziehungsweise explizit zugunsten der Leserschaft und einer ‚besseren' Lektüre. Für Pascal ist es eher negativ, wenn ein Verfasser die steten Veränderungen und Unebenheiten seines Lebens zwar wahrheitsgetreu mitteilt, diese jedoch aus seiner gegenwärtigen Sicht, mit seinem gegenwärtigen Wissensstand kommentierend erklärt .

---

349 Susanne Düwell: *„Fiktion aus dem Wirklichen."* S. 27. Ebendiese These wird „[…] häufig zum Motor einer ausgefeilten Rhetorik, die durch immer neue reflexive Wendungen ihre eigenen Aporien thematisiert".

350 Phil C. Langer: *Schreiben gegen die Erinnerung?* S. 20.

und somit kaum mehr etwas von damals übrig bleibt.[351] Selbstredend wird für den Zuhörer oder Leser dadurch die Möglichkeit, ‚nichts als die Wahrheit‘ zu erfahren, vergeben. Allerdings müsste Pascal dennoch bedenken, dass der Verfasser lediglich aus seiner heutigen Sicht mit seinem heutigen Wissen über das damalige Geschehen berichtet, was unweigerlich passiert. Young hat sich ebenfalls mit der Problematik des ‚Schreibens mit dem Wissen danach‘ auseinandergesetzt. Für ihn erscheint es auffällig, dass

[d]er überlebende Memoirenschreiber [...] sein Zeugnis im vollen Wissen um den Ausgang der Ereignisse [beginnt], was unweigerlich dazu führt, daß vergangene Erfahrungen im Lichte der späteren in einen Kontext eingeordnet werden. Wenn er sich z.B. der Einzelheiten einer ersten Deportation erinnert, kann der Überlebende das Ziel des Transports nun nicht mehr einfach ignorieren. Rückblickend betrachtet, erhalten frühere Aktionen sehr viel stärker eine böse Vorbedeutung, und die Arglosigkeit, mit der die erste Deportation damals erlebt wurde, ist nicht mehr da. Die frühen Details eines Erlebnisberichts – und oft sogar die Art und Weise, in der die Ereignisse darin dargestellt sind – gewinnen im nachhinein [sic] eine Signifikanz, die sie für die in die Ereignisse verstrickten Opfer gar nicht haben konnten.[352]

Die Erlebnisse eines Menschen werden in der Erinnerung auf bestimmte Art und Weise rekonstruiert. Im Heute sind sie retrospektiv überformt und oftmals chronologisch geordnet abrufbar. So geformt, werden sie schließlich in eine schriftliche Form gebracht. Durch eine solche Ordnung entsteht für den Menschen zugleich Sinn, der zuvor, also zum Zeitpunkt des Erlebens, nicht erkennbar war:[353] „Denn sobald die Ereignisse niedergeschrieben sind, haben sie eine äußerliche Kohärenz, die ihnen die literarische Darstellung zwangsläufig anlegt, und das Trauma ihrer Nichtassimilierbarkeit ist gelindert."[354] Das bedeutet, dass autobiografisch niedergeschriebene Erlebnisse oftmals nicht mehr gänzlich dem tatsächlichen Erleben entsprechen, wie bereits festgestellt wurde. Als Text weisen solche schriftlich festgehaltenen Erlebnisse bzw. Erinnerungen fiktionale, d.h. literarisch überformte, Züge auf. Dabei ist jedoch zu berücksichtigen, dass in dem Fall Fiktionalisierung nicht per se Unwahr-

---

351 Vgl. Roy Pascal: *Die Autobiographie*. S. 30.
352 James E. Young: *Beschreiben des Holocaust*. S. 58.
353 Vgl. Phil C. Langer: *Schreiben gegen die Erinnerung?* S. 42.
354 James E. Young: *Beschreiben des Holocaust*. S. 34.

heit bedeutet, sondern gewissermaßen einen imaginativen Alternativentwurf zur erlebten Realität. Ein Problem ergibt sich, wenn Erinnertes zu sehr geordnet und klassifiziert wird. Wenn dagegen eine Erinnerung chronologisch ungeordnet erzählt wird, ist es natürlich schwieriger, diese zu verstehen, doch entsteht gerade dadurch ein wahrhaftiges Bild der Lebensrealität eines Menschen. Zudem können für Autobiografien oftmals gebräuchliche Einteilungen in Kapitel oder Abschnitte verwirrend bzw. sogar eine „Vergewaltigung der Wahrheit, eine ‚Fassadenarchitektur‘"[355] sein. In Zusammenhang mit Ver- und Überformung ist die *zu stark* überformte und konstruiert wirkende Textsprache – wie zuvor angesprochen – ebenfalls zu berücksichtigen, welche sich sehr oft vor allem bei Texten, die erst viele Jahre nach der NS-Zeit veröffentlicht wurden, zeigt. Solche Texte weisen oftmals zu extrem überformte Züge, die dadurch fiktional erscheinen, und vielleicht sogar nicht mehr authentisch wirkende narrative Elemente auf. Jene Elemente der Narration, die einen Text also erst verständlich und interessant machen, sind zugleich für die mögliche Einordnung in die Gattung fiktionale Literatur verantwortlich: Aufbau, d.h. Struktur, und Kohärenz.[356]

Lejeune zieht mithilfe des von ihm etablierten Begriffs „autobiografischer Pakt" einen Vergleich zwischen autobiografischer Fiktion und Autobiografie: Erstere „kann ‚genau‘ sein, weil die Figur dem Autor ähnelt"[357]; Zweitere dagegen „kann ‚ungenau‘ sein, weil die dargestellte Figur vom Autor abweicht"[358] und Veränderungen oder Umformungen vorgenommen werden. Dieselbe Situation ist gegeben, wenn Menschen, die über ihr Leben erzählen, dieses in einem etwas anderen Licht (nach)zeichnen – sei es bewusst oder unbewusst. Eine Lebensdarstellung wird immer anders aussehen als der reale Lebensablauf, weil der Prozess des Erzählens und Beschreibens eine ganz natürliche Veränderung mit sich bringt. Keine Verbalisierung eines Erlebens kann ge-

---

355 Roy Pascal: *Die Autobiographie.* S. 97.

356 In Wiesels *Nacht* sind trotz der Tatsache, dass der Text das Erleben Wiesels in den Konzentrationslagern wiedergibt, eine so starke Überformung und Narrativierung zu bemerken, dass die Autobiografie zuweilen wie eine Fiktion erscheint. Unmittelbarkeit und Spontaneität sind im Text kaum zu registrieren, was teilweise sogar die persönliche Stimme des Autors infrage stellt. Nichtsdestotrotz darf am Wahrheitsanspruch und -gehalt Wiesels nicht gezweifelt werden – vielmehr wird gerade durch sein Werk die Problematik von Autobiografie, Subjektivität und literarischer Gestaltung im Zusammenhang mit seiner authentischen individuellen Wahrheit ersichtlich, wodurch zuvor Besprochenes Gültigkeit erlangt. Anm. AB.

357 Philippe Lejeune: *Der autobiographische Pakt.* S. 231.

358 Ebda.

nau dem Geschehen entsprechen. Zuvorderst ist es das Erinnerungsvermögen, das das Erleben anders darstellt. Dazu kommt die Präsentationsart, in welcher man seine Erlebnisse erzählen möchte, oder eine gewisse Scham, etwas nicht auf die Art erzählen zu wollen, wie es sich tatsächlich zugetragen hat. Der autobiografische Pakt zwischen dem Verfasser und dem Leser einer Autobiografie ist es, der den Leser in seinem Denken beeinflusst, während er sich mit einer solchen Autobiografie beschäftigt:

> Wenn die Identität *[des Namens = Autor–Erzähler–Figur, Anm. AB]* nicht bestätigt worden ist (im Falle der Fiktion), wird der Leser versuchen, Ähnlichkeiten herzustellen, dem Autor zum Trotz. Wenn sie bestätigt worden ist (im Fall der Autobiographie), so wird er dazu neigen, Unterschiede (Irrtümer, Verzerrungen usw.) finden zu wollen. Bei einem Bericht autobiographischen Charakters neigt der Leser oft dazu, sich als Spürhund zu gebärden, das heißt Vertragsbrüche zu suchen (was immer der Kontrakt besagen mag). Daher stammt der Mythos, der Roman sei „wahrhaftiger" als die Autobiographie: Man hält immer das für wahrer und tiefer, was man selber im Textverlauf zu entdecken vermeint hat, dem Autor zum Trotz.[359]

Martinez und Scheffel argumentieren ähnlich wie Lejeune. Für sie sind „[f]aktuale Texte [...] Teil einer realen Kommunikation, in der das reale Schreiben eines realen Autors einen Text produziert, der aus Sätzen besteht, die von einem realen Leser gelesen und als tatsächliche Behauptungen des Autors verstanden werden"[360]. Bezüglich fiktionaler Texte gilt Ähnliches, nur sind diese Texte komplexer, da sie zugleich auch einer imaginären Kommunikationssituation zugeschrieben werden. Der Verfasser eines fiktionalen Textes produziert reale, aber nicht authentische Sätze, weil diese nicht faktisch belegbar sind. Dies ruft in Folge auch die Schwierigkeit für die Historiografie hervor, dass Zeugen historischer Ereignisse oftmals historisch *unrichtige* Belege erbringen. Im Gegensatz zur Situation des faktualen Textes formuliert der fiktive Erzähler, wie bereits beschrieben, nicht authentische, imaginäre Sätze, wie sie in einer imaginären Kommunikationssituation von einem Erzähler behauptet werden.[361]

---

359 Ebda.
360 Matias Martinez und Michael Scheffel: *Einführung in die Erzähltheorie.* S. 17.
361 Vgl. ebda. – Vgl. dazu etwa den ‚Fall Wilkomirski' bei Aleida Assmann: *Wie wahr sind Erinnerungen?* S. 115 ff.

Eben die Form der Autobiographie bzw. das Maß ihrer Geformtheit hat die Kritiker hellhörig gemacht. Gusdorf bezeichnet das Vorherrschen logischer Kohärenz und allzu großer Vernunftmäßigkeit als „Erbsünde der Autobiographie", insofern als sie Gradmesser der nachträglichen Konstruktionstätigkeit sind. Genauso verräterisch, wenngleich charakteristisch für das autobiographische Schreiben, ist die Sinnzuweisung an ein Ereignis: hier schon beginnt […] die Illusion.[362]

Erst durch den retrospektiven Blick werden die Konstruktionstätigkeit eines Autobiografen, der seine Geschichte literarisch überformt präsentiert, sowie dessen persönliche Sinnfindung ermöglicht. Tatsächlich kann bei einer Autobiografie von Illusion gesprochen werden, ist es ja die Re- bzw. Konstruktion von Erlebtem, welches ver- oder überformt und daher nicht mehr gänzlich wahrhaft dargestellt wird. Das Verhältnis zwischen Erlebnis und Bericht kann dabei innerhalb einer wahren bzw. faktualen Erzählung als zeitliche Folge verstanden werden: „Einer Reihe von Ereignissen folgt das Erzählen dieser Ereignisse und, als Produkt des Erzählens, die Erzählung, die als Text […] den Vorgang des Erzählens überdauern und in das kulturelle Gedächtnis eingehen kann."[363] Zudem sei hier noch der Rezeptionsaspekt bzw. die Lektüreerfahrung angeführt, und zwar insofern, als „[g]erade die Geformtheit des Textes, nicht etwa die kruden Fakten des beschriebenen Lebens selbst, […] die Grundlage des ästhetischen Genusses bei der Lektüre einer Autobiographie"[364] bildet. Für Verfasser von Holocaust-Literatur war neben der wahrheitsgetreuen Darstellung freilich auch der rezeptionsästhetische Aspekt von großer Wichtigkeit, da sie ihre Werke ja auch gelesen und verstanden wissen wollten.[365]

Hinsichtlich der Unterscheidung zwischen faktualem und fiktionalem Text sieht Genette die Tendenz zu folgendem möglichem Kriterium (v.a. bei der Er-Form): der

Perspektive. Innensicht, innerer Monolog, erlebte Rede – […] interne Fokalisierung – gelten als Fiktionalitätszeichen. Dieses Kriterium könnte ein Indiz für

---

362 Martina Wagner-Egelhaaf: *Autobiographie.* S. 53. – Vgl. dazu: Susanne Düwell und Matthias Schmidt: *Vorwort.* S. 7: Der Diskurs „über die Shoa [ist] untrennbar von der Frage nach einem angemessenen Narrativ. Zu einem Zeitpunkt, wo die historischen Daten im Wesentlichen bekannt sind, wird die Frage nach der Konstruktion von Geschichte und Erinnerung zentral."

363 Matias Martinez und Michael Scheffel: *Einführung in die Erzähltheorie.* S. 18.

364 Martina Wagner-Egelhaaf: *Autobiographie.* S. 52 f.

365 Auch hier zeigt sich eben das Problem der Unliterarizität, die einem Text vorgeworfen wird, wurde dieser in einfacher Prosa verfasst. Anm. AB.

die Unterscheidung von authentischen Autobiographien und pseudo-autobiographischen Fiktionen sein: In der authentischen Autobiographie dominiert die Erzählerstimme, in der autobiographischen Fiktion dagegen die „interne Fokalisierung".[366]

Für die Holocaust-Literatur bedeutet das, dass anhand der vorgegebenen Kriterien von Genette in einer empirischen Studie untersucht werden könnte, ob und wie die diversen vorhandenen Texte zum und über den Holocaust unter die Gattung Autobiografie einzuteilen wären. Auch auf die anfangs vorgestellten Modelle sind die hier genannten Kriterien anwendbar, was zudem eine Weiterentwicklung dieser Modelle bedeuten würde. Eindeutig festzustellen ist indes, dass die früh publizierten Texte unmittelbar der – mit Genette – „authentischen Autobiografie" zuzuschreiben sind, da diese immer nur *eine* Erzählerstimme präsentieren. Zugleich bedeutet das, dass ein weiteres Kennzeichen für eine „authentische Autobiografie" die Subjektivität eines Textes ist. Mit dieser Feststellung ergibt sich allerdings ein seltsamer Widerspruch für die Existenz und den Bestand an vorhandener Holocaust-Literatur:

> Die in der Vielfalt der Texte und vor allem im Vergleich mit den so genannten *[sic]* historischen Fakten sichtbar werdenden Ungenauigkeiten einer subjektiven Wahrnehmung führen dazu, den sehr subjektiven Charakter dieser Dokumente zu betonen und sich mit dem nur scheinbar neutralen, realiter negativ konnotierten Begriff des Erlebnisberichts zu behelfen. All jene Texte, die von Überlebenden bewußt mit ausgefeilten fiktionalen Erzählstrategien geschrieben wurden, mit Fug und Recht also als Erzählung oder Roman bezeichnet werden können, aber dennoch in sehr hohem Maße autobiographisch gelesen werden müssen, fallen aus dieser Kategorienbildung heraus. Genau diese literarisch ausgefeilten Entwürfe ragen wiederum im literaturwissenschaftlichen Diskurs – unter Vernachlässigung der Mehrzahl jener „Erlebnisberichte" – als monolithische Denkmäler „wahrer" Holocaust-Literatur heraus [...].[367]

---

366 Gérard Genette: *Fiktion und Diktion.* München: Fink 1992. S. 78 f. [zit. n. Susanne Düwell: „*Fiktion aus dem Wirklichen.*" S. 16. Fußnote 21.] [Kursivierung AB] – Vgl. dazu: Matias Martinez und Michael Scheffel: *Einführung in die Erzähltheorie.* S. 63: In Zusammenhang mit der Fokalisierung wird von Martinez und Scheffel die Frage aufgeworfen, aus welcher Sicht erzählt wird. In der faktualen Erzählung gibt es einen realen Erzähler und nur eine Perspektive – eben eine Innenperspektive –, wie auch bei Stanzel zu erfahren war.

367 Constanze Jaiser: *Die Zeugnisliteratur von Überlebenden der deutschen Konzentrationslager seit 1945.* S. 108.

Die genannte Subjektivität darf diesen Texten aber nicht zum Vorwurf gemacht werden – auch wenn dies immer wieder der Fall zu sein scheint, siehe oben –, impliziert doch das Wort „erleben" eine individuelle Erfahrung, die allein aus dieser subjektiven Sicht erzählt werden kann. Obgleich also diese Erfahrungs- oder Erlebnisberichte einen Großteil der Holocaust-Literatur ausmachen, sind sie in der Wissenschaft nicht die ‚wirklichen' Holocaust-Literatur-Texte: Hierin liegt somit ein Widerspruch – der allerdings sogleich mit den anfangs vorgenommenen Begriffsbestimmungen zurückgewiesen werden kann, würde der Begriff Holocaust-Literatur als Bezeichnung für die Gesamtheit *aller* Texte zum und über den Holocaust in der Forschung allgemein verstanden und akzeptiert. So erscheinen auch „rein literaturwissenschaftliche Untersuchungen, die den autobiografischen Text in erster Linie als mehr oder weniger fiktive Erzählung ansehen und die Bedeutungen nur im Text selbst festmachen wollen"[368], verfehlt. Literarische/fiktionale Züge müssen tatsächlich als Merkmale der Autobiografie akzeptiert werden, ohne dass eine Klassifizierung in fiktionale oder faktuale (autobiografische) Texte vorgenommen wird. Tatsächlich aber werden zugleich „Shoah-Autobiographien […] in der (auch literarischen) Öffentlichkeit als ‚faktische' Literatur wahrgenommen"[369], was grundsätzlich bedeutet, dass Leser dieser Texte gar nicht erst die Frage nach Fiktion oder Realität stellen, sondern von einer immanenten, subjektiven Wahrheit ausgehen.

P. Langer bezeichnet „bestimmte rhetorische Winkelzüge"[370] in Holocaust-Autobiografien als „Authentisierungsstrategien"[371]. Authentisierungsstrategien sind auf diverse Arten in diesen Texten zu finden, wenn von den Verfassern versucht wird, allein auf die ‚Fakten' zu rekurrieren, was u.a. durch Einsetzen eines Vor- oder Nachwortes getan werden kann.[372] Doch besteht dadurch paradoxerweise erst recht die Gefahr, dass die Authentizität bzw. das Gefühl für Authentizität durch solch bewusst erstellte Konstruktionen, die auf das Faktische deuten, vermindert wird.[373]

---

368 Phil C. Langer: *Schreiben gegen die Erinnerung?* S. 59.
369 Ebda. S. 59 f.
370 Ebda. S. 43.
371 Ebda. – Vgl. dazu ebda. S. 74 ff.: Authentisierungsstrategien sind für die ‚Wahrheit' des gesamten Vernichtungsprozesses nötig, wenn Autoren diese zeigen wollen. Anm. AB.
372 Vgl. dazu oben bzw. Phil C. Langer: *Schreiben gegen die Erinnerung?* S. 63. – In der englischsprachigen Ausgabe *Night* von Elie Wiesel von 1985 ist ein Vorwort von Wiesels Biografen Robert McAfee Brown zu finden (vgl. Wiesel, Elie: *Night*. New York, Toronto, London [et al.]: Bantam Books 1985.). – Vgl. dazu auch: Gerhart Seger: *Oranienburg*.
373 Phil C. Langer: *Schreiben gegen die Erinnerung?* S. 43.

„[J]e stärker das Bedürfnis nach Absicherung der Erzählung durch ‚Faktisches‘ ist, desto konstruierter erscheint letztlich die Erzählung und konterkariert die beanspruchte Authentizität [...]. So muten oft die einfachsten und naivsten, chronologisch ohne etwaige Reflexionen geschriebenen Ich-Erzählungen als besonders überzeugend und authentisch an.[374]

Es geht also, wie aus diesen Darstellungen abzuleiten ist, letzten Endes nicht um ein Entweder-oder hinsichtlich der Frage Faktualität oder Fiktion in der Autobiografie, sondern um ein *Und*: Realität und Fiktion konstituieren sich als Elemente der Autobiografie, da jedes beschriebene Leben, also jede Darstellung von Erlebnissen, eine gewisse Fiktionalisierung nach sich zieht, um den Ansprüchen des Verfassers sowie des Rezipienten, einen lesbaren Text zu haben, gerecht zu werden. Schreiben bedeutet stets eine Auswahl, „immer wird aus irgendeiner Perspektive berichtet, und es gibt keine Fakten ohne Interpretation und keine Wahrheit, keine Wirklichkeit, die nicht *bearbeitet* wäre“[375]. Allerdings muss explizit darauf hingewiesen werden, dass Narrativierung bzw. Literarisierung eines Geschehens, eines Erlebens nicht zwangsläufig mit Fiktionalität gleichgestellt werden darf.

---

374 Ebda. S. 43 f. – Diese letzten Ausführungen erscheinen passend für die beiden Werke der Analyse. P. Langer formuliert im Grunde genau jene Aspekte, die diese unterscheiden: Der eine ist ein durchkomponierter, retrospektiv stark überformter Text eines Schriftstellers (Wiesel); der andere ein sehr emotionaler und dadurch einen zeitlichen Abstand zwischen Erleben und Erzähler sowie Erzähler und Leser überwindender Überlebensbericht (Dietmar). Das Werk von Dietmar lässt sich wörtlich mit P. Langers obigen Worten beschreiben, weil dieses tatsächlich eine unmittelbare Darstellung des Erlebten abbildet. Bei Wiesel sind zwar keine Verweise auf faktische oder historische Gegebenheiten zu finden, allerdings fehlt dem Text durch die eben schon erwähnte fehlende persönliche Stimme ein Authentizitätsanspruch im Sinne des selbst Erlebten: Der Erzähler scheint zuweilen nicht der Erlebende gewesen zu sein. Anm. AB.

375 Sam Dresden: *Holocaust und Literatur*. S. 49. [kursiv im Orig., Anm. AB.]

8 Narrativierung und narrative Strategien in der Holocaust-Literatur

Im nachfolgenden Analyseteil liegt der Fokus auf der Narrativität[376] bzw. Literarizität der beiden untersuchten Texte. Um die Erzählqualität der Werke zu veranschaulichen, werden die von den Verfassern verwendeten narrativen Strategien untersucht, anhand derer die jeweiligen KZ-Erlebnisse in eine Textform gebracht wurden. Narrativität ist Bedingung, um als Kommunikationsmittel fungieren zu können, wodurch ein Bericht, eine Erzählung dem Leser erst zugänglich wird.[377] Narrative Strategien oder Narrativierungsstrategien bedeuten literarische Verfahren, die gebraucht werden, um aus einem Geschehen eine Erzählung zu machen und dieser Erzählung eine bestimmte Form zu geben.[378] Diese können simple und alltägliche Bilder, eine (einfache chronologische) Anordnung der Ereignisse etc. oder eben auch wohlüberlegte und gut ausgearbeitete Strategien wie literarische, religiöse oder selbstreferenzielle Motive sein. Für elaboriertere Strategien entscheiden sich generell eher Schriftsteller, deren Werkzeug Worte sind, und die sich dem Beschreiben des Erlebens mit einer gewissen Reflexion widmen können. Das heißt, sie geben ihr Erleben nicht nur einfach wieder, sondern sie stellen es in Relation zu ihrer Person, ihrem Dasein, ihrer Umwelt oder ihrem Glauben. Selbstverständlich spielt bei der Narrativierung eines Erlebens auch die Zeit eine Rolle: Je mehr Zeit zwischen Erleben und Erzählen liegt, desto detaillierter kann sich jemand mit der narrativen Gestaltung seines Erlebens auseinandersetzen und dementsprechend kunstvoller, auch konstruierter das Erleben in schriftlicher Form gestalten.

---

376 Allgemein ist anzumerken, dass Narrativität als im Zentrum der Untersuchung stehender Untersuchungsgegenstand in einer stark interdisziplinär ausgerichteten Forschungslandschaft eingebettet ist. Narrativität wird in verschiedenen Medien erforscht – eben nicht nur Literatur, sondern auch Film, Geschichte, Musik etc. –, wodurch sich auch der Begriff der Intermedialität zu jenem der Interdisziplinarität gesellt. So sind vermehrt ein theoretischer Diskurs sowie eine ebensolche Debatte auszumachen, welche allerdings nicht für die vorliegende Studie von Interesse sind. Anm. AB.

377 Vgl. Phil C. Langer: *Schreiben gegen die Erinnerung?* S. 42.

378 Vgl. dazu Überformung etc. vorne: Narrativierungsstrategien sind natürlich die Art, auf welche eine Geschichte geformt, auch überformt wird. Anm. AB.

Jaiser meint, einen Unterschied zwischen frühen und späteren Werken über den Holocaust insofern festlegen zu können, als in Ersteren kaum bis gar keine narrativen Strategien verwendet werden: „Wird der Schreibprozeß selbst, die Qual des Schreibens, die Unmöglichkeit, mit Sprache das Erlebte adäquat und/oder verständlich mitzuteilen, eigentlich immer reflektiert, so kommen besonders in den späten Zeugnissen ausgefeilte narrative Verfahren zum Einsatz."[379] Dieser Aussage ist nur teilweise zuzustimmen. Es stimmt, dass – wie bereits dargelegt – für Verfasser späterer Texte durch die zwischen Erleben und Erzählen verstrichene Zeit mehr Reflexions- und Vergleichsmöglichkeiten entstanden sind, die sich in Form von besser ausgearbeiteten narrativen Strategien in diesen Texten zeigen. Es darf jedoch nicht angenommen werden, dass die frühen Texte über keine solchen verfügen, da jeder Text auf gewisse Weise narrativiert, d.h. in eine erzählerische Form gebracht, werden muss.[380]

Hinsichtlich räumlich-zeitlicher Verhältnisse übernehmen narrative Strategien ebenfalls eine wichtige Rolle, sie „erfüllen [...] besondere Funktionen"[381]. Eine Narration hat den Anspruch, Wissen und Erfahrungen in einer Verknüpfung bzw. in Relation zueinander und Ereignisse in einer chronologischen Ordnung darzustellen. Diese Verknüpfung wird „als eine bedeutungsstrukturierende Synthese von Ereignissen wahrgenommen"[382], da zwischen den Erlebnissen ein Zusammenhang in logischer und zeitlicher Beziehung besteht. Vergangenheit und Gegenwart werden in einer Narration durch Erlebnisse verbunden, wodurch Kontinuität und ein sinnhafter und nachvollziehbarer

---

379 Constanze Jaiser: *Die Zeugnisliteratur von Überlebenden der deutschen Konzentrationslager seit 1945.* S. 120.

380 Praktisch angewandt, trifft der zweite Teil von Jaisers Feststellung vollkommen auf Wiesels autobiografische KZ-Erzählung *Nacht* (wie auch spätere, als Holocaust-Literatur verstandene Texte) zu: Wie in der Analyse von Wiesels Text noch zu sehen sein wird, bedient sich der Schriftsteller [!] tatsächlich bewusst gewählter, sorgfältig gesetzter Narrativierungsstrategien, die, nicht nur an Schlüsselszenen eingesetzt, sein literarisches Handwerk kennzeichnen. Für Texte von Holocaust-Überlebenden (gleich, ob Schriftsteller oder nicht), die erst mit größerer zeitlicher Distanz ihr Erleben niedergeschrieben haben, wird generell genau diese Distanz zum Kennzeichen (hier auch Wiesels): Sie sind nicht mehr so unmittelbar und emotional wie frühe Texte. Der erste Teil des oben stehenden Zitats wird dagegen in bzw. von den meisten Werken der Holocaust-Literatur bestätigt: Die Schwierigkeit der Wortfindung – manchmal auch (Un-)Darstellbarkeit – ist omnipräsent und mittlerweile eben auch als Topos der Unsagbarkeit/Undarstellbarkeit vorherrschend in der Forschung. Anm. AB.

381 Birgit Neumann: *Literatur, Erinnerung, Identität.* S. 156.

382 Ebda.

Verlauf erkennbar werden. Mittels dieser narrativ entstandenen Kontinuität werden Ereignisse in ihrem Ablauf plausibilisiert und legitimiert, weil die zuvor vorhandene Kontingenz getilgt wird. Narrationen stellen außerdem nicht nur Erlebnisse dar, sondern erklären diese auch.[383] „Die durch die Narrativierung gewährleistete Kontingenzreduktion und Kontinuitätsstiftung"[384] formen die Basis einer als plausibel erscheinenden Vergangenheitserfahrung.

Mittels narrativer Strategien können natürlich Text wie Rezeptionserwartung gesteuert werden. Das bedeutet, dass etwa Strategien, die auf Spannung aufbauen, den Leser auch in diese Richtung lenken, sodass aus dem ‚bloßen' Erfahrungsbericht eine spannende Geschichte wird. Oder aber eine andere Erlebniserzählung konzentriert sich derart auf eine bestimmte inhaltliche Situation, dass alles andere um diese Situation herum nicht mehr wichtig erscheint. Diese Steuerungen des Rezeptionsverhaltens können als Leistung eines autobiografischen Holocaust-Textes verstanden werden, wie auch P. Langer nach einer solchen fragt: „Was kann eine Shoah-Autobiographie leisten? Mit welchen Mitteln? Vor allem auch: Für wen? Und: Warum?"[385] Zu den genannten möglichen Richtungsweisungen kann in Folge gefragt werden, ob man überhaupt „eine Shoah-Autobiographie als *schlecht gemacht* oder als *spannenden Abenteuerthriller* bezeichnen"[386] darf, da dadurch das Verständnis sowie der Grundaspekt der Autobiografie als Gattung in eine andere Wahrnehmungsrichtung gelenkt werden könnten. Denn schließlich werden vonseiten der Leserschaft autobiografische Texte gemeinhin als faktisch und dementsprechend wahr verstanden.[387] Antworten auf die zuvor gestellten Fragen P. Langers sind individuell und nur vage zu geben. Manche Leser oder Wissenschaftler bezeichnen vielleicht KZ-Texte, die von Nichtschriftstellern verfasst wurden, als *„schlecht gemacht"*, wenn diese literaturwissenschaftlichen Kriterien nicht standhalten. Auch Dresden stellt dazu eine Frage: „Kann, und vor allem, darf der Leser denken, daß der Text recht melodramatisch wirkt und gerade wegen seiner Schockeffekte viel Ähnlichkeit mit minderwertiger Literatur hat?"[388] Zur aufgeworfenen Frage nach „schlecht gemachter" Holocaust-Literatur gesellt sich weiter die Frage, ob KZ-Berichten, die bald nach (bzw. teilweise sogar noch vor) Kriegsende entstanden sind, kein literarischer Anspruch zugestanden wer-

---

383 Vgl. ebda.
384 Ebda.
385 Phil C. Langer: *Schreiben gegen die Erinnerung?* S. 60.
386 Ebda. S. 59. [kursiv im Orig., Anm. AB]
387 Vgl. ebda. S. 59 f.
388 Sam Dresden: *Holocaust und Literatur.* S. 25.

den darf. Innerhalb der Holocaust-Literatur scheinen Texte der Subgattung frühe Holocaust-Literatur oder auch KZ-/Zeugenliteratur stets einen Sonderstatus einzunehmen, und zwar auf negative Art und Weise: Sie werden (hauptsächlich im deutschsprachigen Raum) *neben* der bekannten und sogenannten Kanon-Holocaust-Literatur genannt, aber oftmals nicht als *Teil* derselben. So erscheint es fragwürdig, wenn innerhalb der Gattung Holocaust-Literatur von „literarischen" und „nichtliterarischen" Texten gesprochen und zwischen diesen beiden Arten differenziert wird.

In der nachfolgenden Analyse ist das Hauptziel zu zeigen, *wie* bzw. *wodurch* sich Narrativität manifestiert, um in Folge als Mittel für die Transportierung von Erlebnissen fungieren zu können. Im vorliegenden Fall der beiden autobiografischen Werke soll veranschaulicht werden, dass Narrativität eine Konstante für die Untersuchung von Autobiografien ist. P. Langers Auswahlkriterien für die Analyse von Autobiografien sind Narrativität, Authentizität und Reflexivität, wobei insbesondere die ersten beiden Punkte für die Untersuchung als wichtig erachtet werden.[389] Derselbe bezeichnet Narrativität bzw. Literarizität weiter „als Basis der autobiographischen Erinnerung, die von vornherein fiktionale Elemente in die als wirklich erlebte Realität gesetzte Darstellung bringt"[390], was direkt auf die im Kapitel AUTOBIOGRAFISCHES ERZÄHLEN IN DER HOLOCAUST-LITERATUR vorgestellten Thesen zu den Problematiken dieser Gattung (Faktualität vs. Fiktionalität etc.) verweist.

---

389 Vgl. Phil C. Langer: *Schreiben gegen die Erinnerung?* S. 43 und 74 ff.
390 Ebda. S. 56.

9 Zeugenschaft und Authentizität

Allgemein formuliert lautet eine grundlegende Frage bezüglich Zeugenschaft:

> Wie steht es also mit dieser Verpflichtung und der Möglichkeit, zusammen mit Zeuginnen und Zeugen von Geschehen, welche die Rahmen des Verstehens und der Erfahrung überschreiten, Verantwortung für eine Vergangenheit zu übernehmen, die man selbst nicht direkt erlebt hat?[391]

Authentizität ist ein von P. Langer genannter zweiter Aspekt für die Analyse von Autobiografien und zugleich ein Kennzeichen dieser literarischen Gattung. In der

> Textkritik wird Authentizität mit Autorschaft verbunden. Editionsphilologen meinen mit Authentizität eines Textes seine „Echtheit, Zuverlässigkeit und Glaubwürdigkeit"- Eigenschaften, die von der „Verfasserschaftsfrage" abhängen. Ein Text ist authentisch, insofern er sich direkt auf den Willen des Autors zurückführen läßt. Alle Textmerkmale, die sich nicht auf diese Weise legitimieren lassen können, gelten hingegen als unauthentisch.[392]

Diese Ausführung wird durch die Tatsache, dass ein Hauptmerkmal der meisten frühen KZ-Texte die sich wiederholenden Hinweise auf die Wahrhaftigkeit und die Hervorhebung des unverfälschten Charakters der Texte durch die Autoren sind, bestätigt. Diese sind meist im Vorwort und in direkten Anreden an den Leser in den Texten zu finden. Das bedeutet m.a.W.: „In subjektiven Erinnerungszeugnissen […] spielt die Beteuerung von Authentizität oft

---

391 Ulrich Baer: *Einleitung.* S. 7–31. In: Ders. (Hg.): *„Niemand zeugt für den Zeugen."* Erinnerungskultur nach der Shoah. Frankfurt/Main: Suhrkamp 2000. (= edition suhrkamp. 2141.). S. 11 f.

392 Matias Martinez: *Zur Einführung: Authentizität und Medialität in künstlerischen Darstellungen des Holocaust.* S. 7–21. In: Ders. (Hg.): *Der Holocaust und die Künste.* Medialität und Authentizität von Holocaust-Darstellungen in Literatur, Film, Video, Malerei, Denkmälern, Comic und Musik. Bielefeld: Aisthesis 2004. (= Schrift und Bild in Bewegung. Hg. v. Bernd Scheffer und Oliver Jahraus. 9.). S. 11 f.

eine große Rolle."[393] Durch die stete Wiederholung wird erkennbar, dass die Verfasser die Leser vom Charakter eines Tatsachenberichts der eigenen Erlebnisse zu überzeugen versuchen, was, wie bereits besprochen, die Angst zeigt, nicht angehört, oder schlimmer: nicht ernst genommen zu werden. Prümm nennt diese beständige Beteuerung „programmatische[n] Hinweis auf den Wahrheitscharakter"[394]. Denn: „Die wiederholten Hinweise auf das Authentische der Erlebnisse sind notwendig, das Mitgeteilte übersteigt die Grenzen des Vorstellbaren."[395] Als sehr drastisches Beispiel für die Beteuerung von Authentizität des Berichts ist etwa das handschriftlich abgedruckte Versprechen von Gerhart Seger zu nennen, der am Anfang seines Buches Folgendes formuliert: „Ich schwöre, dass ich nach bestem Wissen und Gewissen die reine Wahrheit sagen, nichts verschweigen und nichts hinzusetzen werde."[396]

Der Leser erwartet von einem Holocaust-Text in erster Linie Authentizität. Nach Martinez lassen sich „vier verschiedene Bedeutungsaspekte ästhetischer Authentizität analytisch voneinander unterscheiden"[397]: Autor bzw. Produktion, Referenz, Gestaltung und Funktion. Für den ersten Punkt gilt, dass der Autor, der Verfasser in enger Verbindung zum Geschehen steht. „Hier besteht eine Parallele zur theologischen authentia auctoritatis, die einen Legitimationszusammenhang zwischen Autorschaft, Autorität und Authentizität herstellt."[398] Demnach dürften eigentlich nur jene Menschen, die den Holocaust selbst miterlebten und unmittelbar vor Ort waren, darüber schreiben. Dieses Argument war für die Holocaust-Literatur bis vor einigen Jahren das einzige Kriterium: der Zusammenhang zwischen Erleben und Schreiben sowie das eigene Erleben. Demnach wären fiktionale Texte über den Holocaust etwa gar nicht erlaubt gewesen, genauso wenig wie die Darstellung ‚wahrer Holocaust-Ereignisse' durch Schriftsteller, die den Holocaust nicht selbst erlebt haben. Der zweite Punkt, Referenz, bedeutet Folgendes: Der Autor hat keinen direkten Bezug zum Holocaust, er war nicht unmittelbar dabei – er macht stattdessen eine Referenz und bezieht sich auf ein bestimmtes Faktum. Das heißt: „Als ‚authentisch' werden auch Werke bezeichnet, insofern sie konkrete historische Personen und Ereignisse darstellen."[399] Die dritte Bedeutung bezieht sich auf die literarische

---

393 Aleida Assmann: *Wie wahr sind Erinnerungen?* S. 110.
394 Karl Prümm: *„Die Zukunft ist vergeßlich."* S. 40.
395 Ebda.
396 Gerhart Seger: *Oranienburg.* S. 3.
397 Matias Martinez: *Zur Einführung.* S. 12.
398 Ebda. S. 14.
399 Ebda. S. 15.

Gestaltung eines Verfassers. Dieser hat dabei selbst keinen Bezug zum Geschehen, erzielt aber durch seine Art der Gestaltung und die Verwendung von Mittel, „die einen Wirklichkeitseffekt erzeugen"[400], Authentizität. Als simples Beispiel dazu wäre die Gestaltung von (Dokumentar-)Filmen in Schwarz-Weiß zu nennen. „Authentizität in diesem dritten Sinne ist stets ein Effekt bestimmter Formen von Künstlichkeit, ist das Ergebnis von ästhetischer Inszenierung, künstlerischer Konvention und artistischer Wirkungsstrategie, so daß man hier von ‚Authentizitätsfiktionen' sprechen kann."[401] Letztendlich ist die vierte und letzte Bedeutung von Authentizität viel weniger leicht fassbar und für die vorliegende Analyse auch nicht von großer Bedeutung. Es geht bei der Funktion von Authentizität um eine „besondere Art des Umgangs mit Kunstwerken"[402]. Ein solches Kunstwerk (etwa auch ein Text) ist demnach an das „unverfügbare ‚Hier und Jetzt' einer von der Tradition vorgegebenen Aufführungs- und Rezeptionssituation gebunden"[403]. Das heißt, dass ein Kunstwerk in einem gewissen Kontext bzw. einer bestimmten Tradition entsteht und auch wieder verschwinden kann, also zeitlich begrenzt ist.[404]

Überlebende haben generell den Anspruch, „ein authentisches Zeugnis des Geschehenen zu bewahren"[405]. Das „Verlangen nach Authentizität, das Autobiographien, die die Shoah bezeugen wollen, eingeschrieben ist"[406], wird nach P. Langer von all jenen, die ihre Holocaust-Erfahrung zu Papier bringen, unweigerlich thematisiert. Es war und ist aber natürlich nicht einfach, solche Berichte anzuhören und diese an sich als Leser/Zuhörer heranzulassen – dennoch hat der Leser/Zuhörer eine Aufgabe: „Wenn die ursprünglichen Zeugen sprechen wollen, muß ihre Last geteilt werden."[407] Der Zeuge, der die Holocaust-Erlebnisse anhört, wird zugleich Zeuge des erlittenen Traumas und

---

400 Ebda.

401 Ebda. S. 15 f.

402 Ebda. S. 16.

403 Ebda.

404 Vgl. dazu genauer ebda. S. 16 f. – Dieser vierte Punkt, Funktion der Authentizität, ist demzufolge auch eher auf außertextliche Kunstwerke bezogen und für das Verständnis bzw. die Authentizitätsbekundung von solchen wichtig, wie sich Martinez allgemein auf „künstlerische" (also etwa plastische) Darstellungen bezieht und nicht explizit auf literarische. Anm. AB.

405 Bettina Bannasch und Almuth Hammer: *Jüdisches Gedächtnis und Literatur*. S. 286. – Diese Problematik steht natürlich im Zusammenhang mit jenem der („wahren" oder glaubwürdigen) Erinnerung. Anm. AB.

406 Phil C. Langer: *Schreiben gegen die Erinnerung?* S. 132.

407 Ulrich Baer: *Einleitung*. S. 11.

erfährt es dadurch auch am eigenen Leib.[408] Der Leser/Zuhörer muss zuhören können und wollen, er braucht Zeit, Geduld, Interesse – und Einfühlungsvermögen. „Damit die Wahrheit der extrem traumatischen Erfahrungen ans Licht gelangt, benötigen Augenzeugen eine Art der Zuhörerschaft, die sich als *sekundäre Zeugenschaft,* als Zeugenschaft durch Vorstellungskraft oder als ‚Zeugenschaft der Erinnerung' verstehen läßt.“[409] Der Zuhörer hat eine Verpflichtung und übernimmt eine gewisse Verantwortung in dem Moment, in dem er sich dazu entschließt, den Bericht eines ehemaligen KZ-Häftlings anzuhören. Indem er vom Holocaust erfährt, gelangt er in eine zukunftsgerichtete Situation, da dieses Wissen für später nützlich sein und einen gewissen Zweck (Erinnern, Lernen, Mahnen) erfüllen soll:[410]

> To bear witness is to take responsibility for truth: to speak, implicitly, from within the legal pledge and the juridical imperative of the witness's oath. To testify [...] before an audience of readers or spectators [...] is more than simply to report a fact or an event or to relate what has been lived, recorded and remembered.[411]

Diese Verantwortung waren aber viele Menschen nicht bereit zu übernehmen. Und weil ein schriftliches Werk nur dann zu einem Zeugnis wird, wenn es einen Zuhörer gibt, der diese Wirklichkeit absichert,[412] es einen solchen aber eben vielleicht nicht gibt, wird die Leistung eines Textes folglich hinterfragt:

> Die theoretische Überlegung, daß es so etwas wie eine sekundäre oder stellvertretende Zeugenschaft gibt, könnte aber auch das Primat und die Authentizität des Augenzeugen in Frage stellen. „Authentizität“ der Zeugenschaft bedeutet in diesem Kontext die Beweiskraft und Glaubhaftigkeit des Zeugnisses für eine von der Zeugin oder dem Zeugen erlebte Wirklichkeit. Geht man vom Primat der

---

408 Vgl. Dori Laub: *Bearing Witness, or the Vicissitudes of Listening.* S. 57–74. In: Shoshana Felman und Dori Laub: *Testimony.* Crises of Witnessing in Literature, Psychoanalysis, and History. New York [u.a.]: Routledge 1992. S. 57 f. – Vgl. dazu das Kapitel TRAUMA.

409 Ulrich Baer: *Einleitung.* S. 11.

410 Vgl. Antonia Barboric: Vortrag *Empathie und Holocaust.* Internationales Graduiertenseminar. Wien: IFK Internationales Forschungszentrum Kulturwissenschaften 2.–4. Juli 2008.

411 Shoshana Felman: *The Return of the Voice: Claude Lanzmann's Shoah.* S. 204–283. In: Shoshana Felman and Dori Laub: *Testimony.* S. 204.

412 Constanze Jaiser: *Die Zeugnisliteratur von Überlebenden der deutschen Konzentrationslager seit 1945.* S. 125.

Zeugenschaft aus, so setzt man voraus, dass Augenzeugenberichte glaubhafter als Nacherzählungen sind, selbst wenn diese noch so einfühlsam und ausdrucksstark formuliert werden.[413]

Hierin liegt also die Problematik – ähnlich wie bei der Autobiografie –, die sich bezüglich Fragen nach Authentizität offenbart: Wie wahr ist die ‚Wahrheit‘ oder ‚Wirklichkeit‘ (des Erlebten, dargestellt durch die Erlebenden) – wie wahr sind die Zeugenberichte? Folgendes muss auf jeden Fall bedacht werden: Der Autor „macht nichts anderes, als seine Wirklichkeit zu beschreiben"[414]. Die Frage, ob Augenzeugenberichte glaubhafter als Erzählungen sind, ist zu verneinen. Interessanterweise kann die Verneinung gerade durch Baers Erläuterung begründet werden – wodurch dessen These allerdings ebenso verneint wird und sich sogar als unsinnig erweist. Denn indem dieser Nacherzählungen als „noch so einfühlsam und ausdrucksstark formuliert" bezeichnet, weshalb Augenzeugenberichte glaubhafter erscheinen, bedeutet das, dass dafür die Formung der Erzählung ausschlaggebend ist. Die Wortwahl von jenen, die erzählen, bedeutet etwa immer eine Entscheidung, die momentan und subjektiv getroffen wird und dadurch bereits eine Formung des zu Erzählenden bewirkt.

Reiter untersuchte den subjektiven und emotionalen Charakter vieler früher Texte der Holocaust-Literatur von Nichtschriftstellern, die mit geringer zeitlicher Distanz zum Erleben verfasst wurden. Sie beschreibt das Bemühen der Überlebenden, einen authentischen Bericht geben zu können: „Die Zeugen sind sich bewußt, daß sie ihre Gefühle bei der Niederschrift nicht ausschließen können. Dennoch liegt ihnen daran, das Erlebte objektiv zu berichten. In der nüchternen Darstellung der Wahrheit erkennen sie das Ideal ihrer Bemühungen."[415] Das heißt also, die Verfasser versuchten, trotz der verständlicherweise vorhandenen Emotionalität, eine objektive, nicht allzu persönliche und gefühlsmäßige Schilderung ihrer Erfahrungen niederzuschreiben.

---

413 Ulrich Baer: *Einleitung*. S. 14.

414 Sam Dresden: *Holocaust und Literatur*. S. 26. – Vgl. dazu auch ebda. S. 58: „Nicht-Wahrheit (die etwas anderes ist als Lüge) und Nicht-Wirklichkeit (die nicht unbedingt Fiktion ist oder der Phantasie entspringt) spielen nicht nur eine Nebenrolle, sondern sind ein essentielles Element der Beschreibung der Wirklichkeit. Folglich müssen auch Berichte in vielerlei Hinsicht doppeldeutig sein, und dadurch geraten sie leicht in die Nähe von Literatur."

415 Andrea Reiter: *„Auf daß sie entsteigen der Dunkelheit."* S. 171. – Vgl. dazu auch Sam Dresden: *Holocaust und Literatur*. S. 36: Viele Verfasser wollen „beim Leser keine Emotionen wecken". – Vgl. ebda. S. 37: Weiter meint er, dass „Objektivität und Emotionen in den meisten Fällen sehr dicht miteinander verwoben sind", was bestätigt werden kann. Im Falle der Holocaust-Literatur dürfe dieses „Gewebe" nicht gewaltsam auseinandergerissen werden.

Diese Überlegung verweist wiederum auf die direkt an den Leser gerichteten Appelle, die den Wahrheitscharakter betonen. Zugleich wird die Versprachlichung von Holocaust-Erfahrungen von A. Assmann allerdings „potentiell als Verfälschung einer einmal unmittelbar und sinnlich erfahrenen Erinnerung"[416] bezeichnet, wodurch sie, genau wie Reiter, den Versuch einer nüchternen Darstellung von vornherein als unmöglich erachtet. Tatsächlich erweckt ein sachlicher, nüchterner Text den Eindruck des Bestehens eines höheren Grades an Authentizität, wodurch sich nun einer der problematischsten Bereiche für Verfasser von KZ-Texten zeigt: Sind die Texte zu emotional, werden ihnen zu viel Subjektivität und Unsachlichkeit – in Folge Unwahrheit – vorgeworfen. Diese Aporie ist vieldiskutiert und findet sich wiederholt in den frühen Texten.

Die Authentizität der Erinnerungen soll gewahrt werden, indem diese nicht durch „retrospektive Einflußnahme"[417] verfälscht werden. Die Grenze der Nichtmitteilbarkeit ergibt sich aufgrund der sozialen Akzeptanz oder Nichtakzeptanz der Erinnerungen oder Berichte zu einem späteren Zeitpunkt. Daher war es oftmals das Bestreben der Verfasser von Holocaust-Literatur, die Vergangenheit der Gegenwart anzupassen.[418] In diesem Zusammenhang ist zu überlegen, ob frühe Werke, die kaum Beachtung fanden, später mehr Beachtung erfahren hätten, wären sie dann noch oder wieder publiziert worden. Neumanns Überlegung steht damit den Erläuterungen zuvor diametral entgegen, indem sie meint: „Selbstnarrationen müssen im Lichte gegenwärtiger Fragestellungen nachjustiert werden, damit sie als adäquater Ausdruck des eigenen Selbstverständnisses fungieren können."[419] Diese Aussage stimmt zwar, was die Logik der Argumentation betrifft, doch fordert Neumann damit eine Veränderung der bestehenden Erinnerungen an die Erlebnisse, was aber das Untergraben der Authentizität einer Erinnerung, eines Textes bedeuten würde. So kann zusammengefasst und muss zugleich anerkannt werden, dass nur jene Texte, die kaum sprachlich geformt wurden, als wirklich authentisch anzusehen sind. Jegliche Veränderung und Anpassung an eine Tradition, Zeit oder ein Publikum meinen unweigerlich eine Verringerung der vorhandenen Authentizität.

---

416 Susanne Düwell: *„Fiktion aus dem Wirklichen."* S. 16. – Vgl. dazu: Aleida Assmann: *Das soziale Gedächtnis.* S. 103–122.

417 Aleida Assmann: *Wie wahr sind Erinnerungen?* S. 116. – Das wichtige Stichwort hierbei ist eben das der bereits angesprochenen *retrospektiven Überformung.* Anm. AB.

418 Ebda.

419 Birgit Neumann: *Literatur, Erinnerung, Identität.* S. 157.

10 Trauma[420]

Der Begriff bzw. das Konzept des Traumas ist seit den 1990er-Jahren Bestandteil verschiedener Forschungsrichtungen.[421] Einerseits ist der Traumabegriff in
der Gedächtnisforschung, in der die „Bewusstheit für die Grenzen von Bedeu-
tungsstiftung und Darstellbarkeit"[422] ausgelotet wird, zu finden, andererseits
in der historischen und der kulturwissenschaftlichen Forschung.[423] Bannasch
und Hammer differenzieren für den zweiten Bereich noch zwischen histo-
risch-gesellschaftswissenschaftlichem und psychologischem Traumadiskurs.[424]
Gerade in der Literaturwissenschaft hat die Traumaforschung während der
letzten Jahre nicht zuletzt durch den Holocaust bzw. die Holocaust-Literatur
vermehrt an Bedeutung gewonnen. Allerdings übernimmt dabei der Traumabegriff immer mehr „die Funktion des Topos der Undarstellbarkeit und Un-
aussprechlichkeit der Shoah, der einem Nicht-wissen-Wollen zuarbeitet"[425].
Düwell verweist in diesem Zusammenhang darauf, dass zugleich seit Aufkommen des Traumabegriffs die Gefahr gegeben ist, diesen als Endpunkt in der
Diskussion bezüglich der NS-Verbrechen und Holocaust-Literatur zu verstehen, der in Folge jegliche weitere Beschäftigung eher aufhält als vorantreibt.[426]
Diese Problematik kann daher erneut mit jener des Unsagbarkeits- oder Undarstellbarkeitstopos verglichen werden, welcher auch der Beschäftigung mit

---

420 Der vorliegende Abriss präsentiert Überlegungen zu Trauma und Traumabewältigung im
 Zusammenhang mit Erinnerung und Autobiografie, welche im Rahmen dieser Studie nicht
 weiteruntersucht werden, sondern lediglich als Zusammenfassung und Überblicksinforma-
 tion verstanden werden sollen. Trauma ist insbesondere für spätere Texte der Holocaust-Literatur von Bedeutung – wie Authentizität ein Hauptmerkmal der frühen Texte ist. Anm. AB.
421 Vgl. Susanne Düwell: *„Fiktion aus dem Wirklichen."* S. 17.
422 Birgit Neumann: *Literatur, Erinnerung, Identität.* S. 154.
423 Vgl. Susanne Düwell: *„Fiktion aus dem Wirklichen."* S. 17.
424 Vgl. Bettina Bannasch und Almuth Hammer: *Jüdisches Gedächtnis und Literatur.* S. 287.
425 Susanne Düwell: *„Fiktion aus dem Wirklichen."* S. 18.
426 Vgl. ebda. bzw. Birgit R. Erdle: *Die Verführung der Parallelen.* Zu Übertragungsverhältnissen zwischen Ereignis, Ort und Zitat. S. 27–50. In: Elisabeth Bronfen, Birgit R. Erdle und
 Sigrid Weigel (Hg.): *Trauma.* Zwischen Psychoanalyse und kulturellem Deutungsmuster.
 Köln, Weimar, Wien: Böhlau 1999. (= Literatur – Kultur – Gesellschaft: Kleine Reihe. 14.)
 S. 31 f.

Sprache und Beschreibbarkeit des tatsächlich Erlebten (Menschen erleben ein KZ) mehr Aufmerksamkeit widmet als dem vorhandenen Zeugnis (den Texten über diese Erlebnisse). Das Trauma tritt im deutschen Erinnerungsdiskurs „zunehmend als ein Metonym des Topos des ‚Undarstellbaren' und ‚Unaussprechlichen'"[427] auf, da es ja oftmals einen der Kernpunkte von (späterer) Holocaust-Literatur bildet. Dadurch eröffnet sich ein Kreislauf, indem es um die Schilderung von Holocaust-Erfahrungen geht, welche aber erst die Traumatisierung ausgelöst haben. Die Frage nach der „Tauglichkeit der Sprache"[428] greift auch Mahler-Bungers auf, indem sie darauf verweist, dass „Darstellung immer Begrenzung ist"[429]. Eine Begrenzung erfolgt in dem Moment, in dem sich der Verfasser entschließt, seine Erinnerungen zu teilen. Sowohl für eine verbale als auch schriftliche Form der Erzählung bedeutet eine bestimmte Wortwahl eine solche Beschränkung, weil allein die ausgewählte Version eine Daseinsberechtigung erfährt und damit keine Alternative mehr zulässt.

Wenn also Caruth schreibt, dass „[d]as Trauma [...] die Konfrontation mit einem Ereignis dar[stellt], das aufgrund seiner Unvermitteltheit und Grauenhaftigkeit nicht in die Schemata vorherigen Wissens eingepaßt werden kann"[430], wird der Zusammenhang zwischen dem Undarstellbarkeitstopos und der Traumaforschung eindeutig verständlich. Düwell verweist zudem auf die Beziehung zwischen Holocaust-Erlebnissen als historisch belegten Tatsachen und dem für einen Menschen spezifischen Erleben eines Traumas, da sowohl diese Ereignisse als auch Traumata – ähnlich dem Unsagbarkeitstopos, also der Frage nach der (Un-)Darstellbarkeit – „unlösbare hermeneutische Probleme erzeugen und zur Revision herkömmlicher Verstehensmethoden zwingen"[431]. Das bedeutet, dass in diesem Bereich ebenfalls ein neuer Zugang, d.h. eine neue Methodik des Verstehens und Akzeptierens, gefunden werden muss, weil der bisherige Zugang und die Methode bei Holocaust-Erfahrungen nicht (mehr) ausreichen.

---

427 Birgit R. Erdle: *Die Verführung der Parallelen.* S. 33.
428 Annegret Mahler-Bungers: *„Das Wort entschlief, als jene Welt erwachte."* S. 35.
429 Ebda. S. 34.
430 Cathy Caruth: *Trauma als historische Erfahrung.* Die Vergangenheit einholen. S. 84–98. In: Ulrich Baer (Hg.): *„Niemand zeugt für den Zeugen".* Erinnerungskultur nach der Shoah. Frankfurt/Main: Suhrkamp 2000. (= edition suhrkamp. 2141.) S. 93 [bzw. ebenso zitiert bei Susanne Düwell: *„Fiktion aus dem Wirklichen."* S. 17.]
431 Susanne Düwell: *„Fiktion aus dem Wirklichen."* S. 18.

Mahler-Bungers beschreibt zwei verschiedene Arten für die Traumabewältigung in Zusammenhang mit der Literaturwissenschaft. Für die sogenannte „illusorisch-optimistische Methode"[432] gibt es eine „erlösende Erzählung"[433], die das Trauma auflöst, indem es als Teil einer Heilsgeschichte dargestellt wird und einen gewissen Sinn präsentiert. Die traumatische Erfahrung wird dabei ignoriert und verdrängt, bis sie ganz verschwunden ist. Für die „pessimistische Methode"[434] gilt das erlittene Trauma als „Schlüssel zur Geschichte und plädiert damit quasi für eine resignative Hinnahme des Traumatischen als Grundbedingung menschlicher Existenz"[435]. Auf diese Weise wird das Erlebnis also nicht verdrängt, sondern als Erinnerung widerspruchslos hingenommen, wodurch das Trauma aufrechterhalten bleibt.[436] Das bedeutet wiederum, dass das Trauma quasi eine Bedingung ist, um eine Erinnerung zu bewahren. Eine Bewahrung der Erinnerungen mag zwar gut für das Weitergeben derselben (etwa eben an den Holocaust) sein, doch bedeutet das keine Linderung des Traumas, wie auch nachstehend erläutert wird:[437]

> Traumatische Erfahrungen überfordern die individuellen Bewältigungsmöglichkeiten und können angesichts ihrer emotionalen Intensität nicht sinnstiftend aufbereitet und an bestehende Gedächtnisbestände angeschlossen werden. Die traumatische Erfahrung wird in sich unfreiwillig einstellenden Erinnerungsfragmenten zwanghaft reproduziert, die von anderen Sinnesmodalitäten losgelöst erscheinen. Das Trauma manifestiert sich als andauernder Fremdkörper im Gedächtnis, als ‚verkörperte' Erinnerung, die sich einer konstruktiven Verarbeitung entzieht.[438]

Dem Zitat zufolge wird klar, dass das Trauma, als so zu nennende „Störerfahrung"[439], eine unbewusst vorhandene Erfahrung ist, die nicht den

---

432 Annegret Mahler-Bungers: *„Das Wort entschlief, als jene Welt erwachte."* S. 30.

433 Ebda.

434 Ebda.

435 Ebda.

436 Vgl. ebda.

437 Vgl. dazu James E. Young: *Beschreiben des Holocaust.* S. 34.

438 Birgit Neumann: *Literatur, Erinnerung, Identität.* S. 154.

439 Andrea Reiter: *„Auf daß sie entsteigen der Dunkelheit."* S. 31: Reiter verwendet den Begriff nach Peter Sloterdijk, der diesen für die „außergewöhnlichen Erfahrungen" der KZ-Häftlinge, also gegensätzlich zu jenen *vor* der KZ-Internierung, vorgeschlagen hat. Vgl. Peter Sloterdijk: *Literatur und Lebenserfahrung.* Autobiographien der 20er Jahre. München: Hanser 1978. (= Literatur und Kunst). S. 113. – Ich würde den Begriff an dieser Stelle eben auch

herkömmlichen zeit- und altersbedingten Gefahren des Vergessens oder Veränderns – wie sich Erinnerungen fortwährend ändern, wie also Erlebnisse auf Dauer immer etwas anders, als sie sich ereignet haben, im Gedächtnis gespeichert sind – ausgesetzt ist.[440] Daraus kann geschlossen werden, dass ein Trauma, gerade *weil* es eine gespeicherte Erinnerung an etwas Schreckliches ist, einen sichereren Platz im Gedächtnis hat als eine stets abrufbare und dadurch veränderbare Erinnerung. Die Folge davon wäre die Unmöglichkeit der Traumabewältigung. Die Beschäftigung mit der Vergangenheit und damit einem Trauma bedeutet eine selbstreflexive Auseinandersetzung mit Vergangenheit und Trauma durch Erinnern und wiederholtes Erzählen. Tatsächlich abgeschlossen werden kann dieser Prozess aber schließlich aus bereits erwähnten Gründen nicht.[441] Nach A. Assmann ist schließlich die „Verdrängung (oder Dissoziation) des Traumas eine besonders hartnäckige Form der Konservierung"[442]. Von Lyotard wird angeführt, dass gerade das Darstellen und Erzählen von traumatischen Ereignissen Strategien sind, um das Vergessen zu forcieren, weil nach dem Erzählen, dem Konserviertwerden, ebenso ein Verschwindenmachen möglich ist.[443] Das Trauma bleibt also dann vorhanden, wenn es nicht bewusst erinnert oder beschrieben werden kann; erst wenn es beschrieben wird, kann es auch aus der Erinnerung gelöscht werden.[444] Ein Vergessen (der Gefühle, weniger des Ereignisses selbst) bedeutet das dadurch logischerweise nicht mehr mögliche und nicht mehr stattfindende Erinnern. Diese Konsequenz wäre insbesondere im Diskurs der Holocaust-Erinnerung und -Literatur natürlich fatal, weil dies Folgendes bedeuten würde: „Es tut

---

im Hinblick auf die Traumatisierung – die dadurch genauso *außergewöhnlich* ist – durch ebendiese Erlebnisse verwenden. Schließlich stellt ein Trauma einen Einschnitt im Leben und später in der Erinnerung eines Menschen dar. Anm. AB.

440 Vgl. Susanne Düwell: *„Fiktion aus dem Wirklichen."* S. 18.

441 Vgl. Annegret Mahler-Bungers: *„Das Wort entschlief, als jene Welt erwachte."* S. 30.

442 Aleida Assmann: *Stabilisatoren der Erinnerung – Affekt, Symbol, Trauma.* S. 13–152. In: Jörn Rüsen und Jürgen Straub (Hg.): *Die dunkle Spur der Vergangenheit – Psychoanalytische Zugänge zum Geschichtsbewußtsein.* Erinnerung, Geschichte, Identität 2. Frankfurt/Main 1998. (= suhrkamp taschenbuch wissenschaft. 1403.). Zit. n. Annegret Mahler-Bungers: *„Das Wort entschlief, als jene Welt erwachte."* S. 31 f.

443 Vgl. Jean-François Lyotard: *Heidegger und die Juden.* Wien: Passagen-Verlag 1988. S. 38. – Vgl. dazu auch Annegret Mahler-Bungers: *„Das Wort entschlief, als jene Welt erwachte."* S. 31.

444 Vgl. Michael S. Roth: *Trauma, Repräsentation und historisches Bewußtsein.* S. 153–173. In: Jörn Rüsen und Jürgen Straub (Hg.): *Die dunkle Spur der Vergangenheit – Psychoanalytische Zugänge zum Geschichtsbewußtsein.* Erinnerung, Geschichte, Identität 2. Frankfurt/Main: Suhrkamp 1998. (= suhrkamp taschenbuch wissenschaft. 1403.) S 168.

sich [...] ein Konflikt auf zwischen dem Wunsch, Erinnerung durch Darstellung zu stabilisieren, und der Angst, Erinnerung durch Darstellung zum
Verschwinden zu bringen, wenn ‚Darstellen' heißt, sich des Objekts zu ent-
äußern [...] es ‚loszulassen' [...]."[445] Genau diesem Konflikt sind also Überlebende ausgesetzt, indem sie das Vergangene (bzw. das Trauma) durch Vergessen zu überwinden versuchen, aber sich zugleich erinnern wollen, um das
Erleben zu erzählen oder zu beschreiben. In Verbindung mit Trauma und Holocaust wird ferner ganz spezifisch auf die daraus resultierende weitere Bürde
der Überlebenden verwiesen: auf das (v.a. bei jüdischen Überlebenden weit
verbreitete) Schuldgefühl, den Holocaust und zugleich auch jene, die der
Massentötung zum Opfer fielen, überlebt zu haben. Das Trauma, das der Holocaust verursacht hat, war ein kollektives, weil so viele Menschen dasselbe
erlebt haben, und bedeutete jeweils einen ganzheitlichen Verlust des eigenen
Lebens, der Umgebung, Individualität sowie Identität.[446] Auch La Capra betont den Zusammenhang zwischen Trauma, Identität und Erinnerung bzw.
den aus dem durch den Holocaust erlittenen Trauma resultierenden Bruch
mit der Vergangenheit: „Especially for victims, trauma brings about a lapse
or rupture in memory that breaks continuity with the past, thereby placing
identity in question to the point of shattering it."[447] Wenn ein Mensch keinen
Bezug mehr zu seiner Vergangenheit findet, weil gewissermaßen ein schwarzes Loch die Zeit vor dem Holocaust verschlungen hat, wird deutlich, dass er
seine Identität infrage stellt und erst wieder versuchen muss, sich selbst sowie
seinen Platz in der Welt zu finden. Seines Lebens beraubt, muss der Mensch
in der gewohnten Umgebung ein neues Ich schaffen, indem er versucht, die
Vergangenheit hinter sich zu lassen. Doch dieses Verarbeiten oder Weiterleben
wird durch das Trauma, das einen großen Teil der Erinnerung im Dunkeln
lässt, erschwert und manchmal sogar verhindert.

Von der Traumaforschung innerhalb der Literaturwissenschaft führt die
weitere Erforschung von Erinnerung und Trauma zur narrativen Psychologie.
Dieselbe erachtet Narrationen als wichtig für die Traumabewältigung, und so
stellt sich auch in dem Zusammenhang die Frage nach möglichen Repräsentationen von Erinnerungen.[448] In diesem Bereich der Psychologie

---

445 Annegret Mahler-Bungers: *„Das Wort entschlief, als jene Welt erwachte."* S. 34.
446 Vgl. ebda. S. 32 f.
447 Dominick La Capra: *History and Memory after Auschwitz.* S. 9.
448 Vgl. Birgit Neumann: *Literatur, Erinnerung, Identität.* S. 154 f. (nach der ‚narrativen
     Wende').

wird das autobiographische Gedächtnis auf seine narrativen Anteile hin untersucht. Die Erzählung wird dabei als ein kognitiv strukturierendes Organisati-
onsprinzip konzipiert, das vorerst disparate Elemente systematisch in Beziehung
setzt und so eine kontinuitätsstiftende Herleitung des aktuellen Selbst aus zentralen Lebenssituationen ermöglicht.[449]

Es geht hierbei also darum, die eigene Identität, das Selbst im Jetzt wiederzu-
finden bzw. zu stärken, was mithilfe von narrativierten Erlebnissen bewerkstel-
ligt werden soll. Hinsichtlich der Identitätsstiftung spielen sowohl narrative
Psychologie als auch Identitätstheorien eine Rolle. Interdisziplinäre Zugangs-
weisen sind nach Welzer für die Erinnerung und narrative Überlieferung wichtig, was durch neuro- und sozialpsychologische Forschungsergebnisse sowie
jene der Traumaforschung veranschaulicht wird. Es geht schließlich nicht
mehr nur um Erinnerung, sondern um die ineinanderfließenden und einander
gegenseitig aufhebenden Grenzen von *wahren* und *falschen* und auch von individuellen und kollektiven Erinnerungen.[450] Zudem muss die Emotionalität,
die durch das bzw. beim Erinnern entsteht, berücksichtigt werden, die als Ausgangspunkt für die „Bedeutsamkeit und Dauerhaftigkeit von Erinnerungen"[451]
fungiert und „im Prozeß der Tradierung eine enorm große Rolle spielt"[452].
Wie durch dieses Kapitel gezeigt werden sollte, ist der Bereich der Erin-
nerungsproblematik und der Trauma- und Psychologieforschung ein weites
Feld, das für die Beschäftigung mit Holocaust-Literatur berücksichtigt werden muss, und in dem noch einiges offen und ungeklärt ist. Es ist vor allem
wichtig, den Zusammenhang zwischen Trauma, Erinnerung und Identität zu
erkennen. Für die zur Analyse verwendeten beiden Texte bedeutet die Traumaforschung nur begrenzt eine wichtige zu berücksichtigende Komponente.[453]

---

449 Ebda. S. 155. – Vgl. dazu auch: Dies.: *Erinnerung – Identität – Narration*. Gattungstypologie
     und Funktionen kanadischer *Fictions of Memory*. Berlin: de Gruyter 2005.
450 Vgl. Harald Welzer: *Einleitung: Das soziale Gedächtnis*. S. 19 f.
451 Ebda. S. 20.
452 Ebda.
453 Eher kommt sie noch bei Elie Wiesel zu tragen, der mit einem gewissen zeitlichen Abstand
     sein Erleben zu Papier brachte und somit bereits ein Trauma zu bewältigen hatte. Udo Diet-
     mar dagegen konnte sich eines erlittenen Traumas zum Zeitpunkt seiner Niederschrift noch
     gar nicht bewusst sein, weil er seine Erlebnisse direkt nach Ende des Krieges publizierte.
     Anm. AB.

11 Textanalyse

Im Analyseteil werden die jeweils von den Verfassern der beiden Texte *Häft-ling...X...In der Hölle auf Erden!* und *Nacht* – Udo Dietmar und Elie Wiesel – unterschiedlich verwendeten Narrativierungsstrategien untersucht. Dass in der Analyse ein im Kanon der Holocaust-Literatur befindlicher Text einem KZ-Bericht von 1946 gegenübergestellt wird, soll keine Hervorhebung auf der einen oder Wertminderung[454] auf der anderen Seite bedeuten. Dies soll vielmehr der vorangegangenen Diskussion Rechnung tragen, indem die Ho-locaust-Literatur als weites Feld zu verstehen ist, in welchem verschiedenste Arten von Texten zum und über den Holocaust Platz finden. So bietet eine Analyse der narrativen Strategien beider Werke die Möglichkeit eines direkten Vergleichs zwischen einem Text, der als etablierter autobiografischer, teilweise fiktional – weil stark literarisch überformt – anmutender, authentischer Ro-man bekannt ist, und eines recht emotional und direkt nach Ende des Krie-ges verfassten Berichts eines Nichtschriftstellers. Es soll nicht das Ergebnis der Analyse sein, dass der eine Text – im Sinne einer präskriptiven vs. deskriptiven Überlegung – als „besser" oder „literarischer" anzusehen ist als der andere – eine solche Überlegung hat m.E. nichts mit ernsthafter literaturwissenschaftli-cher Forschung zu tun. Es soll vielmehr die Chance wahrgenommen werden, anhand von Holocaust-Texten literaturwissenschaftliche Ergebnisse und dazu neue Aspekte der Holocaust-Literatur zu erhalten. Ziel der Untersuchung ist es herauszufinden, wie die beiden Verfasser vorgegangen sind, um ihr Erleben in die Form einer Erzählung zu bringen. Anhand welcher Narrativierungsstra-tegien die beiden Texte entstanden sind, soll durch die gesamtheitliche Text-betrachtung und Einhaltung der durch die Texte selbst vorgegebenen Chrono-logie festgestellt werden. Die in dieser Einleitung vorgestellten Theorien und Thesen kommen teilweise zum Tragen, werden aber nicht unbedingt mitein-bezogen. Diese dienten rein der Erläuterung, wie Holocaust-Literatur heute zu

---

454 Vgl. dazu Sam Dresden: *Literatur und Holocaust.* S. 38: Bezüglich einer möglichen oder un-möglichen Bestimmung eines vorhandenen ‚literarischen Wertes' von Holocaust-Literatur verweist Dresden auf die Form der Texte, die dafür untersucht werden muss.

verstehen sein sollte, und welche Aspekte oder anderen Forschungsrichtungen unabkömmlich für ein größeres Verständnis von Holocaust-Literatur sind.[455]

---

455 *Für die Holocaust-Literatur als literarische Gattung kann allerdings nunmehr davon ausgegangen werden, dass eine Einteilung der verschiedenen Texte nach zeitlicher Entstehung sehr zu begrüßen ist, zumal sich eine solche Klassifizierung sichtlich bewährt und zu einem weiten Verständnis beitragen kann. Für jede Phase – frühe, mittlere, späte Texte – ist zudem von spezifischen Merkmalen auszugehen, die individuell in den Texten als auch innerhalb der jeweiligen Zeitspanne übergreifend – also subgattungsbildend – zu finden sind. Anm. AB.*

12 Udo Dietmar:
Häftling…X…In der Hölle auf Erden! [456]

12.1 EINFÜHRUNG: AUTOR UND WERK

Die Untersuchung in Udo Dietmars Werk *Häftling…X…In der Hölle auf Erden!* widmet sich der Landschafts- und Wetterbeschreibung in Kontrast zur oder Übereinstimmung mit der Gemütslage und Verfassung des Protagonisten/Erzählers sowie seiner Situation während der KZ-Haft. In der Systematik der Holocaust-Literatur-Forschung ist Dietmars *Häftling…X* der Subgattung der frühen Holocaust-Literatur, verfasst von einem Nichtschriftsteller, zuzurechnen.[457] *Häftling…X* wurde bisher nicht als literarischer Text anerkannt und ist außerhalb der Holocaust-Literatur-Forschung weitgehend unbekannt. Da das Buch direkt nach Kriegsende veröffentlicht wurde, ist es „naheliegend, dass sich Erlebnis und Interpretation […] am ehesten decken"[458]. Daher ist das herkömmliche Problem, das bei der Beschäftigung mit Autobiografien zu bewältigen ist – das der Erinnerung –, hier aufgrund der fehlenden zeitlichen Distanz zwischen Erlebnis und Aufzeichnung nicht zentral.

Das Besondere an Dietmars Text ist vor allem, dass dieser im Original *auf Deutsch* bereits im Jahr 1946 publiziert wurde. Dazu kommen – in Abgrenzung zu den meist von jüdischen Holocaust-Überlebenden verfassten Texten – seine nichtschriftstellerische Tätigkeit im ‚wahren' Leben und seine politische (kommunistische) Einstellung, aufgrund welcher er von den Nationalsozialisten verfolgt wurde. So fallen einerseits das Problem der Übersetzung und der dadurch möglichen textlichen Veränderung, hervorgerufen durch eine

---

456 Udo Dietmar: *Häftling…X… In der Hölle auf Erden!* Weimar: Thüringer Volksverlag 1946. – Kurztitel: Udo Dietmar: *Häftling…X.*

457 Vgl. Andrea Reiter: *„Auf daß sie entsteigen der Dunkelheit."* Die literarische Bewältigung von KZ-Erfahrung. Wien, Löcker 1995. S. 10. – Reiters Buch ist praktisch das einzige, das sich intensiv mit nichtjüdischen nichtschriftstellerischen KZ-Berichten auseinandergesetzt hat und daher von mir als Standardwerk für meine Analyse herangezogen wurde.

458 Ebda. S. 117.

sprachliche Übertragung, und andererseits das Zeitproblem der Erinnerung bzw. möglichen Gedächtnisfehlleistungen weg – was für die deutschsprachige Holocaust-Literatur-Forschung natürlich von immensem Vorteil ist. Durch die geringe zeitliche Distanz zwischen Dietmars Erleben und Niederschrift der Erfahrungen ist eine Unmittelbarkeit gegeben, die Seltenheitswert hat und daher neue Perspektiven für die Forschung eröffnet. Im Text sind eine gewisse Unbeholfenheit und Übertreibung bei der Formgestaltung bzw. Interpunktion zu bemerken. Sehr oft setzt er Rufzeichen, Abstände innerhalb von einzelnen Wörtern oder mehrfache Gedankenstriche ein, um seinen Aussagen Nachdruck zu verleihen. Diese Ungeschicktheit sollte Dietmar bzw. in Folge dem Text aber nicht angekreidet werden, sondern im Gegenteil als Zeichen dessen gewertet werden, wofür Dietmar und sein Buch stehen: als Vertreter der frühen Holocaust-Literatur, die die Nähe zum soeben erst zu Ende gegangenen NS-Terrorregime nicht nur durch den Inhalt, sondern auch durch diese Gestaltung zum Ausdruck bringen.

Dietmars Werk ist in drei große Kapitel unterteilt, welche die Namen der drei Konzentrationslager tragen, in denen Dietmar inhaftiert war: Natzweiler, Dachau, Buchenwald. Dazwischen gibt es keine tatsächlichen Unterkapitel, sondern nur absatzweise Unterteilungen, die – angezeigt durch ein Schriftzeichen – verschiedene zeitlich und inhaltlich oft voneinander unabhängige Episoden markieren. Es kann also sein, dass Ereignisse nicht gänzlich chronologisch bzw. nicht unmittelbar nacheinander stattgefunden haben. Das Werk präsentiert zudem eine Geschlossenheit, was aufgrund des Vorhandenseins eines Vorworts und einer Rahmenerzählung belegt und im Folgenden näher betrachtet wird. Ästhetisch-literarische Muster sind durch die Zuhilfenahme von Wetter, Landschaft und Jahreszeiten erkennbar.[459] Der Titel *Häftling... X...in der Hölle auf Erden!* lässt erahnen, wie Dietmar seine ihm aufgezwungene Rolle als Häftling empfand. Einerseits fühlte er sich (wie) „in der Hölle auf Erden" – eine Kollokation, die sich immer wieder bei Dietmar beziehungsweise allgemein in der frühen Holocaust-Literatur finden lässt –, und andererseits sah er sich auch als einer von unzähligen Häftlingen, denen die Namen genommen wurden; an die Stelle des Namens trat eine Ziffer. Das „X" kann somit als Variable verstanden werden: Dietmar war einer von Millionen von

---

459 Vgl. Karl Prümm: *„Die Zukunft ist vergeßlich."* Der antifaschistische Widerstand in der deutschen Literatur nach 1945. S. 33–68. In: Hans Wagener (Hg.): *Gegenwartsliteratur und Drittes Reich*: Deutsche Autoren in der Auseinandersetzung mit der Vergangenheit. Stuttgart: Reclam 1977. S. 42.

Häftlingen, und seine Geschichte könnte auch genauso gut die von einem Mithäftling sein – austauschbar und ähnlich furchtbar.

Über Udo Dietmar ist nicht viel bekannt. Da er kein Schriftsteller und auch keine Person des öffentlichen Lebens war, gibt es nur wenige Aufzeichnungen über ihn. Er war einer jener Menschen, „die unter normalen Umständen nicht geschrieben hätten, [...] das Schreiben als eine Überlebensstrategie [entdeckten] und [...] sich im *[bzw. nach dem, Anm. AB]* Konzentrationslager zu Autoren [entwickelten]"[460]. Das Buch *Stimmen aus Buchenwald*[461] bietet erstmals ausführlichere Angaben zu Dietmar:

> Dietmar, Udo (Pseudonym)
> 1934 Verhaftung und Einweisung in ein Straflager des Emsländer Moores; Entlassung, 1940 erneute Verhaftung; Gefängnishaft in Köln; August 1941 Einlieferung ins KZ Natzweiler (Kapo im Arbeitskommando für Steinarbeiten); August[462] 1944 Evakuierung ins KZ Dachau; Dezember 1944 Verlegung ins KZ Buchenwald; Januar 1945 Transport ins Außenlager Bad Salzungen („Kalibergwerk Springen"), Arbeit als Kapo; März 1945 Evakuierungsmarsch nach Buchenwald; April 1945 Befreiung; 1946 Veröffentlichung seiner Erinnerungen.[463]

Dietmars richtiger Namen ist bedauerlicherweise nicht zu erfahren, und dieser ist anscheinend auch nicht (mehr) eruierbar. Ebenso wenig scheinen ausführlichere Details über sein Leben vor und nach den Internierungen belegt zu sein. Bei Reiter ist gleichfalls nur stichwortartig etwas über Dietmar notiert:

> Dietmar, Udo: (Natzweiler, Buchenwald)
> Von Köln über KZ Natzweiler ins KZ Buchenwald deportiert, dort zunächst Hilfskapo, später Kapo, bis zur Befreiung 1945 in einem Außenkommando.[464]

---

460 Dagmar C.G. Lorenz: *Verfolgung bis zum Massenmord.* Holocaust: Diskurse in deutscher Sprache aus der Sicht der Verfolgten. New York, Berlin, Bern [u.a.]: Lang 1992. (= German Life and Civilization. Ed. by Jost Hermand. Vol. 11.). S. 5.

461 Holm Kirsten und Wulf Kirsten (Hg.): *Stimmen aus Buchenwald.* Ein Lesebuch. Göttingen: Wallstein 2002.

462 Aus der Beschreibung Dietmars ergibt sich etwa Juni 1944 – Holm Kirsten hat seine Information vermutlich aus den verbliebenen Unterlagen des ehemaligen KZ Buchenwald bezogen. Anm. AB.

463 Holm Kirsten und Wulf Kirsten (Hg.): *Stimmen aus Buchenwald.* S. 304.

464 Andrea Reiter: „*Auf daß sie entsteigen der Dunkelheit.*" S. 273. – Meine Anfragen bei diversen KP-Zweigstellen in Österreich und Deutschland blieben leider allesamt unbeantwortet; jene an das sogenannte „EL-DE Haus" in Köln, das in der NS-Zeit als Gestapo-Zentrale

12.2 ANALYSE

In der Analyse von Udo Dietmars Werk werden, wie eingangs angesprochen, Textstellen zitiert und untersucht, die Landschafts- und Wetterbeschreibungen transportieren. Besagte Textpassagen sind aber nicht nur für die Analyse interessant, sondern auch deshalb bedeutsam, weil sie einen allgemeinen Einblick in das Ergehen des *Häftling…X,* Dietmars, geben und den Leser folglich über seine Situation und den Verlauf seiner Haft informieren. Demgemäß wird sowohl die schlimme KZ-Erfahrung durch quasi-historisch berichterstattende Weise eines Überlebenden geschildert, wie zugleich die literarische Darstellungsart beleuchtet wird. Anhand diverser Textbeispiele werden weitere allgemeine, alltägliche Vorgänge im Konzentrationslager – die im ‚normalen Leben' natürlich nicht alltäglich sind – als auch so zu nennende Besonderheiten erläutert. Letztere bedeuten Vorkommnisse, die selbst für den grauenvollen KZ-Alltag und die bereits abgestumpften, an einiges gewöhnten Häftlinge außergewöhnlich waren, da diese von der SS immer wieder mit neuen Grausamkeiten ‚überrascht' wurden. Dietmar formuliert eine solche Erschütterung folgendermaßen: „Das […] Beschriebene war damals mein erstes Erlebnis der Art. Bisher hatte ich geglaubt, genug des Grauenhaften erlebt zu haben, aber schon stand man wieder entsetzt einer neuen Untat gegenüber."[465]

Die Untersuchung ist analog zum Aufbau des Werkes Dietmars in drei große Teile gegliedert: das Vorwort, die (offene) Rahmenerzählung und den Haupttext. Innerhalb dieser drei großen Teile erfolgt die Analyse der ausgewählten Textpassagen. Die Chronologie, wie sie das Werk vorgibt, wurde bei der Untersuchung berücksichtigt und beibehalten, um – wie bisher selten bis gar nicht in der Forschungsliteratur – einen Text über Konzentrationslager in seiner Gesamtheit zu präsentieren. Diese Gesamtheit veranschaulicht wiederum besser Dietmars Ergehen in den Konzentrationslagern, wodurch dieser Lebensabschnitt und sein Überleben – von der Verhaftung bis zur Befreiung – leichter nachvollzogen werden können.

---

und Haftanstalt fungierte, wurde sehr freundlich beantwortet, doch konnte mir auch von dort keine Information zu Udo Dietmar gegeben werden. Anm. AB.

465 Udo Dietmar: *Häftling…X.* S. 58.

12.2.1 Wetterbeschreibungen und Landschaftsdarstellung mit/vs. Gemütsverfassung

Bei Udo Dietmar finden sich durchgehend und in regelmäßiger Abfolge Landschaftsdarstellungen oder Wetterbeschreibungen, die in Zusammenhang mit seinem persönlichen Ergehen und seiner Verfassung stehen und diese entweder kontrastieren oder unterstreichen. Es können auf zwei verschiedenen Ebenen eine Form, ein Äußeres – auf der Erfahrensebene: die Landschaft oder das Wetter – sein, die im Gegensatz zu einem Inneren – auf der Inhaltebene: die Schilderung eines Ereignisses – stehen; oder die Form – das Wetter, die Landschaft – harmoniert mit dem Erzählten, indem das Äußere das Innere be- bzw. verstärkt. Allein durch die Analyse dieser Darstellungen ist ein roter Faden durch das ganze Werk erkennbar; es ist möglich, die Eckdaten, also wichtige Ereignisse während der KZ-Inhaftierung Dietmars, jeweils an diesen Darstellungen festzumachen. Die vorhandene Präsentation des Textes – eben anhand der Wetter- oder Landschaftsbeschreibungen – ist für die Analyse als eine neue Art von narrativer Strategie zu verstehen, um aus einem Erlebnis, einer Erinnerung eine Geschichte zu machen.[466]

Schließlich führt die Untersuchung dieser Darstellungsweise Dietmars weiter zu der Frage, inwiefern der Autor mithilfe von bewusst oder unbewusst eingesetzten Narrativierungsstrategien den KZ-Alltag wie auch Besonderheiten – vermehrte Gräueltaten etc. – beschreibt. In Dietmars Bericht gilt also seine ihm sehr eigene, interessante Art der Beschreibung des Äußeren, der äußeren Gegebenheiten, als Vehikel, um das Innere, seine Verfassung bzw. den zeitlichen Stand seiner Inhaftierung, darzustellen. Die in *Häftling…X* zu findende Darstellung ist eine bildliche, allegorische narrative Strategie, was sich sogar auf zweifache Art zeigt: Während Dietmar den Wechsel der Jahreszeiten oder die Landschaften und in diesem Zusammenhang auch seine Gemütsverfassung beschreibt, schildert er zugleich – unbewusst? – den Fortlauf der Zeit seines Aufenthalts im KZ.

---

466 Andrea Reiter: *„Auf daß sie entsteigen der Dunkelheit."* S. 161: „Die Entscheidung, wie sie *[die Überlebenden, Anm. AB]* das Erlebte präsentieren sollten, war zu treffen. Darstellungsmittel mußten gewählt werden." – Vgl. dazu ebda. S. 117: Allgemein schickt Reiter zur schriftlichen Darstellung der KZ- und Holocaust-Erlebnisse Folgendes voraus: „Der Diskurs über das Lager wurde durch die Art des Diskurses im Lager stark geformt: […] durch die Art der Verschriftlichung von Erlebnissen – stärkere Literarisierung, Narrativierung – unterscheiden sich die Tagebücher, die in den Lagern geschrieben wurden, von den erst hinterher veröffentlichten Berichten."

Man mag annehmen, dass es von keinerlei Relevanz und, im Gegenteil, sogar überflüssig wäre, der Beschreibung von Wetterbedingungen so viel Beachtung zu schenken. Doch dürfen dabei zwei Dinge nicht vergessen werden: Einerseits kann unangenehmes Wetter in schlimmen Situationen viel intensiver erlebt werden oder positive Momente beeinträchtigen (bzw. kann gutes Wetter genauso eine bestimmte Wirkung haben); andererseits lässt die Erinnerung an körperliche Unannehmlichkeiten die Erinnerung an Überlegungen und Gedanken eventuell viel weniger leicht verblassen. Das heißt, die Erinnerung an die körperlichen Qualen hält die Erinnerung an die Ängste und Erlebnisse aufrecht. Zudem ist eine solche Schilderung für die Literarizität eines schriftstellerischen Werkes von Vorteil, da eine bestimmte Spannung aufgebaut wird. Die äußeren Umstände sollten immer mit jenen des Protagonisten im Einklang sein oder bewusst in Kontrast stehen, damit eine gewisse Glaubwürdigkeit und Narrativität gegeben sind.

Dietmar verwendet eine sehr bildhafte Sprache, um das Erlebte adäquat darzustellen. Durch den Gebrauch von Metaphern wird es ihm möglich, auf ähnliche Weise über Dinge zu sprechen, die kaum fassbar und verständlich sind, und zudem wurde ihm die Wahrhaftigkeit der Erlebnisse möglicherweise erst während des Niederschreibens und während der Verwendung von Metaphern für den Bericht deutlich bewusst.[467] Eine Metapher ist grundsätzlich ein neues Bild, das für etwas Bekanntes eingesetzt wird. Der metaphorische Prozess kann allerdings bereits als Teil der Auseinandersetzung mit der Wirklichkeit und Gegenwart angenommen werden – was meist unbewusst geschieht –, weil es durch Metaphern möglich wird, Dinge, die man zuvor nicht erlebt oder gekannt hat, ebenso in alten oder neuen Bildern auszudrücken.[468] Weiters ist zu Dietmars Wortwahl und Schreibweise anzumerken, dass er trotz der bildhaften Sprache in seiner Beschreibung zum Teil sehr nüchtern und lakonisch klingt, dagegen jedoch gewisse Erlebnisse auch sehr emotional wiedergibt. Er bedient sich für eine emotionale Darstellung aber oftmals nicht einer emotionalen Sprache, sondern drückt seine Empfindungen eher indirekt, etwa unter Zuhilfenahme eines Zeitenwechsels, aus. Die sachliche Schilderung von emotionalen Erlebnissen kann auch häufig auf Abstumpfung und Lethargie aufgrund der alltäglichen KZ-Ereignisse zurückgeführt werden. Als Leser wird man manchmal durch diese Haltung und Sprachwahl (oft auch Ausdrucksweise, die bis-

---

467 Vgl. Andrea Reiter: *„Auf daß sie entsteigen der Dunkelheit."* S. 117.
468 Vgl. ebda.

weilen bereits vom SS-Jargon[469] durchzogen ist) konsterniert, doch sollte man sich zugleich vor Augen halten, dass eine durchwegs gefühlsbetonte Schilderung – da die Erlebnisse natürlich sehr emotional waren – auf Verfasserseite aufgrund der menschlichen Abwehrreaktion schlicht nicht möglich ist bzw. auf Rezeptionsseite in literaturwissenschaftlichen Kreisen wiederum als Anzeichen für eine literarisch nicht hochwertige Arbeit gilt. Bei Udo Dietmar sind im Übrigen das immense Drängen des Überlebenden, der unbedingt seine Erlebnisse schildern möchte, und eine sehr schöne, durchdachte und zuweilen literarisch anmutende Beschreibung von KZ-Erlebnissen zu bemerken.

12.3 DAS VORWORT

Die Narration beginnt mit einer Einleitung, die nicht explizit als solche gekennzeichnet ist, sondern der die Quasi-Überschrift „Den Opfern des Faschismus" eingeschrieben ist. Das tatsächliche Vorwort leitet Dietmar mit der Aufzählung einiger NS-Konzentrationslager ein:

> Dachau! – Buchenwald! – Mauthausen! – Auschwitz! – Lublin! – Bergen-Belsen! – Neuengamme! – Sachsenhausen! – Natzweiler! – Flossenbürg! – Ravensbrück![470]

In dem Vorwort legt Dietmar nun seine Gründe dar, warum er das Buch verfasst hat. Er will „als einer der überlebenden Zeugen in Wahrheit schildern, was sich in den Konzentrationslagern [...] vollzog"[471]. Das Buch „soll mithelfen, die Menschheit, vor allem unser deutsches Volk, das wahre Gesicht des Nationalsozialismus erkennen zu lassen; ihnen die Augen zu öffnen"[472], und „[b]esonders die ewig Gestrigen soll es wachrütteln, die vom Zeitgeschehen wenig berührt sind, die noch glauben, es wäre alles gut geworden, wenn Deutschland, das heißt der Nationalsozialismus, den Krieg gewonnen hätte"[473]. Durch eine so deutliche Hinweisung auf Faktizität besteht jedoch

---

469 Genau diese Beobachtungen können immer wieder in früher Holocaust-Literatur gemacht werden, wenn in dieser „unreflektiert gebrauchter NS-Jargon" (Andrea Reiter: *Auf daß sie entsteigen der Dunkelheit.* S. 107.) zu finden ist. Das heißt: „[M]it der aufgezwungenen Lebensweise [wurden] auch die Ausdrücke dafür internalisiert." (ebda.)

470 Udo Dietmar: *Häftling…X.* S. 9.

471 Ebda.

472 Ebda.

473 Ebda.

erst recht die Gefahr, dass die Authentizität bzw. das Gefühl für Authentizität durch solch bewusst erstellte Konstruktionen, die stark auf das Faktische hindeuten, vermindert wird.[474] Aus diesen Zeilen kann man also nicht nur auf die tatsächliche Autorintention – „die Erinnerung aufrechtzuerhalten und wiederzugeben […] [und] die Wahrheit bekannt zu machen“[475] – schließen, sondern auch auf die Situation, in der sich Udo Dietmar zu dieser Zeit – nach Ende des Krieges, beim Schreiben des Buches – befand, und wogegen er ankämpfen musste: Auch wenn der Krieg schon vorbei war, so gab es (und gibt es auch heute noch) Menschen, die an der Wahrheit über die KZ und Nazi-Gräuel zweifelten. Zum Inhalt des Buches erklärt Dietmar:

> Wenn ich mich in diesem Buch nur auf die wesentlichen Erlebnisse meines Konzentrationslagerlebens beschränke und nicht auf alle Einzelheiten eingehen kann, die bedeutend mehr Raum in Anspruch nehmen und durch ihre stetige Wiederholung den Leser nur ermüden würden, so weiß ich, daß man mich auch ohnedies voll und ganz verstehen und in der Lage sein wird, das Gesamtbild klar in sich aufzunehmen. Die geschilderten Grausamkeiten sind oft so unfaßbar, daß es kultivierten Menschen schwer fällt, an ihre Wirklichkeit zu glauben; dennoch bleiben sie Tatsachen.[476]

Nicht zu überlesen sind einerseits das Bemühen des Autors um den Leser und seine Befürchtung, den Leser zu „ermüden“; andererseits liegt die Betonung darauf, dass es sich hier um einen Tatsachenbericht handelt, der – so impliziert der Appell an den Leser – als solcher gelesen, verstanden und angenommen werden soll, um auch eine Daseinsberechtigung des Buches zu erwirken. Die spürbare zeitliche Nähe eines solchen Textes zu den Ereignissen verstärkt den Eindruck einer Faktizität; deshalb können diese Ereignisse den Leser weit besser von der Wahrhaftigkeit ihrer Fakten überzeugen als nachträglich entstandene Berichte.[477]

---

474 Vgl. Phil C. Langer: *Schreiben gegen die Erinnerung?* S. 43.

475 Terrence Des Pres: *Der Überlebende – Anatomie der Todeslager.* Stuttgart: Klett-Cotta 2008. (= The Survivor. An Anatomy of Life in the Death Camps. New York: Oxford University Press 1976). S. 43: „Das Vergessen ist ein Verbündeter des Todes. Wo keine Erinnerung ist, fehlt auch die Grundlage für die Menschlichkeit, der Glaube an ein Fortbestehen. Der größte Schrecken liegt in dem Gedanken, dass keiner übrig bleibt.“

476 Udo Dietmar: *Häftling…X.* S. 9.

477 James E. Young: *Beschreiben des Holocaust.* Darstellung und Folgen der Interpretationen. Frankfurt/Main: Jüdischer Verlag 1992. S. 49.

[J]e stärker das Bedürfnis nach Absicherung der Erzählung durch ‚Faktisches‘ ist, desto konstruierter erscheint letztlich die Erzählung und konterkariert die beanspruchte Authentizität [...]. So muten oft die einfachsten und naivsten, chronologisch ohne etwaige Reflexionen geschriebenen Ich-Erzählungen als besonders überzeugend und authentisch an.[478]

Die Angst, nicht ernst genommen bzw. nicht angehört zu werden, war bei vielen Überlebenden vorhanden, wie dies auch immer wieder in (v.a. frühen) Texten verbalisiert wird. Den Verfassern lag, wie zuvor dargelegt, daran, eine objektive, wahrhafte Schilderung ihrer Erlebnisse zu präsentieren. So waren sie oft zwischen ihren Emotionen (beim Wiedererleben durch das Erinnern) und ihrem eigenen Anspruch, nur über wahre Ereignisse (mittels nüchterner Sprache) zu berichten, hin- und hergerissen. Noch einmal wird die Aufrichtigkeit der Geschehnisse im folgenden Satz von Dietmar betont: „So möge das Buch in die Welt hinausgehen als Zeugnis der Wahrheit."[479] Überlebenden wie Dietmar ist jedenfalls bewusst, dass sie bei der Verfassung ihrer Berichte ihre Gefühle nicht (gänzlich) beiseitelassen können. Allerdings vermittelt sehr oft gerade der subjektive Charakter eines Textes die wichtigste Information, wie dies bereits dargelegt wurde.[480] Doch selbst „wenn den meisten Betroffenen die schriftstellerische Routine fehlt, schreiben sie selten sentimentale Trivialliteratur. Gefühlvoll-fromme Holocaust-Literatur blühte vor allem bei Nachkriegsautoren des Mainstream."[481]

In diesem Vorwort Dietmars ist keine Textstelle für die vorliegende Analyse tatsächlich von Relevanz. Es wurde aber dennoch vorgestellt, um die direkte Anrede des Autors an den Leser zu zeigen, wie diese in der frühen Holocaust-Literatur oftmals zu finden war. Für viele Internierte, wie oben angesprochen, war literarische Zeugenschaft ein Überlebensgrund. Wenn Überlebende nämlich das Bedürfnis haben, Zeugnis abzulegen, darf das Verlangen nach Zeugenschaft in der Literatur nicht unterschätzt werden.[482]

---

478 Phil C. Langer: *Schreiben gegen die Erinnerung?* S. 43 f.
479 Udo Dietmar: *Häftling...X.* S. 11.
480 Vgl. Andrea Reiter: *„Auf daß sie entsteigen der Dunkelheit."* S. 173.
481 Dagmar C.G. Lorenz: *Verfolgung bis zum Massenmord.* S. 8.
482 James E. Young: *Beschreiben des Holocaust.* S. 37.

12.4 DIE RAHMENERZÄHLUNG BZW. DIE VORGESCHICHTE

Nach diesem Vorwort führt Dietmar nach einer frei gelassenen Seite mit einem Aphorismus eine Art Rahmenerzählung ein. Mit den Worten Prümms hat „[d]er Anfang, die detaillierte Beschreibung der Lokalität [...] sichtbar expositorische Funktion"[483], was tatsächlich auf Dietmars Werk zutrifft.

12.4.1 *Von Sonne zu Gewitter – Von Freiheit zu Gefangenschaft*

Der Anfang erscheint, wie schon erwähnt, als Rahmenhandlung[484] und nimmt sich wie der Beginn einer Idylle aus; das Wetter ist ausgezeichnet: „Es ist Sonntag, Sonntagmorgen, ein strahlender Sommertag. Mein Weg führt mich durch ein kleines Dorf mitten im Thüringer Land."[485] In dieser positiven Tonart schildert Dietmar den ersten Absatz und nimmt immer wieder auf die schöne Natur und Landschaft sowie auf das gute Wetter Bezug. Der zweite Absatz lässt allerdings aufhorchen und trübt die verheißene Idylle: „Die Schöpfung atmet Frieden, und die Menschen in den Dörfern ringsum fangen zaghaft an zu glauben, daß nun auch für sie der Frieden gekommen ist."[486] Es ist also doch keine idyllische Erzählung, die sich am Anfang der Erzählung anzukündigen schien. Dietmar begegnet einem Bauern, und dieses direkte Zusammentreffen mit einem anderen Menschen in der bis dahin menschenlosen Natur beendet damit genauso abrupt die menschenleere Stille wie die idyllisch anmutende Erzählung: „Als wir uns begegneten, grüßte er scheu mit einem ‚Guten Morgen!' Vor kurzem noch war sein Gruß wohl: ‚Heil Hitler!'"[487] Mit einem Schlag hat sich die Tonart geändert, und die Naturbeschreibung ist nicht mehr von Interesse. Nach dieser Umkehr und der rhetorischen repetierenden, anaphorischen Feststellung „Ist es wirklich erst einige Wochen her, daß der Krieg über diese Gegend zog [...]? – Ist es wirklich erst einige Wochen her, seitdem ich frei bin – – –?"[488], sinniert Dietmar über das „kostbarste Gut des Menschen"[489], die Freiheit, die er erst kürzlich wiederer-

---

483 Karl Prümm: *„Die Zukunft ist vergeßlich."* S. 41.
484 Diese wird nicht am Ende des Buches geschlossen, sondern geht direkt in die Erzählung über. Anm. AB.
485 Udo Dietmar: *Häftling…X.* S. 13.
486 Ebda.
487 Ebda.
488 Ebda.
489 Ebda.

langt hat. Plötzlich ist das scheinbar belanglose Grübeln über die Umgebung zu Ende, und Dietmar stellt sich und seine Familie beziehungsweise die Dinge und Gedanken, die ihn beschäftigen, in den Mittelpunkt. Lämmert weist darauf hin, dass es explizit Rahmenerzählungen sind, die „in der Regel ein noch präziseres Vorausdeutungsmoment"[490] enthalten. Sie „führen neben den sachlichen Verhältnissen häufig auch die Personen der Handlung im Endstadium ihrer Geschichte vor"[491], wie es auch hier der Fall ist. Unvermittelt hat Dietmar begonnen, seine Geschichte zu erzählen, die am Ende seiner KZ-Erlebnisse einsetzt. Außer ihm gibt es aber keine Personen, die nun mit oder bei ihm sind; der Leser erfährt nur, dass er selbst nicht weiß, was mit seinen Eltern und seiner Familie geschehen ist.

Bevor Dietmar sentimental zu werden droht, ermahnt er sich selbst und rekurriert dabei auf das Schicksal, wobei Schicksal als natürlich-metaphysische Kraft, ähnlich dem Wetter, verstanden werden kann: „Jetzt aber hinweg mit diesen Gedanken. Ich will mich nicht beirren und erschüttern lassen, denn das Schicksal prüft uns alle und gibt uns nicht mehr Lasten, als wir tragen können."[492] Wie bereits im Vorwort verwendet Dietmar das Wort „Schicksal": „Denn es war nicht immer unser Verdienst, sondern oft Gnade des Schicksals, daß nicht der eine oder andere schon vorher den Weg allen Fleisches gegangen wäre, ehe der Tag der Erlösung kam."[493] Somit beschreibt er und nimmt einen wichtigen Punkt vorweg, der für die gesamte Holocaust-Literatur von Relevanz ist und zuvor bereits an verschiedenen Stellen diskutiert wurde: die Sinnsuche in widrigen Lebensumständen. Schließlich ist „[a]us der Perspektive der Opfer [...] der Shoa [sic] kein Sinn abzugewinnen"[494]. Erst wenn ein gewisser Sinn für eine Situation oder eine Gegebenheit ersichtlich ist, kann der Mensch beginnen, sich wirklich auf diese Situation einzustellen und sich dafür eine (Überlebens-) Strategie zurechtzulegen. Dadurch erlangt er ein bestimmtes Wissen, das ihm einen Vorsprung (im Falle von Dietmar: vor seinen Peinigern) gewährt. Bezogen auf die sprachliche Deutung, ergo: Benennung, ist anzunehmen, dass diese bereits Bestandteil des Erlebnisses ist. Gerade in

---

490 Eberhard Lämmert: Bauformen des Erzählens. S. 151.
491 Ebda.
492 Udo Dietmar: *Häftling...X.* S. 14.
493 Ebda. S. 10.
494 Wolfgang Bialas: *Die Shoa in der Geschichtsphilosophie der Postmoderne.* S. 107–121. In: *Shoa. Formen der Erinnerungen.* Hg. v. Nicolas Berg, Jess Jochimsen und Bernd Stiegler. München: Fink 1996. S. 109. – Hier wird explizit von der Vernichtung der europäischen Juden gesprochen, daher „Shoa" *[sic]*. Anm. AB.

Extremsituationen wie in einem Konzentrationslager kann eine sprachliche Bewältigung veranschaulicht werden, was zeigt, dass Dietmar als ehemaliger KZ-Häftling Sinn und Bedeutung schon im Lager und nicht erst bei der Niederschrift gefunden hat,[495] und zwar in Form des „Schicksals". Dietmar spricht von einem ‚Schicksal', das ihm ebenso wie einigen seiner Kameraden gegenüber Gnade walten und sie die KZ überleben ließ. Das Schicksal ist demnach etwas Dingloses, Nichtbegreifliches oder -bares, das er als über ihm höher stehende Instanz anerkennt und dessen ‚Prüfungen' er sich – anscheinend widerspruchslos – unterzogen hat. Im Vergleich dazu hat der Protagonist bei Imre Kertész (in gewisser Weise dessen Alter Ego) im *Roman eines Schicksallosen*[496] (ungar. 1975, dt. 1990/1996) eine ganz andere Meinung zu ‚Schicksal': „Auch ich habe ein gegebenes Schicksal durchlebt. Es war nicht mein Schicksal, aber ich habe es durchlebt […]"[497] bzw. „[…] wenn es ein Schicksal gibt, dann ist Freiheit nicht möglich: wenn es aber […] die Freiheit gibt, dann gibt es kein Schicksal, das heißt also […], wir selbst sind das Schicksal […]."[498] Hier wird demnach das Schicksal als Synonym für Leben verstanden; es wirkt, als ob der 15-jährige Protagonist György während der Zeit im KZ das Leben eines anderen geführt hat, das eben nicht ihm selbst zugedacht war. Folglich war es vielmehr ein ‚Zufall', dass der Bursche in das KZ gekommen ist und nicht derjenige, für den dieses Leben eigentlich gedacht war.

Erneut kommt Dietmar auf die Landschaft zu sprechen, „das schöne Land"[499], über das er streift. Die eingangs begonnene Idylle scheint nach einer gedanklichen Ausschweifung wiederhergestellt zu sein. Doch währt diese Hoffnung, die Leserererwartung, nicht lange, denn kaum ändert Dietmar die Blickrichtung, erscheint anstatt der schönen Naturlandschaft ein „kahler Flecken Erde"[500], von dem sich „mehrere nackte Bauten"[501] abheben. Durch diese scharfe äußerliche, auf die Landschaft bezogene Antithese und den Umschwung von „schön" zu „kahl" und „nackt" ändert sich auch das Innere Dietmars, das mit der vorhin geschilderten ruhigen Natur- und inneren Stimmung kontrastiert:

---

495 Andrea Reiter: „*Auf daß sie entsteigen der Dunkelheit.*" S. 117.
496 Imre Kertész: *Roman eines Schicksallosen.* Reinbek b. Hamburg: 17. Aufl. Rowohlt Taschenbuch 2004.
497 Ebda. S. 283.
498 Ebda. S. 284.
499 Udo Dietmar: *Häftling…X.* S. 14.
500 Ebda.
501 Ebda.

> Fort sind die weichen Regungen meiner Seele, der Blick wird hart, die Gesichts-
> züge streng; um mich herum versinkt die Natur mit all ihren Schönheiten. Mit
> einem Male friert mich an diesem Sommermorgen. Auf jenem Berge oben liegt
> „Buchenwald", das berüchtigte Konzentrationslager Buchenwald.[502]

Der harte Blick ersetzt die weichen Regungen der Seele, und anstatt der schönen Natur gerät das KZ Buchenwald ins Blickfeld. Als er auf dem Hügel steht,
denkt Dietmar an die Kameraden, die er verloren hat. Seine Anklage steht
– sein Versprechen ebenso: „Ich höre meine Kameraden noch: „Wenn Dir
die Gnade des Ueberlebens zuteil werden sollte, vergiß nicht, der Welt die
Wahrheit über unser Schicksal zu erzählen! Ich habe es nicht vergessen."[503]
An dieser Stelle versteht Dietmar das Wort „Schicksal" nicht wie zuvor als
Allmacht, der nicht auszukommen scheint, sondern als Lebensbedingung oder
Lebenszustand. Dietmar wehrt sich – ungleich dem Kertész' Protagonisten –
jedoch nicht gegen dieses Los, das er als sein eigenes annimmt. Damit endet
sein Ausflug zur „Stätte des Grauens"[504], und es wird direkt – wie in einer
filmischen Aufnahme – zur unbenannten Stadt geblendet. Wieder beschreibt
Dietmar Gegebenheiten der Umgebung bzw. Natur und gleicht sie mit seinen
inneren Vorgängen ab. Er geht an „Häuserruinen, Zeichen des eben beendeten
Krieges"[505], vorbei und sucht sein „dürftiges Heim auf"[506]. „[E]ine drückende
Gewitterschwüle liegt über allem"[507], welche die düstere Atmosphäre in der
zerstörten Stadt verstärkt. Eine ebenso finstere Stimmung herrscht aber nicht
nur draußen, sondern auch in ihm selbst:

> Düstere Bilder aus der eben abgeschlossenen Vergangenheit rollen an meinem
> geistigen Auge vorüber: Der endlose Zug der Gemordeten, mancher Freund,
> mancher gute Kamerad dabei. Ich sehe ihre gebrochenen Blicke anklagend zum
> Himmel schreien; grauenhafte Szenen, wie sie recht- und hilflos in den Klauen
> ihrer Mörder verendeten…[508]

---

502 Ebda.
503 Ebda. S. 15.
504 Ebda.
505 Ebda.
506 Ebda.
507 Ebda.
508 Ebda.

Direkt anschließend stellt er nachdrücklich fest: „Aus der sonnigen Feiertags-
stimmung ist eine Totensonntagsstille geworden"[509] und beteuert:

> Ich habe euch nicht vergessen, meine toten Kameraden. Ich werde reden vor
> aller Welt, wie ihr gelitten habt, wie qualvoll ihr hingemordet worden seid *[sic]*
> und werde nicht müde werden, zu erzählen, bis auch dem letzten noch Geblen-
> deten das Licht der Erkenntnis aufgeht. – Euer Tod war nicht umsonst.[510]

Mit diesem nochmaligen Versprechen an seine toten Kameraden schließt Udo
Dietmar die kurze Vorgeschichte, die vom Zeitpunkt des Erzählens her eigentlich eine Nachgeschichte ist, ab.

Häftling...X... In der Hölle auf Erden!

Aufbautechnisch ist auch der nächste Übergang von der scheinbaren Rahmenerzählung, die aus dem „Danach" kommt und erst nach der Befreiung, also
– frei nach Eberhard Lämmert – aus der zukunftsgewissen Retrospektive, einsetzt, beachtenswert. Fortwährend ist in seiner Erzählung zu bemerken, dass
Dietmar immer nur kleine Einzelheiten von seinem bisher Erlebten preisgibt;
es ist schwierig, sich ein Bild von seiner Gesamtsituation einschließlich seiner
‚Vorgeschichte' bzw. von den Gründen für seine Inhaftierung zu machen. Er
verschmilzt sein Bild unweigerlich mit seinem Wissen um den Ausgang der
Ereignisse. Dieses Zeugnis ist post factum entstanden, und durch sein Verständnis der Ereignisse geht sein ursprüngliches Verständnis der Ereignisse
dadurch, dass er sie nach dem Erleben erzählt, verloren. Indem Dietmar die
Ereignisse schriftlich festhält, gibt er ihnen eine Ordnung. Daneben aber wird
die Vergangenheit auch in diesem Fall durch die Gegenwart und die an diese
Gegenwart gebundenen Formen des Wissens geordnet.[511]

---

509 Ebda.
510 Ebda.
511 Vgl. James E. Young: *Beschreiben des Holocaust.* S. 58.

12.5 DIE HAFT: DIE GEFANGENENKOLONNE IM REGEN

Nach dem Satz, der den gründlich beschriebenen Tag in Thüringen abschließt,[512] schwenkt Dietmar direkt – der Szenenwechsel ist lediglich durch einen Stern im Text markiert – zurück auf die Vergangenheit und mitten in die Zeit seiner Verhaftung. Zuerst werden wieder Jahres- und Tageszeit sowie der Ort erläutert, begleitet von einer kurz gehaltenen Erinnerungsdarstellung, durch die Dietmar mittels einer Liedzeile den Ort expliziert. Es ist der erste Satz, der den tatsächlichen Erlebnisbericht einleitet, daher erscheint es sehr interessant, dass Dietmar zur damaligen Gegenwart wirklich dieses Lied aus seiner Kindheit im Sinn hatte. Nach dieser Darstellung folgt die kurze Beschreibung seiner Situation, in der er erste detaillierte Informationen über dieselbe preisgibt:

> „Köln am Rhein, du schönes Städtchen, Köln am Rhein, du schöne Stadt..."
> So kam mir das Lied aus meiner Kindheit in wehmutsvolle Erinnerung, als ich in den frühen Morgenstunden eines regnerischen Spätsommertages inmitten einer Kolonne Gefangener, begleitet von einem Polizeikordon, durch die Straßen Kölns zum Bahnhof marschierte. Es war Krieg, und die Stadt hatte schon die ersten Spuren zu verzeichnen. Wir kamen als Uebergangsgefangene aus dem Polizeigefängnis und sollten in ein Konzentrationslager gebracht werden, was allerdings nur wir wenigen Deutschen wußten. Die anderen, Angehörige der verschiedensten Nationen, ahnten noch nichts.[513]

Die Beschreibung des regnerischen Morgens unterstreicht die triste Situation, in der sich Dietmar mit den anderen Gefangenen befindet. Die äußeren Gegebenheiten entsprechen den bzw. verstärken die widrigen Umstände der Inhaftierten, wodurch die Darstellung noch viel nahbarer und eindringlicher wird. Aufhorchen lässt indes, dass Dietmar und andere deutsche Inhaftierte schon über nationalsozialistische Konzentrationslager Bescheid wussten. Allerdings ist das wiederum nicht verwunderlich, weil sie in der Haft direkt die NS-Tätigkeiten und viele der Vorgänge miterlebt haben.[514] Die Häftlinge

---

512 Als Udo Dietmar seinen Bericht beginnt und schon zusammenfassend den Kernpunkt seiner Geschichte vorausschickt, an dem selbst die Witterung analog zu den Episoden seiner Erzählung als passender Hintergrund fungiert. Anm. AB.

513 Udo Dietmar: *Häftling...X.* S. 15 f.

514 Vgl. Erwin Gostner: *1000 Tage im KZ.*: Gostner hatte etwa bereits im Vorfeld Ahnung über Dachau: S. 17: nach sechs Wochen Polizeihaft: „Zwei Buchstaben tanzen unaufhörlich vor

anderer Nationen wussten dagegen noch nichts, genauso wenig wie es der Leser tut.[515]

Eine interessante Entdeckung ist im Folgenden zu machen: Berichtet Dietmar soeben noch aus der Innenperspektive – indem er aktiver und gleichzeitig doch passiver Akteur ist, dem etwas zustößt, das er nicht selbst ausgelöst hat –, schildert er die nachfolgende Szene aus einer relativ emotionalen Außensicht, als wäre er ein Außenstehender:[516]

Der traurige Zug marschierte durch die noch halbdunklen Straßen. Die wenigen Leute, die uns in dieser frühen Morgenstunde begegneten, Arbeiter und Arbeiterinnen, sahen scheu herüber, und mancher wich uns in großem Bogen aus. Dieses Bild eines Gefangenentransports war nichts Außergewöhnliches. Jenen, die sich beruflich auf den Eisenbahnen und Bahnhöfen aufhielten, war es ein alltäglicher Anblick.[517]

Einzig das zweimalige Pronomen „uns" verrät einen persönlichen Zusammenhang mit Dietmar; die restliche Ausführung wirkt, als ob er nicht davon

---

meinen Augen, ich kratze sie in die Wände, in das Holz des Bodens und den Kalk der Decke: KZ.! KZ.! Wird das Ende so aussehen? Soll ich in einem Konzentrationslager enden?" Bzw. S. 18: „Ich muß mich zusammenreißen, sonst verliere ich langsam die Nerven. Und eine Dummheit werde ich doch nicht begehen! Ich will leben! Wir sind alle stark entmutigt. In diesem Kreis fällt zum erstenmal *[sic]* das Wort *Dachau!*"

515 Bezüglich der Bezeichnung „Uebergangsgefangene" ist auf S. 18 Dietmars Erläuterung anderen Häftlingen gegenüber zu finden, in der er diesen darlegt, dass er sich schon seit drei Jahren im „Uebergangslager" befindet. Anm. AB.

516 Vgl. oben bzw. Julius Freund: *O Buchenwald!*, der sich von den sogenannten „Irrsinnigen" drastisch abgrenzt: S. 37 f.: „Eine Selbstmordepidemie setzte ein, die unfaßbarsten Selbstmordarten kamen vor. Ein Irrsinniger sprang in die bereits volle Latrine und erstickte im Dreck derselben. … […] Ein anderer biß sich die beiden Pulsadern durch; wie zwei angebissene Äpfel schauten seine Handgelenke aus. Herzstiche mit Taschenmesser waren sehr zahlreich. Giftnehmer fanden oft einen schmerzlichen, aber raschen Tod. Da ging ein Schrei durchs Lager: ein Irrsinniger lief zum Stacheldraht, der mit Starkstrom geladen war, und blieb sogleich wie eine Fliege daran tot hängen. […] Durch das Barackendach schaute ein großer Nagel hervor. Von der letzten Lichtstelle war das Dach nur einen Meter entfernt. So kann es nur ein Irrsinniger gewesen, sein, der im Stande war, sich diesen Nagel, welcher aus dem Dach schaute, ins Gehirn zu stoßen. Auf dem Nagel klebten noch lange die weißen Gehirnmassen des Selbstmörders. Sie alle nahmen in der Angst oder durch Versagen ihres Denkens die großen Schmerzen eines Selbstmordes auf sich als letzte Fluchtmöglichkeit aus dieser Hölle." Ebda. S. 66: „Ein Irrsinniger lief in den Stacheldraht. Er hängte sich auf den Draht und ließ den Starkstrom durch seinen Körper laufen. Er sah seinen Bruder neben dem Draht vorbeigehen, zum Schlagbaum in die Freiheit – er selbst blieb für immer zurück!"

517 Udo Dietmar: *Häftling…X*. S. 16.

betroffen wäre. Erneut betont er die äußeren Verhältnisse, die das Bild der dahintrottenden Gefangenen vor den Augen erscheinen lassen. Dazu beschreibt Dietmar die Gruppe der am Gefangenentrupp vorbeigehenden „Arbeiter und Arbeiterinnen", die diesem ausweichen, wie er auch von jenen spricht, die an solche Gefangenenkolonnen bereits gewöhnt sind. Unkommentiert hingegen lässt er, wie er diese Außenwelt empfindet, der er begegnet bzw. die ihm begegnet.

12.6 VOR DER ZUGABFAHRT: REGEN UND TROSTLOSIGKEIT

Die Gefangenen kommen auf dem Bahnhof an. Dietmar rekurriert erneut auf die Witterungsverhältnisse und die Jahreszeit, indem er sie scheinbar in den Vordergrund stellt. Dabei gibt er jedoch gleichzeitig wichtige Informationen weiter, wenngleich er diese wie Anmerkungen nur nebenbei fallen lässt:

> Ein leichter Sprühregen setzte ein, und wir standen da, körperlich schwach, hungrig und fröstelnd, denn es war bereits Spätsommer. Unser Frühstück bestand auch heute, wie an so vielen Tagen vorher, aus einer winzigen Brotration und schwarzer, lauwarmer Brühe, die man Kaffee nannte. Wir trugen eigene Zivilkleidung. Bei manchen war sie schon derart schlecht, daß sie kaum noch die Bezeichnung Kleidung verdiente. Unaufhörlich rieselte der Regen. Schon spürten wir die Nässe auf unserer Haut, doch keiner getraute sich, die dabeistehenden Polizisten zu bitten, unter das Dach der Bahnsteighalle treten zu dürfen. Dazu waren alle, einer wie der andere, durch die mehr oder weniger lange Zeit der Inhaftierung unter der nationalsozialistischen Knute schon zu sehr eingeschüchtert. […] So standen wir mit hochgezogenen Schultern. Tropfen um Tropfen trommelte von meiner Hutkrempe auf den kleinen Pappkarton neben mir, der mein kostbarstes Gut, ein Stückchen trockenes Brot, außerdem eine Zahnbürste, ein Stück Kriegsseife und ein Handtuch – mein gesamtes Reisegepäck – barg.[518]

Es ist eine Art Raffung[519], die Dietmar hier einsetzt, indem er keinen dieser „so vielen Tage" genauer erläutert; er berichtet nur wieder rückblickend zusammenfassend, dass die Situation während der Tage zuvor, im Gefängnis, immer gleich war. Der Leser erhält keine weiteren Erklärungen. Die Haft, in der sich Dietmar befindet, scheint also bereits seit einiger Zeit anzudauern – was

---

518   Udo Dietmar: *Häftling…X.* S. 16.
519   Vgl. dazu etwa Eberhard Lämmert, Gérard Genette.

jedoch nicht belegt wird bzw. werden kann, weil keinerlei Zeitangabe vorhanden ist. Zudem ist auch anzunehmen, dass sich durch anormale Zustände wie eine Haftstrafe das Zeitgefühl verändert. Zeit kann nur noch rein subjektiv wahrgenommen und wiedergegeben werden, was durch die Stelle „auch heute, wie an so vielen Tagen vorher", durch jene, die die Kleidung beschreibt, sowie die erneut vage Angabe „die mehr oder weniger lange Zeit der Inhaftierung unter der nationalsozialistischen Knute" bestätigt wird. Bei Métraux ist zu dieser Wahrnehmung Folgendes zu erfahren:

> Chronologische Verrückungen der genannten Art sind […] nicht nur auf die Funktionsweise des autobiographischen Gedächtnisses zurückzuführen. Ursache dieser Verrückungen war […] auch der Verlust elementarer raumzeitlicher Orientierungshilfen: keine Armbanduhren, kein Kalenderblatt […].
> Das heißt aber auch, daß die chronologischen Fehlleistungen des in Bedrängnis geratenen autobiographischen Gedächtnisses die Authentizität der Narration steigern, weil die Zeitlücken, Umstellungen und Transfigurationen in der Textstruktur selbst sich niederschlagen, ohne beredt bezeichnet werden zu müssen.[520]

Die Feststellung, dass die wenigen aufgezählten Dinge, die Dietmar bei sich trägt, sein „kostbarstes Gut" und zugleich sein „gesamtes Reisegepäck" seien, verweist noch einmal deutlich darauf, dass sich Dietmar in einer außergewöhnlichen Situation befindet. Unklar ist, ob sich Udo Dietmar bereits zu diesem Zeitpunkt in Polizeihaft (anzunehmen: der Gestapo) derartige Gedanken machte – oder ob er erst später, durch seine KZ-Erfahrungen, solchermaßen traumatisiert war, dass er rückblickend für seine Niederschrift dieselben Worte für die Beschreibung der Inhaftierung fand. Denn wie man im Verlauf seiner Schilderung bzw. jener der anderen Verfasser noch wird erkennen können, erfährt binnen kürzester Zeit nahezu jeder KZ-Häftling eine Werteumschichtung: Dinge, die zuvor als selbstverständlich angesehen wurden, wurden im KZ plötzlich so wichtig, dass es sie zu beschützen galt.[521] Schließlich werden die Gefangenen in vergitterte Zugwaggons verfrachtet. Zu fünft bzw. zu zehnt

---

520 Alexandre Métraux: *Authentizität und Autorität*. Über die Darstellung der Shoah. S. 362–388. In: Jürgen Straub (Hg.): *Erzählung, Identität und historisches Bewußtsein*. Die psychologische Konstruktion von Zeit und Geschichte. Erinnerung, Geschichte, Identität 1. Frankfurt/Main: Suhrkamp 1998. (= suhrkamp taschenbuch. wissenschaft. 1402.). S. 379.

521 Vgl. z.B. Andrea Reiter: *„Auf daß sie entsteigen der Dunkelheit."* S. 23 ff.: Außergewöhnliche Situationen wie die in einem Konzentrationslager führen zu scheinbar ungewöhnlichen Sinneswandlungen.

werden sie in sehr enge Zellen gepresst und müssen während der ganzen Zugfahrt, deren Ziel ungewiss ist, stehen. Sie sind vor Hunger geschwächt und müde, was das Stehen auf solch engem Raum noch mehr zur Qual macht.

12.7 SCHÖNHEIT DES ELSASS – HUNGER DER GEFANGENEN

Nach Luxemburg ist die nächste aufgelistete Station im Text Straßburg – die Udo Dietmar, wie zuvor schon Köln, mittels Liedtext ankündigt: „O Straßburg, o Straßburg, du wunderschöne Stadt …' klang es als Pausenzeichen vom Nazisender des eroberten Straßburg, über dessen Zinnen schon seit vielen Monaten die Hakenkreuzfahne wehte."[522] Von Straßburg aus geht es zu einem anderen, kleineren Bahnhof. Den Weg dorthin beschreibt Dietmar folgendermaßen, indem er zwischen dem Eindruck der schönen Landschaft und dem Anblick reifer Früchte hin- und hergerissen ist. Der Wechsel zwischen Präsens- und Präteritumsgebrauch ist hierbei auch signifikant:

> Aus dem Straßburger Hauptbahnhof stampft unser Zug mit den angehängten Gefangenenwagen nach Westen in Richtung Molsheim. Von hier aus geht die Fahrt weiter bergauf durch die wunderbare elsässische Landschaft, die sich, könnte man sagen, mit jedem Kilometerstein zu größerer Pracht entfaltet. Station für Station läßt der langsam fahrende Zug mit seiner keuchenden Lokomotive hinter sich. Was das Auge durch die schmalen, vergitterten Fensterchen zu erhaschen vermochte, ließ die einmalige Schönheit der Vogesenlandschaft, dieses wahren Garten [sic] Gottes, mehr ahnen als erfassen. Die Bäume bogen sich unter der Last der reifen Früchte: Zwetschen [sic], Aprikosen, Aepfel, Birnen, Pflaumen.[523]

Auf der Fahrt betrachtet Dietmar also wehmutsvoll die schöne Landschaft und das prächtige Obst: „Das Auge sah sich satt, der Magen aber war schlapp von monate-, bei manchen schon jahrelangem Hunger, so daß wir es gar nicht wagten, diese Früchte überhaupt zu begehren. Nach einem Stück Brot sehnten wir uns, nach einem Stückchen trockenen Brot …"[524] Der Hunger steht als peinigender Kontrast dem schönen Anblick gegenüber; dazu kommt die Ungewissheit, was die Zukunft bringen wird, in die der Zug die Häftlinge befördert.

---

522 Udo Dietmar: *Häftling…X.* S. 23.
523 Ebda.
524 Ebda.

Wie zu bemerken ist, hält Dietmar die Beschreibung der Zugfahrt sowie der Gegend im Präsens, wogegen er seine persönliche Empfindung und sein sinnliches Erleben im Präteritum schildert. Dass in der Holocaust-Literatur Textteile – insbesondere sehr emotionale – manchmal im Präsens dargestellt werden, während der Großteil im Präteritum verfasst ist, wurde bereits oben erläutert. Interessanterweise ist an dieser Stelle bei Dietmar aber die gegenteilige Situation zu bemerken: Der augenscheinlich weniger emotionale Teil der Beschreibung – also die Darstellung des Settings – erfolgt im Präsens; der tatsächlich physische Teil – das Erfahren der Landschaft, das Erblicken des reifen Obstes und der Hunger – ist im Präteritum gehalten. Jedoch kann nicht in Erfahrung gebracht werden, welches die Gründe waren, dass Dietmar einen solchen Zeitenwechsel vornahm, und ob er dies bewusst tat oder nicht.

Dietmar kennt offenbar das Ziel der Fahrt und weiß auch vom Bestehen des KZ Natzweiler-Struthof. Dieses hat demnach „in eingeweihten Kreisen die Bezeichnung ‚Vernichtungslager‘"[525] getragen – und er selbst scheint diesen Kreisen angehört zu haben.[526] Reiter ist durch die Analyse von hauptsächlich frühen und jenen von ehemaligen politischen Gefangenen verfassten Texten zur Feststellung gelangt, dass „Menschen, die sich sozial oder politisch exponierten, wie dies besonders auf Kommunisten zutraf, […] mit der Möglichkeit einer Internierung rechnen"[527] mussten. Dietmar fährt fort: Im Gegensatz zu vorhin

> […] konnte [niemand] seine Gedanken auf die Umwelt konzentrieren, alle standen unter dem Druck banger Erwartung des Kommenden, denn das Ziel mußte nahe sein. Bald würde uns das berüchtigte Konzentrationslager Natzweiler aufnehmen, das in eingeweihten Kreisen die Bezeichnung „Vernichtungslager" trug. Schließlich hielt der Zug auf *[sic]* einer kleinen Station mit Namen Rotau inmitten des herrlichen Breuschtales.[528]

Auch in dieser Schilderung stellt Dietmar der schönen Landschaft die herrschende Furcht der Menschen zuerst implizit gegenüber; der „Druck banger Erwartung" deutet ausdrücklich darauf hin. Der Zug hält also in Rotau, wo

---

525 Udo Dietmar: *Häftling…X.* S. 23.
526 Vgl. ebda. S. 18: Auf der Zugreise: Als Dietmar seine (russischen, polnischen und französischen) Mitgefangenen fragen, wohin er fährt, antwortet er: „Ins Konzentrationslager."
527 Andrea Reiter: *„Auf daß sie entsteigen der Dunkelheit."* S. 31.
528 Udo Dietmar: *Häftling…X.* S. 23.

die Gefangenen in Transportautos verfrachtet werden. Dietmar hört einen Kameraden zu bereits zu den Autos marschierenden Häftlingen „mit bitterer Ironie"[529] sagen: „Jungens, laßt den Kopf nicht hängen, wenns auch in diese Hölle geht. Sprecht wie die Gladiatoren des alten Roms: ‚Heil dir, Cäsar, die dem Tode Geweihten grüßen dich!'"[530]

1. STATION: NATZWEILER

12.8 ANKUNFT IM KZ NATZWEILER: EINE TRAUMSEQUENZ

Dann ist Dietmar an der Reihe, aus dem Waggon zu steigen:

> Endlich öffnete sich auch unsere Zellentür, und wir marschierten aus dem Wagen hinaus. Der klare Herbsthimmel blendete mich, wie im Traum schritt ich hinter meinem Vordermann her. Auf beiden Seiten bildeten SS-Männer Spalier. Der Totenkopf an ihren Mützen und Rockaufschlägen grinste mich höhnisch an.
> Die düsteren unheilverkündenden Gesichter und mein bis dahin gesammeltes Wissen über die Konzentrationslager ließen mich in diesem Augenblick mit meinem Leben abschließen.[531]

---

529 Ebda. S. 24.
530 Ebda. – Siehe „Hölle" im Kapitel DAS KZ – EINE HÖLLE: DANTES *INFERNO*. – Die Aussage dieses Zitats sollte sich noch früh genug als wahr herausstellen, wie Dietmar am eigenen Leib erfahren wird. Anm. AB. – Vgl. dazu Udo Dietmar: *Häftling…X.* S. 44: „Die Zeit kriecht langsam weiter. Täglich passieren solche oder ähnliche Fälle. Täglich schleppen wir Tote, Halbtote und Zusammengebrochene mit ins Lager. Das Fühlen, das Empfinden haben wir uns inzwischen abgewöhnt, nur eine maßlose Verbitterung hat sich eingefressen. Ich erinnerte mich der Worte des Kameraden, der auf dem kleinen Bahnhof Rotau beim Verlassen des Transportwagens sagte:
Heil dir, Cäsar, die dem Tode Geweihten grüßen dich!
O bittere Ironie!
Was ist Leben? –
Was ist mein Leben? –
Nichts, gar nichts! –
Was kannst du tun, um noch dem Dasein erhalten zu bleiben?
Nichts, was du verantworten kannst!
Du kannst, wenn du dich verkaufst und den Henkersknecht der SS spielen willst, vielleicht eine etwas bessere Zeit verleben, dich sattessen …"
531 Ebda. S. 24.

Wie ein unwirkliches Bild stellt Dietmar die Situation dar; die Szene spielt sich wie in Zeitlupe ab. Indem er vom „Herbsthimmel", der Schönheit und Freiheit andeutet, geblendet wird – was faktisch allerdings nicht möglich ist –, beginnt sich alles zu verlangsamen, die Bewegungen scheinen einzufrieren. Die reale Feststellung, durch die das verzerrte Bild beiseitegeschoben wird, ist eine weitere Informationsdarstellung Dietmars. Er nennt sein „bis dahin gesammeltes Wissen über die Konzentrationslager", wodurch die Traumsequenz der Situation von seiner Wahrnehmung, seiner tatsächlichen Todesangst, mit – als nochmaliger Gegensatz – der Klarheit des Himmels kontrastiert wird: „Ich hatte das Empfinden, wie es wohl ein zum Tode Verurteilter haben muß, dessen Kopf bereits auf dem Schafott liegt; aber das Beil saust noch nicht herunter, weil vielleicht ein Fehler im Mechanismus das Fallen verhindert."[532] Dietmar nimmt also einen Fehler, einen Irrtum an, der ihn, als Verurteilten, weiterleben und die Todesgefahr weiterbestehen lässt, was an die Überlegungen von Kertész' Protagonisten erinnert: Dieser versteht das Leben, das er gelebt hat, dieses Schicksal, als das eines anderen. Interessanterweise stellt Dietmar sein Empfinden und seine Situation also mittels Vergleichs dar, indem er sich selbst mit einer zum Tode verurteilten Person gleichsetzt. Folglich zeigen sich durch das Ausmalen einer anderen Situation und das Hineindenken in dieselbe eine Art Imagination bzw. Empathie seinerseits.

12.9 SCHÖNE LANDSCHAFT – ORT DER GEFANGENSCHAFT

Ähnlich wie am Anfang des Buches beginnt Dietmar, um das KZ Natzweiler geografisch für den Leser einzuordnen, auch an dieser Stelle mit einer Einleitung, die er durch den Blick eines Wanderers darstellt. In vermeintlich begeistertem Ton wird eine interessante Landschaftsbeschreibung geboten, die nichts von dem darauf Folgenden erahnen lässt. Es ist eine literarische Ruhe vor dem grauenerregenden Sturm. „Wenn man die Breusch aufwärts wandert, kann sich das Auge nicht sattsehen an der Schönheit der dichtbewaldeten Vogesenhöhen, die dieses herrliche Tal umgeben. Die Berge erreichen im allgemeinen *[sic]* eine Höhe von einigen hundert Metern."[533] Auch diese und die folgenden Beschreibungen erfolgen im Präsens, als ob sie bei Dietmar während der Niederschrift seiner Erlebnisse noch immer gegenwärtig gewesen wären. Es muss also eine Bewandtnis haben – wie bereits an anderer Stelle

---

532 Ebda.
533 Ebda. S. 24.

erwähnt –, dass sich die Landschaftserfahrung Dietmar derart eingeprägt hat. Bereits im nächsten Satz wird wie am Anfang der positive Ton getrübt, indem ein Berg, der schon bald eine wichtige Rolle spielt, nicht mehr in schönen Farben, sondern, im Gegenteil, negativ beschrieben wird:

> Nahe bei Rotau erhebt sich ein Berg von zirka neunhundert Meter Höhe, dessen Kuppe von kahlen, häßlich aussehenden Flecken bedeckt ist. Sein geographischer Name ist mir entfallen, doch im Volksmund heißt er heute der „Teufelsberg", seitdem die „Freiheit bringenden und Menschheit beglückenden" Naziverbrecher dieses schöne Land und sein Volk unter ihre Knute nahmen.[534]

Leicht sarkastisch klingt die Beschreibung der „Freiheit bringenden und Menschheit beglückenden' Naziverbrecher", wie es Dietmar ausdrückt, wodurch er nicht sein eigenes Los in Beziehung zu dem nunmehr als hässlich geschilderten Berg stellt, sondern das der Menschen im Elsass. Im gleichen Zuge schließt er an der vorhergehenden Erzählweise an, indem er die Lage des Konzentrationslagers weiter beschreibt und die Landschaft in schönen Worten malt, jedoch den Ort am Ende als Konzentrationslager präsentiert.

> Sofort nach der Eroberung des Elsaß hatten Häftlinge, die man aus Deutschland herüberbrachte, ein Konzentrationslager bauen müssen, das den Namen „Natzweiler" erhielt, gleichnamig dem stillen, friedlichen Dörfchen Natzweiler, das verträumt in einem der oberen Täler einige hundert Meter unterhalb dieses Lagers liegt.
> Das Massiv und seine nähere Umgebung nennt man die „Wetterecke". Sie blieb seit alters her ihres ungesunden Klimas wegen unbewohnt, denn den größten Teil des Jahres über liegt der Bergkegel in Wolken gehüllt. Dieses Klima ist selbst für robusteste Menschen unter den besten Ernährungsbedingungen auf die Dauer schlecht zu ertragen.[535]

Um der bisher nur als menschenleer beschriebenen Umgebung Leben einzuhauchen – welches, brutal und plakativ gesagt, dort ständig ausgehaucht wurde –, lässt der Autor das Lagergelände mit den dort inhaftierten Menschen in seiner Narration erscheinen. So, wie Dietmar hier das Klima als sehr rau und schlecht erträglich schildert, nimmt er vorweg, was nur eine men-

---

534 Ebda.
535 Ebda. S. 24 f.

schenverachtende Überlegung vonseiten der Nazis sein konnte: „Das Lager wurde nun keineswegs zufällig hier erbaut; die Wahl des Ortes war vielmehr ein wesentlicher Faktor der verbrecherischen Vernichtungstaktik. Man wußte, daß hier auch der gesündeste Mensch auf die Dauer eingehen mußte."[536] Und weiter:

> Wie bereits gesagt, handelt es sich um ein sehr bergiges Lagergelände. Schon ein gesunder, kräftiger Mensch würde abends todmüde auf sein Bett sinken, wenn er es tagsüber bergauf-bergab im Spazierschritt überquert hätte.
> Hier mußten aber vor Hunger erschöpfte Häftlinge, ob krank oder gesund, schwer beladene Schubkarren bergauf und bergab schieben, bis die Mehrzahl infolge Herzschwäche und ihrer Folgeerscheinungen kaputt ging und im Krematorium landete.[537]

Mit einer Sprache, die merklich von der Ausdrucksart der SS-Leute geprägt ist, setzt er nüchtern seine Beschreibung fort und deutet auf den „Steinbruch und noch einige andere Arbeitsstellen, wo Menschen systematisch zu Tode gepeinigt wurden"[538]. Sehr rational und distanziert stellt Dietmar das bergige Lagergelände den Qualen der Häftlinge gegenüber. Auch hier bleibt die verwendete Zeit- und Darstellungsform im ersten Teil das Präsens, das durch die soeben gezeigte Nüchternheit allerdings die vorne aufgestellte These widerlegt, da das Präsens allgemein eher für emotionale Schilderungen verwendet wird. Der stärker emotionale zweite Teil, in dem Dietmar seine eigene Erfahrung beschreibt, bleibt im Präteritum, sodass schließlich noch ein lakonischer Ausdruck der Todesbeschreibung gefunden wird. Eine solche nüchterne Formulierung verweist wiederum auf die bereits dargestellten Überlegungen bezüglich möglichst unemotional gestalteter Berichterstattungen. Am Ende bleibt Dietmar nur ein Resümee, das er nach der Beschreibung des Lageraufbaus samt Vorgangsweise innerhalb des Lagers ziehen kann: „Wahrhaftig, ein ‚Berg des Grauens', ein ‚Galgenberg', ein ‚Berg des Todes', – – – dieser Teufelsberg!"[539]
Sodann gibt Dietmar einen allgemeinen Überblick über den Aufbau des Lagers:

---

536 Ebda. S. 25.
537 Ebda.
538 Udo Dietmar: *Häftling…X.* S. 25.
539 Ebda.

Der Berg ist verhältnismäßig steil, das Lager war daher terrassenförmig angelegt. Aus dem Fenster der einen Baracke sah man über die Dächer der anderen hinweg in tiefe Schluchten. Der sogenannte Appellplatz bestand aus Terrassen. Die Lagerstraße führte in langem Bogen zum Krematorium und zur Arrestbaracke. Beide Bauten bildeten, von oben gesehen, den Abschluß des ganzen trapezförmigen Komplexes, der rundherum von einem mit Hochspannung geladenen Stacheldrahtzaun umgeben war, an dessen Außenseite sich alle hundertfünfzig Meter ein maschinengewehrbestückter sogenannter Postenturm erhob. Auf diesen Türmen stand die SS „Ewige Wache", Tag und Nacht, Sommer und Winter, allerdings mit dem besten Essen, das der Militarismus aufbringen konnte, mit hervorragender Bekleidung und menschenwürdiger Unterkunft. Alle zwei Stunden wurden die Posten abgelöst. Wenn sie einige Monate auf dem Teufelsberg ihren Dienst getan hatten, wurden sie durch andere ersetzt. Die verantwortlichen SS-Verbrecher-Führer selbst, die sich ab und zu nur wenige Stunden im Lager aufhielten, wohnten in Villen benachbarter Talgemeinden. – [540]

Ebenso wie die Lage der Örtlichkeit, des KZ, wird auch die SS-Wache beschrieben. Bei der Gegenüberstellung der beiden Seiten verabsäumt es Dietmar nicht, die Umstände zu betonen, die die Jahreszeit betreffen. Er kontrastiert diese ebenfalls mit den Menschen und deren Verhältnissen.

12.10 DAS KZ – EINE HÖLLE: DANTES INFERNO

Da sich das nachfolgende Beispiel auf die *Hölle* und deren Darstellung bezieht,[541] werden zum Schluss auch noch weitere Textpassagen besprochen, um den Gebrauch von *Hölle* als Übereinstimmungs- bzw. Kontrastmittel zu veranschaulichen. Es ist höchst interessant, wie häufig von verschiedensten Verfassern von Holocaust-Literatur auf das Bild der *Hölle* zurückgegriffen wird.[542] Die *Hölle* im Allgemeinen bzw. das *Inferno* in Dante Alighieris *Göttli-*

---

540 Ebda.

541 Vgl. eine *Nichtvergleichsmöglichkeit* bei Terrence Des Pres: *Der Überlebende – Anatomie der Todeslager*. S. 194: „Die Konzentrationslager sind die Verkörperung des Archetyps, den wir Hölle nennen. Sie waren die Hölle auf Erden, wie jeder sagt." – Ebda. S. 195: „Wir beschreiben die Lager oft als Hölle, auch die Überlebenden tun dies. Aber dieser Vergleich ist irreführend: Der Archetyp der Hölle zwingt uns eine bestimmte Wahrnehmung auf, in deren Licht die SS als satanische Monster und die Gefangenen als verdammte Seelen erscheinen." – Vgl. dazu auch Überlegungen und Ausführungen zu Hölle und Dantes Beschreibung bei Sam Dresden: *Holocaust und Literatur*. S. 29 ff.

542 Vgl. dazu als ein Beispiel von vielen etwa Samuel Graumann: *„Deportiert!"* Ein Wiener Jude

cher Komödie im Besonderen wird im Folgenden als Örtlichkeitsbeschreibung im (meta)physischen Sinn verstanden. Der Erinnerung kommt in den folgenden Textbeispielen eine bedeutsame Funktion zu, weil Imagination und Bildlichkeit mit Erinnerung in direktem Zusammenhang stehen. Das bedeutet konkret für die Analyse, dass Udo Dietmar die Menschen, die er zum ersten Mal in ihrer Häftlingskleidung im KZ sieht, in Beziehung mit einem Bild aus seiner Erinnerung setzt und weiter die Erinnerung an die damaligen Erlebnisse sowie an das vor Ort neu erstellte – und mit der *Höllendarstellung* in Verbindung gebrachte – Bild in seinem Bericht darlegt.

Die Ankunft verläuft wie aus vielen Berichten von Deportierten bekannt: Unter Beschimpfungen und Handgreiflichkeiten werden sie aus den Autos getrieben und müssen sich geordnet aufstellen. Zum ersten Mal wird Dietmar mit seinen Mithäftlingen Zeuge der Brutalitäten in einem Konzentrationslager. Ungläubig verfolgt er die Vorgänge: „Ich wagte nicht, mich umzublicken, stand still und war wie erstarrt. Was habe ich verbrochen, daß man mich, daß man uns so behandelt, fragte ich mich."[543] Nach einigen ‚Zwischenfällen' – Handgreiflichkeiten, Misshandlungen vonseiten der SS – müssen die Männer durch das Eingangstor ins Lager marschieren. In der Lagerstraße halten sie, und Dietmar kann „mit raschen Blicken meine neue Umgebung in Augenschein nehmen"[544]. Ähnlich sachlich schildert er weiters:

---

berichtet. Wien: Stern 1947. S. 44: „Als jeder schon, abgezehrt wie ein Skelett, den Tod apathisch erwartete, kam eines Tages der Lagerarzt und erklärte, daß die Ruhr abgeflaut und die Quarantäne aufgehoben sei. Wer arbeitsfähig sei, werde ins ‚Große Lager' überführt. Alle freuten sich und konnten es nicht fassen, daß wir aus der Hölle des ‚Kleinen Lagers' herauskommen sollten. Das ‚Große Lager' war ja auch eine Hölle, aber im Vergleich zum ‚Kleinen Lager' erschien es uns als Paradies."

543 Udo Dietmar: *Häftling…X.* S. 27. – Nicht zum letzten Mal findet sich Dietmar in einer solchen Situation wieder; allein, seine Einstellung wird sich mit der Zeit ändern. – Vgl. dazu als Gegenüberstellung ebda. S. 105: Das erste Essen im Außenlager von Buchenwald, Dietmars dritten KZ-Station, wird den Häftlingen nach dem Fußmarsch dorthin erst für den nächsten Tag zu Mittag angekündigt; gnädigerweise bekommen sie aber noch am selben Tag, nach all den Strapazen, eine Tasse warmen Kaffee. „Das fing schon gut an. Aber man war ja so viel Not, Elend, Mißhandlung, Tod und Mord gewöhnt, daß wir uns darüber nicht mehr aufregten." – Vgl. dazu etwa auch Samuel Graumann: *Deportiert!* S. 40: „Das ständige Leid stumpfte so ab, daß man kein Bedauern und kein Mitgefühl mehr empfand. Man stand vor den Toten und begutachtete, ob sie etwas am Körper hatten, das man brauchen konnte."

544 Udo Dietmar: *Häftling…X.* S. 27.

Rechts von mir verlief die Lagerstraße im Bogen um eine zweite Reihe von Baracken, deren erste drei zu sehen waren. Längs des Stacheldrahtes standen alle zehn Meter kleine schwarze Tafeln mit dem weißen Totenkopf. Diese sollten den Häftling „humanerweise" darauf aufmerksam machen, daß das Betreten des Raumes zwischen Draht und Tafel seinen sofortigen Tod bedeutete, denn auf den, der diesen schmalen Streifen, die sogenannte „neutrale Zone" [sic] betrat, wurde scharf geschossen.[545]

Erst als er die ersten Menschen im Lager erblickt, wird er emotional berührt. Die nachstehende Beschreibung ist sehr explizit, die Bilder haben sich in seinem Kopf festgesetzt:

In nächster Nähe arbeiteten einige Häftlinge. Ein Grauen erfaßte mich, als ich diese Menschen sah. Das waren ja fast lebende Leichen mit kahlgeschorenen Köpfen, tiefliegenden Augen und hohlwangig, die Haltung gebeugt, maskenhaft ihre ganze Physionomie [sic], müde der Schritt und keuchend die Brust, wie sie die Lasten auf Karren vor sich herschoben. […] Ihre Bewegungen waren müde, und sie glichen einem ausgeleierten Mechanismus. Einzelne, die an uns vorbeifuhren, hoben kaum den Kopf, sie streiften uns nur mit dem vielsagenden Blick: Wartet nur ein paar Tage, ihr seid auch bald soweit [sic] wie wir. – Teilnahmslos war ihr Gesichtsausdruck, der seelische Erstarrung, Stumpfheit, bei manchen schon den seelischen Tod verriet.[546]

Dass sich Dietmar das erste Zusammentreffen mit KZ-Häftlingen so gut gemerkt hat, hängt damit zusammen, dass erstmalige Erfahrungen die einprägsamsten sind. Wenn eine Person durch etwas verwundert, schockiert wird, das ihr noch nie zuvor widerfahren ist, wird eine bestimmte Energie freigesetzt, die das Ereignis im Gedächtnis fest verankert.[547] Es stellt sich angesichts dieser Bilder, die Dietmar beschreibt, die Frage, ob ihn das „Grauen" deshalb so ge-

---

545 Ebda.
546 Ebda. S. 27 f. bzw. vgl. Jorge Semprún: *Schreiben oder Leben*. S. 27: „Sie gingen wie Automaten, verhalten, ihre Bewegungen abwägend, ihre Schritte bemessend, außer in den Augenblicken des Tages, wo der Schritt kräftig zu sein hatte, martialisch, während des Antretens vor den SS-Leuten morgens und abends auf dem Appellplatz, beim Ausrücken und Einrücken der Arbeitskommandos. Sie gingen mit halbgeschlossenen Augen, um sich vor den brutalen Blitzen der Welt zu schützen, die flackernde kleine Flamme ihrer Lebenskraft vor den eisigen Luftzügen zu behüten."
547 Vgl. John Kotre: *Weiße Handschuhe*. Wie das Gedächtnis Lebensgeschichten schreibt. München und Wien: Hanser 1996. S. 117.

packt hat, weil er sich in dem Moment als einer dieser Häftlinge gesehen hat, d.h., weil er sich vorgestellt hat, er würde so aussehen und enden wie diese Menschen, die so erschreckend auf ihn wirken. Indem er sich in sie hineindenkt und -fühlt, kann er dies später – im Danach – wiedergeben. Eine solche Überlegung stammt auch von Wagner-Egelhaaf:

> Ein Ereignis hat umso eher die Chance, im Gedächtnis festgehalten zu werden, wenn es einzigartig ist, wenn es für das Individuum mit gewissen Folgen verbunden ist, wenn es unerwartet auftritt oder aber mit einer besonderen Emotionalität verbunden ist.[548]

Wenn Dietmar jedoch schreibt, die Häftlinge hätten einen teilnahmslosen Gesichtsausdruck, würden den Neuankömmlingen aber dennoch bedeutende Blicke zuwerfen, erscheint letztere Beobachtung als seine Interpretation. Weil er in diesem Moment gar nicht alles richtig erfassen kann – vor Schreck, vor Unglauben –, erinnert er sich später an bestimmte Gefühle und Situationen. In der Erinnerung wird schließlich einiges vermischt, wobei es erstaunlich ist, dass so viel an Erinnerung bleibt bzw. geblieben ist.[549] Es gibt verschiedene Untersuchungen, die aufgrund von bestimmten Ereignissen unterschiedliche Auswirkungen auf das Gedächtnis beschreiben: Einerseits gibt es Meinungen, die besagen, dass emotionale Erregung oder Stress das Gedächtnis verbessert; andererseits kann das Gedächtnis dabei auch schlechter werden. Allerdings kann es auch passieren, dass solche Einflüsse gar keine Rolle spielen.[550] Im Fall von Dietmars Beschreibungen trifft Ersteres zu – seine Schilderung ist sehr detailgenau und aufschlussreich.

Schließlich wird der Höhepunkt dieser Textpassage erreicht. Die Schilderung des Geländes als *Hölle* präsentiert Dietmar nunmehr als Vergleich mit dem *Inferno*[551] Dantes, und ebenso setzt er damit die Beschreibung der Menschen und ihrer Kleidung mit der Örtlichkeit *Hölle* in Relation. Auf diese „Beschreibung der Hölle als archetypische Darstellung von Leid und

---

548 Martina Wagner-Egelhaaf: *Autobiographie.* S. 85.
549 Vgl. John Kotre: *Weiße Handschuhe.* S. 117.
550 Vgl. ebda. S. 125.
551 Vgl. Andrea Reiter: *„Auf daß sie entsteigen der Dunkelheit.“* S. 209: Das Individuum wird in der *„Göttlichen Komödie“* als „Spielball des Schicksals“ und nicht als das „souveräne Individuum“ gezeigt. – Bzw. S. 210: „Die Überlebenden verstehen es [das Inferno, Anm. AB] allerdings als Vergleichsmetapher für recht unterschiedliche Situationen.“ – Mehr dazu ebda. S. 210 ff.

Mißhandlung"[552] verweist er als Bild aus der Literatur. Die Beschreibung führt Dietmar in derselben Art wie oben fort. Er erläutert das Aussehen der Gefangenen, ihre Kleidung und die Markierungen. Diese Gegebenheiten konsternieren ihn sichtlich:

> Ihre Kleidung bestand zum Teil aus zebra-gemusterten Stoffen, verblichen von Wind und Wetter, ausgewaschen, geflickt, auch schon zerrissen. Andere wieder trugen in Ermangelung dessen Zivilkleidung, auf deren Rücken ein dickes gelbes Kreuz in Oelfarbe gemalt war und ein breiter gelber Oelfarbenstreifen längs der Hosennaht verlief. Alle aber hatten auf der linken Brustseite und am rechten Hosenbein einen farbigen Winkel in Dreieckform mit der Häftlingsnummer darunter. Verschiedene besaßen Kopfbedeckungen, andere nicht. –
> Ich erinnerte mich, vor vielen Jahren, vor der Zeit Hitlers, einen Film über Dantes Inferno gesehen zu haben, wobei mir die Szenen in der Hölle noch klar vor Augen standen. An dieses Bild wurde ich in dem Augenblick erinnert, als ich diese Menschen ihre Lasten schleppen sah – – –[553]

Selbst wenn die Beschreibung, wie schon erwähnt, eher emotionslos – wenn auch farbenfroh und detailliert geschildert – klingt, ist doch ein gewisser Eindruck zu bemerken, den dieses erste Zusammentreffen bei Dietmar hinterließ – beziehungsweise wird durch seinen angefügten Vergleich mit der Schilderung des *Infernos* bei Dante seine Erschütterung ersichtlich. Durch die Vereinheitlichung der Kleidung bzw. Uniformierung und das gleichzeitige Ablegen der Zivilkleidung verloren die Häftlinge einen Teil ihrer Individualität und vor allem ihre Freiheit. Die „farbigen Winkel" standen für die ‚Ursache' der Inhaftierung, was Dietmar zu diesem Zeitpunkt vermutlich noch nicht wusste. Auch die Kopfbedeckung, die nicht alle Häftlinge besitzen, hat gewisse Funktionen, die Dietmar noch unbekannt sind. Die Nummer ist fortan der Ersatz für den Namen, womit die Entindividualisierung gänzlich abgeschlossen ist.

Letztlich gibt er selbst die Antwort auf die oben aufgeworfene Frage: Ein Grund, weshalb sich Dietmar dieses erste Zusammentreffen so gut gemerkt hat und so bildlich wiedergeben kann, liegt darin, dass er dieses Bild durch

---

552 Ebda. S. 197. – Vgl. dazu ebda. sowie Terrence Des Pres: *Der Überlebende – Anatomie der Todeslager*. S. 172: Diese Beschreibung wird jedoch den „Überlebenden als Opfern nicht gerecht". Der Grund für die Nichtrechtfertigung liegt darin, dass „nicht nur eine geistige Verstümmelung" präsentiert wird, sondern auch der tatsächliche Tod und das Sterben dargestellt werden.

553 Udo Dietmar: *Häftling…X*. S. 28.

ein anderes Bild erhalten hat: Er hat das Bild von Dantes *Inferno* in seiner Erinnerung, als er die Menschen in ihren zerrissenen Kleidern, mit leeren Augen sieht – für ihn ist es ein *Höllenbildnis,* weil er sich bisher nichts Schlimmeres vorstellen konnte bzw. etwas Derartiges noch nicht gesehen hat. Die Erinnerung stellt jedem sich erinnernden Menschen Vergangenes vor Augen.[554] Es wird eine starke Visualität des persönlichen Gedächtnisses beobachtet, „d.h. autobiographische Erinnerungen bedienen sich einer ausgeprägten Bildlichkeit"[555]. In diesem Fall tut die Erinnerung dies sogar wortwörtlich – es gibt hier nämlich eine doppelte visuelle Erinnerung: Einerseits beschreibt Dietmar nach dem Krieg dieses Bild, andererseits hat er bereits zum Zeitpunkt des Ereignisses ein Bild vor sich, weil er das ihm gebotene nicht anders erkennen oder deuten kann. Nun, in der Nachschau, beschreibt er mithilfe seines eigenen Bildes seine Erlebnisse. Er erinnert sich beim Schreiben, dass er damals ein Bild vor seinem geistigen Auge hatte, und dieses kann er nun dem Leser mitteilen: Das Gefühl von damals, in dem Fall sogar der Bildspender, ist noch immer vorhanden, es hat sich durch die Erinnerung nicht verändert. Nach Wagner-Egelhaaf ist die „Erinnerungshaltung in aller Regel eine unkritische"[556]. Indem Dietmar damals jedoch ein sehr negatives Bild vor sich hatte und jetzt noch immer mitteilen kann, scheint er allerdings sehr wohl eine kritische Betrachtungsweise darzulegen.[557]

Bannasch und Hammer nehmen eine Gegenüberstellung von Imre Kertész' bereits erwähntem *Roman eines Schicksallosen* – in dem sein junger Protagonist nicht von der *Hölle* des KZ (diese kenne er nicht, wohl aber das Konzentrationslager), sondern vom *Glück* im KZ erzählt – und von Primo Levis autobiografischem Bericht *Ist das ein Mensch?* vor. In Zweiterem, der laut denselben stilbildend für spätere Werke der Holocaust-Literatur gewesen sei – es erschien 1947 in Italien und erst 1961 in deutscher Übersetzung –, so konstatieren die Autorinnen,[558] sei *Hölle* „eine Metaphorik, die Primo Levi

---

554 Martina Wagner-Egelhaaf: *Autobiographie.* S. 12.
555 Ebda. S. 85.
556 Ebda. S. 12.
557 Vgl. dazu Dagmar C.G. Lorenz: *Verfolgung bis zum Massenmord.* S. 117: „Im allgemeinen *[sic]* sei *[nach Améry, Anm. AB]* jedoch die kritiklose Hinnahme der Lagerrealität die Voraussetzung zur Selbsterhaltung gewesen."
558 Vgl. Bettina Bannasch und Almuth Hammer: *Jüdisches Gedächtnis und Literatur.* S. 277–295. In: Astrid Erll und Ansgar Nünning (Hg.): *Gedächtniskonzepte der Literaturwissenschaft. Theoretische Grundlegung und Anwendungsperspektiven.* Berlin, New York: de Gruyter 2005. (= Media and Cultural Memory/Medien und kulturelle Erinnerung. 2.). S. 285 f.

mit seinen literarischen Bezugnahmen auf das *Inferno* in Dantes *Divina Commedia* für die Schoah-Literatur vorgegeben"[559] hat. Tatsächlich ist diese Aussage jedoch falsch. Denn Udo Dietmar hat – als ein Vertreter der frühen und auch deutschsprachigen Holocaust-Literatur – in seiner bereits im Jahre 1946 (auf Deutsch) erschienenen Autobiografie bzw. KZ-Berichtsdarstellung, die das Wort *Hölle* auch im Titel trägt, schon Dantes *Inferno* thematisiert. Somit hat er zu einem früheren Zeitpunkt dieses Bild gebraucht bzw. vorgegeben. Mangels Bekanntheit ist Dietmar – wie vielen anderen Verfassern von früher Holocaust-Literatur – aber die Beachtung für diese Verwendung verwehrt geblieben.

Auch bei Young sind die Erwähnung von *Hölle* und Dantes *Höllendarstellung* zu finden.[560] Er verwendet als Beispiel einen Auszug aus Chaim Kaplans Warschauer Ghettotagebüchern, in denen dieser von Dante'schen Szenen in den Straßen von Warschau berichtet, um die Geschehnisse zu beschreiben.[561] Gleichzeitig fragt sich Kaplan auch, wieso ausgerechnet das jüdische Volk eine solche Vernichtung erleben muss. Er bemüht, so Young, „die Metapher von Hölle und Verdammnis"[562] als ein alltägliches Bild, das ihm zwar keine Antwort oder Erklärung für seine Frage liefern kann, ihm jedoch hilft, seine Verzweiflung und Hilf- bzw. Sprachlosigkeit auszudrücken. Demgemäß wird auch die Annahme bestätigt, dass eine bildhafte Sprache vornehmlich dann verwendet wird, wenn einfache Worte nicht auszureichen scheinen, um das Erleben zu beschreiben.[563] Das *Inferno* bei Dante wird also bisweilen von Überlebenden als Bezugsquelle[564] verwendet. Wo Worte nicht ausreichen, um

---

559 Ebda. S. 286. [Versalien AB]
560 Vgl. James E. Young: *Beschreiben des Holocaust*. S. 66.
561 Vgl. ebda. S. 63.
562 Ebda. S. 66.
563 Vgl. ebda. S. 66. – Diese Gegebenheit ist bei der vorliegenden Analyse bzw. allgemein bei vielen Holocaust-Texten immer wieder festzustellen. Im Gegensatz dazu gibt es jedoch auch Texte, bei denen der Vergleich des KZ mit dem *Inferno* von Dante für den Verfasser nicht mehr ausreicht. Vgl. z.B. Dagmar C.G. Lorenz: *Verfolgung bis zum Massenmord*. S. 113: „Die Bilder aus Dantes Inferno versagten bei Lows Versuch, die Erinnerungen zu beschwören: ,Hitler's hell was unfathomable.'"
564 Vgl. Andrea Reiter: *„Auf daß sie entsteigen der Dunkelheit."* S. 211 f.: Peter Weiss hat sich auf theoretische Art sehr viel mit Dante auseinandergesetzt; viele Überlebende hatten jedoch ein nicht so großes Wissen, und zudem war es ihnen einfach nur wichtig, ein bekanntes Bild als Vergleich heranzuziehen, um das Erlebnis den Lesern und Zuhörern näherbringen zu können. Die Überlebenden können „sich weder von ihrer eigenen Erinnerung völlig distanzieren, noch verfügen sie über die nötigen Ausdrucksmittel. In einem viel unmittelbareren Sinne sind sie daher ihrem Vorbild ausgeliefert."

etwas zu schildern, ist ein Bild in der Imagination hilfreich. Wenn jedoch auch dieses ungewohnte Bild beschrieben werden soll, müssen wiederum bekannte und einer Kultur angehörige Bilder zu einem Vergleich eingesetzt werden. Letztendlich bedeutet das also, dass nur Vergleiche mit Bekanntem zu einer Erklärung von etwas, das jemand nicht aus eigener Erfahrung kennt, dienen können und genügen müssen. Genau so verhält es sich wiederholt bei der Beschäftigung mit Holocaust-Literatur. Weil der Leser nicht dieselbe Erfahrung teilt, sich womöglich auch vieles, was beschrieben wird (v.a. Darstellungen von Grausamkeiten), nicht vorstellen kann, muss er zum besseren Verständnis vorgefertigte, tradierte Bilder zu Hilfe nehmen.[565]

Erstaunlich erscheint bei diesem Textbeispiel im Vergleich zu anderen Stellen, bei denen Dante erwähnt wird, zudem, dass Dietmar an dessen *Höllendarstellung* bereits vor Ort denken musste, also in der Situation des Erlebens. Bei anderen Erwähnungen entsteht der Eindruck, dass Überlebende erst in ihrem Bericht, während der Abfassung desselben, das Bild von Dantes *Inferno* als Vergleichsmöglichkeit heranziehen. Dies zeigt das oftmalige Problem der ‚Sprachlosigkeit‘ bzw. der fehlenden Worte und Vergleichsmöglichkeiten für die Geschehnisse in den Konzentrationslagern: Die meisten Verfasser von Überlebensberichten suchten also (erst) im Nachhinein nach einer adäquaten Darstellungsmöglichkeit für die KZ-*Hölle* und fanden sie in der bekannten Illustration Dantes.

Eine weitere Darstellung bzw. Erwähnung der *Hölle* findet sich an einer Stelle viel weiter hinten und damit chronologisch schon gegen Ende von Dietmars Bericht, als er im KZ Buchenwald eintrifft. Er kommt von Dachau nach Buchenwald, was er folgendermaßen beschreibt: „Aus einer *Hölle* kommend, marschierten wir in die andere!"[566] In Buchenwald bleibt Dietmar nicht lange im Hauptlager, sondern wird kurz darauf – auf freiwillige Meldung hin – in einem Außenlager, einem Salzbergwerk[567], stationiert. Er verwendet auch hier das Wort *Hölle,* um den Unterschied zwischen Stamm- und Außenlager beschreiben zu können:

---

565 Vgl. Graumann: *Deportiert!* S. 36 ff., Kapitelüberschrift: „Marterhölle ‚Kleines Lager'" bzw. Udo Dietmar: *Häftling…X.* S. 71: „Dachau, Hölle auf Erden, wer wird dich je vergessen?" bzw. Julius Freund, S. 37: „Es war die Hölle auf Erden."

566 Udo Dietmar: *Häftling…X.* S. 102. [Kursivierung AB]

567 Vgl. ebda. S. 106: Wie die Häftlinge erst später erfuhren, hätten in diesen Werken die „Geheimwaffen V1 und V2" hergestellt werden sollen.

Waren die größeren Konzentrationslager schon *Höllen*, so stellten die Außenkommandos in den meisten Fällen die reinsten *Teufelsküchen* dar, in denen das
Menschenmaterial nur so vernichtet wurde.[568]

Zur *Hölle* gesellen sich nun auch die „Teufelsküchen", ein ebenso schwer
fassbarer Begriff, der für den Leser und Nichtinvolvierten als verständlichere
Beschreibung dienen soll. So, wie Dietmar die beiden Bezeichnungen nun
hintereinander verwendet, ist eine Steigerung erkennbar, und zwar von der
Hölle Konzentrationslager hin zur „Teufelsküche" Außenkommando. Als
Analogie zur Hölle fungiert der abfällige Ausdruck „Menschenmaterial" für
die Häftlinge, welcher mit dem Denken der Nazis über die Häftlinge als Ar-
beitssklaven korrespondiert. Ferner erläutert Dietmar, dass es für Buchenwald
verschiedene Außenlager „im gesamten Thüringer Gebiet, in Sachsen, Anhalt,
im Ruhrgebiet, ja bis an den Rhein"[569] gegeben hat, „eine Unmenge dieser
Höllen"[570], wie er weiterhin den Begriff *Hölle* betont.

12.11 SONNE UND TOD

Extreme Wetterbedingungen erschweren die ohnehin mühevolle Arbeit für
die Häftlinge, und das Durchhaltevermögen sinkt. Zu diesem Zeitpunkt, im
Sommer 1942 im KZ Natzweiler, ist es die Sonne, die durch ihre Hitze alle
Inhaftierten Durst leiden lässt. Auf Geheiß der SS darf dieser aber nicht ge-
stillt werden. Die SS ist omnipräsent und schüchtert die Menschen durch ihr
stetes Auf- und Abgehen ein. Mittels Triade zeigt Dietmar auf, was ihn und
die Kameraden schwächt und ihnen Probleme bereitet. Am Ende steht das
Verdikt der Peiniger – als simple, scheinbar logisch präsentierte und gebets-
mühlenartig wiederholte Phrase: „Und trinken dürfen wir nicht, weil es die
SS nicht will."

> Die Sonne brennt. Ein glutheißer Himmel wölbt sich über dem Bergkegel von
> Natzweiler. Wir schwingen Pickel und Hammer mit letzter Kraft auf die Steine.
> Die SS geht durch unsere Reihen, beobachtet jeden, ob er sich nach ihrem Gut-
> dünken bewegt. –
> Die Kraft will nicht mehr. –

---

568 Ebda. S. 103. [Kursivierung AB]
569 Ebda.
570 Ebda.

Der Hunger frißt im Gedärm. –
Der Durst beizt die Kehle trocken. – – –
Und trinken dürfen wir nicht, weil es die SS nicht will.[571]

Direkt daran anschließend steht eine ähnliche dreifache Aufzählungsreihe, gleichsam schlicht verfasst (Subjekt, Objekt, Prädikat), nun mit dem eigenen Urteilsspruch, wie ein solcher immer wieder in der Holocaust-Literatur zu finden ist: „Man ist nicht mehr Mensch." Nachdem die SS in den Häftlingen keine Menschen sieht, sind die Häftlinge bald an der Reihe, sich selbst ebenfalls nicht mehr als solche zu fühlen:

Der Verstand will nicht mehr arbeiten. Die Hitze hat ihn ausgedörrt. Man ist nicht mehr Mensch. Man träumt von trockenem Brot, man träumt von Wasser, man hat Halluzinationen –. Man sieht einen weißbekittelten Kellner mit einer Flasche labenden Inhalts auf sich zukommen, sieht einen springenden Quell, einen sprudelnden Brunnen. – Man lechzt nach Wasser.[572]

Bilder entstehen im Kopf des geschundenen Menschen, die ihn aufrütteln sollen, damit er weitermachen kann – und nicht dem Verderben durch die Übermenschen ausgeliefert ist. Ohne lebenswichtige Flüssigkeit kann weder Geist noch Körper richtig arbeiten. In der Nähe gibt es sogar Wasser, aber erneut lautet das Verbot: „[W]ir dürfen es nicht trinken, weil es die SS nicht will." Die körperlichen Beschwerden werden schlimmer, die Anstrengung wird größer. Der einzige Antrieb ist schließlich, nachdem sie schon lange implizit mitgeschwungen ist, die Angst – die Angst vor den Peinigern, die weiterhin ausdauernd ihre Überwachungsrunden drehen:

Hundert Meter vor uns rauscht ein Wasserhahn. Das kostbare Naß sprudelt kristallklar und ladet ein zum Leben – und verrinnt im glühenden Sand. Wir dürfen nicht trinken, weil es die SS nicht will. – –
Der Körper fiebert, Schweiß gibt er nicht mehr her; er ist zu ausgetrocknet. Die Angst sitzt uns im Nacken, denn die SS schreitet durch unsere Reihen.[573]

---

571 Ebda. S. 43.
572 Ebda.
573 Ebda.

Die Bedeutung von Wasser erfährt auch Erwin Gostner, der in seinem Buch *1000 Tage im KZ* Folgendes schreibt:

> Aber hier lerne ich erst, was trinken heißt. Langsam und bedächtig lasse ich das Naß über die Zunge rinnen, von vorne nach hinten, von hinten nach vorne. … Oh, es ist eine heilige Handlung, das Trinken, ein fester Bestandteil des Lebens, ein Akt der Selbsterhaltung; man muß es genießen.[574]

Aus der allgemeinen Zustandsbeschreibung wird nun ganz plötzlich und unvermittelt durch eine Geräuschbeschreibung eine Einzelfalldarstellung, deren Zeuge Dietmar wird. Er sieht aber nicht direkt hin, weil er, wie die Kameraden, verängstigt weiterarbeitet, um sich selbst zu schützen.

> Neben mir ein Krach. Die Wucht eines Hackenstiels trifft einen meiner Kameraden auf den Schädel.
> Er bricht zusammen.
> Ich höre, ohne aufzublicken, da ich fieberhaft geängstigt weiterarbeite:
> „Du Hund, Du willst nicht mehr arbeiten! Ich werde es Dir schon zeigen!"
> Neben mir liegt der Kamerad aus Frankreich, durch den Schlag ohnmächtig zusammengebrochen, aus Mund und Nase blutend, zwischen den Steinen.
> Das Blut tropft auf den sonnendurchglühten Kies.
> Der Atem geht schwach.
> Da er keinen Laut mehr von sich geben kann, wird die Wut des SS-Führers etwas geschwächt. Er stößt ihn nur noch „gelinde" mit der Stiefelspitze in die Weichteile und sagt:
> „Du kannst wohl nicht mehr, Du Kreatur – was?"
> Um mich herum arbeiten die Kameraden wie im Fieber. Sie schlagen mit ihren Arbeitsgeräten einfach drauflos, ihr Gehirn ist ausgedörrt, ihre Seele tot, nur der Selbsterhaltungstrieb läßt sie in Furcht erzittern und arbeiten, sinn- und planlos. Die Angst hält sie in Bewegung.[575]

Das Bild des Blutes, das wie Regentropfen auf den „sonnendurchglühten Kies" tropft, wird nicht zufällig hier verwendet: Es erscheint einerseits als Gegenstück zu Sonne und Hitze – als kühlender Regen –, und andererseits bedeutet Regen das Wasser, welches die Häftlinge nicht trinken dürfen. Nur eine Hoffnung besteht noch: die Rückkehr ins Lager, um von dieser Strapaze befreit zu

---

574 Erwin Gostner: *1000 Tage im KZ.* S. 35 f.
575 Udo Dietmar: *Häftling…X.* S. 43 f.

werden. Mittels Raffung geht Dietmar zu den Gedanken an den Abend über
– nicht ohne das vorherige ,Fallbeispiel' abzuschließen.

> Es muß bald Feierabend sein, Zeit des Abendappells. –
> Der da fast leblos neben mir liegt, soll hineingeschafft werden.
> Plötzlich sagt ein Franzose:
> „Der André ist schon tot."[576]

Sehr lapidar beschreibt Dietmar das Ende dieses menschlichen Lebens – es
ist wahrscheinlich die gleiche emotionslose Schilderung, wie das Sterben des
Menschen ein emotionsloses Ende gefunden hat. Diese nüchterne Art der Beschreibung macht es jedoch erst für einen Überlebenden wie Dietmar möglich, den Schrecken für sich selbst und für die Darstellung bzw. auch den Leser
erträglich zu machen.[577]

12.12 DER TOD IM RHYTHMUS DER JAHRESZEITEN

Wie aus den nachstehenden Zeilen deutlich wird, ist die Zeit jene Instanz,
die das Leiden noch unerträglicher macht. Verzweiflung bleibt daher ein be-
deutsames Gefühl. Hier – vermutlich handelt es sich um das Jahr 1943; eine
Zeitangabe fehlt – wird die Verzweiflung mit drastischen Worten, bezogen auf
den Inhalt, aber dennoch in einem gewissen lethargischen Ton beschrieben.
Diese lethargische, eben auch lakonische Beschreibung deutet aber nicht nur
auf die „Objektivierung von Erfahrung"[578] hin, sondern dient dazu, „die Grenzen des Mitteilbaren zu transzendieren"[579]. Dietmar beschreibt diese Szene aus
der gemeinschaftlichen ,Wir'-Sicht; er stellt sich nicht als Individuum heraus,
sondern beschreibt das gemeinsame Erleben, welches aus dem Sich-Abwech-
seln von Tod und Elend im Jahreszeitenrhythmus besteht. Nun werden mittels
anaphorischer Reihung die Jahreszeiten aufgezählt, die jeweils auf eigene Art
auf die Häftlinge und speziell Dietmar Einfluss haben.

> Die Zeit schleicht träge dahin. Tag für Tag Mord, Totschlag und grauenhaftes
> Elend. Jeden Abend schleppen wir, von der Arbeit kommend, immer neue Op-
> fer bestialischer Mißhandlung ins Lager zurück. –

---

576 Ebda. S. 44.
577 Vgl. Andrea Reiter: *„Auf daß sie entsteigen der Dunkelheit."* S. 55 f.
578 Ebda. S. 192.
579 Ebda.

Der Winter kommt mit seiner grausigen Kälte und reißt große Lücken in unsere
Reihen. –
Der Frühling naht, und sein warmer Hauch berührt noch einmal manche im
Todesröcheln sich verschließende Häftlingsbrust.
Der Sommer ist da, und er sieht das gleiche grausame Bild wie im Vorjahr, nur
daß die wenigen Überlebenden noch elender, noch schrecklicher anzusehen
sind.
Gibt es gar kein Ende?[580]

Dietmar schildert den Alltag, die alltäglichen grässlichen Erlebnisse, die sich
von Tag zu Tag und von Jahreszeit zu Jahreszeit wiederholen. Das Misshandeln
und Ermorden von Häftlingen sind keine Besonderheit. Nicht außer Acht zu
lassen ist hierbei die wiederum sehr poetisch anmutende Darstellung der Jahreszeiten, wie sie oftmals in lyrischen Werken zu finden ist:

[…] auch die KZ-Überlebenden [greifen] bei der Schilderung ihrer Erlebnisse
durchaus zu Strategien poetischen Formulierens, […] weil solche Strategien eine
Mitteilungsfunktion erfüllen: Schlägt sich doch in ihnen viel von der subjektiven Betroffenheit der Erlebenden nieder. In den interessantesten Fällen vermögen sie Auskunft zu geben darüber, wie der Lageralltag auf die Häftlinge wirk-
te.[581]

Dabei ist diese Beschreibung erneut nur eine Form der euphemistischen Gräu-
eldarstellung; die Zeitbeschreibung dient der Verschönerung des Inhalts. Zudem präsentiert Dietmar mittels Raffung die Jahreszeiten direkt hintereinander. Der Winter ist eine handelnde Kraft, indem dieser Kälte bringt und vielen
Häftlingen das Leben kostet. Der Frühling wird mit Wärme in Verbindung
gebracht – welcher aber kein etwaiges Erblühen der Umwelt bedeutet. Für den
Sommer hat sich Dietmar eine Besserung gewünscht: Gerafft ist dieser schon
da, aber es gibt noch immer keine Veränderung; alles wird nur noch schlimmer.

12.13 WEIHNACHTEN: TOD IN DER SCHNEELANDSCHAFT

Zum KZ Natzweiler bzw. zur Funktion desselben gibt Dietmar eine nähere
Erläuterung, die der Untersuchung der folgenden Textstelle vorausgeschickt
werden soll:

---

580 Udo Dietmar: *Häftling…X.* S. 53.
581 Andrea Reiter: *„Auf daß sie entsteigen der Dunkelheit.“* S. 193.

Das Konzentrationslager Natzweiler war zugleich […] eine Hinrichtungsstätte für die Opfer der Gestapo.
Der, über den die Gestapo das Todesurteil gefällt hatte, wurde nach Natzweiler hinaufgeschafft und hier oben liquidiert.
Die Opfer, die gehenkt werden sollten, wurden ins Krematorium gebracht und dort das Todesurteil vollstreckt *[sic]*. Bei denen, die zum Tode des Erschießens verurteilt waren, wurde das Urteil in der einige hundert Meter vom Lager entfernten, aber noch im Lagerbereich selbst befindlichen Kiesgrube vollzogen.[582]

Im Folgenden erzählt Dietmar die Erlebnisse des Heiligen Abends im Jahr 1943. Er stellt diesen Tag als Zeitangabe und die Vogesenlandschaft als Ortsangabe einander gegenüber und kontrastiert dazu sein inneres Empfinden. Wie an anderer Stelle leitet Dietmar den Sachverhalt nüchtern im Präsens ein: „Mir ist da noch ein Tag in Erinnerung, an dem auch ich kommandiert war, die Leichen der Erschossenen ins Krematorium hinunterzuschaffen."[583] Distanziert und entpersonalisiert beschreibt er seine Aufgabe. Zu dieser Darstellungsweise meint Reiter neben bereits zuvor Erläutertem Folgendes:

> Die rein faktische Präsentation vermittelt den Eindruck eines distanziert-unbeteiligten Beobachters. Es könnte aber auch hilflose Empörung über das Geschehene sein, die ihn zu dieser Darstellungsweise greifen ließ. Nachhaltiger als der pathetisch-überschwengliche Stil wirkt dieser dürre, lakonische Sprachduktus jedenfalls auf den Leser. Die unterkühlte Art der Schilderung, bei der der Berichterstatter selbst völlig im Hintergrund bleibt, läßt das Geschilderte nur aus sich selbst heraus zur Geltung kommen.[584]

Für Dietmars Schreibstil ist diese Charakteristik sehr treffend, wie seine immer wieder betont nüchtern wirkenden Textpassagen belegen. Zuweilen wird seine Präsenz – entgegen der von Reiter beschriebenen Zurückhaltung des Berichterstatters – allerdings sehr wohl erkennbar, wenn er über Ereignisse berichtet, die ihn selbst emotional berühren. Sodann folgt Dietmars Erlebnisschilderung, eingeleitet mit einer Zeit- und Wetterbeschreibung:

---

582 Udo Dietmar: *Häftling…X.* S. 59.
583 Ebda.
584 Andrea Reiter: *„Auf daß sie entsteigen der Dunkelheit."* S. 193 bzw. oben.

Es war am Heiligen Abend. Der Schnee lag schon wochenlang im Lager, und seit einigen Tagen hatten wir Neuschnee. An diesem Tage brauchten wir ausnahmsweise nur bis vier Uhr zu arbeiten. Nicht weil Heiligabend war, und man uns etwas zugute tun wollte, nein, wir waren ja keine Menschen, sondern darum, damit die SS-Urlauber noch rechtzeitig ihren Weihnachtsurlaub antreten und mit ihren Angehörigen ihr „Julfest" – unser Weihnachten – feiern konnten. Es dämmerte schon. Die Vogesenlandschaft war prächtig in ihrem Winterkleid. Tannen- und Fichtenwälder boten einen herrlichen Anblick und zauberten eine richtige Weihnachtsstimmung hervor.[585]

Sprachlich ist hier noch einmal auf den SS-Jargon hinzuweisen: So bezeichnet Dietmar sich und die Mithäftlinge als „keine Menschen"[586]. Friedlich und schön erscheint die Winterlandschaft der Vogesen. Im nächsten Absatz wird diese Idylle allerdings zerstört – es gibt keine analoge innere Atmosphäre zur Wetterstimmung: „Bei den meisten von uns war jedoch jegliches Empfinden erloschen. Abgestumpft waren die Herzen von der furchtbaren Not der Gegenwart, keinen Raum hatten sie mehr für weichere Regungen."[587] Dennoch stellt Dietmar unmittelbar danach wiederum eine gegenteilige Atmosphäre dar. In Dietmars Worten flackert Hoffnung auf, dass zumindest außerhalb der Lagerwelt noch ‚Normalität' herrscht:

Und doch hatte der eine oder andere am Nachmittag von seiner Arbeitsstelle, sofern diese am Waldrand lag, ein kleines Tannenreis, heimlich abgerissen, unter seinem Rock versteckt ins Lager hineingeschmuggelt und in seinem Block irgendwo verstohlen angebracht, um seinen Kameraden damit eine kleine Freude zu machen.
Es mußten wohl draußen in der Welt noch Menschen leben, die heute Weihnachten feierten.[588]

Wieder einer KZ-eigenen Arbeit nachgehend, hängt Dietmar wehmutsvollen Gedanken nach. Wie in der Rahmenerzählung ermahnt sich Dietmar,

---

585 Udo Dietmar: *Häftling…X.* S. 59.
586 Vgl. ebda. S. 41 bzw. oben. – Vgl. dazu auch Erwin Gostner: *1000 Tage im KZ.* S. 92: „Der Häftling Nummer 1000 stirbt, bitte, was ist dabei? Eine Nummer wird ausgelöscht, eine Zahl mit drei Nullen. Der Mensch ist selbst eine Null, ein Nichts, unwichtiger noch als die Zahl, denn die kann weiterleben, morgen schon wird sie ein anderer tragen."
587 Udo Dietmar: *Häftling…X.* S. 59.
588 Ebda.

aus Selbstschutz nicht zu viel an frühere Weihnachten zu denken. In weiterer
Folge ist diese Feststellung des Gemütszustands wieder eine Einleitung für das
bevorstehende Ereignis, das mit diesem Gemütszustand korrespondiert; langsam wird Spannung aufgebaut.

Ich stand vor dem Block und säuberte meine schmutzigen Holzschuhe mit
Schnee. Dabei dachte ich an zuhaus, an früher verlebte Weihnachtstage. Aber
nur ganz kurz. Ich mußte diese Gedanken schnell fallen lassen, um nicht schwer-
mütig zu werden.
Da kam eiligen Schrittes jemand auf mich zu und rief mich an.
Es war der Capo vom Krematorium. Er forderte mich auf, mitzukommen.
Ich gehorchte und ging mit.
Wir stiegen die Terrassentreppen zum Tor hinauf. Unterwegs griff er noch einen
zufällig des Weges kommenden Kameraden auf, der auch helfen sollte. Was wir
zu tun haben würden an diesem Heiligen Abend, wo doch unsere Arbeit schon
beendet war, konnten wir uns nicht erklären.
Oben auf der Lagerstraße angekommen, sahen wir unweit des Tores schon eine
Gruppe Häftlinge stehen, der wir uns anschließen mußten. Der Capo zählte uns
noch einmal durch und sagte:
„Gut so, sechzehn Mann!"
Er unterteilte uns in vier Gruppen zu je vier Mann und erklärte:
„Also, hört zu. Jede Gruppe trägt einen Sarg. Aber geht vorsichtig, es ist glatt,
und die Särge sind schwer. In jedem liegen zwei Mann, und die da drinliegen,
sind keine „Muselmänner", sondern Leute von draußen. (Muselmann war der
bekannte Lagerausdruck für den bis zum Skelett abgemagerten Häftling.) Die
leeren Särge sind bereits oben, und die SS muß gleich, aus der Kiesgrube kommend, mit den Leichen da sein, denn sie haben vorhin ein Auto voll Menschen
aus Straßburg heraufgebracht. Ich glaube aber, daß noch nicht alle tot sind. Also,
seid ruhig und bleibt hier stehen. Ich gehe mal eben zum Tor, um zu hören, was
los ist. Wenn ich Euch rufe, dann kommt sofort!"[589]

Die Häftlinge wissen noch nichts von den auf sie zukommenden Aufgaben;
es schwebt etwas Unerklärliches, Bedrohliches in der Luft. Die wichtigsten
Informationen und Instruktionen sind den Häftlingen gegeben worden; der
Sachverhalt wird nüchtern dargestellt. Etwas gerafft ist es nun bereits Abend

---

589 Ebda. S. 60.

geworden, und Dietmar kontrastiert den beinahe romantisch beschriebenen Schneefall mit der unter den wartenden Häftlingen herrschenden „düsteren" Stimmung folgendermaßen:

> Inzwischen war es dunkel geworden. Leise rieselte der Schnee. Kristallkörnchen funkelten im Licht der Lagerscheinwerfer.
> Schweigend verharrten wir in düsterer Stimmung.
> Einer unserer Kameraden, ein Zugang, der erst seit einigen Wochen im Lager war, noch jung an Jahren, fing an zu zittern und klappte lautlos zusammen. Zwei von uns brachten ihn schnell ins Revier und holten einen Ersatzmann aus einem der nächsten Blocks. Jetzt waren wir wieder vollzählig. Hinter dem Lagertor lag alles in tiefstem Dunkel. An dem halblauten Stimmengewirr, dem Klirren von Handschellen merkten wir, daß die SS-Mörder dort herumhantierten.
> Einige Minuten später.
> Eine Anzahl Schüsse peitschten [sic] durch die Stille des Heiligen Abends – –
> Dann war es ruhig.[590]

Die weihnachtliche Wetterstimmung verleitet zu falscher Hoffnung; der „Lagerscheinwerfer" stellt die Lagerrealität wieder präsent in den Vordergrund. – Zur Kollokation „düstere Stimmung" ist zu bemerken, dass das Wort „düster" eher als Licht- oder Landschaftsbeschreibung denn für eine menschliche Gemütsverfassung gebräuchlich ist. Dietmar münzt also gewissermaßen eine Landschaftsstimmung auf Menschen um. Er erläutert ferner, was im Lager für bereits länger inhaftierte Menschen Usus ist: keine Aufregung zu verursachen und etwaige auftretende Probleme schnell selbst zu beseitigen, damit kein Aufseher oder SS-Mann die ganze Gruppe belangen kann. In diesem Fall wird ein „Ersatzmann" für jenen Inhaftierten geholt, der einen Kollaps erlitten hat, damit die Zahl der Angetretenen wieder stimmt. Er rafft wiederum die Zeit, denn unmittelbar darauf sind die Schüsse zu hören, die die Stille durchbrechen. Die Ruhe, die nach den Schüssen einkehrt, ist eine trügerische. Das Szenario erscheint durch die Anordnung der Sätze stakkatoförmig, ähnlich einer Maschinengewehrsalve: Zuerst vergehen einige Minuten, dann passiert etwas – ein Mord –, und schließlich herrscht wieder Ruhe. Kurz und bündig wird das Hauptereignis geschildert. Nun folgt der Einsatz der KZ-Häftlinge:

---

590 Udo Dietmar: *Häftling…X.* S. 60.

Die Stimme des Krematorium-Capos rief uns ans Tor, wo wir auch schon vier Särge vorfanden, die wir auf die Schultern luden.

Meine Gruppe bestand außer mir aus noch einem Kameraden gleicher Größe und zwei kleineren. Da die Last bergab getragen werden mußte, gingen wir beiden größeren voran und die kleineren Träger hinter uns her.

So bewegte sich dieser Leichenzug durch den Schnee stampfend *[sic]* nach unten ins Krematorium. Ich hatte die Last auf der rechten Schulter, den Arm leicht dagegen gedrückt, um die Schmerzen, die mir das Tragen verursachte, etwas zu mildern, denn ich war bereits so abgemagert, daß meine Schulterknochen spitz herausragten.

Da fühlte ich etwas Nasses auf meiner rechten Hand – – –.

Im Licht des nächsten Scheinwerfers sah ich, daß es Blut war, Blut von dem Menschen, dessen Leiche ich jetzt trug.

Vor einigen Minuten lebte er noch.

Ich habe ihn nicht gekannt, aber ein tiefes Weh erfaßte mich, denn auch er war mein Kamerad.[591]

Die vermeintlich alltägliche Lastenarbeit entpuppt sich nun endgültig als Leichentransport, und Dietmar ist durch die Tatsache, einen vor kurzer Zeit noch lebendigen, nun erschossenen Menschen im Sarg Richtung Krematorium tragen zu müssen, tief getroffen. Der Grund für seine plötzlich so starke emotionale Reaktion liegt vermutlich in der Bedeutung, die Weihnachten für Dietmar hat, zeigt er doch an vielen anderen Textstellen, in denen er das Ermorden von Menschen explizit, kaum Gemütsregungen.[592] Nachdem die Särge ins Krematorium gebracht worden sind, sieht der weitere Ablauf folgendermaßen aus:

Im Leichenkeller des Krematoriums wurden die Särge abgesetzt, die Gemordeten entkleidet und dem dort bereits vorhandenen Leichenstapel beigeschichtet.

Sie lagen übereinander wie Eisenbahnschwellen, wurden mit einer Handvoll Chlorkalk bestreut und harrten nun der Verbrennung.

Der Krematorium-Capo bemerkte, daß wir noch einmal hinauf müßten, um den Rest zu holen.

---

591 Ebda. S. 60 f.

592 Auch bei Wiesel (vgl. Analyse bzw. *Nacht.* S. 93 f.) ist eine ähnliche Schilderung – die des Erhängens eines Kindes – zu finden, die ihn auf gewisse Weise berührt hat. Dagegen werden laufende Selektionen und Tötungen – die sozusagen schon den Alltag bilden – nicht mehr besonders hervorgehoben oder erwähnt. Anm. AB.

Unterwegs sagte einer meiner Kameraden, ein kleiner blasser Lothringer, zu mir: „Hast Du gesehen, das waren noch stramme Kerls! Ach, ich möchte mich vor meinem Tode auch gern noch einmal sattessen!"[593]

Wie selbstverständlich erscheint die Arbeit der Häftlinge, die Ermordeten zu entkleiden und auf den bereits vorhandenen Leichenstapel zu schichten. Für die Inhaftierten sind diese Anblicke und Gegebenheiten inzwischen Normalität, und als eine solche werden sie auch von Dietmar geschildert. Normal erscheint für die Häftlinge dagegen nicht mehr, dass man sich satt essen und gut genährt aussehen kann, wie es der genannte Lothringer Dietmar gegenüber äußert. Nach Beendigung der Arbeit gehen die Häftlinge zurück zu den Blocks. Alle sind in Gedanken versunken. Erneut versagt sich Dietmar, zu viel über das Erlebte nachzudenken – schließlich war dieser Abend kein ‚Heiliger Abend' für ihn.

> Eine halbe Stunde später war unsere Arbeit beendet.
> Wir suchten unsere Blocks auf, jeder mit seinen eigenen Gedanken beschäftigt. Was sich der eine oder andere meiner Schicksalsgenossen bei diesem Erlebnis gedacht hat, weiß ich nicht. Ich selbst habe darüber nicht mehr nachdenken dürfen! – – –
> Der kleine Funke meiner Heilig-Abend-Stimmung war ausgelöscht![594]

Von Interesse ist letztlich nur das endlich verfügbare Essen, wobei das zuvor Erlebte Dietmar noch sehr präsent vor Augen steht:

> Mit Heißhunger verzehrte ich dann mein kärgliches Stückchen Brot, wobei ich jede Krume, die herunterzufallen drohte, sorgsam hütete.
> Es war mittlerweile Schlafenszeit. Ich begab mich deshalb in den Schlafraum, legte mich auf meine Pritsche, um im Schlaf Vergessen zu finden.[595]

Es ist nichts mehr zu diesem Erlebnis und dem Abend hinzuzufügen; die Essensportion ist – auch an Weihnachten – kümmerlich, der Hunger ebenso groß wie immer. Aber anstatt gleich einzuschlafen, müssen die Häftlinge noch Weihnachtslieder[596] hören, die laut durchs Lager schallen. Teilweise aus der

---

593 Udo Dietmar: *Häftling…X.* S. 61.
594 Ebda.
595 Ebda.
596 Vgl. dazu Erwin Gostner: *1000 Tage im KZ.* S. 56 f.: „Auf dem Appellplatz hat die SS. uns

Perspektive der Nationalsozialisten schildert Dietmar dazu Folgendes, um sodann bewusst zurück in die damalige Realität geworfen zu werden:

> Die Lagerwache der SS wollte uns unser Elend am heutigen Abend noch besonders fühlen lassen, denn sie schaltete den Radioapparat ein, dessen Lautsprecheranschlüsse übers ganze Lager auf jeden Block verteilt waren. Kinder sangen alte Weihnachtslieder.
> Ganz deutlich klingen mir noch die Worte in den Ohren:
>> Welt ging verloren,
>> Christ ist geboren,
>> Freue, freue dich,
>> O Christenheit…
> Diese Lügner, diese Betrüger!
> Sie wagten es noch, das Wort C h r i s t u s, den Namen dieses Reinen, Edlen, in ihr bluttriefendes Maul zu nehmen.
> Mir tat es weh, diese kleinen, unschuldigen Menschlein für den Zweck der raffiniert – verlogenen [sic] Nazi-Propaganda singen zu hören.[597]

Erstmals äußert sich Dietmar sehr deutlich zur Religion, zum Christentum. Bis zu diesem Punkt hat Dietmar bereits große Integrität[598] und Menschenliebe gezeigt; christliche Werte sind dabei aber noch nicht so deutlich erkennbar gewesen wie bei obigem Beispiel. Am Ende der Textstelle ruft er schließlich aus: „O, diese Teufel, die sich anmaßten, G o t t zu sein!"[599]

---

wie zum Hohn einen großen Christbaum aufstellen lassen. Als wir eines Abends einen auf dem Arbeitsplatz erschlagenen Häftling bis zum Appellplatz geschleppt haben, müssen wir ihn unter den Baum legen. Nach dem Appell wird ein Häftling ausgepeitscht, auch unter dem Christbaum! Währenddessen müssen wir singen, allerdings kein Weihnachtslied!"

597 Udo Dietmar: *Häftling…X.* S. 61 f.
598 Vgl. Terrence Des Pres: *Der Überlebende – Anatomie der Todeslager.* S. 56: „Der Überlebende kämpft um sein Leben und bewahrt seine Menschlichkeit im Widerstreit mit einer Situation, in der Anstand geradezu albern und unmöglich erscheint. Er hat sich in der moralischen Absicht, Zeugnis abzulegen, verankert und bewahrt so eine *Integrität,* die der brutalen Rohheit seiner Umgebung entgegensteht." [Kursivierung AB]
599 Udo Dietmar: *Häftling…X.* S. 62.

2. STATION: DACHAU

12.14 LAGERSTRASSE – GLÜCK

Mittlerweile, im Juni 1944, wurde Dietmar ins KZ Dachau ‚evakuiert‘[600], da die Front immer näher rückt. Mit dieser *Evakuierung* ist er zugleich dem über ihn verhängten Todesurteil entgangen, das der Kommandant des KZ Natzweiler, Josef Kramer (später Kommandant von Bergen-Belsen), ohne Verhör aufgrund einer SS-Denunziation ausgesprochen hat. 53 Tage musste Dietmar im Arrestblock ausharren, jeden Tag auf die Urteilsvollstreckung wartend. Aufgrund glücklicher Fügungen[601] kommt er allerdings wieder frei und wird mit den anderen Tausenden Häftlingen ins KZ Dachau gebracht – wie diese *Evakuierung* jedoch aussieht, ob die Häftlinge per Zug gebracht werden oder die rund 400 Kilometer selbst marschieren müssen, schildert Dietmar nicht.

Im folgenden Textbeispiel wird die sogenannte Freizeit nach dem Abendappell genauer erläutert. Die abendlichen Spaziergänge in der Lagerstraße sind aus Berichten bzw. Werken teilweise bekannt. Erstaunlicherweise, so könnte man meinen, war es den Häftlingen erlaubt, nach dem Abendappell und, falls vorhanden, Abendessen im Lager spazieren zu gehen und sich frei zu bewegen. Die Spaziergänge werden in jeglichen Werken zumeist als sehr schön beschrieben, wodurch man als Leser einen falschen Eindruck erhält – denn an der grausamen Realität änderten diese nichts. Dieser sodann gänzlich konträre Ton und die Darstellung einer den Häftlingen gewährten Freiheit lassen den aufmerksamen Leser also etwas rätseln. Bei genauerer Betrachtung wird auf jeden Fall einmal klar, dass diese Spaziergänge, so bizarr sie im Umfeld des

---

600 Vgl. Erich Fein und Karl Flanner: *Rot-weiß-rot in Buchenwald*. Die österreichischen politischen Häftlinge im Konzentrationslager am Ettersberg bei Weimar 1938–1945. Wien, Zürich: Europaverlag 1987. S. 10: „Evakuierung: im Kriegs- oder Katastrophenfall Wegschaffung der Zivilbevölkerung aus dem Frontbereich. Im Falle des Konzentrationslagers: Wegschaffung der Häftlinge und Verwischung aller Spuren der verübten Grausamkeiten. Die zum Evakuierungsmarsch getriebenen Häftlinge sollen anderswo und fernab des Lagers getötet und damit als Zeugen der Verbrechen beseitigt werden, weshalb die Evakuierung gleichbedeutend mit ‚Todesmarsch‘ war."

601 Vgl. Udo Dietmar: *Häftling...X.* S. 62 f.: Erstens erfolgte eine Bombardierung des Gestapo-Gebäudes in Berlin durch die Amerikaner, zweitens ließ ein Mithäftling, der in der politischen Abteilung arbeitete, Duplikate des Urteils verschwinden, und drittens – was etwas unklar erscheint, eine nähere Erklärung fehlt aber – schleusten andere Mithäftlinge Dietmar in ein anderes Kommando, um ihn vor den SS-Leuten, die Dietmar denunziert hatten, zu verbergen.

SS-Apparates und der Unterjochung der inhaftierten Menschen anmuten, für die Gefangenen sehr wichtige Momente waren. Allein durch diese freie, einmal nicht kontrollierte und befehligte Bewegung konnten sie ihre Identität zu wahren versuchen, und durch das Zusammentreffen mit anderen Menschen, die sie sonst nie treffen konnten, vermochten sie sich etwa wiederum gegenseitig Mut zuzusprechen.

In Imre Kertész' *Roman eines Schicksallosen* lässt dieser – wie bereits angesprochen – seinen Protagonisten über das *Glück im Konzentrationslager* sinnieren, weil jener nach eigener Angabe keine *Gräueltaten* erlebt hat. Dieses *Glück* ist, kurz gefasst, wohl insofern zu verstehen, als es auch *glückliche Momente* im Lager gegeben hat, in denen die Hoffnung auf Befreiung, auf ein besseres Leben aufflackerte. Überdies wäre es wohl auch für keinen Menschen im KZ möglich gewesen zu überleben, wenn sie sich nicht auch an schönen Ereignissen hätten festhalten können. Und letztlich kommt auch noch die menschliche Eigenheit – respektive ein ebensolcher Überlebenstrieb – hinzu, sich sehr schnell an bestimmte Gegebenheiten zu gewöhnen und sich an Situationen anzupassen, mögen sie noch so abscheulich sein wie jene in einem Lager. Zu diesen Überlegungen finden sich nachstehend zwei Textbeispiele aus dem *Roman eines Schicksallosen,* die jenen bei Dietmar sehr ähnlich sind – noch dazu viel früher, eben vor der Publikation von Kertész' Buch. Der Protagonist György berichtet von seinen Erfahrungen in Auschwitz und Buchenwald nach seiner Befreiung wie folgt:

> Es war die gewisse Stunde – selbst jetzt, selbst hier erkannte ich sie –, die mir liebste Stunde im Lager, und ein schneidendes, schmerzliches, vergebliches Gefühl ergriff mich: Heimweh.[602]
> Denn sogar dort, bei den Schornsteinen, gab es in der Pause zwischen den Qualen etwas, das dem Glück ähnlich war. Alle fragen mich immer nur nach den Übeln, den „Greueln": obgleich für mich vielleicht gerade diese Erfahrung die denkwürdigste ist. Ja, davon, vom Glück im Konzentrationslager, müßte ich ihnen erzählen, das nächste Mal, wenn sie mich fragen.[603]

Für György ist es „die gewisse Stunde", die das Lager ,schön' gemacht und die ihm im Lager einen Moment von *Glück* beschert hat. Unter dieser Stunde ist die Art von Freizeit zu verstehen, das abendliche Spazierengehen, das eine

---

602 Imre Kertész: *Roman eines Schicksallosen.* S. 286.
603 Ebda. S. 287.

psychologisch große, weil stärkende Wirkung auf die Häftlinge hatte. Für Dietmar sieht die Situation nach dem Abendappell im KZ Dachau folgendermaßen aus:

> Abends nach dem Appell hatten wir noch gut zwei Stunden Zeit bis zum Schlafengehen. Die Brotration für den kommenden Tag wurde immer schon abends empfangen und fast ausnahmslos sofort gierig verschlungen. War das Wetter trocken, ging man noch ein wenig auf die Lagerstraße oder zu anderen Blocks, wo man hier und dort einen Bekannten hatte, mit dem sich gut sprechen ließ.[604]

Es mag seltsam erscheinen, dass sich die Häftlinge im Lager frei bewegen dürfen, wenn der Arbeitsdienst vorüber ist. Allerdings finden diese Spaziergänge nur bei trockenem, gutem Wetter statt – das Wetter beeinflusst die Situation der Menschen also wieder einmal. Dass die Brotration bereits für den nächsten Tag ausgeteilt wird, lässt großen Hunger für ebendiesen erahnen. Jedoch stellt Dietmar den einzig negativen Satz in die Mitte zweier positiver Sätze, wodurch der positive Aspekt überwiegt und einen stärkeren Eindruck hinterlässt. Ferner folgt eine Beispielerzählung, wie sich ein Abend auf der Lagerstraße nach dem Appell für Dietmar gestaltet. Das Wetter ist gut, ein Spaziergang daher möglich:

> Auch an diesem schönen Abend ging ich aus meinem Block die Lagerstraße entlang, an der hohe, schlank geschnittene Pappeln standen. Es war bereits Herbst. Der Wind spielte mit den welkenden Blättern. Mit meinen Gedanken beschäftigt, nur hier und da unterbrochen vom unfreiwilligen Anhören einiger Gesprächsfetzen der an mir vorbeispazierenden Kameradengruppen, ging ich einher.[605]

Auf das Wetter bezogen, ergibt sich ein sehr positiver Eindruck der Darstellung: Es ist ein schöner Herbsttag, die Blätter rauschen, und ringsum befinden sich nur Mithäftlinge, keine Wachen. So, wie der Wind mit den Blättern spielt, hängt Dietmar seinen Gedanken nach, die nun etwas leichter und wie die umherwirbelnden Blätter erscheinen. Der Tumult ringsum, die Gespräche, die er mitbekommt, stören ihn nicht; der Eindruck einer Promenade mit flanierenden Menschen lässt sich nicht vermeiden. Er erläutert weiter:

---

604 Udo Dietmar: *Häftling…X.* S. 76.
605 Ebda.

In der Regel hatte auch ich Begleitung bei mir, heute aber wollte ich mal allein sein. Auf der Lagerstraße und den abzweigenden Blockstraßen herrschte reges Leben. Überall hörte man Gruppen oder Grüppchen von Häftlingen dieses oder jenes Thema besprechen. Auch einzelne Spaziergänger waren zu sehen, jeder ganz in seine Gedanken versunken. In den Zügen des einen oder anderen spiegelte sich deutlich die Reaktion des vorherrschenden politischen Themas, eine Feststellung, die mir sehr interessant war. – Um mich herum ein Wirbel aller Sprachen des Kontinents. Es kam mir so vor, als wenn aus einem Radioapparat die Stimmen aller europäischen Sender auf einer Wellenlänge ertönten.[606]

Es ist höchst interessant, dass Dietmar das Spazieren in der Lagerstraße wie einen Spaziergang in Freiheit schildert. Beim Lesen dieser Zeilen entsteht der Eindruck einer gewissen Normalität – und die Abnormität KZ wird weit nach hinten gerückt. Beinahe ergibt sich ein idyllisches Bild, was nichts Neues im Kontext von Dietmars Werk ist, denkt man an den Beginn und an andere Stellen in seinem Text, in denen Dietmar dazu tendiert, die „Flucht in die Idylle"[607] anzutreten. Bei Reiter lässt sich die Formulierung „fragwürdige Art von ästhetisierender Darstellung"[608] für eine Beschreibung wie oben finden, die eingesetzt wird, um „die Illusion der Normalität zu erzeugen"[609]. Reiter bezieht sich für diese Beurteilung auf einen Tagebucheintrag von Gerti Spies im KZ Theresienstadt, dessen Inhalt erstaunliche Ähnlichkeit mit Dietmars Beschreibung des Abendspaziergangs aufweist:

> Abends wieder ein Sternenbummel Arm in Arm mit Martha. Wir müssen aufpassen, daß wir nicht über Liebespärchen stolpern, die im Barackenschatten flüstern. Um neun Uhr müssen alle daheim sein. Aber manche Berufe erfordern ein längeres Ausbleiben. Solche Leute erhalten von der Arbeitsstätte Passierscheine und können am Abend länger bei ihrem Schatz stehen. Es ist eine herrliche Sternennacht. Hie und da hört man ein Abschiedsbusserl durch die Stille flattern.[610]

Diese Textpassage bzw. dieser Tagebucheintrag klingt tatsächlich sehr realitätsfern. Doch zeigt genau diese unrealistische Darstellung, dass sich die

---

606 Ebda.
607 Vgl. unten bzw. Andrea Reiter: *„Auf daß sie entsteigen der Dunkelheit."* S. 191.
608 Ebda. S. 190.
609 Ebda.
610 Gerty Spies: *Drei Jahre Theresienstadt.* München: Kaiser 1984. S. 105 [zit. n. Andrea Reiter: *„Auf daß sie entsteigen der Dunkelheit."* S. 190.].

Menschen in den Lagern eine Art Selbstschutz aufgebaut haben, um sich vom Äußeren etwas abschotten zu können. Reiter nennt dieses Verhalten „bewusste Blindheit"[611], was „ein Beweis für das Ausmaß an Selbsttäuschung [ist], dessen der Mensch in einer existentiellen Streßsituation anscheinend fähig ist"[612]. Doch kann ich dem Folgenden nicht zustimmen, wenn Reiter von der „mangelnden Bereitschaft mancher Häftlinge, die Realität des Lagers zu akzeptieren"[613], spricht,[614] weil diese Realität doch eindeutig akzeptiert und folglich verändert wurde. Allein, es war wohl einfach der Versuch der Häftlinge, sich mit dieser Realität so gut wie möglich zu arrangieren. Ferner nennt Reiter eine Textstelle wie diese „schlechte Prosa"[615]. Eine solche Klassifizierung ist allerdings problematisch; nicht ohne Grund sind die Diskussionen bezüglich Darstellbarkeit oder Genreeinteilung innerhalb der Literaturwissenschaft bzw. Holocaust-Literatur-Forschung noch nicht beendet. Die Textstelle in Dietmars Werk ist weniger als „schlechte Prosa" zu bezeichnen, da sie in weiterer Folge, nach ihrer Funktion als Berichterstattung, einen träumerischen, idyllischen und realitätsfernen Ton einbringt, was aber nicht dem Wahrheitsgehalt des tatsächlichen Hergangs abträglich ist: Dies zeigt lediglich das sich wiederholende Problem des Vorwurfs von möglicherweise zu emotionaler Darstellung der Erlebnisse, mit dem ehemalige Häftlinge eben auf zweifache Art konfrontiert waren – einerseits durch den Anspruch der Leserschaft und in Folge der Forschung, andererseits aufgrund des eigenen Bestrebens und Anspruchs, einen wahren Bericht abzuliefern. Dass sich zu diesem Vorwurf seitens der Forschung zuweilen die Feststellung von allzu nüchternen Schilderungen gesellt, bedeutet nur noch die nächste Schwierigkeit, mit der schreibende Überlebende konfrontiert waren. Zu oben zitierter Textstelle Dietmars ist schließlich noch anzumerken, dass dessen Wortwahl und Beschreibung zwar auch relativ KZ-fern und etwas idealistisch klingen, doch betont er seinen politischen Hintergrund, indem er sein Interesse an Menschen, die sich politisch engagieren, bekundet.

---

611 Vgl. dazu ebda. S. 190: „Es ist nicht nur der romantisierende Ton, sondern die Szene selbst, die die KZ-Erfahrung in diesem Ausschnitt idealisiert, ja trivialisiert. Im Lichte der zu diesem Zeitpunkt in Theresienstadt auf Hochtouren laufenden Deportationen in die Vernichtungslager – die Tagebucheintragung datiert vom 19. September 1944 – zeugt sie nachgerade von einer *bewußten Blindheit.*" [Kursivierung AB]

612 Ebda.

613 Ebda.

614 Ebda.: „Teil dieser Lagerrealität war die völlige Entmündigung der Internierten. Wie bereits erwähnt, verfügten sie über keinerlei weitreichende Entscheidungsmöglichkeit."

615 Ebda. – Bzw. siehe Diskussion oben.

Offen bleibt die Frage, wie es den Häftlingen bei der Art von ‚Freiheit‘ ergangen ist. Wieso haben sie nicht geruht, um sich während dieser ‚Freizeit‘ zu erholen? Hatten sie überhaupt die Kraft für solche Spaziergänge? Eine Antwort gibt erneut oben stehende Überlegung; eine andere gibt Udo Dietmar insofern, als er erläutert:

> An einem arbeitsfreien Sonntag spazierten wir zu dreien *[sic],* über dieses und jenes plaudernd, die Lagerstraße auf und ab. Wir konnten uns diesen Luxus an Kraftaufwand, den schließlich jede Unterhaltung benötigt, heute leisten, ohne befürchten zu müssen, uns wie sonst vor Schwäche und Hunger nicht konzentrieren zu können. Heute fiel das fort, denn Fritz, mein Kamerad zur Rechten, hatte gestern aus der SS-Küche mehrere große Brote „organisieren“ können, so daß wir uns abends nach langer Zeit einmal mit Brot so richtig vollessen konnten. So befanden wir uns heute in etwas gehobener Stimmung. Jeder hatte noch ein Stückchen Brot in seinem Spind, – – – ein reiches und glückliches Gefühl![616]

Durch das „organisierte“[617] Brot, das die Häftlinge am Vorabend gegessen haben, herrscht nun bessere Stimmung, und die nötige Kraft ist auch vorhanden, um den Spaziergang unternehmen zu können. De Pres erläutert zum ‚Organisieren‘ in einem KZ: „Lebensmittel mussten organisiert werden, weil niemand von den zugeteilten Rationen leben konnte. Es mussten Schuhe, Decken und warme Kleidung organisiert werden, auch Löffel und Näpfe, ohne die man nicht an Suppe herankam. Vieles, was wichtig war, wurde nicht an die Gefangenen verteilt.“[618]

Diese positive Stimmung spiegelt sich im gerade herrschenden Wetter wider; die Witterungsschilderung lässt Dietmars Frohsinn durchsickern. Gleichzeitig gibt er den weiteren Grund, neben der unverhofften Extrabrotration, für die momentan beschwingte Stimmung an:

---

616 Udo Dietmar: *Häftling…X.* S. 83 f.

617 Vgl. Terrence Des Pres: *Der Überlebende – Anatomie der Todeslager.* S. 118: „Der Begriff, den man in allen Lagern für gesetzeswidrige Aktionen verwendete, lautete ‚organisieren‘.“ bzw. S. 119: „Zwar gelang es hin und wieder einem einzelnen Häftling, etwas für sich zu ergattern. Die meisten Gegenstände des täglichen Bedarfs ließen sich nur durch gemeinsame Aktionen beschaffen. Der Begriff organisieren, der für jede illegale Tätigkeit, die der Selbsterhaltung diente, benutzt wurde, hatte folglich eine soziale *Bedeutung.*“ [kursiv im Orig., Anm. AB]

618 Ebda. S. 118.

Und dazu noch der schöne Wintertag. Die Sonne wärmte wie im Vorfrühling. Unser heutiges Gespräch trug hoffnungsfrohen Charakter, denn die eben heimlich abgehörten Nachrichten aus Moskau und London, die uns ein wahres Bild der Lage vermittelten, stärkten uns zu weiterem Aushalten.[619]

Es wird nicht erläutert, wie es eigentlich möglich war, heimlich Nachrichten im Lager abzuhören, und dennoch ist in Texten von KZ-Überlebenden immer wieder zu erfahren, dass Radio gehört werden konnte.[620] Jedenfalls ist es für Dietmar und seine Kameraden ein erfreuliches Gesprächsthema, weil sie wahre Neuigkeiten (und nicht von der SS bewusst falsch verbreitete) über die Kriegslage erhalten.

12.15 HERBST: SCHÖNES WETTER – FOLGENSCHWERES EREIGNIS

Im Herbst 1944 widerfährt Udo Dietmar ein positives Ereignis. Die Beschreibung fällt sehr kurz und oberflächlich aus, was in dem Moment bedeutet, dass sich keine schlimmen Zwischenfälle ereignen.

Heute hatte ich einen glücklichen Tag. – – –
Am Morgen wurde ich einem Spezialkommando zugeteilt, welches aus fünfzig Häftlingen bestand. Wir mußten einen Lastkraftwagen besteigen, fuhren los und landeten in Schleisheim bei München, um das Waffen-Arsenal der SS, das sich in dem großen Schloß gleichen Namens befand, auszuräumen und zu verladen.[621]

Unterstrichen bzw. verstärkt wird die gute Stimmung durch das Wetter, das er als „herrlich" bezeichnet. Gleich darauf folgt die Erklärung, weshalb sich die Auswahl zum Spezialkommando als Glücksfall erwiesen hat. Interessanterweise gibt Dietmar erstmals eine positive Beschreibung von SS-Männern, was er denn auch argumentiert.

---

619 Udo Dietmar: *Häftling…X.* S. 84.
620 Vgl. z.B. Erich Fein und Karl Flanner: *Rot-weiß-rot in Buchenwald.* S. 194 ff.: Kapitel „Information, Nachrichten, Schulung": Im KZ Buchenwald wurden Radioempfangsgeräte selbst gebaut, um Nachrichten von Radio Moskau und London zu hören. Innerhalb des Lagers gab es nur die Nazizeitungen „Völkischer Beobachter" und „Thüringische Gauzeitung".
621 Udo Dietmar: *Häftling…X.* S. 79.

Die vier SS-Posten, die uns bewachten, waren Ungarn und ausnahmsweise durchweg anständige Kerls. Einer von ihnen nahm einen Kameraden mit und organisierte für uns in einer nahe gelegenen Plantage einen Sack Äpfel. Diese ungewöhnliche Menschenfreundlichkeit und die vier Äpfel, die ich pro Kopf verteilen konnte, rechtfertigten meine glückliche Stimmung. Zum Überfluß beschaffte ein anderer kurz vor der Heimfahrt ins Lager bei einem Dorfbäcker einige schöne Bauernbrote, so daß jeder von uns ein Stück erhielt.
Ein immerwährend geschlagener Hund ist rührend dankbar, wenn er einmal von einem Menschen gestreichelt wird. So ging es auch uns, als jemand, der den Totenkopf trug, uns einen kleinen Beweis von Güte darbrachte.[622]

Der Vergleich seiner Situation mit der eines geschlagenen Hundes zeigt erneut, wie sich Dietmar als KZ-Häftling selbst degradiert. Die Rechtfertigung der glücklichen Stimmung weist ebenfalls darauf hin, dass er sich, als Gefangener, dermaßen entwertet, dass er sogar eine Erklärung für diese Laune abgeben muss. Ein kleines Stück Brot als Extraration bedeutet unerwartete Freude und Hoffnung und natürlich etwas Hungerlinderung. Die bessere Behandlung durch die SS-Männer erzeugt in Dietmar nun also eine positivere Stimmung, die er wie folgt rein vernunftgemäß darstellt:

Der Beweis ist mir jedenfalls erbracht worden, daß sich unter dem Totenkopf hier und da doch noch ein Mensch verborgen hielt, der dem nazistischen Wahnsinn nicht alles opferte. Das bedeutete für mich eine neue Bekräftigung meines Glaubens an den Sieg des Guten, und darum war ich heute auch so froh.
In dieser Stimmung marschierte ich zum Abendappell mit den anderen ins Lager ein. Die goldene Herbstsonne versank gerade im Westen und sah mir heute viel blanker aus als vordem.[623]

Sehr stark unterlegt Dietmar seine Gemütsverfassung mithilfe der Beschreibung des Wetters. Es scheint, als ob alles bisher Erlebte sehr weit entfernt ist. Dennoch bahnt sich etwas Unheilvolles durch diese überschwängliche Darstellung an, und die Ernüchterung folgt tatsächlich unmittelbar. Spannung wird aufgebaut: Als er nach dem Appell zurück zum Block geht, ändert sich seine Stimmung schlagartig. Auch das schöne Wetter wird nicht mehr erwähnt:

---

622 Ebda.
623 Ebda. S. 80.

Als ich aber nach dem Appell in meinen Block kam, war meine Freude wie weggeblasen, denn drei meiner besten Kameraden waren nicht mehr da. Sie, die zu der Gruppe der nicht mehr einsatzfähigen Häftlinge gehörten, befanden sich seit heute mittag *[sic]* im Transportblock und sollten nach Mauthausen verfrachtet werden. Das bedeutete für sie den sicheren Tod. – Der Transportblock unterlag nach der Lagerordnung den Quarantänebestimmungen, war gesperrt und durfte außer vom Personal von niemandem der Transportler verlassen und auch von den anderen Lagerinsassen nicht betreten werden. Der Pförtner war aber einer meiner Bekannten und ließ mich darum ein.[624]

Es trifft Dietmar merklich sehr hart, dass er seine Kameraden nicht mehr im Block antrifft. Er weiß, was das bedeutet, und erläutert es auch so: „Wie es in Mauthausen und Auschwitz aussah, das wußten wir ‚Alten' schon länger. Wir verschwiegen es den jüngeren Transportlern, um ihr Leid nicht noch zu vergrößern und ihnen den letzten seelischen Halt nicht zu nehmen."[625] Er schafft es, in den Transportblock zu gelangen:

> So stehe ich nun vor meinen Kameraden, um mich von ihnen zu verabschieden. Ich bin gekommen, um ihnen noch einmal die Hände zu drücken, ihnen noch einmal in die Augen zu sehen, Glauben und Hoffnung stärkend, zuzusprechen, damit sie auch das Schlimmste, was noch kommen könnte, überwinden mögen.[626]

Wie gegenwärtig dieser Abschied Dietmar selbst noch bei der Rückerinnerung ist, wird anhand des Wechsels ins Präsens deutlich. Ergriffen steht er vor den Mithäftlingen, um sich von ihnen zu verabschieden. Es ist eben nicht nur die Verbundenheit, die Dietmar mit seinen Kameraden empfindet, sondern auch das Wissen um das mögliche bevorstehende Szenario für die Häftlinge, das ihn derart erschüttert und auch im Zuge des Niederschreibens dieser Erinnerung so in die Vergangenheit eintauchen lässt. Die (hierin verwendeten) literarischen Stilmittel Zeitenwechsel und innerer Monolog „verleihen dem Text Ausdrucksstärke"[627].

---

624 Ebda.

625 Ebda. S 81.

626 Ebda.

627 Dagmar C.G. Lorenz: *Verfolgung bis zum Massenmord.* S. 68: „Wörtliche Rede *[oftmals an anderen Stellen zu finden, Anm. AB]*, dramatisches Präsenz *[sic]* und innere Monologe verleihen dem Text Ausdrucksstärke."

Transporte von einem KZ zu einem anderen fanden täglich statt. Wenn man aber durch eine unmittelbare Erzählung wie die von Dietmar Einblick in das Vorgehen und die Umstände erhält, wird das Grauenhafte dieser Unternehmung erst richtig deutlich. Udo Dietmar weiß als Inhaftierter über diese Vorgänge Bescheid, selbst wenn die SS versuchte, ihre Taten zu vertuschen. Offiziell durften die Häftlinge ja auch nichts von den Gaskammern wissen.[628] Natürlich gibt es keine Garantie, dass die Erläuterungen Dietmars historisch ‚wahr‘ sind, da hier die Aspekte der möglichen Falscherinnerung und des fehlerhaften Gedächtnisses zum Tragen kommen. Trotzdem muss dieser Darstellung und Beobachtung Glauben geschenkt werden, da Dietmar unweigerlich ein Zeuge vor Ort, im Lager, ist und vieles selbst miterlebt oder zumindest unmittelbar erfährt. Seine Wahrheit ist seine Geschichte – und vice versa.

> Die autobiografische Erinnerung muss als gegenwärtige Konstruktion der individuellen Vergangenheit mittels Erzählung aufgefasst werden. Das eigene Leben wird retrospektiv geordnet, was zwangsläufig zur Auswahl (damit auch Auslassung) bestimmter Ereignisse führt. Die Erzählung selbst erhält dadurch Kohärenz und suggeriert eine Kontinuität des Lebens. Der dadurch entstehende Sinn verhält sich indes konträr zur Sinnlosigkeit des erlebten Grauens. Das Leben, das durch die Shoah abrupt beendet wurde und auch nach der NS-Herrschaft ohne Vergangenheit weitergeführt werden musste, gewinnt in der chronologischen Erzählung eine Art von Zwangsläufigkeit und Geschlossenheit, die den Lebens-, Zivilisations- und Erkenntnisbruch, als den die Shoah sich präsentiert, zu heilen scheint.[629]

In diesem Zitat wird rein auf die Schoah eingegangen, die den Massenmord europäischer Juden im KZ bezeichnet – doch ist die Aussage auch auf Dietmars Situation als politischer Häftling übertragbar. Schließlich ist es – wie bereits zuvor erläutert – jeglicher Autobiografie eigen, einer gewissen Überformung ausgesetzt zu sein, bevor sie rezipiert werden kann.[630]

---

628 Vgl. Andrea Reiter: *„Auf daß sie entsteigen der Dunkelheit."* S. 135 bzw. S. 48.

629 Phil C. Langer: *Schreiben gegen die Erinnerung?* S. 42. – Vgl. dazu James E. Young: *Zwischen Geschichte und Erinnerung.* Über die Wiedereinführung der Stimme der Erinnerung in die historische Erzählung. S. 41–62. In: Harald Welzer (Hg.): *Das soziale Gedächtnis.* Geschichte, Erinnerung, Tradierung. Hamburg: Hamburger Edition 2001. S. 55: Die Erzählung eines Überlebenden ist „zwangsläufig retrospektiv überformt".

630 Vgl. dazu Martina Wagner-Egelhaaf: *Autobiographie.* S. 52 f.: „Gerade die Geformtheit des Textes, nicht etwa die kruden Fakten des beschriebenen Lebens selbst, ist die Grundlage des

12.16 KALTER WINTER – SCHLECHTE VERFASSUNG

An einem argen seelischen und körperlichen Tiefpunkt angekommen, beschreibt Udo Dietmar die Situation im Lager wie folgt. Zu beachten ist dabei zweierlei: Einerseits korrespondieren trübes Wetter und die verzweifelte, triste Stimmung der Menschen; andererseits klingt Dietmars Beschreibung so unpersönlich, als ob es nicht seine Geschichte wäre, die er erzählt, sondern die einer anderen Person. Diese Perspektive wird von Dietmar aufrechterhalten, bis er sich im letzten Satz vor dem zitierten Liedtext durch das Possessivpronomen „unserer" doch als Teil der erläuterten Szene miteinschließt. Das Wetter, wie bereits bemerkt, ist trist; es ist Spätherbst, der Winter steht vor der Tür. Schneeregen fällt, es ist kalt, es weht ein kalter Wind. Die Häftlinge sind sowohl dem Wetter als auch der SS ausgeliefert. Sie müssen ohne entsprechende Bekleidung, krank und hungernd arbeiten. Interessanterweise spricht Dietmar gar nicht von der harten Arbeit, die durch die widrigen Umstände noch härter wird, sondern nur vom Marsch von der Arbeitsstätte zurück ins Lager bzw. vom Ausharren, Durchhalten bis zum Ruf „Abmarschieren!":

Tag um Tag schleicht dahin. Der Herbst ist bald zu Ende, der Winter nimmt seinen Anfang.
Regen mit Schnee vermengt rieselt hernieder. Aufgeweicht der Boden, aufgeweicht die Kleidung des Häftlings, der fiebernd und zähneklappernd mit eingezogenem Kopf im Marschtritt in seiner Kolonne vom Arbeitsplatz dem Lager zu marschiert. Bis auf die Haut durchnäßt, mit leerem Magen, steht er auf dem Appellplatz.
Der Regen peitscht. Der eisige Wind, von den bayrischen Bergen und der Alpenwelt kommend, pfeift durch die dünnen, nassen Lumpen. Mit schlotternden Knien steht er und wartet auf den Befehl „Abmarschieren!". Bis dann nach endlos lang erscheinender Zeit das erlösende Wort erschallt. Daraufhin setzt sich Block für Block, Zug um Zug in Bewegung, um an dem SS-Schutzhaftlagerführer oder dessen Stellvertreter vorbeizumarschieren. Schmetternde Marschmusik der Lagerkapelle läßt die müden Knochen Schritt halten, und unter den Klängen des unserer Verfassung hohnsprechenden Marsches
Schön sind die Heckenrosen,

ästhetischen Genusses bei der Lektüre einer Autobiographie." – Vgl. dazu besonders Analyse Wiesel, Kapitel ERINNERUNGSVERMÖGEN, in dem das Problem der faktischen Überlieferung im Gegensatz zur persönlichen Erinnerung anhand eines Textbeispiels untersucht wird. Anm. AB.

schön ist das Küssen und das Kosen,
Jugend und Schönheit vergehn,
Drum nütz die Zeit,
Denn die Welt ist so schön!
schwankt eine kraft- und freudlose Masse Mensch ihrer erbärmlichen Unter-
kunft zu.[631]

Die Betonung liegt auf „marschieren", indem Dietmar mithilfe von Ausdrücken wie „Abmarschieren!", „vorbeizumarschieren", „Marschmusik" und
„hohnsprechenden Marsches" auf die sich ewig wiederholenden Befehle und
den Lageralltag verweist. Gleichzeitig waren diese Wiederholung und die Ordnung des „Marsches" ein wichtiges Instrument für die SS und Wachen, um so
Herr über alles und alle zu bleiben. Eine „Masse Mensch", wie Dietmar den
Zug der Häftlinge, sich selbst eingeschlossen, treffend und gleichzeitig im SS-
Jargon abwertend nennt, ist leichter zu befehligen und zu unterdrücken als
eine chaotisch anmutende, unübersichtliche Menge von Personen.[632] Schließlich ist noch ein Augenmerk auf das verwendete Tempus in dieser Textstelle
zu legen: Der gesamte Absatz ist im Präsens verfasst. Dietmars Tonfall verrät
seine Verzweiflung und Kraftlosigkeit, und die Wahl der Zeitform verschärft
diese Hoffnungslosigkeit noch um ein Vielfaches, da das Präsens eine stärkere
Unmittelbarkeit bewirkt.

Von dieser unpersönlichen im Präsens gehaltenen Allgemeindarstellung
wechselt Dietmar sodann in eine sehr persönliche Einzelerlebnisberichter-
stattung im Präteritum. Als Verbindung bzw. Überleitung verwendet er den
Rückmarsch ins Lager, zum Block, wo er seinen kleinen ‚eigenen' Platz inmitten der großen Zahl von Häftlingen hat und eine alltägliche Handlung
bzw. seine Gemütsverfassung beschreibt. Im Schlaf Vergessen zu finden ist ein
bereits zuvor beschriebener Akt und veranschaulicht den Zustand des *Häftlings X*. Die Werte- und Normenzuweisung für Dietmar zeigt sich anhand der
Verwendung des Wortes „wertvoll" für das „bißchen Schlaf" und „das Stückchen Brot":

---

631 Udo Dietmar: *Häftling…X.* 82 f.
632 Vgl. dazu Andrea Reiter: *„Auf daß sie der Dunkelheit entsteigen.".* S. 122: Reiter analysierte
die Appelle, die „den Berichten zufolge meist in ein Chaos" ausarteten, welches allerdings
vonseiten der SS erfolgreich aufgelöst wurde, um die gewünschte militärische Ordnung zu
erlangen.

Nachdem ich wie an jedem Abend meine Brotration für den kommenden Tag verspeist hatte, legte ich mich nieder, um zu schlafen, Vergessen zu finden und zugleich Kraft zu tanken für den nächsten Tag. Das bißchen Schlaf und das Stückchen Brot waren das Wertvollste in unserem armen Dasein.

Da wurde etwas später mein Name gerufen.

Ein Paket war da. Welch große Freude! Es war eine von drei Sendungen, die in unseren Block gekommen waren. Drei Pakete und über 1200 Menschen! Bei der Revision des Inhalts, der sich aus Brot, etwas Wurst und Fett, einer Dose Ölsardinen und ein wenig Tabak zusammensetzte, standen einige Kameraden als Zuschauer dabei. Mit gierigen Augen starrten sie diese Kleinigkeiten an. Ich nahm meinen „Schatz" mit vor Freude zitternden Händen entgegen, klemmte ihn unter den Arm, drückte mich durch die umstehenden Reihen hindurch wieder zu meiner Pritsche, wo ich meinen Bettkameraden schon vorfand. Hundert Augenpaare hatten mir nachgeschaut. Ich kam mir vor wie ein Dieb. Noch einmal öffnete ich das Paket, betrachtete liebevoll die Sachen, die sich meine Angehörigen von ihren wenigen Marken abgespart hatten und machte es wieder zu. Am liebsten hätte ich den ganzen Inhalt auf einmal verschlungen, so groß war der Hunger. Ich teilte es dann aber in mehrere Teile auf, um meine Kameraden an dieser Freude teilhaben zu lassen. Das war eine Selbstverständlichkeit, denn alles, was der eine oder andere von uns außer der üblichen Verpflegung irgendwie erhielt, wurde unter uns, ohne daß hierüber je eine Vereinbarung getroffen worden wäre, kameradschaftlich geteilt. Geteilter Schmerz ist halber Schmerz, geteilte Freude ist doppelte Freude. Wir kannten kein „bitte" und kein „danke", das waren für uns Begriffe einer vergangenen Welt.[633]

Mit derselben Wertezuweisung erläutert Dietmar die Bedeutung eines solchen Geschenks und die damit einhergehenden Folgen, was aber nicht im negativen Sinn verstanden werden darf. Wie Dietmar schreibt, ist es selbstverständlich, den Paketinhalt mit den Kameraden ohne Bitte und Danke derselben zu teilen. Im Lager sind notgedrungen andere Werte vonnöten, und es muss nach neuen Regeln gehandelt werden. Ebenso deutlich nennt Dietmar sein Paket einen „Schatz", selbst wenn er davor noch betont, dass dieses bloß „Kleinigkeiten" enthalte. Schließlich stellt er auf dezidierte und emotionslose Art fest: „Drei Pakete und über 1200 Menschen!", was erkennen lässt, dass Dietmar diesen Tatbestand hilflos hinnehmen muss. Es offenbart sich damit bei Dietmar wie auch in vielen Berichten anderer Häftlinge eine „hilflose Empörung

---

633 Udo Dietmar: *Häftling…X.* S. 83.

über das Geschehene"[634], welche sich in der Wahl der Ausdrucksweise niederschlägt.

Dieses Textbeispiel besteht aus einem unpersönlichen und einem persönlichen Teil, die jeweils miteinander kontrastiert werden. Dadurch ergibt sich
eine Alltagsschilderung, die ihrerseits auf zweifache Art ausgeführt ist: Zum einen gibt es den Alltag des geschundenen Häftlings, der im Freien bei jeglicher
Witterung arbeiten muss, wobei die Häftlinge nur noch als Gesamtmasse zu
betrachten und austauschbar sind – quasi als *Häftling X;* zum anderen gibt es
den Alltag der Individuen – so dies die Häftlinge überhaupt noch sind –, die
ihr Dasein zu fristen versuchen, indem sie sich im Schlaf erholen und Pakete,
die nicht nur Nahrung, sondern auch Hoffnung bringen, ersehnen.

3. STATION: BUCHENWALD

12.17 KZ BUCHENWALD

Aufgrund des Vorrückens der Alliierten nun auch im Osten werden die Kon-
zentrations- und Vernichtungslager nach der Reihe geräumt – wie zuvor bereits Natzweiler im Westen – und die Inhaftierten auf die sogenannten Todesmärsche geschickt beziehungsweise per Viehwaggons in andere Lager
gebracht. Tausende Menschen sterben auf diesen strapaziösen Märschen
oder Zugfahrten, teils aufgrund von Erschöpfung, teils wegen Krankheiten
und Hunger. Viele im Zug transportierte Menschen werden tot an den Ziel-
orten – etwa eben in Dachau – ausgeladen. Zugleich wird plötzlich die Information an die KZ-Häftlinge gegeben, dass sich alle deutschen Häftlinge
bis zum 45. Lebensjahr „freiwillig an die Front melden könnten. Diese Zu-
mutung war einfach unerhört"[635], ist Dietmar entrüstet. Er meldet sich aufgrund seiner Erfahrung mit den Nationalsozialisten nicht, obwohl er dadurch
womöglich Repressalien befürchten muss. Solche erleidet er zwar nicht, doch
wird er kurz darauf wegen einer Aussage vor seinem Kommandoführer, die
seine anti-nazistische Gesinnung verdeutlicht, zur Strafe „für den Transport
abgestellt"[636]. Dass es nach Buchenwald gehen wird, erfährt er gemeinsam mit
seinen Mithäftlingen erst auf der Reise. Zuvor müssen diese Häftlinge noch
sieben Wochen im Transportblock (die nicht weiter erläutert werden) warten,

---

634 Andrea Reiter: „*Auf daß sie entsteigen der Dunkelheit.*" S. 193.
635 Udo Dietmar: *Häftling…X.* S. 93.
636 Ebda. S. 94.

was Dietmar folgendermaßen schildert: „Sieben Wochen Aufenthalt in den berüchtigten Transportblocks mußte ich über mich ergehen lassen, bis endlich unsere Abfahrt nach Buchenwald vonstatten ging. Eine qualvolle Zeit."[637]

Im letzten Absatz des Kapitels DACHAU beschreibt Dietmar seinen ‚Abschied' von ebendort im Dezember 1944, an den aber gleichzeitig ein Absatz im neuen Kapitel, betitelt „Buchenwald"[638], anschließt: „So standen wir, den ewigen Hunger als treuen Begleiter, eingepfercht im Güterwagen und rollten einem neuen Ziel entgegen, das wieder für viele das Endziel ihres Lebens war. Nur diesmal hieß es Buchenwald!"[639] Der Abschied fällt kurz aus; mit dem Hunger als Begleiter, der sich nicht abschütteln lässt, geht die Fahrt los. Erneut nimmt Dietmar lakonisch den bevorstehenden Tod von einigen Mithäftlingen vorweg. Das neue Kapitel beginnt mit dem Ausruf: „O Buchenwald, du Golgatha in Thüringen!"[640] Nun befindet sich Dietmar auf dem Transport weg von Dachau:

> Ein unendlich langer Güterzug, vollgepfropft mit hungrigen, schwachen und kranken Häftlingen, unter denen sich schon viele Tote befanden, rollte durch die eisige Nacht. Während der Fahrt überflogen uns verschiedentlich amerikanische Bomberverbände, doch hat uns das Schicksal stets so durch die betroffenen Städte geleitet, daß wir vor einer zufälligen Vernichtung bewahrt blieben, ein Glück, welches viele andere Transportzüge, die manch hohen Blutzoll entrichten mußten, nicht hatten.[641]

Ließe man die Einschübe des ersten Satzes weg, ergäbe sich erneut ein beinahe idyllisch anmutender Satz: „Ein unendlich langer Güterzug rollte durch die eisige Nacht." Einzig das „eisig" ließe aufgrund der Vorstellung von Kälte erschauern. Doch bleibt es nicht bei diesem Hauptsatz, der nichts Böses vermuten lässt, denn genau die Einschübe Dietmars sind es, die den tatsächlichen Gehalt ausmachen; auf das Äußere, in das der Inhalt verpackt ist, wird nicht das Hauptaugenmerk gelegt. Tatsächlich sind in den Zug unzählige Menschen

---

637 Ebda. S. 93.
638 Ebda. S. 95.
639 Ebda. S. 94.
640 Ebda. S. 99 sowie: Dietmar spricht zuerst das Lager an, diesen ‚Kreuzigungsberg', danach die „Thüringer". Er appelliert an sie, dass sie sich Buchenwald anschauen und anhören und die Spuren, „die man heute noch in Buchenwald vorfindet", gut einprägen sollen: „Was ich von Buchenwald erzählen kann, ist nicht viel, dafür aber schrecklich genug."
641 Udo Dietmar: *Häftling…X.* S. 99 f.

gepfercht, die kaum Platz zum Dasein haben; dazu muss aber auch Platz für die Toten bleiben. „Amerikanische"[642] Bombenflieger dröhnen in der Luft; der Zug bewegt sich also direkt durch das Kriegsgebiet. Bisher ist der Krieg nicht unmittelbarer Teil der Lagerrealität gewesen, nun sind die Häftlinge beinahe mittendrin. Wie bereits am Anfang bezieht Dietmar das „Schicksal" mit ein und meint, dass die Transporte so vom Schicksal „geleitet" worden seien, dass die Häftlinge vor einer zufälligen Tötung bewahrt wurden. Seine Formulierung kann auf jene Art verstanden werden, wonach er davon ausgeht, dass es nicht seine Bestimmung war, „zufällig" getötet zu werden, insbesondere in dem Umfeld der maschinellen Tötungsindustrie. Hinsichtlich Zufall spricht Wagner-Egelhaaf vom

> […] Problem der Autobiographie im Spannungsfeld von ‚Zufall' und ‚Notwendigkeit', wobei das Autobiographische mit dem Moment des Zufalls verschwistert ist. Das Moment größtmöglicher Kontingenz ist der Tod, der denn auch in Derridas eigener autobiographischer Reflexion eine wichtige Rolle spielt, insofern als er das Leben vom Standpunkt des Todes aus betrachtet, d.h. vom Standpunkt seines Gewesenseins aus.[643]

Dietmar wollte also genau das verhindern, was oben angeführt ist: den größtmöglichen Zufall und damit seinen Tod, wie er beides schon auf dieselbe Weise miteinander in Verbindung gebracht hat. In der Darstellung seiner Erfahrungen, also *nach* den Geschehnissen, wird diese Kontingenz nun eindeutig benannt, und der Zusammenhang von Erleben, Tod und Zufall wird ersichtlich.

Im KZ Buchenwald lässt sich Dietmar einem Außenkommando, einem Salz- und Kalibergwerk in der Rhön, einem Mittelgebirge im Grenzland von Bayern, Hessen und Thüringen, zuteilen. Die Zustände in den Außenkommandos sind noch schlimmer als im Hauptlager, in dem es zumindest eine Stunde Freizeit pro Tag gibt. Bei karger Verkostung wird eine immense Leistung gefordert. Die Arbeit, die sie verrichten müssen, ist unter Tag, und deshalb müssen sie gänzlich unten in der Höhle ‚leben'. In der Halle glitzert aufgrund von Salzfelsen ein leuchtendes Weiß, welches „wie ein rie-

---

642 Woher Dietmar gewusst hat, dass das *amerikanische* Bombenflieger waren, erläutert er nicht weiter bzw. kann das auch sein Wissen danach sein. Anm. AB.

643 Martina Wagner-Egelhaaf: *Autobiographie.* S. 59.

siges Leichentuch"[644] anmutet, „was es tatsächlich für viele von uns werden sollte"[645]. Dietmar wird als Kapo eingeteilt und muss ein Kommando leiten.

12.18 VOM AUSSENKOMMANDO ZURÜCK NACH BUCHENWALD – TODESMARSCH

Nach einigen Wochen – eine genaue Zeitangabe fehlt – bekommen die Häftlinge eine neue Arbeit zugewiesen. Außerdem werden russische Kriegsgefangene in den Schacht befördert. Diese Veränderung ruft bei Dietmar und einigen anderen Misstrauen hervor. Eines Tages hört Dietmar zufällig, dass „das für uns bestimmte G i f t g a s bereits herangeschafft wäre"[646]. Somit scheint für alle, die das erfahren, klar zu sein: Der Vernichtungsbefehl vonseiten der SS ist bereits gegeben, es wird nur noch auf den besten Zeitpunkt für die Ausführung gewartet. Als die Front und damit die Ankunft der Alliierten sehr nahe zu rücken scheint, ist die „Lage sehr kritisch, denn jeden Augenblick konnte das Unheil seitens der SS über uns hereinbrechen"[647]. Schließlich kommt aber doch ein anderer Befehl als erwartet, der die Rückkehr vom Außenkommando ins KZ Buchenwald anweist, und „so langsam kam die Hoffnung auf, daß dieses Bergwerk doch nicht unser Massengrab werden sollte, und uns das Tageslicht wieder bescheinen würde"[648].

Metaphern, die mit Sonne und Licht zusammenhängen, werden in KZ-Texten sehr häufig verwendet. Allerdings ist dabei die Gefahr eines Klischees am größten, da auch diese Art der Metaphorisierung bereits häufig gebräuchlich ist.[649] An dieser Stelle wird ein Zusammenhang von Hoffnung und Licht von Dietmar selbst hergestellt, jedoch auf eine eher pragmatische Art und

---

644 Udo Dietmar: *Häftling…X.* S. 104.

645 Ebda. – Vgl. ebda. S. 106 f.: Vorerst müssen schwere Loren mit zuvor losgesprengtem Salz vollgeladen werden und an „einer entsprechenden Stelle ausgekippt werden", damit eine Höhle zu einer Halle – wie es bereits einige fertige bei der Ankunft der Häftlinge gegeben hat – ausgebaut werden kann.

646 Ebda. S. 122.

647 Ebda. S. 123.

648 Ebda. bzw. S. 124: Eine Gruppe von Häftlingen wartet bereits im Freien, Dietmar beschreibt sie folgendermaßen im Zusammenhang mit *Tageslicht* als konkretem Hoffnungsspender: „Aus den tiefliegenden Augen flackerte noch immer die Angst vor dem Ungewissen, stierte der ewige Hunger. Doch konnte man heute in ihren Zügen einen neuen Ausdruck finden, ein Gemisch seelischer Gefühle, schwankend zwischen neuer Hoffnung und altgewohnter Resignation."

649 Vgl. Andrea Reiter: *„Auf daß sie entsteigen der Dunkelheit."* S. 139.

Weise. Er verwendet das Licht bzw. Tageslicht nun nicht als Metapher für Hoffnung, sondern er erhält sogar direkt vom Licht Hoffnung. Im Unterschied zu Dietmars Gebrauch finden sich in einigen Lagerberichten immer wieder metaphorische Verwendungen des Lichts als Hoffnungsträger.[650] Nach der literarischen Verwendung des Tageslichts gibt Dietmar schließlich die konkrete Darstellung des Abmarschbefehls *im* Tageslicht wieder, wobei die konkrete Beschreibung – das Emporkommen aus der Höhle an die Erdoberfläche – abermals einer bildlichen und vielleicht auch mythischen Darstellung ähnelt: „Jedenfalls erreichten wir das Tageslicht, um nach Buchenwald in Marsch gesetzt zu werden."[651] Wie andernorts ausgedrückt, kann auch hier gesagt werden, dass der topische Charakter dieses Gebrauchs von Licht „mithin in einer konkreten Situation [gründet]"[652], selbst wenn, wie hier, ein Eindruck von Metaphorik und Mystik zurückbleibt.

In einem neuen Absatz leitet Dietmar die bevorstehende Situation dramatisch ein: „Heute begann der vorletzte Akt der großen Tragödie."[653] Mit der „großen Tragödie" kann er den Rückmarsch ins rund 120 Kilometer entfernte KZ Buchenwald allerdings erst retrospektiv bezeichnen. Der Krieg ist in unmittelbarer Nähe, die Häftlinge können Tiefflieger, Bomben und Maschinengewehre der Alliierten vernehmen. Ausgestattet mit Proviant für zwei Tage, setzt sich der Häftlingszug Richtung Buchenwald in Bewegung. Die Destination ist bekannt; doch bleibt die Ungewissheit bezüglich der unmittelbaren Zukunft der Häftlinge. „Für zwei Tage Verpflegung? – Ich sah schwarz. Mir graute vor dem Kommenden."[654] Weiter berichtet er vom Marsch:

Wir marschierten nun schon seit zwei Stunden. Mich wunderte, daß bislang alles klappte und niemand zurückblieb, denn kein vernünftiger Mensch hätte uns

---

650 Vgl. ebda. S. 142: „Die Bildlichkeit von Sonne und Licht, wie sie die Lagerberichte verwenden, hat ihre Wurzeln im Bereich des Mythologischen und Religiösen. Licht gilt dort ‚als Sinnbild des Überirdischen und Transzendenten'. Es sei die Immaterialität und Körperlosigkeit, die besonders in der Romantik das Licht zum Sinnbild der Transzendenz gemacht habe, wobei der Tagesrhythmus mit Sonnenaufgang und Sonnenuntergang eine wichtige Rolle spielte."

651 Udo Dietmar: *Häftling…X…* S. 123.

652 Andrea Reiter: *„Auf daß sie entsteigen der Dunkelheit."* S. 141.

653 Udo Dietmar: *Häftling…X.* S. 123. – Wiesel spricht dagegen von einer „Komödie": vgl. dazu Analyse Wiesel bzw. Elie Wiesel: *Nacht.* S. 26: „Man wünschte, das Fest möge zu Ende gehen, damit man nicht gezwungen war, diese Komödie zu spielen."

654 Udo Dietmar: *Häftling…X.* S. 125.

ausgehungerten und elenden Menschen die Strapazen eines solchen Marsches zugetraut.

Aber die sich nähernde Front, die uns die Freiheit verhieß, dazu die monatelang entbehrte frische Luft und das Tageslicht, weckten auch bei dem Schwächsten Kräfte, die erstaunlich waren. Langsam, aber stetig ging es weiter.[655]

Dietmar beschreibt die Umstände, die auf die Häftlinge motivierend wirkten, weshalb sie „die Strapazen eines solchen Marsches" ertragen können. Wie man als Leser erfährt, und wie es Dietmar auch erkennt, sind oft sich verbessernde äußere Faktoren der Auslöser positiver Reaktionen. Das bedeutet, dass, wie in diesem Fall, das Wiedererleben von frischer Luft und Tageslicht – vor allem nach der Zeit im Bergwerk, als die Häftlinge nicht einmal wussten, ob sie jemals dort herauskommen würden – den bereits teils resignierten Gefangenen derart Auftrieb gibt, dass sie neue Kräfte aufbringen können. Hier zeigt Dietmar nun erstmals bewusst den Zusammenhang zwischen motivierenden äußeren Faktoren und der dadurch erstarkenden inneren Haltung. Es gelingt ihm, an dieser Textstelle aus einem Kontrast eine Harmonie bezüglich der äußeren Gegebenheiten und der inneren Verfassung herzustellen. Der Kontrast bezieht sich auf die „elenden Menschen", deren Vorankommen ihn verwundert, sowie auf die positiven Gegebenheiten wie das Tageslicht, die als Ansporn dienen und erst dieses Vorankommen ermöglichen. Etwas erstaunen lässt die Tatsache, dass Dietmar diese Passage wiederum teilweise aus der Außensicht beschreibt, wodurch man nicht das Gefühl hat, dass er dieser Szene zugehörig, sondern stattdessen außenstehender Erzähler ist. Indem er darauf rekurriert, dass er sich „wunderte, daß bisher alles klappte und niemand zurückblieb", und weiters feststellt, dass „auch bei dem Schwächsten" Kräfte geweckt werden, entsteht der Eindruck, dass sich Dietmar, in seiner Position als Kommando-Kapo und Nachhut des Zuges, als Beobachter und Zeuge der Szene begreift. Die von ihm ausgeübte Funktion bedeutet in dem Fall aber nichts Negatives, denn er marschiert mit seinen Kameraden am Schluss, um „die, die schlapp machen" könnten, aufzulesen. „Vor uns, neben uns und hinter uns SS" beschreibt er den Zug, weshalb es wiederum verständlich ist, dass er sich selbst etwas außerhalb der Szene darstellt. Er scheint das Verbindungsglied zwischen seinem Kommando, für das er verantwortlich ist, und der SS, den Bewachern, zu sein, und er nimmt diese Rolle mitsamt oder vielleicht sogar wegen seiner Verantwortung ernst. Folglich unterstreicht diese Erzählperspektive eigentlich nur seine Funktion, die er hierin schildert.

---

655   Ebda.

12.19 LANDSCHAFTSBILD UND GUTE STIMMUNG

Direkt anschließend an die oben stehende Passage beschreibt Udo Dietmar – wie zuvor bereits eingeleitet – die positive Stimmung anhand des Anblicks der Landschaft, der ihm und den Mithäftlingen nun nach der Zeit im Stollen merklich neue Kraft verleiht. Wie er selbst feststellt, hat er in der letzten Zeit nicht mehr damit gerechnet, noch einmal an die Erdoberfläche zu gelangen.

> Mein Blick hing traumverloren an dem schönen Landschaftsbild, das ich in den eben hinter uns liegenden bitter ernsten Monaten nicht mehr wiederzusehen glaubte. – Es war Frühling, Frühling in Deutschland. Die junge Saat prangte in ihrem frischen Grün, vereinzelte Blüten grüßten bereits die Sonne. Tannen und Fichten der Wälder trugen schon ihre neuen lichtgrünen Spitzen. Die ersten Lerchen wiegten sich trillernd in den Lüften, da und dort hörte man die Drossel schlagen; ihr liebliches Flöten weckte Erinnerungen aus sorgloser Kindheit. Ein Kuckuck rief von fern. Längs der Straße standen Obstbäume in knospender Frische, hier und da hatten Kirschbäume bereits ihren herrlichen Blütenschmuck angelegt. – Ein liebliches Bild der Natur! – Und morgen war Ostern. – – –[656]

Die sich lösende Anspannung Dietmars, während sich dieser derart auf die Natur- und Landschaftsbeschreibung konzentriert, ist für den Leser beinahe fühlbar. Die Natur scheint für Dietmar tatsächlich einer jener Faktoren zu sein, an denen er sich festhalten kann, um den Aufenthalt im Konzentrationslager überstehen zu können. Detailliert schildert Dietmar also das Frühlingserwachen, und er informiert den Leser darüber, dass das Osterfest 1945 bevorsteht, welches im Christentum als Fest der Wiederauferstehung Jesu gefeiert wird. Er zeichnet das Bild vom Wiederaufleben der Natur, welches er mit der religiösen Auferstehung, eben manifestiert im christlichen Osterfest, in Zusammenhang bringt, was zugleich auf das so zu bezeichnende Wiederauferstehen der Häftlinge aus der Höhle deutet. Indem er Religiöses für Vergleiche zu Hilfe nimmt, rekurriert er wiederum auf den ‚Sinn' der KZ-Haft.[657] Dietmar und seine Lagerkollegen sind nun wieder an der Erdoberfläche angelangt, was ihnen neue Lebensenergie verleiht, die dazu durch das sich ihnen bietende Naturbild intensiviert wird. Dieses Einzelbild bzw. diese einzigartige Erfahrung des Wiederauflebens – des Auftauchens aus der Tiefe der Salzhöhle – wird

---

656 Udo Dietmar: *Häftling…X.* S. 125.
657 Vgl. Andrea Reiter: *„Auf daß sie entsteigen der Dunkelheit."* S. 131.

durch das religiöse Bild veranschaulicht und betont das Einzelerlebnis.[658] Zu dieser Passage ist noch anzumerken, dass politische wie auch religiöse Häftlinge ihr Leiden in den Lagern oftmals als Strafe und Prüfung verstanden haben. Religion konnte daher entweder zu einer Quelle der Inspiration oder der Verzweiflung werden.[659] Für Améry ist die „emotionale Ausgangsbasis der religiösen und ideologisch orientierten Gefangenen […] stärker gewesen als die der Humanisten und Agnostiker"[660]: „Bei apolitischen, konservativen Konzentrationslager-Autoren dominierten das eigene Erleben und die Gefühlswelt. Politisch Aktive, meist Marxisten und Linksliberale, interpretierten ihre Situation als Teil eines Systems."[661] Hier scheint es nun der erhebende Gedanke des Wiedergeborenwerdens zu sein, den Dietmar ausformuliert hat.

Das rein positive Gefühl in der Textstelle bzw. die Erinnerung an die schöne Kindheit zuvor währt nicht lange, da sich Dietmar der Wirklichkeit besinnt und als Kontrast zum zuvor positiv gemalten Bild auf die Realität rekurriert:

> Der wieder stärker werdende Donner der Artillerie, das Klappern der schlechten Holzschuhe an den müden Füßen meiner Kameraden, der Anblick des Elendszuges, in dem sich manche nur noch untergehakt weiterbewegen konnten, brachten mich in die Wirklichkeit zurück.[662]

Für die oben stehende positive Darstellung ist erneut der von Reiter formulierte Begriff der „Flucht in die Idylle" zu verwenden, was bei Dietmar das Erinnern an die Kindheit bedeutet. Aus dieser Flucht in die Idylle holt sich der Verfasser selbst wieder in die Realität zurück und verweist er auf den Kriegsschauplatz sowie den Häftlingszug. Bei Reiter gibt es ein ähnliches Beispiel, in dem der Verfasser durch äußere Umstände aus der Idylle der Erinnerung an die Kindheit in die Wirklichkeit zurückgebracht wird. Diese Flucht in die Idylle ist nicht nur in Lagerberichten, die in Prosa verfasst sind, sondern ebenfalls in lyrischen Texten über den Holocaust und Konzentrationslager zu finden.[663]

---

658 Ebda.
659 Vgl. Dagmar C.G. Lorenz: *Verfolgung bis zum Massenmord*. S. 6.
660 Ebda. S. 117.
661 Ebda. S. 5 f.
662 Vgl. Udo Dietmar: *Häftling…X.* S. 125.
663 Siehe oben bzw. vgl. Andrea Reiter: *„Auf daß sie entsteigen der Dunkelheit."* S. 191.

Als grober Kontrast zur vorhin dargestellten Beschreibung erweist sich nun die Schilderung bzw. Hervorhebung einzelner Elemente des „Elendszuges": Die Häftlinge müssen schwere Holzschuhe tragen, mit denen sie schlecht vorankommen; viele können nicht mehr selbstständig gehen, sondern müssen gestützt werden. Dazu dröhnt das Donnern der Artillerie, was nicht nur als Freiheit verheißendes Zeichen zu verstehen ist, sondern eine unmittelbare Lebensgefahr für die Menschen während dieses Marsches bedeutet. Wiederum spricht Dietmar aus der unbeteiligten Außenperspektive, indem er von den Holzschuhen „meiner Kameraden" spricht, zu denen er sich in dem Moment nicht zu zählen scheint, obwohl er bestimmt auch dieselben Schuhe tragen musste. Es erscheint aber doch verständlich, dass er den Zug der marschierenden Häftlinge von seiner Position in der letzten Reihe etwas distanziert beschreiben kann. Er ist zwar Teil der Gesamtbewegung, durch seine andere Disposition gestaltet sich die Gesamtsituation jedoch anders für ihn.

An einer anderen Textstelle wird erneut eine idyllische Situation in Übereinstimmung mit Erinnerungen dargestellt, die hier als Vergleichsmöglichkeit eingebracht werden soll. Dietmar beschreibt eine Jugenderinnerung, in der er den Ort, an dem sich der Häftlingszug nun eingefunden hat, bereits einmal auf einem Foto gesehen hat. Dazu entsinnt er sich eines Verses von Goethe, von dem „diese Bluthunde"[664] – die SS – „nicht einen Hauch"[665] haben.

An einer Stelle passierten wir einen einzelnen Baum mit angelehnter Bank, die zum Ausruhen einlud. Die verblichene Schrift der an dem Baum befestigten Holztafel erzählte etwas von Goethe. Das Ganze weckte in mir Jugenderinnerungen. Vor meinem geistigen Auge stand ein Bild, das ich damals in Händen hielt, und das mit dieser Landschaft identisch schien. Unter diesem Bild standen Goethes Worte:
Über allen Gipfeln ist Ruh,
In allen Wipfeln spürest du,
Kaum einen Hauch.
Die Vöglein schweigen, im Walde
Warte nur, balde
Ruhst du auch.[666]

---

664 Udo Dietmar: *Häftling…X.* S. 130.
665 Ebda.
666 Ebda. S. 129.

Dietmar bringt also wie schon zuvor ein positives Naturerlebnis mit (Jugend-)Erinnerungen in Verbindung und flüchtet sich gewissermaßen in diese Erinnerung. Die Bank mit dem Baum davor stellt einen idyllischen Ort dar, auch wenn Dietmar in diesem Moment der Natur keine weitere Beachtung schenkt. Wie bereits vorhin wird er durch die Realität aus seinen Gedanken gerissen, die hier sehr bildhaft dargestellt wird: „Die grauenhafte Wirklichkeit erfaßte mich wieder und ließ mich in ihre knöcherne Fratze, in ihre hohlen Augen blicken, denn mit uns schritt die SS."[667] Diese Art der Schilderung, unter Gebrauchnahme einer Personifikation, hilft dem Verfasser, sein Erlebnis und Gefühl wiederzugeben, weil er mit der emotionalen Überbürdung sonst nur schlecht zurande kommt. „Metaphern finden sich in den KZ-Texten überwiegend dort, wo die Überlebenden mit erhöhter Emotionalität an ihre KZ-Haft zurückdenken. Dies erfolgt erwartungsgemäß an ‚neuralgischen' Punkten wie der nahenden Befreiung oder der Begegnung mit dem Tod."[668] Der Gegensatz zwischen dem schönen Naturerlebnis, dem Sich-Entsinnen eines Gedichts und der grauenhaften Wirklichkeit ist in diesem Moment ein wie von Reiter genannter neuralgischer Punkt für Dietmar, an dem sich dieser der metaphorischen Sprache bedient.

12.20 LANDSCHAFT UND ERSCHÖPFUNG

Die Entkräftung infolge des langen, pausenlosen Marsches und dieser Erlebnisse zeigt sich an nachstehender Stelle. Die Naturerfahrung korrespondiert mit der Müdigkeit. Die wenigen positiv anmutenden Bilder werden von Dietmar zwar beschrieben, aber aufgrund der verlorenen Kraft kann weder er sich noch einer seiner Mithäftlinge darum kümmern.

> Mühselig schleppten wir uns längs dem Kamm des Thüringer Waldes weiter. Hohe Tannen und Fichten überschatteten uns. Dann führte der Weg durch halbwüchsige Tannen, oftmals unterbrochen durch eine Lichtung, die Ausblick ins Tal bot, der für einen Touristen und Spaziergänger Augenweide gewesen wäre. Diese wunderbaren Bilder interessierten uns nicht.[669]

---

667 Ebda. S. 130. – Vgl. dazu das Umschlagbild von *Häftling…X…In der Hölle auf Erden!*: ein Totenkopf, eine „knöcherne Fratze".
668 Andrea Reiter: *„Auf daß sie entsteigen der Dunkelheit."* S. 124.
669 Udo Dietmar: *Häftling…X.* S. 129.

Die Anstrengung der Häftlinge ist unmittelbar spürbar, während sie sich bemühen weiterzukommen. Dazu zeigt sich auch die Natur erstmals in einem dunklen Licht: Die Menschen werden nun von den Bäumen „überschattet", wie auch ihr Dasein und Weiterkommen im Moment von den bisherigen Ereignissen und der Kraftlosigkeit überschattet sind. Vereinzelte Waldlichtungen, die Blicke ins Tal bieten, spielen auf nicht vorhandene Lichtblicke für die Gefangenen an. Die KZ-Häftlinge können sich nicht um die „wunderbaren Bilder" kümmern, da sie mit dem Durchhalten und Weiterkommen beschäftigt sind, um nicht ebenso wie andere Kameraden erschossen zu werden.[670] Dietmar schließt sich nun wieder in die Gruppe mit ein und geht von einem ‚wir' aus; er schafft es wohl auch nicht (mehr), sich auf sich selbst zu konzentrieren und individuelle Momente zu erleben. Als Gegensatz stellt er sehr bildhaft im passiven Stil dar, was Auge und Seele erleben: „Unser Auge war umflort, unsere Seele von Grauen und Schmerzen verdunkelt."[671]

12.21 HIMMELSZELT UND TOD

Jenen Menschen, die zu schwach zum schnelleren Gehen sind, wird befohlen, am Straßenrand zu warten, bis sie von einem Lkw abgeholt werden. Nachdem die übrigen Gefangenen mit Dietmar etwa 200 Meter weitergegangen sind, hören sie Schüsse, und alle, die auf einen Wagen gewartet haben, „kippten seitwärts über. Die gebrochenen Augen weit aufgerissen, den Himmel anstarrend, lagen sie da, die Elendsgestalten, ein kleines schwarzes Loch an ihrer Schläfe, woraus das Blut dünn verklebt sickerte."[672]

Zu überlegen ist an dieser Stelle, wie Dietmar aus einer Entfernung von 200 Metern so genau erkennen konnte, wie die Toten ausgesehen haben, denn physisch ist das nicht möglich. Es ist also anzunehmen, dass er bei der Beschreibung von seiner Erfahrung ausgeht, nachdem er bereits unzählige Tote ansehen musste. Reiter nennt eine solche Zuhilfenahme von Erfahrung als Stilmittel Raffung, bei der „eine Reihe von zu verschiedenen Zeitpunkten gemachten Einzelerfahrungen als eine einzige kontinuierliche ausgewiesen wird"[673]. Aus seiner Erinnerung heraus, indem Dietmar sich „eines Wissens,

---

670 Interessant ist, dass Dietmar selbst Bilder produziert und evoziert, indem er sich für die Beschreibung Bilder bedient, um möglichst passend seine Erlebnisse auszudrücken. Anm. AB.

671 Udo Dietmar: *Häftling…X.* S. 129.

672 Ebda. S. 132 f.

673 Andrea Reiter: „*Auf daß sie entsteigen der Dunkelheit.*" S. 182.

das er im Laufe seiner Haft"[674] erworben hat, bedient, beschreibt er also auch das Aussehen der nun Getöteten auf die ihm bereits bekannte Art.

12.22 WEG ALS LANDSCHAFT – TOD VON MENSCHEN

Während der restlichen Strecke bis zum KZ Buchenwald gibt es nur noch dieselben Schlagworte: Hunger, Erschöpfung, Tote. „Endlos schien die Straße, endlos der Weg des Grauens."[675] Anaphorisch drückt Dietmar erneut seine Verzweiflung aus; der „Weg des Grauens" ist eine treffende Darstellung für die nicht enden wollende Qual bis zum Konzentrationslager, während andauernd Häftlinge, „als Zeugen des Grauens"[676], erschossen werden. „Die Stilfigur der Anapher vollzieht in [...] Texten die Verzweiflung der Überlebenden über die Ausweglosigkeit und Endgültigkeit ihrer Lagerexistenz nach."[677]

Während es einigen Häftlingen erlaubt wird, für alle Fleisch aus einem Pferdekadaver herauszuschneiden, verwendet Dietmar eine andere metaphorische Ausdrucksweise für das Sterben von Mithäftlingen, die noch vor dem Ausruhen und Kochen des Fleisches erschossen wurden: „[...] noch einige Häftlinge [mußten] in der geschilderten Art und Weise ins Gras beißen."[678] Makaber und scheinbar brutal klingt diese Wortwahl, doch mussten die Inhaftierten ständig „mit der durch die Massenmorde demonstrierten Geringschätzung individuellen Lebens fertig werden"[679]. Aus diesem Grund passt Dietmar auch die Wortwahl dementsprechend an. Kurz bevor der Häftlingszug endlich das Stammlager Buchenwald erreicht, rekurriert Dietmar noch einmal auf das Getötetwerden der Kameraden. „Manch einer fiel noch als Opfer und mehrte die Zahl der Toten, die den ganzen Weg bis Buchenwald in regelmäßigen Abständen als Zeugen des Grauens markierten."[680]

---

674 Ebda.: Reiter bezieht sich mit dieser Feststellung auf eine Textstelle von Erwin Gostner, die allerdings auch sehr gut auf die zitierte Passage von Dietmar passt. Anm. AB.

675 Udo Dietmar: *Häftling…X.* S. 133.

676 Ebda.

677 Andrea Reiter: „*Auf daß sie entsteigen der Dunkelheit.*" S. 187.

678 Udo Dietmar: *Häftling…X.* S. 133.

679 Andrea Reiter: „*Auf daß sie entsteigen der Dunkelheit.*" S. 135.

680 Udo Dietmar: *Häftling…X.* S. 133.

12.23 BEFREIUNG UND WETTER

Nur wenige Tage nach der Rückkehr aus dem Außenkommando ins Hauptlager ist das Ende des Konzentrationslagers Buchenwald lediglich noch eine Frage von Stunden. Die Alliierten sind nicht mehr fern, und alle Häftlinge, die noch Kraft haben, sind zum Endkampf bereit. „Als der Morgen *[zum 11. April 1945, Anm. AB]* graute, fühlte jeder, daß der entscheidende Tag gekommen war."[681] Geschützdonner ist bereits anhaltend zu hören. Für alle Häftlinge steht fest, dass sie ihr Leben „so teuer wie möglich verkaufen"[682] wollen. Dietmar vergleicht die Situation mit einem Natur- bzw. Wetterbild: „Eine dumpfe, drückende Stimmung lag über dem Ganzen wie Gewitterschwüle."[683] Die alles beherrschende Ungewissheit, vermischt mit Angst vor dem Bevorstehenden, Unbekannten hängt also wie eine düstere Atmosphäre oder Wolke über dem Lager. Alles wartet darauf, dass „die Würfel fallen"[684].

In der Folge, um die Ausführungen zu Dietmars Text sowie seine Geschichte zu einem Ende zu bringen, werden alle SS-Angehörigen aus dem Lager kommandiert. Jene, die es nicht mehr aus dem Lager schaffen, werden von Häftlingen, die sich inzwischen bewaffnet[685] haben, festgenommen. Nur kurze Zeit später rollen bereits die ersten amerikanischen Panzer in das Lager ein und befreien so – nach der Selbstbefreiung durch die KZ-Insassen – offiziell alle Gefangenen.

---

681 Ebda. S. 139.
682 Ebda.
683 Ebda.
684 Ebda.
685 Vgl. z.B. Erich Fein und Karl Flanner: *Rot-weiß-rot in Buchenwald*. S. 220: Die Frage des bewaffneten Aufstands; S. 225: Die letzten Tage des Konzentrationslagers Buchenwald; S. 231: Die Befreiungsaktion am 11. April 1945. – Wiesel dagegen hat diesen Widerstand aus jüdischer Sicht und die Beschützung durch die Kommunisten miterlebt.

13 Elie Wiesel: Nacht[686]

13.1 EINFÜHRUNG: AUTOR UND WERK

In *Nacht* beschreibt der Schriftsteller und Friedensnobelpreisträger Elie Wiesel seine Holocaust- und KZ-Erfahrung als Kind bzw. Jugendlicher. Auf Deutsch bildet dieser Text den ersten Teil der Trilogie *Die Nacht zu begraben, Elischa,* deren weitere zwei Teile *Morgengrauen* und *Tag* betitelt sind.[687] Einen Abriss der Entstehungsgeschichte von *Nacht,* ursprünglich auf Jiddisch und danach in einer französischen Übersetzung veröffentlicht, gibt wie folgt Wiesels Biograf Robert McAfee Brown:

> Zehn Jahre nach der Befreiung aus Buchenwald brach Elie Wiesel das Schwei-
> gen, welches er sich um der Wahrheit willen auferlegt hatte. Er schrieb einen
> Bericht über das Königreich der Nacht. Die erste Version erschien im Jahre 1956
> in Jiddisch unter dem Titel *Un di Welt hot gschwign* (Und die Welt schwieg). 1958
> erschien eine überarbeitete Fassung auf Französisch *(La Nuit),* welche Grundlage
> für die englische, deutsche und die weiteren Ausgaben wurde *(Night* 1960 und
> *Nacht* 1962 *[sic]).*[688]

Die Erzählung ist das Werk eines Schriftstellers, der als Kind bzw. Jugendlicher die Gräuel der Konzentrationslager erleben muss und seine Eltern sowie
seine jüngere Schwester in den Lagern verliert. Erst elf Jahre nach dem Ende

---

686 Elie Wiesel: *Die Nacht zu begraben, Elischa.* Nacht, Morgengrauen, Tag. München und Eß-
     lingen a. N.: Bechtle 1963. – Neuausgabe z.B. bei Herder, Freiburg i. B. 1996/2010.
687 Zumeist ist der Teil *Nacht* als Einzelband erschienen, beinhaltet er doch als einziger der drei
     lediglich die KZ-Erfahrung von Wiesel in Form eines autobiografischen Textes. Die anderen
     beiden Teile, Romane mit Ich-Erzählern, behandeln die Zeit nach 1945, u.a. in Paris, Palä-
     stina und New York. Bezüge zum Holocaust sind nur noch mittelbar gegeben. Aus diesem
     Grund werden diese beiden Teile in der vorliegenden Analyse nicht weiter berücksichtigt.
     Anm. AB.
688 Robert McAfee Brown: *Elie Wiesel.* Zeuge für die Menschheit. Freiburg, Basel, Wien: Her-
     der 1990. S. 61. –Tatsächlich ist diese Zeitangabe falsch: *Nacht* erschien beim Bechtle Verlag
     im Jahr 1963 und nicht 1962 (siehe Fußnote 1). Anm. AB.

des Zweiten Weltkriegs und somit dem Ende des NS-Herrschaftssystems schrieb Wiesel seine Erlebnisse auf und veröffentlichte sie; in diesen elf Jahren konnte er nicht nur alle Ereignisse auf gewisse Art verarbeiten, sondern machte auch selbst eine große, natürliche Wandlung durch: Er reifte vom pubertierenden Knaben zum Erwachsenen heran, der mit der Zeit die Geschehnisse womöglich auf andere Weise verstand als im Moment des Erlebens. Wiesel selbst beschreibt *Nacht* als „eine Art Testament eines Zeugen, der über sein eigenes Leben, über seinen eigenen Tod spricht"[689]. Im Gegensatz zu einem frühen Werk wie dem Udo Dietmars ist Wiesels Erzählung unter Berücksichtigung einer gewissen zeitlichen Distanz zu betrachten. Das Problem der Erinnerung an Ereignisse, welches sich aufgrund einer Zeitspanne von mehr als zehn Jahren – vor allem in diesem jugendlichen Alter – ergibt, muss bei der Lektüre und Untersuchung von Wiesels Text berücksichtigt werden. Es geht in diesem Fall folglich vor allem „um die Erinnerung. Erinnerung ist eine zweischneidige Angelegenheit. […] Erinnerung ist ein *Königreich.*"[690] Das „Königreich" bezieht Brown hier auf die Kindheit Wiesels im damals noch ungarischen Dorf Sighet. Zugleich ist Erinnerung aber auch ein

> […] Friedhof. Für Elie Wiesel verwandelte sich das Königreich in einen Friedhof, oder besser gesagt, es verwandelte sich in eine andere Art von Königreich – in ein Königreich der Nacht, ein Reich der Finsternis ohne jeden Lichtstrahl, wo Tod nicht die Ausnahme war, sondern zum Alltag gehörte. Die Erinnerung konnte über Jahre hinweg nichts anderes weitergeben als die menschlichen Phantome, die einem Friedhof entstammten. Man kann „Überlebender" sein und dennoch auf einem Friedhof leben. Überleben kann eher Fluch als Segen bedeuten.[691]

Erneut verwendet Brown den Begriff „Königreich", um auf Wiesels Holocaust-Erfahrung zu verweisen. Damit beschreibt er mit dem Begriff Wiesels Verständnis von Erinnerung an das, was dieser selbst erlebt hat, sowie an jene Menschen, die getötet wurden, wodurch sich nicht mehr die ursprünglich zumeist positive Bedeutung des Wortes „Erinnerung" erhält, sondern diese

---

689 Robert McAfee Brown: *Elie Wiesel.* S. 61. – Bzw. vgl. Mosche in *Nacht.* S. 22: „Ich wollte nach Sighet zurückkehren, um euch meinen Tod zu erzählen." bzw. unten.

690 Robert McAfee Brown: *Elie Wiesel.* S. 30.

691 Ebda.

einen schalen Beigeschmack, oder besser: eine Umkehrung, erfährt. Wiesels KZ-Schilderung ist von seinem jüdischen Hintergrund geprägt: „Chassidische Literatur ist ein Sammelsurium von unzähligen Geschichten, Anekdoten und Legenden, manchmal ausführlich und engagiert, häufig aber auch in wenigen, prägnanten Sätzen auf den Punkt gebracht."[692] Die Geschichte Elie Wiesels

> ist die Geschichte seiner fiktiven *[!]* Gestalten, und umgekehrt entspricht die Geschichte seiner Romanfiguren der seiner eigenen. Sein Ringen mit Gott ist ihr Ringen. Das Bekenntnis zu Gott, wie es allmählich in seinen Büchern sichtbar wird, ist ebenso beiden zu eigen, dem Verfasser wie den Gestalten seiner Werke. Der Mensch Wiesel und der Autor Wiesel sind ein und derselbe. Wenn wir uns den Geschichten zuwenden, erfahren wir mehr über die Geschichte dessen, der sie erzählt.[693]

Nacht bildet den Start- und gleichzeitig thematischen Mittelpunkt von Wiesels schriftstellerischem Schaffen. Sein Gesamtwerk ist stets „nur von der Erfahrung der Schoah her deutbar [...] [und] als eine Auseinandersetzung mit der Frage nach Reden oder Schweigen angesichts von Auschwitz"[694] zu verstehen. Für Wiesel stellt sich seit dem Holocaust, wie bereits an anderer Stelle vorweggenommen, die Frage nach dem möglichen Sprechen darüber und danach, und er plädiert daher – auch aus Rücksicht auf jene, die nicht überlebt haben und daher nicht mehr sprechen können – vielmehr für das Schweigen, bevor etwas Falsches oder zu viel gesagt wird. Diese Unsicherheit, wie man mit dem Erlebten umgehen sollte und was man über den Holocaust schreiben könnte, hat Wiesel eben davon abgehalten, schon früher seine Erfahrungen niederzuschreiben. Somit hat er – wie eingangs zitiert – erst 1956 sein Schweigen gebrochen und in einem argentinischen Emigrantenverlag auf Jiddisch seinen Bericht namens *Un di Welt hot geschwign* veröffentlicht. Dieser umfasste 862 Seiten, doch wurde er in der bzw. für die französische Version auf lediglich

---

692 Ebda. S. 54.

693 Ebda. S. 22. [Hervorhebung im Orig., Anm. AB] – Das Vorwort der mir vorliegenden Ausgabe von „*Night*" stammt aus demselben. Vgl. Elie Wiesel: *Night*. New York, Toronto, London [et al.]: Bantam Books 1986. Anm. AB.

694 Reinhold Boschki: *Der Schrei*. Gott und Mensch im Werk von Elie Wiesel. Mainz: Matthias-Grünewald-Verlag 1994. (= Theologie und Literatur. Hg. v. Karl-Josef Kuschel. 3.) (Zugl.: Univ.-Diss. Münster 1994). S. 19.

178 Seiten komprimiert.[695] Daneben gibt es sogar noch eine ältere hebräische Fassung, die nicht veröffentlicht wurde.[696]

> In gewisser Weise diente *Un di Welt* der französischen Fassung als eine Art Ur-Text, war doch der jiddische Text gleichzeitig von autoritativem wie originärem, aber eben auch genauso von mythischem wie realem Charakter, weil die Sprache, in der dieser Text geschrieben wurde, weder einem akademischen noch dem allgemeinen Publikum leicht zugänglich war.[697]

Im Gegensatz zu Rosens oben angeführter Erläuterung ist bei Taterka Folgendes zu den unterschiedlichen Textfassungen zu finden:

> Wiesels NACHT ist zwar kein Roman, wohl aber die redigierte französische Version eines jiddischen Textes, … UN DI VELT HOT GESHVIGN, der viermal so lang und weit weniger homogen ist, thematisch andere Akzente setzt und vor allem in nichts den Anschluß an den französischen Existentialismus der fünfziger Jahre zeigt, der dann NACHT penetrieren wird.[698]

In Hinblick auf Verständnis und Publikum kann an diesem Punkt angesetzt werden, sei hier Baers Erläuterung der Produktionsbedingungen und des Rezeptionsverhaltens bei Texten jüdischer und nichtjüdischer Verfasser im Zusammenhang mit (jüdisch geforderter) Zeugenschaft zitiert:

---

695 Vgl. Reinhold Boschki, Dagmar Mensink (Hg.): *Kultur allein ist nicht genug.* S. 13. – Bzw. vgl. dazu auch Alan Rosen: *Der Anfang der Zeugenschaft und das Zeugnis des Anfangs.* S. 132–138. In: Ebda. S. 134: In Buenos Aires gab es nach dem Zweiten Weltkrieg eine sehr große jüdische Gemeinde, und Wiesels Werk war eines von vielen, das als Erinnerungsbuch und Zeugenbericht erschienen ist. – Der Verlag hieß Tzentral Varband fun Polishe Yidn in Argentina. Anm. AB.

696 Vgl. Alan Rosen: *Der Anfang der Zeugenschaft und das Zeugnis des Anfangs.* S. 134 ff.: Beide Texte, *Un di Welt hot geschwign* wie „*Nacht,* handeln „von den gleichen Ereignissen und teilen Sprachstil, Perspektive und Struktur miteinander". – Das hebräische Werk ist lt. Wiesel selbst 1954 handschriftlich auf etwa 150 Seiten abgefasst worden und nunmehr Teil des Wiesel-Archivs der Boston University.

697 Alan Rosen: *Der Anfang der Zeugenschaft und das Zeugnis des Anfangs.* S. 134.

698 Thomas Taterka: *Dante Deutsch.* Studien zur Lagerliteratur. Berlin: Schmidt 1999. (= Philologische Studien und Quellen. H. 153.). S. 71. Fußnote 12. [groß im Orig., Anm. AB]

Die Rezeption der Berichte von jüdischen Überlebenden [...] beschränkt sich weitgehend auf zum Teil in hohem Maße literarisierte Darstellungen, die tradierten Erzählmustern folgen. Der Welterfolg von zwei so unterschiedlichen Werken wie Elie Wiesels *Nacht* und dem *Tagebuch der Anne Frank* rührt beispielsweise auch daher, wie diese beiden Publikationen ganz bewußt – und notwendigerweise – auf ein nicht ausdrücklich jüdisches, sondern allgemeines europäisch-amerikanisches Publikum zugeschnitten wurden.[699]

Diese Ausführung korrespondiert mit den eingangs angestellten Vergleichen zwischen Dietmars und Wiesels Werk. An einen Bericht eines Nichtjuden wie Dietmar wird demnach gar nicht der Anspruch auf Zeugenschaft gestellt – was m.E. völlig verfehlt ist –, wogegen dies bei *Nacht* sehr wohl getan wird. Zudem wird auch bestätigt, dass Wiesels Text einen sehr literarisierten, beinahe fiktionalen Charakter aufweist, was in der Analyse seines Textes noch aufgezeigt wird.

Die Anfangsworte des jiddischen Textes – zuerst im Original und sodann in zwei verschiedenen deutschen Übersetzungen – sollen hier abgedruckt werden, da sie bereits auf die wichtigen Themen in Wiesels Gesamtwerk im Allgemeinen und *Nacht* im Besonderen hinweisen und zugleich den jüdisch-religiösen Hintergrund zeigen. Diese Worte stellen nach Rosen auch einen intertextuellen Kommentar dar, „der auf den Anfang des Prozesses, vom Holocaust Zeugnis abzulegen, eingeht und sich zu dessen Geschichte und Funktion äußert"[700]:

In Onhoib is gewen di *Emune*, di narrische *Emune*; un der *Bituchen*, der puster *Bituchen*; un die Illusje, die gefährleche Illusje.
Mer hobn gegloibt in Gott, gehot *Bituchen* in Mensch un gelebt mit der Illusje, as in jedn einer fun uns is foron a heiliger Funk fun Feier fun der *Schechine*, as jeder einer fun uns trogt in sich, in seine Oign un in sein *Neschume*, der *Zelem Elochim*.
Dos is gewen der Qual – oib nischt der Sibe – fun ale unsere Unglickn.[701]

699 Ulrich Baer: *Einleitung*. S. 7–31. In: Ders. (Hg.): „*Niemand zeugt für den Zeugen.*" Erinnerungskultur nach der Shoah. Frankfurt/Main: Suhrkamp 2000. (= edition suhrkamp. 2141.). S. 13. – Zu Zeugenschaft vgl. Kapitel ERINNERUNGSVERMÖGEN.

700 Alan Rosen: *Der Anfang der Zeugenschaft und das Zeugnis des Anfangs*. S. 134 f.

701 Elie Wiesel: „*Un di Welt hot geschwign*", 1956, S. 7. Zit. n. Reinhold Boschki: *Der Schrei*. S. 69.

Am Anfang war der Glaube, der närrische Glaube; und das Vertrauen, das trügerische Vertrauen; und die Illusion, die gefährliche Illusion. Wir haben an Gott geglaubt, hatten Vertrauen in den Menschen und lebten mit der Illusion, daß in jedem einzelnen von uns ein Funke der Schechina, der Einwohnung Gottes glimmt, und daß jeder einzelne von uns in seinen Augen und in seiner Seele das Bild Gottes trägt. Das war die Qual – wenn nicht die Ursache – all unserer Unglücke.[702]

Im Anfang war der Glaube, ein verrückter Glaube; und das Vertrauen, ein naives Vertrauen; und die Illusion, eine gefährliche Illusion. Wir glaubten an Gott, hatten Vertrauen in den Menschen und lebten mit der Illusion, daß in jedem von uns ein heiliger Funke des Feuers der Schechina glimmt, daß jeder einzelne von uns in seinen Augen, in seiner Seele das Bild Gottes trägt. – Das war die Quelle – wenn nicht die Ursache – all unserer Unglücke.[703]

Dieser ursprüngliche Beginn divergiert gänzlich von jenem in *Nacht*, in welchem zuerst eine Figur auftritt, mit der die Geschichte eröffnet wird. Im jiddischen Text dagegen wird – ganz unmittelbar – bei „einer ironisierenden Klage über die spirituelle Grundlage, die zerstört worden ist"[704], angesetzt. Den Stichworten „verrückt", „Glaube", „Vertrauen", „Illusion" und „Gott" wird in der vorliegenden Analyse an anderer Stelle noch größere Bedeutung zukommen. Für das Verständnis von Wiesels Themen und Werk ist diese kurze Einleitung sehr förderlich, weshalb es schade ist, dass sie für *Nacht* nicht mehr berücksichtigt wurde.[705] Wie bereits zuvor erwähnt, nimmt der Anfang der jid-

---

702 Dagmar Mensink: *Zur Einführung: Elie Wiesel lesen*. S. 12–21. In: Reinhold Boschki, Dagmar Mensink (Hg.): *Kultur allein ist nicht genug*. S. 12.

703 Reinhold Boschki: *Der Schrei*. S. 69.

704 Alan Rosen: *Der Anfang der Zeugenschaft und das Zeugnis des Anfangs*. S. 135. – Ab S. 135 f. wird noch stärker auf den religiösen Hintergrund verwiesen. Anm. AB.

705 Zu Wiesels Herkunft und Themen vgl. Dagmar Mensink: *Zur Einführung: Elie Wiesel lesen*. S. 12 sowie Boschki: *Der Schrei*. S. 69 wie auch Alan Rosen: *Der Anfang der Zeugenschaft und das Zeugnis des Anfangs*. S. 136 ff.: Reflexionen zu „Illusion". – Vgl. dazu auch: Harry James Cargas: *Positive Ambiguity – die Gegensätze aushalten*. Elie Wiesels religiöses Denken. S. 234–244. In: Reinhold Boschki, Dagmar Mensink (Hg.): *Kultur allein ist nicht genug*. S. 235: „Viele der Themen, über die Wiesel schreibt, entspringen seinem forschenden Blick in die Tiefen des Unbewußten, wenn nicht gar Unwißbaren. Einige der bekannteren sind das Böse, Wahnsinn, Schweigen, Hoffnung, Nacht, Freundschaft, die Vater-Sohn-Beziehung, Worte, Selbstmord, Zeuge und Zeugenschaft, Erinnerung, Gleichgültigkeit, Zweifel, Leid, Rückkehr, Namen, Kunst, Gebet."

dischen Version „eine Bestandsaufnahme des Verlustes [vor]: der Glaube war verrückt, das Vertrauen naiv und vor allem war die Illusion gefährlich und so massiv, daß sie jegliche Erfahrung durchdrang und die Sprache vergiftete"[706]. Allerdings wäre eine solche Berücksichtigung erneut der Überlegung Baers zuvor zur Rezeptionserwartung zuwidergelaufen.

13.2 ANALYSE

13.2.1 Perspektivierung durch Figuren

Die wichtigste bei Elie Wiesel untersuchte narrative Strategie betrifft die Erzählperspektive und die Figurenkonstellation. Vom Anfang bis zum Ende erzählt Wiesel zwar aus seiner eigenen Sicht, doch wird die gesamte Erzählung immer wieder von Figuren und Meinungen beziehungsweise Gerüchten und vom Gerede der Menschen um ihn herum durchzogen, deren Perspektive Wiesel in Folge auf gewisse Art übernimmt und wiedergibt. Diese Darstellungsweise reflektiert die Verfassung und Position des anfangs zwölf- bzw. bei der Befreiung aus dem KZ 15-jährigen Burschen, der zwar nicht mehr nur kindlich und naiv, jedoch eben auch noch nicht erwachsen ist. Er bedarf daher weiterhin der Begleitung und des Geleits von Erwachsenen. So kann auf den von Eberhard Lämmert geprägten Terminus der ‚zukunftsungewissen Vorausdeutung' verwiesen werden, die unmittelbar mit der Perspektivierung zusammenhängt. Wenn Wiesel nämlich als Erzähler „auf einen übergeordneten Standpunkt verzichtet und sich auf den begrenzten Wahrnehmungshorizont der in das erzählte Geschehen verwickelten Figuren beschränkt"[707], wie zu bemerken sein wird, sind zukunftsungewisse Vorausdeutungen möglich. Schließlich können nur jene Figuren, die Teil des Geschehens sind, auf eine wie im echten Leben ungewisse Zukunft deuten, da diese in der Gegenwart ja tatsächlich nicht vorgezeichnet ist. Prophezeiungen als auch das Formulieren von Wünschen oder Ängsten sind Möglichkeiten, um diese Vorausdeutungen zu transportieren, wie es im Text von Wiesel anhand von Aussagen verschiedener Figuren geschieht.[708]

---

706 Alan Rosen: *Der Anfang der Zeugenschaft und das Zeugnis des Anfangs.* S. 136.
707 Vgl. Eberhard Lämmert: *Bauformen des Erzählens.* S. 175–192. [zit. n. Matias Martinez und Michael Scheffel: *Einführung in die Erzähltheorie.* München: Beck 1999. S. 37.].
708 Ebda.

Sehr präsent sind in der ersten Hälfte der Geschichte – noch vor bzw. während der Deportation der Juden ins KZ Auschwitz – zwei Figuren, die quasi als Propheten oder Kassandra-Figuren[709] in jeweils gesonderten Textabschnitten fungieren. Sie sind zwei gesellschaftliche Außenseiter, werden von Wiesel aber näher beschrieben und auch mit Namen genannt: Küster-Mosche und Frau Schächter. Die Aufgabe der Propheten besteht darin, mittels ihres Werkzeugs, der Sprache, einem Publikum etwas mitzuteilen. Das Mitzuteilende ist nichts weniger als die Wahrheit, die von den Menschen gehört werden muss, damit diese entsprechend handeln können. Folglich bedeutet das, dass die Propheten die Handlungen der Menschen beeinflussen. Das Außenseitertum wird ihnen auferlegt, da die Menschen die Wahrheit, häufig verschlüsselt und metaphorisch dargebracht, oft weder erkennen noch von diesen Außenseitern erfahren wollen.[710]

Die erste Figur, Mosche, agiert als einführende Instanz für die Erzählung, sein Auftritt eröffnet die Geschichte. Mosche ist „eine Figur, die uns in vielen der Schriften Wiesels begegnet"[711]. Seine Rolle in *Nacht* betrifft die Menschen, deren Schicksal er bereits als einer der Ersten *vor*erlebt hat und welchen er es noch erzählen kann bzw. will, bevor es über sie selbst hereinbricht. Die Menschen wollen davon jedoch nichts wissen – aus Furcht, aus Naivität – und rennen fast blindlings in ihr Verderben. Die zweite Figur, Frau Schächter, ist die wahre Kassandra-Figur, da sie selbst noch nicht, wie der Küster-Mosche, erlebt hat, was den anderen Menschen bevorsteht, sondern weil sie halluziniert und voraussagt, was passieren wird. Auch ihr glaubt niemand, sie wird als Wahnsinnige angesehen und daher nicht ernst genommen. Kassandra ist als „Seherin, Tochter des Priamos"[712], in der griechischen Mythologie verzeichnet.

---

709 Vgl. Stephanie Jentgens: *Kassandra*. Spielarten einer literarischen Figur. Hildesheim, Zürich, New York: Olms – Weidmann 1995. (= Germanistische Texte und Studien. 51.). S. 7.

710 Svenja Schmidt: *Kassandra – ein Mythos im Wandel der Zeit*. Antiker Mythos und moderne Literatur am Beispiel der „Kassandra" von Christa Wolf. Marburg: Tectum 2004. (= diplomica. 13.). S. 51.

711 Robert McAfee Brown: *Elie Wiesel*. S. 45.

712 Dudenredaktion (Hg.): *Duden: Die deutsche Rechtschreibung*. 24., völlig neu bearb. und erw. Aufl. Mannheim, Leipzig, Wien [u.a.]: Dudenverlag 2006. (= Duden. 1.). S. 567. – Vgl. dazu Thomas Epple: *Der Aufstieg der Untergangsseherin Kassandra*. Zum Wandel ihrer Interpretation vom 18. Jahrhundert bis zur Gegenwart. Würzburg: Königshausen & Neumann 1993. (= Würzburger Beiträge zur deutschen Philologie. 9.) (Zugl.: Univ.-Diss. Würzburg 1992). S. 225: Der Terminus Kassandra-Ruf hat am Anfang des 20. Jahrhunderts Eingang in Lexika und Nachschlagewerke gefunden, etwa als „vergebliche Warnungen". Kassandra selbst wird weiterhin zur selben Zeit als „öffentliche oder private Warnerin" wahrgenommen.

Der Kassandra-Ruf wird als „Unheil verheißende Warnung"[713] und im über-
tragenen Sinn als negative Botschaft verstanden. Der Ursprung dieser Figur
wurzelt im mythischen Stoff – die Darstellung Wiesels erscheint allerdings im
Licht der „kulturellen, politischen und gesellschaftlichen Gegebenheiten"[714],
d.h. der NS-Zeit und des herrschenden Zweiten Weltkriegs.

Beide Figuren werden als Verrückte oder Narren angesehen und verschwinden später jeweils auch wieder so plötzlich, wie sie gekommen sind. Sie müssen sich bisweilen selbst zu Narren erklären lassen, um gerettet zu werden,[715]
was im Fall des vorliegenden Werkes allerdings nicht möglich ist: Es ist keine
Erlösungsgeschichte. Auch van den Berg hat sich mit den Verrückten in Wiesels Oeuvre auseinandergesetzt. Demnach versuche Wiesel,

> […] mit der Darstellung seiner Verrückten nicht die historische, sondern die
> mystische Dimension des Holokaust zu präsentieren. Die Frage nach Gottes
> Handeln in der Geschichte bleibt erhalten. Seine „Antwort" sind die Verrückten,
> die nicht aufhören, Fragen nach Gott zu stellen.[716]

Natürlich ist durch Mosche, den Küster – wie zu sehen sein wird – der reli-
giöse Aspekt in Wiesels Werk unverkennbar, doch liegt der Schwerpunkt der
Untersuchung auf dessen Funktion als Seher und Leiter für den jungen Elie
Wiesel. Die Religion wird im Rahmen dieser Analyse in Zusammenhang mit
Mosche und Wiesel nur als Verbindungsglied betrachtet, das Handeln vieler
Figuren kann auch ohne den vorhandenen religiösen Rahmen verstanden werden. Im weiteren Verlauf der Erzählung tauchen in bestimmter Regelmäßig-
keit Menschen auf, die Einfluss auf den jungen Elie ausüben und gleichfalls
als Leitfiguren für ihn sowie quasi personifizierte Leitmotive auftreten. Ihre
Namen erfährt man nicht immer, weil diese einerseits offensichtlich nichts
zur Sache tun, andererseits aber wird wiederum ihre Position als namenlose,
schemenhafte Figuren untermauert, die Wiesels Erleben im Lager mittragen
und beeinflussen – sie stellen eben einige Menschen von vielen im Lager dar
und scheinen, wie bereits in der Analyse Dietmar besprochen, mitunter austauschbar zu sein. Anhand dieser Figuren kann Wiesels Situation mitverfolgt
werden, welche von ihnen zugleich kommentiert wird.

---

713   Dudenredaktion (Hg.): *Duden: Die deutsche Rechtschreibung.* S. 567.
714   Svenja Schmidt: *Kassandra – ein Mythos im Wandel der Zeit.* S. 51.
715   Vgl. Gundula van den Berg: *Gebrochene Variationen.* S. 181.
716   Ebda. S. 131. – Version von Holocaust mit „k" von derselben. Anm. AB.

In der zweiten Hälfte des Textes, d.h. im Konzentrationslager Auschwitz-Monowitz und danach in Buchenwald, übernimmt Wiesels Vater, dessen Vorname in der gesamten Erzählung nicht angeführt wird, die Rolle einer benannten Leitfigur. In der ersten Hälfte der Geschichte, während die beiden anderen mit Namen genannten Figuren jeweils eine Hauptrolle spielen, ist der Vater noch fast überhaupt nicht präsent; dagegen nimmt er, als nur Elie und er selbst die letzten Überlebenden der Familie im Lager sind, einen höheren Stellenwert ein.

Wie zuvor schon erwähnt, scheint es auch die Aufgabe der Figuren zu sein, Wiesel in der gesamten Erzählung – und damals auch beim Erleben – zu begleiten und als Leitfiguren (und gleichzeitig als Leitmotive) zu fungieren. Sie sind es, die eine Besonderheit seines Textes ausmachen und zugleich erkennen lassen, dass Wiesel mithilfe ihrer Präsenz seine Erlebnisse erzählt und in eine narrative Form bringt. Dass sie auch in seiner Erinnerung so präsent sind, bedeutet ferner freilich, dass sie tatsächlich eine wichtige Rolle für ihn gespielt haben. Schließlich kann festgestellt werden, dass die meisten Figuren erst durch die narrative Darstellung und Überformung Wiesels in seinem Text und durch die Interpretation vonseiten des Lesers eine derart starke Symbolhaftigkeit verliehen bekommen. Die höhere Bedeutung von Mosche, der als Prophet und Narr literarisiert wird, und von Frau Schächter, die als Unheilskünderin in der Tradition einer Kassandra-Figur im Text erscheint, und der vielen verschiedenen namenlosen Figuren, die wie allwissende Weissager wirken, sind rein auf die Narrativierung von Wiesels Erlebnissen zurückzuführen beziehungsweise werden von diesem in ihrem Vorhandensein als Perspektiventräger zu narrativen Strategien konstituiert und demgemäß instrumentalisiert, um eine literarische (Über-)Formung der Geschehnisse zu ermöglichen.

13.2.2 PERSPEKTIVIERUNG DURCH FAMA

Als eine andere Narrativierungsstrategie Wiesels fungiert das Gerücht, das zur Perspektivierung und Meinungsbildung in *Nacht* beiträgt. Es gibt zwei Arten von Gerüchten: positive und negative. Die Funktion der positiven Gerüchte – etwa dass der Krieg die Menschen in Sighet nicht betreffen wird – ist insofern erklärt, als sich Menschen allgemein an diese Gerüchte klammern, um Hoffnung zu haben und sich nicht mit der möglichen grauenhaften Wahrheit konfrontieren zu müssen. Ebenfalls herrschende negative Gerüchte bezüglich der für die Menschen um Wiesel herum schlicht nicht möglich erscheinenden Invasion und Deportation durch die Nazis werden hingegen nicht geglaubt, weil sie sich willentlich der Illusion von und durch Hoffnung hingeben. Als sich diese Gerüchte schließlich bewahrheiten, jedwede Verblendung also aufgehoben ist und die Menschen im Zug nach Auschwitz deportiert werden, ist der Horror noch größer und die Wahrheit noch schrecklicher.

Die narrative Funktion von Gerüchten im Fall der vorliegenden Untersuchung bzw. für die gesamte Geschichte von Wiesel zeigt sich demnach dahin gehend, dass mittels Gerüchten eine Vorausdeutung auf das Zukünftige gegeben wird. Die Menschen, wie auch Wiesel selbst, wissen noch nicht, was ihnen bevorsteht, wenngleich ihr Schicksal längst besiegelt ist: Sie leben zur Zeit des bereits herrschenden Zweiten Weltkriegs wie vor dem Krieg sorglos in ihrem Dorf fern von allem Geschehen, während Hitlers Pläne zur Vernichtung der Juden und anderer Regimefeinde bereits beschlossen sind. Die Verblendung und Illusion aufgrund der herrschenden Gerüchte werden schließlich aufgehoben, indem die Wahrheit bekannt wird. Sobald dies passiert, wird die narrative Funktion der Gerüchte bzw. Verblendung insofern ersichtlich, als die Menschen erkennen, dass sie sich bislang von Lügen leiten ließen und sich in trügerischer Sicherheit wiegten.

Der Begriff der Fama evoziert allgemeingültig die Vorstellung einer weiblichen Personifizierung von Gerede oder Gerüchten. Zudem sind Gerüchte „schnell, als hätten sie Flügel, und sie bewegen sich scheinbar wie von selbst fort"[717]. Da Gerüchte in ihrer Mehrzahl nichts Gutes verheißen, wird auch die Gestalt, die sie verkörpert, als nicht gut oder schön – da Schönheit oft analog zu Güte verstanden wird – angenommen. In Vergils *Äneis* ist Fama daher auch keine anmutige Gestalt, sondern vielmehr ein furchtbares Monster,[718] wobei

[…] sich die Monstrosität der Fama nicht nur in ihrer allseits gefürchteten (und manchmal bewunderten) Wirkungsweise, der fast übernatürlich schnellen und unkontrollierbaren Verbreitung der Gerüchte durch die Ohren und Münder der Menschen [manifestiert], sondern auch im äußeren Erscheinungsbild.[719]

---

717 Hans-Joachim Neubauer: *Fama*. Eine Geschichte des Gerüchts. Aktual. Neuausgabe. Berlin: Matthes & Seitz 2009. S. 73. – Zusatz, ebda.: „So jedenfalls wirkt es in Ovids *Metamorphosen*. Mit seiner Beschreibung der Fama antwortet der jüngere Zeitgenosse Vergils auf dessen Schreckbild."

718 Vgl. Jürgen Brokoff: *Fama: Gerücht und Form*. S. 17–23. In: Jürgen Brokoff, Jürgen Fohrmann, Hedwig Pompe [u.a.] (Hg.): *Kommunikation der Gerüchte*. Göttingen: Wallstein 2008. S. 17.

719 Ebda.

Die Göttin Fama – „das Auge der Welt"[720] – ist demnach eine hässliche Gestalt, die mit vielen, teils sichtbaren, Ohren, Augen, Mündern und Zungen ausgestattet ist, welche allegorisch auf „die enorme Machtfülle der Fama"[721] hinweisen. Bei Ovid hingegen erhält Fama keine Gestalt und kein Gesicht, sie „hört und spricht nicht persönlich"[722]: „Sie ist das Person gewordene Prinzip der Anonymität [und] bleibt ein unklarer Schemen am Rande des Bildes."[723] Allerdings weist sie an anderen Stellen in den *Metamorphosen* als geschwätzige Fama eine Gleichartigkeit mit Vergils Monster auf.[724]

Bei Wiesel wird sehr oft Gehörtes oder Angenommenes weitergegeben, ohne dass der tatsächliche Wahrheitsgehalt der Aussagen überprüft wird. Ein Gerücht ist vorhanden, „wenn es sich um Vorgänge der Gegenwart handelt, die der Mitteilende nicht selber angeschaut hat und deren Bericht durch den Mund vieler Unbekannter hindurchgegangen ist"[725]. Nicht selten führt eine solche Nichtüberprüfung zu einem fatalen Ergebnis, wie es eben auch bei Wiesel der Fall ist. In seinem Text wird deutlich, dass er immer wieder mit Gerede oder Vermutungen konfrontiert wird, die er als junger Bursche aufgrund seines zu geringen Wissens noch nicht wirklich hinterfragen kann. Somit bleibt ihm nichts anderes übrig, als das Gesagte einfach so anzunehmen. Gelegentlich fügt er seine eigenen Gedanken zu denen der anderen, doch wirklich konterkarieren kann und will er sie nicht.

Um einen konkreten Unterschied zwischen einem Text wie Wiesels *Nacht* und einem Gerücht aufzuzeigen, wodurch auch die Beziehung beider Komponenten zueinander veranschaulicht wird, ist folgende Ausführung hilfreich:

> Erst durch narrative Konsistenz, Wirklichkeitsnähe und Triftigkeit der Deutungsangebote erlangen die Beschreibungen der Vergangenheit den Status, der sie von fiktionalen, mythologisierenden, moralisierenden, propagandistischen und hagiographischen Darstellungen – und nicht zuletzt auch vom Gerücht – unterscheidet.[726]

---

720 Hans-Joachim Neubauer: *Fama*. S. 74.
721 Jürgen Brokoff: *Gerücht und Form*. S. 17.
722 Hans-Joachim Neubauer: *Fama*. S. 75.
723 Ebda. S. 74.
724 Vgl. ebda.
725 Ebda. S. 146.
726 Alexandre Métraux: *Authentizität und Autorität*. Über die Darstellung der Shoah. S. 362–388. In: Jürgen Straub (Hg.): *Erzählung, Identität und historisches Bewußtsein*. Die psychologische Konstruktion von Zeit und Geschichte. Erinnerung, Geschichte, Identität 1. Frankfurt/Main: Suhrkamp 1998. (= suhrkamp taschenbuch. wissenschaft. 1402.). S. 368.

Tatsächlich weisen (positive) Gerüchte zum größten Teil die gegensätzlichen Merkmale eines (literarischen) Textes und damit auch keine Schlüssig-
keit auf, sondern verraten im Gegenteil viel stärker, dass sich Verbreiter und
Empfänger des Gesagten oder Gedachten nur daran festhalten möchten, wenn
sie nicht mit der (oftmals grausamen) Wirklichkeit zurechtkommen. Genau
solche Situationen und Szenarien sind des Öfteren bei Wiesel zu finden, vor
allem an Stellen, an denen Ungewissheit herrscht und Gerüchte und Abschwä-
chungen für die Menschen im Text hilfreich erscheinen. Schließlich sind Gerüchte ausschlaggebend dafür, dass Nachrichten in Windeseile ohne jegliche
Beachtung oder gar Überprüfung ihres Wahrheitsgehalts weitergegeben werden.[727] Sie verfälschen die Wirklichkeit, obwohl dennoch ein gewisser Wahrheitsgehalt in ihnen steckt, denn es handelt sich „bei Gerüchten um unbestä-
tigte Informationen […] – was keineswegs beinhalten muss, dass sie falsch
sein müssen"[728]. Der narrative Gewinn bei einem Gerücht ergibt sich daraus,
dass die Menschen in Wiesels Werk – wie schon erwähnt – Ausgesagtes nicht
infrage stellen, sondern, im Gegenteil, glauben, ohne dessen Wahrheitsgehalt
zu überprüfen. Gerüchte werden grundsätzlich nicht als „kommunikative
Sonderform"[729] oder „Abweichung einer Norm"[730] verstanden, sondern stellen vielmehr einen Normalfall innerhalb der Kommunikation dar. Sie werden
„tendenziell als widriger Ausnahmezustand, als Entstellung reflektiert und unter ein pejoratives Vorzeichen gesetzt"[731] und sind vages Gerede. „Ein Gerücht
ist immer schon vermittelt, nie aus erster Hand";[732] es stellt eine „aufregende,
gegen die Erwartungen gerichtete Nachricht"[733] dar. In Wiesels *Nacht* zeigt

---

727 Vgl. Lorenz Engell: *Film und Fama – Citizen Kane*. S. 322–337. In: Jürgen Brokoff, Jürgen
     Fohrmann, Hedwig Pompe [u.a.] (Hg.): *Kommunikation der Gerüchte*. Göttingen: Wallstein
     2008. S. 322.

728 Brigitte Weingart: *Kommunikation, Kontamination und epidemische Ausbreitung*. S. S. 241–
     251. In: Jürgen Brokoff, Jürgen Fohrmann, Hedwig Pompe [u.a.] (Hg.): *Kommunikation der
     Gerüchte*. Göttingen: Wallstein 2008. S. 241.

729 Natalie Binczek: „*Vom Hörensagen'* – Gerüchte in Thomas Bernhards *Das Kalkwerk*. S. 79–
     99. In: Jürgen Brokoff, Jürgen Fohrmann, Hedwig Pompe [u.a.] (Hg.): *Kommunikation der
     Gerüchte*. Göttingen: Wallstein 2008. S. 81. – Vgl. dazu Jean-Noël Kapferer: *Gerüchte*. S. 23.
     Fußnote 117.

730 Ebda.

731 Ebda. S. 82.

732 Ebda.

733 Birger P. Priddat: *Märkte und Gerüchte*. S. 216–240. In: Jürgen Brokoff, Jürgen Fohrmann,
     Hedwig Pompe [u.a.] (Hg.): *Kommunikation der Gerüchte*. Göttingen: Wallstein 2008. S.
     216.

sich die Funktion des Gerüchts als Narrativierungsstrategie folgendermaßen: (Negative) Gerüchte im Text dienen als Künder dessen, was passieren
wird. Von den Menschen in Sighet werden sie allerdings nicht geglaubt; diese
nehmen nur jegliches beschwichtigendes Gerede an, also ebenfalls Gerüchte
(demnach positive), die in ihren Augen die ersten (negativen) Gerüchte widerlegen. Anhand stetig auftauchender Gerüchte werden die Menschen in der
Erzählung daher weitergeleitet, wodurch die Erzählung ebenso vorangetrieben
wird.

13.2.3 Fiktionalisierung: Empathie und Spannung

Schließlich sind zwei weitere von Wiesel verwendete narrative Strategien Em-
pathielenkung und Spannungserzeugung. Diese beiden Strategien beeinflussen einander direkt, stehen also nicht alleine und tragen sehr stark zum literarisch überformten, fiktional anmutenden Charakter des Textes bei. Empathie
hängt aber ebenfalls mit der oben erläuterten Strategie der Perspektivenfüh-
rung bzw. Figurenausgestaltung zusammen: Sobald eine Sichtweise dargestellt
wird, die nähere Informationen zur Situation bietet, hat das Vorhandensein
einer solchen Figur eine Auswirkung sowohl auf die Person, auf die die Figur
Einfluss ausübt – also Wiesel –, als auch auf den Leser, der eben mitbekommt,
was die Figur zusätzlich weiß. Durch den tieferen Einblick dank der Figur
bzw. dank einer anderen Perspektive entsteht aufseiten des Lesers eine empathische Lesart, und auch die Position des Protagonisten steigert aufgrund der
vermehrten Information durch die anderen Figuren das Einfühlungsvermögen.

Spannung („suspense") als literarischer Topos bedeutet grundsätzlich, danach zu fragen, wie eine Geschichte verläuft, wie es in einer Geschichte wei-
tergeht. Die Unwissenheit des Lesers wird benutzt, um Spannung aufzubauen;
dieser wartet mehr oder weniger gebannt darauf, was passieren wird. In der
vorliegenden Untersuchung wird Spannung allerdings im Sinne von Dramatik und Intensivierung des Geschichtsverlaufs bzw. Inhalts verstanden, wie des
Öfteren dementsprechende Textpassagen zu finden sein werden. Für die Betonung der im Konzentrationslager herrschenden Gewalt werden von Wiesel
Spannungselemente eingesetzt, die teilweise sehr stark auf den Grad der Literarisierung der Erlebnisse hinweisen. Es geht aus Wiesels Werk nicht ganz klar
hervor, ob er Spannung – und als deren Funktion Empathie – bewusst eingesetzt hat, oder ob er seine Erlebnisse auf diese Weise in Erinnerung hatte und

deshalb auch so niederschrieb. Allerdings sollen diese beiden Aspekte und narrativen Strategien bei der Analyse des Textes nicht separat und explizit beachtet werden, sondern es wird gegebenenfalls nur auf ihr Vorkommen hingedeutet.

Nacht

Der erste Teil von *Nacht* beschreibt während etwa eines Viertels des Gesamttextes die Zeit zwischen 1941 und 1944, wodurch auch der Vorgeschichte vor der Deportation ins Konzentrationslager große Aufmerksamkeit geschenkt wird. Bezüglich der Kapiteleinteilung der Analyse bleibt noch Folgendes zu sagen: Angelehnt an die Erzählung, fungieren die besprochenen Figuren als Textbegleiter, wonach die Kapiteleinteilung in der Untersuchung vorgenommen wird. Wiesel stellt in *Nacht* immer wieder neue Menschen in seinem Leben vor, die ihn über kürzere oder längere Zeitperioden hinweg begleiten. Wenn es keine benannte Figur ist, die seine Geschichte trägt, dann sind es wiederum Gerüchte, die die Geschehnisse vorantreiben.

13.3 SEHER- UND NARRENTUM

13.3.1 *Hinführung zu Mosche, dem Küster*

Die Erzählung setzt mit der ersten Figur ein, die als Seher fungiert – und gleichzeitig als Narr angesehen wird. Der Narr ist nach Promies „jeder Mensch, welcher der gesunden Vernunft auf eine grobe Art zuwider handelt, […] dagegen er in etwas gelindern Verstande ein Tor genannt wird, im Gegensatze eines Klugen oder Weisen"[734]. Aber: „Derjenige, der in den Augen der Welt als Narr gilt, kann sich in Wirklichkeit als der echte Weise, der Heilige herausstellen, wie umgekehrt der Kluge, scheinbar Vernünftige oft als der wahre Narr […] entlarvt wird."[735] Wie weithin bekannt, ist eben der Narr

---

734 Johann Christian Adelung, zit. in: Wolfgang Promies: *Die Bürger und der Narr oder das Risiko der Phantasie.* S. 78 f.

735 Jean Schillinger: *Vorwort.* S. 7–12. In: Ders. (Hg.): *Der Narr in der deutschen Literatur im Mittelalter und in der Frühen Neuzeit.* Bern, Berlin, Brüssel [u.a.]: Lang 2009. (= Kolloquium in Nancy, 13.–14. März 2008). S. 9.

jene Figur, die – trotz Blödelei und Auftrag zur Erheiterung – tatsächlich die einzige ist, die die Wahrheit kennt und auch unverhohlen äußern darf. Dies weist auf den „Bezug des Narren zu Politik und Macht"[736] als eine Konstante hin. Der Hofnarr genießt demnach „Narrenfreiheit' [...], d.h. das Recht, dem Herrscher die unangenehme Wahrheit unverblümt und öffentlich zu sagen"[737].

Auch gemäß Wiesels Meinung „sehen Verrückte die Welt meist klarer als die sogenannten ‚Gesunden', und folglich sind ihre Urteile vertrauens-würdig"[738]. Somit kann in diesem Zusammenhang zumindest teilweise bestä-tigt werden, „daß die Narrheit eine Weltmacht [ist] und jedermann ein Gran von Narrheit [besitzt]"[739]. Doch trotz oder gerade angesichts der direkt ausge-sprochenen Wahrheit haben sich alle stets auf das Narrentum, die Verrückt-heit des Spaßmachers auszureden versucht, denn das, was er zu tun hat, ist eben Spaß zu machen, über den man lachen kann, ohne weiter nachzudenken. Viel zu oft wusste und weiß man jedoch selbst, dass genau diese Momente des Lachens eigentlich jene sind, denen mit Betroffenheit aufgrund der ausge-sprochenen Wahrheit zu entgegnen wäre: wenn das Lachen im Halse stecken bleibt.

Über die folgende Figur hat man sich geärgert, man hat sie beschimpft und verteufelt. Dass sie jedoch als Erste erlebt hat, was bald allen passieren würde, wollten die Menschen in Sighet bis zum Schluss – was ihr eigenes Ende im KZ bzw. jedenfalls die Deportation bedeutete – nicht wahrhaben. Die Warnungen schlugen sie in den Wind. Wenn sie die Figur jedoch angehört hätten, hätten sie vielleicht noch etwas gegen ihr eigenes Verderben unternehmen können. Doch sie verschlossen ihre Augen gegenüber der Wahrheit, um sich in trü-gerischer Sicherheit zu wiegen, was das Leben für sie eine Zeit lang leichter machte. Das ihnen drohende Unheil konnte dadurch nicht abgewendet wer-den – es holte sie dennoch ein.

13.3.2 *Narr und Seher: Mosche, der Küster*

Der Küster-Mosche erscheint bisweilen wie eine Kassandra-Figur, die Unglück prophezeit und sich auch des Öfteren entsprechend verhält – doch ist er tat-sächlich keine solche. Daher wird auch *nicht* mithilfe dieser literarischen und

---

736 Jean Schillinger: *Vorwort*. S. 11.
737 Ebda. S. 11.
738 Robert McAfee Brown: *Elie Wiesel*. S. 246.
739 Wolfgang Promies: *Die Bürger und der Narr oder das Risiko der Phantasie*.

mythischen Figur interpretiert und veranschaulicht, da dies am Beispiel von
Frau Schächter getan wird. Selbst wenn Mosches Rufe zuweilen wie warnende
Unheilsprophetie wirken, wird er in dieser Analyse vielmehr als Weissager im
Kleide des Narren verstanden, der sehr viel religiösen Gehalt in sich birgt.

Der zwölfjährige Elie Wiesel lernt Ende 1941, also bereits während des Zweiten Weltkriegs, den „Küster-Mosche" kennen. In *Nacht* eröffnet er mit ihm
direkt seine Erzählung:

> Sie nannten ihn den Küster-Mosche, als habe er nie einen Familiennamen be-
> sessen. In einer chassidischen Synagoge war er das Mädchen für alles. Die Juden
> von Sighet – dem Siebenbürgener Städtchen, in dem ich meine Kindheit verlebt
> habe – mochten ihn gerne. Er war bettelarm und lebte jammervoll. Wenn die
> Bewohner meiner Heimatstadt auch die Armen unterstützten, so liebten sie sie
> deshalb noch lange nicht. Der Küster-Mosche bildete jedoch eine Ausnahme. Er
> störte niemanden und seine Anwesenheit ging niemandem auf die Nerven. Er
> beherrschte die Kunst, nicht aufzufallen und sich unsichtbar zu machen.
> Körperlich war er linkisch wie ein Clown. Mit seiner Schüchternheit eines Wai-
> senkindes erregte er Heiterkeit. Ich liebte seine großen träumenden Augen, die
> sich in der Welt zu verlieren schienen. Er sprach wenig, sang dafür aber viel, frei-
> lich war es mehr ein Singsang. Das wenige, das man verstehen konnte, handelte
> vom Leiden der Gottheit, von der Verbannung der Vorsehung, die nach Kabbala
> ihre Erlösung in der des Menschen erwartet.[740]

Wie bei Dietmar beginnt bei Wiesel die Geschichte sehr harmlos. Eine Person wird vorgestellt, die positiv und interessant gezeichnet wird. Allein die
„Kunst" des Küster-Mosche, „nicht aufzufallen und sich unsichtbar zu machen", mag aufhorchen lassen, weil es nicht in das bislang gegebene positive
Bild passt. Jedoch wird nicht näher darauf eingegangen. Mosche ist der Syn-
agogendiener in Sighet, nimmt aber sonst nicht viel am gesellschaftlichen Leben der Gemeinde teil, wodurch sein Dasein als gesellschaftlicher Außenseiter
und Sonderling manifestiert wird.[741] Im 18. Jahrhundert wurde der Narr ebenfalls als „Sonderling"[742] und als „Gegenbild des soziablen Wesens"[743] gesehen,

---

740 Elie Wiesel: *Nacht.* S. 17.
741 Vgl. Annette Fuchs: *Dramaturgie des Narrentums: Das Komische in der Prosa Robert Walsers.*
     S. 148.
742 Wolfgang Promies: *Die Bürger und der Narr oder das Risiko der Phantasie.* S. 107.
743 Ebda. – Vgl. dazu ebda. S. 324: „Die archaische Gesellschaft bedurfte seiner, um sich durch
     seine Person der bösen Geister zu erwehren, die den Menschen bedrängen. In der zivilisier-

was hier genau zum Bild des „Clowns" Mosche passt. Auch an anderer Stelle werden der Figur des Narren ihr „müßiggängerischer Lebenswandel, [...] ihr Verstoß gegen die bürgerliche Arbeitsmoral"[744] vorgeworfen, denn der Narr ist „keine Figur, auf die man sich verlassen kann, da Verläßlichkeit gerade voraussetzt, daß man gewissen Erwartungen gehorcht"[745].

Das Interesse des materiell sehr armen Küster-Mosche gilt, wie Wiesel darüber informiert, der Religion. Wieso diese Figur nun als erste hier präsentiert wird, erfährt man erst auf der nächsten Seite, wenn Wiesel den Zusammenhang zu sich selbst herstellt. Zu dieser Zeit ist Elie sehr gläubig und beschäftigt sich viel mit Religion. Sein Vater gewährt ihm keinen Unterricht bei einem Kabbalisten, weil er noch zu jung ist;[746] erst später dürfe er mehr darüber erfahren. Nun lernt Elie jedoch den Küster-Mosche kennen, der mit der Kabbala vertraut ist, und die beiden kommen sich übers Beten näher. Auf die Frage, wieso Elie bete, weiß dieser keine Antwort, auch wenn er dabei immer wieder weint. Als der Bub Mosche fragt, wieso er selbst bete, sagt dieser: „Ich bete zu Gott, der in mir ist, daß er mir die Kraft gebe, ihm wahre Fragen zu stellen."[747] Als Elie ihm gesteht, dass er unglücklich ist, weil er keinen Lehrer hat, der ihm die Geheimnisse der jüdischen Mystik näherbringen kann, wird Mosche, „der arme Barfüßige von Sighet"[748], sein Lehrer. „So gewann ich im Laufe der langen Abende die Überzeugung, daß Küster-Mosche mich in die Ewigkeit mitnehmen würde, in jene Zeit, in der Frage und Antwort eins werden."[749] – Tatsächlich könnte man, sobald man etwas mit der Ge-

---

ten Gesellschaft ist die Rolle des Narren bloß differenzierter geworden; seine Bedeutung jedoch blieb, was sie immer gewesen: Heilbringer zu sein, aus dem Heillosen, das zu allen Zeiten in den Narren projiziert wurde, Heilsames zu bewirken. Der Rationalismus des achtzehnten Jahrhunderts war endlich klug genug, die Gabe des Narren einzusehen, aber nicht weise genug, ihn als Arzt ordentlich zu bestätigen."

744 Annette Fuchs: *Dramaturgie des Narrentums: Das Komische in der Prosa Robert Walsers*. S. 147.

745 Ebda. S. 171.

746 Vgl. Gundula van den Berg: *Gebrochene Variationen*. S. 130: „[...] die Gelehrten warnten davor, sich in diese Sphären zu begeben, bevor man ein Alter von mindestens 30 Jahren *(Maimon)* erreicht hatte. Die Vertiefung in die Geheimnisse der Kabbala konnte jemanden, der unerfahren war, in den Wahnsinn treiben." – Bzw. ebda.: „Er bat seinen Vater, ihm einen Lehrer zum Studium der Kabbala zu suchen. Mit Verweis auf Maimonides, der das Studium der Mystik vor dem Erreichen des dreißigsten Lebensjahres für zu gefährlich erachtete, versuchte der Vater, dem lernbegierigen Jungen seine Idee auszureden."

747 Elie Wiesel: *Nacht*. S. 19.

748 Ebda. S. 20.

749 Ebda.

schichte und dem Werk Wiesels vertraut ist, sagen, dass genau die umgekehrte Situation eingetreten ist: Wiesel hat Mosche in seine Ewigkeit mitgenommen, über diese autobiografische Erzählung hinaus in andere Werke seines schriftstellerischen Schaffens bzw. seiner Aufarbeitung der Holocaust-Erlebnisse und KZ-Zeit. Er ist eine Figur, die durch ständiges Wiedererscheinen in Wiesels Literatur „stets an das Grauen erinnert und den Bereich des Fiktiven transzendiert"[750], wie nachfolgend noch vermehrt auf die fiktionalen Züge dieser Figur bzw. des Textes anhand dieser Figur eingegangen wird. Mosche ist nach Gundula van den Berg als „allegorische Figur, […] als Topos eher denn als Charakter"[751] zu verstehen. Diese Meinung kann insofern bestätigt werden, als seine Erscheinung im Text und zusammen mit dem jungen Wiesel auf gewisse Weise unwirklich und fiktionalisiert wirkt. Genau seine Gestalt oder Figur – als *Nichtmensch* – ist es, die Wiesels Text teilweise mehr als eine Fiktion denn als autobiografischen Text rezipieren lässt. Mosche war zwar tatsächlich der Lehrer von Wiesel, doch besitzt er – verschriftlicht – auf eine bestimmte Art übermenschliche Züge. Van den Berg bezeichnet Mosche schließlich auch als „nachholokaustischen *Everyman*"[752]. Aus literaturwissenschaftlicher Sicht kann Mosche als – eine erste – Leitfigur oder als Leitmotiv verstanden werden, mit dessen Hilfe die Geschichte eingeleitet wird. Er fungiert zwar nicht als Erzähler oder erscheint in erster Person, aus dessen Perspektive erzählt wird, doch rekurriert Wiesel auf Mosche, um ihn in Folge als erstes Opfer des Holocaust in seinem Umfeld beziehungsweise als Zeuge, Berichterstatter und auch Voraussager darzustellen. Er ist also das Bindeglied zwischen der Gegenwart des (Text-) Beginns – der ersten Holocaust-Erfahrung – und der Zukunft – als Vorausdeuter –, er hat die Zeit vor dem Holocaust wie auch die Vernichtung erlebt.[753] Er ist ein Lehrer, der als Geschichtenerzähler agiert,[754] ein „Wanderer […] und vor allem verrückter Seher"[755].

---

750 Gundula van den Berg, *Gebrochene Variationen*. S. 145.
751 Ebda. S. 139.
752 Ebda.
753 Vgl. ebda. S. 145.
754 Vgl. Robert McAfee Brown: *Elie Wiesel*. S. 55 mit Hinweis auf Wiesel, gleichzeitig auf Mosche anwendbar: „Der Geschichtenerzähler schlägt eine *Brücke zwischen zwei Welten*. Durch die Geschichte tauchen wir in eine Welt ein, zu der wir sonst keinen Zugang haben. Er rekapituliert nicht einfach seine eigenen Erfahrungen, denn auch er schöpft aus den Qualen anderer. Er erfindet die Geschichten nicht selbst, sondern erzählt sie neu, nachdem er sie phantasievoll überarbeitet hat." [Hervorhebung im Orig., Anm. AB] – bzw. vgl. ebda. S. 54.
755 Gundula van den Berg, *Gebrochene Variationen*. S. 139.

McAfee Brown führt ebenfalls das ständige Wiederkehren Mosches an und setzt diesen auch in Bezug zu Verrücktheit und Wahnsinn. Elie Wiesel

> [...] liebt Verrückte. Mit gleichbleibender Häufigkeit bevölkern sie die Seiten seiner Romane. Einige von ihnen – wie Mosche – kehren beharrlich von Buch zu Buch wieder. Dieses Fasziniertsein vom Wahnsinn ist keineswegs Ausdruck einer Schaulust, die sich am behinderten Verstand oder an bizarrem Tun ergötzt. Im Gegenteil! Elie Wiesel ist unermüdlich damit beschäftigt, soviel *[sic]* Wahrheit zu entdecken, wie wir in der Lage sind zu erkennen.[756]

Mit der Figur des Mosche deutet Wiesel zum ersten Mal selbst auf den Wahnsinn[757] hin. Er meint damit nicht nur jenen Wahnsinn, den der Holocaust bedeutet, sondern auch den religiösen, der durch die Lehre der Kabbala entstehen kann. Das heißt, Wiesel verwendet seinen ehemaligen Mentor dazu, den religiösen Wahn[758] vorbereitend für den NS-Wahn[759] in seiner (Text-)Wirklichkeit zu veranschaulichen, also mithilfe einer fiktional anmutenden, aus dem echten Leben gegriffenen und literarisch überformten Figur den Holocaust retrospektiv unter Zuhilfenahme religiöser Anspielungen und Hinweise darzustellen: „Der mystische Wahnsinn weicht bald einem anderen, dem Wahnsinn der Judenvernichtung."[760] Den Bruch, der durch die NS-Vernichtung hervorgerufen wird, stellt Wiesel an Mosche dar; dieser „geht mitten durch die Figur hindurch"[761].

Der *Wahnsinn* ist de facto ein wiederkehrendes Thema bei Wiesel, wie auch Lambert bestätigt: „Madness is [...] an omnipresent theme in Wiesel's novels, both clinical pathological madness and mystical madness [...]."[762] Später wird noch detaillierter auf Wahnsinn in Verbindung mit Vorsehung und schließlich mit KZ, Feuer und Tod eingegangen; vorerst soll in Relation zu Mosche nur

---

756 Robert McAfee Brown: *Elie Wiesel*. S. 246.

757 Vgl. zu Wahnsinn in Wiesels Werk: Harry James Cargas: *Positive Ambiguity – die Gegensätze aushalten*. Elie Wiesels religiöses Denken. S. 236 ff.

758 Vgl. Gundula van den Berg: *Gebrochene Variationen*. S. 139: „[...] als Einzelgänger und Kabbalist war Mosche durch seine Studien den Gefahren religiösen Wahns ausgeliefert [...]."

759 Vgl. ebda.: „[...] der Holocaust erweitert diese Dimension und macht gleichzeitig die Brucherfahrung deutlich, die dieses Geschehen im Blick auf die jüdische Tradition bewirkt hat."

760 Ebda. S. 146.

761 Ebda. S. 145.

762 Carole J. Lambert: *Is God Man's Friend?* Theodicy and Friendship in Elie Wiesel's Novels. New York, Washington, D.C./Baltimore, Bern [et al.]: Lang 2006. S. 116.

das Folgende herausgestellt werden: So, wie oben bereits auf die Gefahr bei der zu frühen Beschäftigung mit der Kabbala hingewiesen wurde, lauert genau in dieser ein möglicher Wahnsinn, in den der Lernende fallen kann.[763] Zugleich kann vorweggenommen werden, dass Mosche aufgrund seiner Erlebnisse und Zeugenschaft von Ermordungen wahnsinnig wird. „Die gebrochene Figur des Mosche steht den Greueln der Nazis und der Beziehungslosigkeit zwischen Gott und seinem Volk hilflos gegenüber. Diese Erfahrungen treiben ihn in den Wahnsinn."[764] Van den Berg zieht ebenso Vergleiche zwischen dem Wahnsinn der mystischen Religionslehre und jenem des Holocaust. Es war eben Letzterer, der das Studium der Kabbala von Wiesel jäh unterbrach: „Der Wahnsinn, der die beiden zur Aufgabe des Lernens zwang, war kein mystischer, sondern der Beginn der Judenvernichtung in Rumänien [sic]."[765]

Von seiner langen Einführung, die fast hauptsächlich nur die bereits dargestellte Beschreibung des Küster-Mosche sowie eine kurze Informationsvergabe bezüglich Wiesels Familie und Herkunft[766] beinhaltet, schwenkt Wiesel nach nur einem frei gelassenen Absatz im Text direkt in ein verstörendes Ereignis, wie folgt: Bisher war noch mit keinem Wort die Rede von Krieg, obwohl das Jahr 1941 geschrieben wird; das Dorf scheint völlig abseits der herrschenden Weltsituation zu liegen. Mit folgendem Satz ändert sich die Tonart jedoch schlagartig: Die jugendlich-schwärmerische Vorgeschichte ist vorüber, ein neues Jahr – 1942 – hat bereits begonnen, und auch die *Endlösung* ist beschlossen. „Eines Tages wurden die ausländischen Juden aus Sighet gejagt; Küster-Mosche war Ausländer."[767] Der Satz klingt nüchtern, er ist wie eine Bestandsaufnahme – und doch Anzeichen für das Kommende. Es wird nicht mitgeteilt, wer diese Anweisung gegeben hat. Dann kommen erste Emotionen

---

763 Vgl. Gundula van den Berg: *Gebrochene Variationen.* S. 131: „Auch in Wiesels Version über das jugendliche Kabbala-Studium in Nacht ist der Wahnsinn präsent. Beide seiner Freunde verloren über dem Lernen der Mystik den Verstand und blieben geistesgestört. Wiesel ist sich darüber im Klaren, daß, wenn er weitergemacht hätte, auch er in den Wahnsinn getrieben worden wäre. ‚Seltsam genug: Ich wurde daran gehindert, weil 1944, kurz vor Passa, die Deutschen meine Stadt besetzten und unsere Studien unterbrochen wurden.'"

764 Ebda. S. 182.

765 Ebda. S. 131. – Zur Richtigstellung muss hier angefügt werden, dass Sighet damals noch zu Ungarn gehört hat und erst später Teil Rumäniens geworden ist. Anm. AB.

766 Vgl. Elie Wiesel: *Nacht.* S. 18: „Meine Eltern hatten ein Handelsgeschäft." Wiesel hat drei Schwestern, er ist der Drittgeborene; der Vater ist in der jüdischen Gemeinde hoch geachtet, „oft wurde er für Fragen der Öffentlichkeit und sogar für Privatangelegenheiten bemüht" (ebda.).

767 Ebda. 20.

ins Spiel, die mittels bildhaft-lyrischer Darstellung beschrieben werden: „Von ungarischen Polizisten in Viehwagen gesperrt, weinten sie *[die ausländischen Juden, Anm. AB]* dumpf vor sich hin. Auch wir weinten auf dem Bahnsteig. Der Zug verschwand hinter dem Horizont, und nur ein dichter schmutziger Rauch blieb zurück."[768] Diese Emotionen werden aber schnell wieder getilgt, weil eine Stimme wie aus dem Off zitiert wird: „Was wollen Sie? Es ist Krieg …"[769] Damit wird also zum ersten Mal auf die Kriegssituation hingewiesen; es ist zudem zum ersten Mal im Text eine Aussage eines anderen, die Wiesel durch eine unbenannte Stimme eines „Juden hinter mir seufzen"[770] hört.

Nicht einmal der Anblick von in Viehwaggons eingepferchten Menschen löst bei den Bewohnern von Sighet eine besondere Gefühlsregung aus. Ähnlich emotionslos wie diese Aussage führt Wiesel seine Schilderung folgendermaßen fort:

> Die Deportierten waren rasch vergessen. Einige Tage nach ihrer Verfrachtung hieß es, sie arbeiteten in Galizien, *[sic]* und seien sogar mit ihrem Los ausgesöhnt. Tage vergingen, Wochen, Monate. Das Leben kehrte in seine gewohnten Bahnen zurück. Ein stilles Genügen erfüllte alle Häuser. Die Kaufleute machten gute Geschäfte, die Studenten lebten in ihren Büchern und die Kinder spielten auf der Straße.[771]

Hierin greift Wiesel nun zum zweiten Mal auf die in diesem Kapitel ebenso zu untersuchende narrative Strategie der Fama zurück, und zwar mittels „hieß es". Von ungenannter und namenloser Herkunft (wie oben) verbreitet sich also diese Meinung, die gerne als eigene übernommen wird, um sich zu beruhigen.[772] In Zusammenhang mit dieser Textpassage steht die folgende Ausführung zum Thema Gerüchte, die nicht nur eine kurze Definition des Wortes Gerücht beinhaltet, sondern auch die soziale Komponente desselben erläutert:

---

768 Ebda.
769 Ebda.
770 Ebda.
771 Ebda. S. 20 f. – Vgl. zu „vergessen" auch unten bzw. *Nacht*. S. 39.
772 Vgl. Birger P. Priddat: *Märkte und Gerüchte*. S. 217: „Deswegen ist das französische ‚on-dit' eine passende Bezeichnung für ein Gerücht: Man hört, was man sagt. Das Gerücht hat keinen Autor, weil alle es gehört haben. Oder noch genauer: es gibt nur Hörer, keine originären Sprecher. Hingegen sind alle Hörer Sprecher, wenn sie davon erzählen, was sie gehört haben."

Das Gerücht ist eine überprüfungslose Information. Hält man ein Gerücht für ein Gerücht, ignoriert man es. Aber es ist riskant, ein Gerücht für ein Gerücht zu halten, statt für eine Information: Denn unabhängig davon, ob man es selber glaubt, reicht es aus, wenn andere es glauben, um Handlungen zu ändern, Erwartungen neu zu modulieren etc. Gerüchte haben somit eine Sozialdimension: Ob man sie individuell glaubhaft findet oder nicht, ist unerheblich angesichts der Tatsache, dass andere die Gerüchte für relevant halten.[773]

Diesem Zitat zufolge glauben die Menschen um Wiesel daran, dass die Deportierten zum Arbeitsdienst eingeteilt worden und auch „mit ihrem Los ausgesöhnt" seien. Indem sie das Gerücht also für eine *Information* und deshalb *Tatsache* halten, an die sie glauben *wollen* – im Sinne eines Gerüchts –, weil es für sie so am besten mit ihrem Gewissen vereinbar ist, wird die oben stehende Darlegung bestätigt. Die Handlungen der Menschen nach der Deportation der „Ausländer" bleiben dieselben und erfahren daher augenscheinlich keine wie immer auch geartete Veränderung („Das Leben kehrte in seine gewohnten Bahnen zurück."): Sie kehren zur vermeintlichen Normalität zurück und verabsäumen es dadurch, die (auch ihnen) drohende Gefahr ernst zu nehmen und diesbezügliche Maßnahmen – etwa eine Auswanderung[774] – in Erwägung zu ziehen oder zu treffen. Das bedeutet in Folge, dass die Ausführung in Bezug auf Gerüchte bestätigt werden kann, da diese durch das verwendete Textbeispiel zuvor gesichert wird.[775] Zugleich zeigt das Textbeispiel, dass die Menschen eben gut mit der für sie verfügbaren Information leben, um sich nicht weiter Gedanken um die Deportierten machen zu müssen: Sie verstehen also das Gerücht als Information und – um die „Sozialdimension" ebenfalls zu be-

---

773 Ebda.

774 Wiesels Vater hat eine solche Auswanderung nach Palästina als nicht durchführbar befunden, vgl. Wiesel, S. 23: „Zu jener Zeit war es noch möglich, eine Auswanderungserlaubnis nach Palästina zu erwirken. Ich hatte meinen Vater gebeten, alles zu verkaufen, aufzulösen und abzureisen. – ,Ich bin zu alt, mein Sohn', erwiderte er. ,Zu alt, um ein neues Leben zu beginnen. Zu alt, um in einem fernen Land von vorne anzufangen …'" und unten.

775 Vgl. Birger P. Priddat: *Märkte und Gerüchte*. S. 219: „Hier zeigt sich das Gerücht als ,Gerücht': Indem es alle kommunizieren, indem es die Aufmerksamkeit aller hat, ist es, als Gerücht, zugleich eben nur ein Gerücht: man weiß also nicht, ob die anderen es als Information oder als Gerücht betrachten." – Bzw. ebda.: „Weil das Gerücht ein Gerücht ist und als solches erst einmal vermutet wird, wird es nicht als Information bewertet. Weil es aber nicht als Information bewertet wird, kann man annehmen, dass andere es ignorieren. Wenn nun aber das Gerücht wahr ist, d.h. doch als Information prozessiert, wäre man der Erste und Einzige, weil andere das Gerücht als Gerücht ignorieren."

stätigen – schließen sich nach dem Herdenprinzip unhinterfragt der mehrheitlichen Meinung an, die das Bild – oder die Illusion – einer positiven Situation der fortgebrachten Menschen zeichnet. Auf die letzte Anmerkung des Zitats Bezug nehmend, ist nicht explizit erkennbar, ob sich auch Wiesel weitere Gedanken über die Wahrhaftigkeit des kursierenden Geredes gemacht hat, oder ob er nur die Tatsache des Geredes der anderen wiedergibt und darauf hinweist. Somit kann bestätigt werden, dass es keine Bedeutung hat, ob er selbst das Gerede mehr oder weniger als die anderen glaubt. Interessant erscheint indes, dass Wiesel, gerade weil er sehr feinfühlig wirkt, gar nicht vom Weggehen seines Kabbala-Lehrers betrübt wird. Wieso stellt er keine Fragen? Hat er die Bedeutung dieser Deportation nicht verstanden?[776]

Die vermeintlich wiedereingekehrte Ruhe währt nicht lange; das bevorstehende Grauen kann sozusagen nicht ferngehalten werden – und auch nicht ein erster Botschafter dessen. Eines Tages ist der Küster-Mosche wieder da, und genauso emotionslos wie zuvor der Weggang wird seine Wiederkehr geschildert. Elie sieht ihn „auf dem Wege zur Synagoge auf einer Bank an der Tür"[777] sitzen. Mosche erzählt dem Jungen, was ihm und den anderen deportierten Juden widerfahren ist; die Wiedergabe des Berichts klingt sehr sachlich, obwohl das Gesagte grauenvoll ist. Die Juden sind von der Gestapo nach der Zugfahrt auf nunmehr polnischem Gebiet angewiesen worden, Gräben auszuheben:

> Als sie ihre Arbeit beendet hatten, begann die Gestapo ihre. Ohne Leidenschaft, ohne Hast erschossen sie ihre Gefangenen. Jeder mußte sich dem Loch nähern und sein Genick hinhalten. Säuglinge wurden in die Luft geschleudert und von den Maschinengewehren aufs Korn genommen. Das geschah in den galizischen Wäldern, in der Nähe von Kolomea. Wie entkam der Küster-Mosche aus dieser Hölle? Durch ein Wunder. Da er einen Beinschuß erlitten hatte, hielt man ihn für tot…[778]

Nun wird doch eine Frage gestellt – nämlich die, wie Mosche entkommen konnte –, und die Antwort ist eine göttlich-religiöse, rekurrierend auf Elies Frömmigkeit und den Begriff der „Hölle" verwendend. Der tatsächliche Grund des Überlebens war ein „Beinschuß", und auch hier wird der An-

---

776 Diesbezüglich lassen sich allerdings keine Antworten oder Hinweise im Text finden. Anm. AB.

777 Elie Wiesel: *Nacht*. S. 21.

778 Ebda.

nahme, der Meinung viel Beachtung geschenkt: Es ist – diesmal von der Gestapo – schlicht davon ausgegangen worden, dass Mosche wie die anderen
auch tot war. So, wie Elie zuvor „seine großen träumenden Augen" geliebt hat,
muss er nun den Wandel wahrnehmen, der bereits etwas von dem Bevorstehenden erahnen lässt: „Mosche war verändert. In seinen Augen leuchtete keine
Freude mehr. Er sagte nichts mehr. Er sprach nicht mehr von Gott oder der
Kabbala, nur noch von dem, was er gesehen hatte."[779]

13.3.3 Mitleid

Mosche will von seinen Erlebnissen erzählen: Tagelang geht er von Haus zu
Haus, doch „[d]ie Leute weigerten sich nicht nur, seine Geschichten zu glauben, sondern auch, sie anzuhören"[780]. Vielen Menschen gibt seine Rückkehr
Grund zum Zweifel: Wie hat er so etwas erleben können, wenn er nun doch
wieder da ist? Die Tatsache, dass die anderen nicht mehr zurückgekehrt sind,
scheint für sie aber – wie auch deren Verschwinden zuvor – keine Rolle zu
spielen und wird nicht einmal erwähnt. Wieso er überlebt hat, wird ebenso
wenig gefragt.[781]

Das allgemeine Gerede herrscht vor; niemand möchte Mosche anhören.
Die einen sind verärgert und beschimpfen ihn: „Er will nur Mitleid erwecken. Was für eine krankhafte Phantasie er hat …"[782] Die anderen tun seine
Aussagen als Hirngespinste ab und schreiben ihm Irrsinn zu: „Der Arme, er
muß verrückt geworden sein."[783] Die Menschen heucheln Mitleid; doch das
hilft Mosche auch nicht, schließlich möchte er den Menschen mit seiner Geschichte ja etwas mitteilen. Diese Situation zeigt eine Parallelsituation für
den Erzähler Wiesel, der sich durch die (Nicht-)Schilderung der Ereignisse

---

779 Ebda. – Da Augen und Sehen bei Wiesel gleichzeitig Topoi sind, siehe weiterführend Kapi-
     tel AUGEN UND SEHEN.

780 Elie Wiesel: *Nacht*. S. 21 f.

781 Wenn man diese gesellschaftliche Annahme auf die Frage nach den Geschehnissen in den
     Gaskammern transferiert, verhält es sich genau umgekehrt, und unzählige Holocaust- und
     Leugner der Gaskammern meinen: Von dort ist niemand zurückgekehrt, um davon zu be-
     richten. Häufig wird in diesem Zuge auch die ‚Unglaubwürdigkeit' Elie Wiesels als promi-
     nentem Überlebenden vorgebracht. Eine rasche Internetrecherche fördert erschreckender-
     weise unzählige Texte und Internetseiten zu diesem Thema zutage, weshalb es weiterhin
     umso wichtiger erscheint, gegen jegliches Unwissen Aufklärungs- und Erinnerungsarbeit zu
     leisten. Anm. AB.

782 Elie Wiesel: *Nacht*. S. 22.

783 Ebda. – Bzw. vgl. Kapitel zu Frau Schächter.

in derselben Lage wie Mosche befindet: Beide, Mosche und Wiesel, sind die Erzähler ihrer Geschichten und benötigen Zuhörer. Sie wollen ihre Geschichte *mit-teilen* und *mit* anderen *teilen*. Doch wollen sie nicht Mitleid oder Betroffenheit ernten, denn diese Reaktionen sind kontraproduktiv und lähmen. Sie stellen Distanz her, indem sich die Zuhörer hinter diesen Gefühlen verstecken können, sich als sie *selbst* in der Rolle des anderen sehen und sich deshalb selbst leidtun. Darüber vergessen sie die Erzähler, die bestimmte Situationen tatsächlich erlebt haben. Der Weg von Mitleid zu Selbstmitleid ist kurz, und sobald man Mitleid für jemanden empfindet, läuft man Gefahr, für sich selbst ebenso Mitleid zu empfinden, noch bevor etwas passiert ist. Ein Teufelskreis beginnt, und das Ende davon ist Unfähigkeit, etwas zu unternehmen, um sich selbst vor einer Gefahr zu schützen.[784]

> Die Auseinandersetzung mit den Leiden der Vergangenheit und den Leiden anderer kann in verantwortlichem Handeln münden, statt in der unmöglichen Einfühlung und Identifikation mit den Toten, in Verdrängung, in politisch lähmendem Mitleid, in melancholischer Fixierung oder im stummen Entsetzen über die schockierende Fremdheit der traumatischen Erfahrung zu enden.[785]

Auch bei Brown findet sich der Hinweis auf den Zeugen. Es ist notwendig, dass dieser erzählt, was ihm widerfuhr. „Aber die Frage ist, *wie* er sprechen kann, auf welche Weise er uns seine Botschaft mitteilt"[786], und wodurch er auch einen Zuhörer findet, der diese Erlebnisse anhört. Ohne Zuhörer verstummt der Zeuge früher oder später – was bei Mosche und seinen Erlebnissen der Fall sein wird. Ferner ist das Nichtzuhören mithin ein Grund gewesen, weshalb viele Holocaust-Überlebende es vorgezogen haben zu schweigen. Entschieden sich diese schließlich doch dazu, ihre Erfahrungen zu publizieren, geschah dies erst sehr viel später, wie auch bei Wiesel.[787]

---

784 Vgl. Antonia Barboric: Vortrag *Empathie und Holocaust*. Internationales Graduiertenseminar. Wien: IFK Internationales Forschungszentrum Kulturwissenschaften 2.–4. Juli 2008.

785 Ulrich Baer: *Einleitung*. S. 24 f.

786 Robert McAfee Brown: *Elie Wiesel*. S. 53. – Bzw. vgl. Diskussion des „Unsagbarkeitstopos" bzw. der Undarstellbarkeit.

787 Vgl. dazu aber Texte wie von Udo Dietmar, Erwin Gostner, Samuel Graumann etc.: Diese Texte wurden tatsächlich schon nach Kriegsende publiziert, aber zu diesem Zeitpunkt wollte niemand mehr von Kriegs- oder Holocaust-Gräueln wissen. Somit gibt es diese Texte schon viel länger, doch sind deren Verfasser auf andere Art zum Verstummen gebracht worden: durch das Nichtbeachten der Menschen. Anm. AB.

Mosche „schrie […] in der Synagoge zwischen Abend- und Nachtgebet"[788]:
„Juden, hört mich an. Nur darum bitte ich euch. Nicht um Geld, nicht um
Mitleid. Aber daß ihr mich anhört."[789] Er möchte kein Mitleid, er weiß, was
Mitleid bedeutet. Seine Warnrufe verhallen ungehört: „Ganz im Sinne der
klassischen Prophetie hat er laut das herausgeschleudert, was sich vor seinen
Augen abspielte. Er hat versucht, den Juden von Sighet die Augen für ihr zu-
künftiges Unglück zu öffnen und sie zu warnen."[790] Der Holocaust hat „die
Worte von Propheten wie Rabbinern zertrümmert. Was der Prophet und der
Rabbi zu sagen haben, verblaßt in einer Welt nach dem Holocaust."[791] Dieselbe Situation in der Synagoge stellt Wiesel in seinem Werk *Alle Flüsse fließen
ins Meer,* einer Art späterer und neu zusammengestellter Autobiografie, auf
eine andere Weise dar, welche hier als Vergleichsmöglichkeit angeführt werden
soll:

> Plötzlich kommt atemlos ein Mann hereingestürmt und unterbricht den Gottes-
> dienst: „Habt ihr schon gehört? Was? Ihr wißt es noch nicht?" In seinen düstern
> Augen blitzt es. „Seid ihr denn alle taub? Oder einfältig und dumm? Wißt ihr
> wirklich nicht, was los ist? Ihr betet und betet, während ..." Jemand fragt: „Na,
> was denn?" Er holt tief Luft und schreit: „Während der Todesengel vor der Stadt
> steht!" Er brüllt wie der Narr Kierkegaards: „Es brennt!" – und die Umstehenden
> halten es für Spaß oder wirres Gerede. Mahnend erheben sich Hände: Er möge
> sich aus dem Staub machen, uns in Ruhe unsere Gebete sprechen lassen! Doch
> eine Stimme in seinem Rücken sagt vernehmbar: „Er hat recht. Im Radio ist es
> soeben gemeldet worden: Die Deutschen haben die Grenze überschritten. Sie
> besetzen das Land." Mit einemmal *[sic]* herrscht bedrücktes Schweigen unter
> den Gläubigen. Sie sehen sich an. „Was hat das zu bedeuten?" fragen die einen.
> Andere antworten: „Nichts Besonderes, die Front rückt näher, das ist alles." Und
> die Optimisten fügen hinzu: „Bald wird der Krieg zu Ende sein." Der Verrückte
> schweigt. Mosche läßt seinen Blick über die Menge schweifen, sieht diejenigen
> an, die gesprochen haben, zuckt mit den Schultern und macht sich auf den Weg
> zur Tür. Dort bleibt er stehen. Eine Weile scheint er zu zögern, dann verläßt er,
> die Hände in den Hosentaschen, mit verächtlichem Blick die Synagoge.[792]

---

788 Elie Wiesel: *Nacht.* S. 22.
789 Ebda.
790 Gundula van den Berg: *Gebrochene Variationen.* S. 183.
791 Robert McAfee Brown: *Elie Wiesel.* S. 54.
792 Elie Wiesel: *Alle Flüsse fließen ins Meer.* Autobiographie. 2. Aufl. Hamburg: Hoffmann und
     Campe 1995. S. 76 ff.

In dieser Darstellung wird also eine ausführlichere Umgebungsbeschreibung geboten, die mithilfe der beschriebenen Aussagen, Gesten und Mienenspiele eine ganz andere Version des Geschehens beschreibt. Meinungen werden sogar klassifiziert: Wiesel spricht von den „Optimisten" und lenkt somit deren Aussage eindeutig in eine bestimmte Richtung. Mosche wird als „[d]er Verrückte" bezeichnet, der vom „Feuer" schreit, was in *Nacht* nicht mit Mosche, sondern nur mit Frau Schächters Schreien und dem Feuer, das sie im Deportationszug – wie später noch detailliert analysiert wird – zu sehen glaubt, in Zusammenhang steht. Trotz des ähnlichen Stils wie in *Nacht* – indem auch verschiedene Meinungen und Stimmen wiedergegeben, Warnungen sowie Nachrichten aus dem Radio einander gegenübergestellt werden, also Gerüchte versus Informationen stehen, und der „Narr" als Außenseiter gezeigt wird – erscheint diese Stelle aus *Alle Flüsse fließen ins Meer* unmittelbarer, distanzloser[793] als viele andere Stellen des analysierten Werkes. Dadurch wird umso mehr der fiktionale Charakter von *Nacht* erkennbar.

Selbst der junge Wiesel glaubt Mosche nicht und teilt mit den anderen das Gefühl des zwecklosen Mitleids: „Oft setzte ich mich nach der Abendandacht zu ihm, lauschte seinen Geschichten und versuchte, seine Trauer zu begreifen. Ich hatte nur Mitleid mit ihm."[794] Der Bub kann sich natürlich nicht vorstellen, was passiert ist. Er versteht die Trauer nicht und kann daher lediglich Mitleid, diese distanzierende, falsche Empfindung von Mitfühlen, verspüren. „Man hält mich für einen Verrückten"[795], ruft Mosche unter Tränen aus und erkennt, dass sich die Menschen durch die Klassifizierung schützen und das drohende Unheil auf diese Art von sich fernhalten wollen. Schließlich stellt Elie die bedeutsame Frage, wieso Mosche eigentlich will, dass man ihm glaubt: „An deiner Stelle wäre es mir egal, ob man mir glaubt oder nicht …"[796] Mit geschlossenen Augen [!] antwortet dieser Folgendes und manifestiert damit seine Seherfunktion:

Das kannst du nicht verstehen. Ich bin durch ein Wunder gerettet worden. Ich bin wieder hierher gelangt. Woher habe ich die Kraft genommen? Ich wollte nach Sighet zurückkehren, um euch meinen Tod zu erzählen. Damit ihr euch

---

793 Vgl. Matias Martinez und Michael Scheffel: *Einführung in die Erzähltheorie*. S. 47 ff. bzw. Franz K. Stanzel: *Theorie des Erzählens*. S. 272 f.
794 Elie Wiesel: *Nacht*. S. 22.
795 Ebda.
796 Ebda.

vorbereiten könnt, solange es noch Zeit ist. Leben? Ich lege keinen Wert mehr
darauf. Ich bin allein. Aber ich wollte zurückkommen und euch warnen. Und
jetzt hört niemand auf mich ...[797]

Mosche spricht von seinem „Tod". Er hat also seit dem schrecklichen Erlebnis
mit seinem Leben abgeschlossen: „Leben? Ich lege keinen Wert mehr darauf."
Schließlich wird seine Funktion als Narr, Seher, Perspektiventräger erkennbar:
Die Menschen sollen sich vorbereiten können, bevor es zu spät ist. Er will sie
vor der auch ihnen bevorstehenden Deportation warnen, doch hört niemand
auf ihn. Er meint, es sei ein Wunder, dass er zurückkehren konnte, um die
Warnung als einer, der jenes Grauen selbst er- und überlebt hat, zu beschreiben. Es wird allerdings keine nähere Information darüber gegeben – wie es
Wiesel auch wohl nie erfahren hat –, auf welche Weise es Mosche tatsächlich
wieder zurück nach Sighet geschafft hat bzw. was in Folge mit seinem Bein
passiert ist. Mosche verdeutlicht nicht, dass es die *Deportation* ist, vor der er
die Menschen letztlich warnen möchte, und genauso wenig erläutert er, inwiefern sich die Menschen vorbereiten sollen. Ferner wird weder eine Replik
Wiesels noch eine weitere Reaktion auf Mosche und seine Warnungen bzw.
seine Funktion als Seher gegeben. Es scheint, als ob er aus dem Denken der
Dorfmenschen ausgeschlossen wird – damit er ihnen keine grässlichen – wahren – Dinge mehr erzählen kann.

Das Kapitel mit Mosche als Hauptfigur wird beendet, indem es heißt: „Das
war gegen Ende des Jahres 1942."[798] Die Menschen kehren zur Normalität zurück, das Leben geht „wieder seinen gewohnten Gang"[799]. Die nächste kurze
Textpassage konzentriert sich auf die Erzählung des Dorfgeschehens; das Fa-
milienleben von Wiesel verläuft in ruhigen Bahnen. Mosche wird nur noch
vereinzelt und kurz auftreten. Die Tatsache, dass Krieg herrscht, wird lediglich durch den Einschub, dass die Familie Wiesels jeden Abend im Radio die
Nachrichten über die Bombardierungen Deutschlands und Stalingrads hört,
offenbar. Mit einer weiteren negierenden und ignorierenden Abschlussbemer-
kung wird noch mehr Abstand von Mosche und der Vorgeschichte genommen
und der Schein der Normalität gewahrt. Das nächste Jahresende ist gekommen: „So verging das Jahr 1943."[800]

---

797 Ebda.
798 Ebda. S. 23.
799 Ebda.
800 Ebda.

13.4 ALLGEMEINES GEREDE – DAS HÖRENSAGEN

Das darauffolgende Jahr beginnt so verheißungsvoll, wie es die positive Darstellung Wiesels erscheinen lässt: „Das Frühjahr 1944 brachte glänzende Nachrichten von der russischen Front. Über Deutschlands bevorstehende Niederlage konnte kein Zweifel mehr bestehen. Es war nur mehr eine Frage der Zeit, von Monaten, vielleicht nur von Wochen."[801] Die Menschen sind also froh, eine solch positive Nachricht zu erhalten – woher sie stammt, bleibt allerdings ungewiss und scheint niemanden zu interessieren. Einzig die Formulierung mittels Modalverb *konnte* lässt als starken Kontrast Zweifel aufkommen: Ohne Ungewissheit würde es vielmehr „*bestand* kein Zweifel mehr" heißen. „Die Trennungslinie zwischen Information und Gerücht ist für die Öffentlichkeit nicht objektiv. Sie nennt ‚Information‘, was sie für wahr hält, und ‚Gerücht‘, was sie für falsch oder jedenfalls unbestätigt hält."[802] Die vorliegenden Informationen („glänzende Nachrichten"), die von den Menschen als *Informationen* verstanden und daher geglaubt und für wahr gehalten werden,[803] sind also unbestätigt. Somit konstituieren diese Informationen in Wahrheit ein *Gerücht*.

Wie schon zuvor steht nun das allgemeine Gerede im Mittelpunkt. Wiesel schreibt: „Die Leute sagten"[804]: Sie sagen, dass die Rote Armee immer näher kommt; sie sagen, dass es Hitler nicht schaffen wird, „uns etwas anzutun, selbst wenn er es will"[805]. Im Französischen, Wiesels späterer Schriftsprache, heißt es ‚On dit‘ (‚Man sagt‘), um etwas, das ‚man‘ gehört hat, weiterzugeben, also um etwas Ausgesagtes – meist eines unbekannten Sprechers – andere hören zu lassen (quasi: ‚Man hört, was man sagt‘).[806] Anders formuliert, gibt es auch die Frage ‚Que dit-on?‘ (‚Was sagt man?‘), worauf als Antwort erfolgt:

---

801 Ebda.
802 Jean-Noël Kapferer: *Gerüchte*. S. 23.
803 Vgl. dazu ebda. S. 14: „Wie lernt die Öffentlichkeit, ein Gerücht zu erkennen? […] Im Alltag werden Informationen von anderen selten bestätigt. Das, was man erfährt, wird wohl von anderen bestätigt worden sein, daher nehmen wir es als wahr an." – Vgl. dazu ebda.: Das Gerücht erreicht einen über andere, und es hängt schließlich von deren Glaubwürdigkeit ab, ob man die Information von ihnen glaubt. – Bzw. S. 23 f.: „Man verleiht nicht das Etikett ‚Information‘ oder ‚Gerücht‘, bevor man glaubt oder nicht glaubt: Das Etikett ist die Folge einer solchen Glaubensüberzeugung. Es handelt sich um ein vollkommen subjektives Werturteil: Die einen beurteilen etwas als Gerücht, die anderen als Wahrheit."
804 Elie Wiesel: *Nacht*. S. 23.
805 Ebda.
806 Vgl. Birger P. Priddat: *Märkte und Gerüchte*. S. 217.

‚On me l'a dit.' (‚Man hat mir das (so) gesagt.') Es sind dies das *Hörensagen*[807], „die anonyme und überall präsente Stimme [...], Heideggers ‚Man', das nicht dieser und nicht jener, nicht man selbst und nicht einige [...] ist"[808]. Wie bereits zuvor schon Wiesel selbst unbekannte Stimmen vernommen hat, sind diese es weiterhin, die namenlos und omnipräsent das Hörensagen weitergeben.

Wiesel fügt Folgendes als Zusammenfassung des Geredes hinzu: „Ja, wir zweifelten selbst an seinem Willen, uns auszulöschen. Sollte er ein ganzes Volk vernichten, eine über so viele Länder verstreute Volkschaft ausrotten wollen, Millionen Menschen – mit welchen Mitteln denn?"[809] Es ist den Menschen, speziell den Juden, in Sighet also doch klar, was das erklärte Ziel Hitlers ist. Allerdings wirken sie in ihrer Überzeugung, ihnen wird dennoch nichts passieren, derart selbstsicher, dass man bei der Lektüre fast gar nicht anders kann, als ihnen Glauben zu schenken. Die Mehrheit – die so positiv eingestellt ist – überzeugt damit wohl auch die Skeptiker, dass doch ein rasches Ende des Krieges bevorstünde.[810] Dadurch ergibt sich eine Umkehrung der üblichen Form des Gerüchts: So, wie ein Gerücht oft – mit Recht – *nicht* geglaubt wird, weil man den Inhalt für unglaubwürdig und unvorstellbar hält, wird nun die Wahrheit, die natürlich ebenso unglaubhaft klingt, verkannt und als Gerede abgetan. Somit ist diese Textstelle nicht bezüglich der Gerüchte relevant, sondern muss hinsichtlich der Menschen, die Fakten in Gerüchte umkehren oder als solche verstehen wollen, um sich selbst zu schützen, als fiktionalisierte Wahrheit betrachtet werden.

Dann wird der Küster-Mosche ein weiteres, und zwar vorletztes, Mal erwähnt. Er „war verstummt und zu müde zum Sprechen. Mit gesenktem Blick und gebeugtem Rücken irrte er in der Synagoge oder den Straßen umher und wich den Blicken der Fußgänger aus."[811] Mosche spielt keine *aktive* Rolle mehr. Er scheint nichts mehr zu sagen zu haben; seine Körpersprache verrät, was er nicht ausspricht: Seine Geschichte wollte niemand hören, wodurch er sprachlos gemacht wurde. Die Last seiner Erlebnisse hat ihn gebeugt. Die Formulierung „umherirren" und seine Haltung, den Blicken ausweichend, betonen noch stärker seine inzwischen passive (wer umherirrt, sucht nicht selbst oder

---

807 Vgl. Jean-Noël Kapferer: *Gerüchte.* S. 120: *„Das ‚Hörensagen' ist eine inoffizielle Information [...]."*

808 Hans-Joachim Neubauer: *Fama.* S. 78.

809 Elie Wiesel: *Nacht.* S. 23 f.

810 Vgl. dazu unten: Überlegungen zur ‚sozialen Dimension' des Gerüchts.

811 Elie Wiesel: *Nacht.* S. 24.

findet) und unsichtbare (er will sich den Blicken entziehen, nicht gesehen werden) Rolle. Diese sehende und warnende Instanz ist also erblindet und verstummt. Einmal wird er noch auftauchen, bevor er endgültig entschwindet.

Langsam werden die bedrohlichen Vorzeichen deutlicher und können nicht mehr so leicht ignoriert werden. Trotzdem will der Vater einer Auswanderung nach Palästina, die zu dieser Zeit noch möglich ist, wie bereits erwähnt, nicht zustimmen. Die faschistische Partei ergreift in Budapest die Macht. Doch „[a]uch das genügte noch nicht, um uns zu beunruhigen"[812]. Die nächste „beunruhigende Nachricht"[813] trifft aber bereits am folgenden Tag ein: Die Deutschen haben unter Zustimmung der Regierung ungarisches Hoheitsgebiet betreten. Ein Freund namens Berkowitz, der soeben aus Budapest zurückkehrt, erzählt, dass die Faschisten jüdische Läden und Synagogen im Visier haben. Die Nachricht wird weitergegeben, doch überwiegt am Ende erneut die positive Denkweise:

> Wie ein Lauffeuer verbreiteten sich diese Nachrichten in Sighet, überall war davon die Rede. Aber nicht lange. Bald kehrte der allgemeine Optimismus zurück: „Die Deutschen kommen nicht bis hierher. Sie bleiben bestimmt in Budapest. Und zwar aus strategischen, politischen Gründen …"[814]

Es ist nicht bekannt, von wem die direkte Rede stammt; sie klingt allerdings auch wieder wie ein Hörensagen, eine allgemein verbreitete Meinung. In jedem Fall *wollte* man diese Meinung sehr gerne glauben, wie man auch die obige über die Lage in Budapest glauben *musste*. Kapferer beschreibt das Glaubenwollen folgendermaßen: „Das Gerücht ist eine Information, die wir glauben *wollen*. Manchmal ist unser Wunsch zu glauben sogar derart groß, daß er sich über unsere üblichen Maßstäbe für Wirklichkeitsnähe und Glaubwürdigkeit hinwegsetzt."[815] Zur Entstehung von Gerüchten und zum Verhältnis von Information und Gerücht merkt er weiter an:

> Es wird kein Gerücht aufkommen, wenn die Information keinen Wunsch befriedigt, keiner unterschwelligen Sorge entspricht und nicht als Ventil für einen psychologischen Konflikt dient. Anderseits können harmlose Bemerkungen

---

812 Ebda.
813 Ebda.
814 Ebda. S. 25.
815 Jean-Noël Kapferer: *Gerüchte.* S. 103.

und unbefangene vertrauliche Mitteilungen aufgegriffen und zu Gerüchten ver-
arbeitet werden, weil ihre Aufnahme einem Interesse entgegenkommt.[816]

Auf die gegenwärtige Situation trifft diese Ausführung mehrmals zu: Das
Gerede beruhigt jene, die Böses fürchten, und die mit Optimismus – man
möchte meinen: Verblendung – formulierte Aussage, die die Menschen be-
schwichtigen soll, entspricht eben genau deren Wunschdenken und Hoffen.
Aber so lange, wie alle die Augen vor den wahren Geschehnissen verschlossen
haben, so schnell kommt dann doch alles anders: „Es waren noch keine drei
Tage vergangen, als die Panzerwagen der deutschen Wehrmacht durch unsere
Straßen rollten."[817] Die Gerüchte werden am Ende also erst durch ein reales
Geschehen außer Kraft gesetzt. Wiesels Ausführung stellt diesen vermeintlich
plötzlichen Einbruch – bzw. Einfall – literarisch sehr gut dar; die nüchterne
Berichterstattung nach der hoffnungsvollen direkten Rede unterstreicht die
drastische Situation sowie die Überraschung der Menschen – die eigentlich
keine hätte sein dürfen, hätten die Menschen die zahlreichen, nicht überseh-
baren Anzeichen für das Kommende beachtet. Erneut wurde also eine faktische Nachricht wie ein Gerücht behandelt, das man nicht glauben wollte und
ignoriert hat. Das vermeintliche Gerücht ist dann zwar verbreitet, doch auch
schnell wieder verdrängt worden. Allseits herrschende Zuversicht hat jegliche
Bedenken erneut verschwinden lassen.

Die Entstehung eines Gerüchts ist – wie schon erwähnt – also sehr häufig auf das Hörensagen zurückzuführen. Jemand, der etwas hört oder erfährt,
was nicht unbedingt gesichertes Wissen ist, gibt dies weiter, wodurch ein Hörensagen entsteht. In Folge kommt es rasch zu einem Missverständnis, wobei
Gerüchte „nicht grundsätzlich auf Missverständnissen"[818] beruhen, Missver-
ständnisse jedoch leicht „zur Entstehung von Gerüchten beitragen"[819] können.
Es kann umso eher Irrtümer geben, je öfter eine Mitteilung von Menschen
weitergegeben wird, die etwas hinzufügen oder wegnehmen. Es gibt keine rein
passiven Empfänger einer Nachricht, sondern ständig nur aktive Bearbeiter
und Weiterbearbeiter einer solchen, weshalb das Weitergeben eines Gerüchts
nicht als Wiedergabe, sondern vielmehr als kreativer Prozess und Erneuern
oder Erweitern verstanden wird.[820]

816 Ebda.
817 Elie Wiesel: *Nacht*. S. 25.
818 Natalie Binczek: *‚Vom Hörensagen'*. S. 80.
819 Ebda.
820 Ebda. S. 81.

13.5 DEUTSCHE TRUPPEN IN SIGHET –
DAS ENDE DER GERÜCHTE

Die Menschen in Sighet haben Angst „vor den deutschen Soldaten mit ihren Stahlhelmen und [...] dem Totenkopf"[821] – und „[d]ennoch war der erste
Eindruck durchaus beruhigend"[822]. Die Soldaten werden bei allen möglichen
Leuten, Juden und Nichtjuden, beherbergt; sie verhalten sich freundlich, ruhig. Das gibt den Optimisten Grund zu sagen: „Na und? Was hat man uns
prophezeit? Ihr wolltet nicht glauben. Hier sind sie, eure Deutschen. Und was
sagt ihr jetzt? Wo ist ihre berühmte Grausamkeit?"[823] Wieder spricht ein Unbekannter, und wie ein gesichtsloser Schemen präsentiert sich das gestaltende
Element dieser Aussage.[824] Die Aussagen und Fragen erscheinen widersprüch-
lich, denn „prophezeit" wurden mittels Gerede und Gerüchten sowohl der
Einmarsch der Nazis – der allerdings tatsächlich eine *Information* war – als
auch das vermeintlich baldige Kriegsende respektive das Eintreffen der russischen Truppen. Für Ersteres gilt somit: „Sobald Zweifel bezüglich einer Information auftauchen, wird eine Botschaft als Gerücht bezeichnet."[825] Zweiteres
wird sich noch als ein solches Gerücht herausstellen.

Als Kontrastierung beschreibt Wiesel wie bereits zuvor recht nüchtern:
„Die Deutschen waren schon in der Stadt, die Faschisten waren schon an der
Macht, das Urteil war bereits gesprochen und die Juden von Sighet lächelten
noch immer."[826] Anaphorisch und mittels Triade zählt er die widrigen und be-
sorgniserregenden Umstände auf und setzt diesen die unsäglich positive Einstellung der „Juden von Sighet" entgegen: Diese halten immer noch an ihrer
Illusion fest, obwohl die (schlimme) Wirklichkeit bereits über sie hereinge-
brochen ist. Rosen verweist daher mit Recht auf die „todbringende Rolle der
Illusion"[827] in *Nacht*. Weiters meint er, dass „die Illusion im Sinne einer töd-
lichen Kraft nur langsam und schrittweise in Erscheinung [tritt], ein psycho-

821   Elie Wiesel: *Nacht*. S. 25.
822   Ebda.
823   Ebda. S. 26.
824   Vgl. Hans-Joachim Neubauer: *Fama*. S. 78: Als Fama zeigt Ovid „[...] statt einer Gestalt
      gesichtslose und körperlose Mächte".
825   Jean-Noël Kapferer: *Gerüchte*. S. 23.
826   Elie Wiesel: *Nacht*. S. 26.
827   Alan Rosen: *Der Anfang der Zeugenschaft und das Zeugnis des Anfangs*. S. 137. – Er verwendet
      diese Formulierung zwar in Zusammenhang mit der erst später geschilderten Ankunft der
      deportierten Juden in Auschwitz, aber sie ist auch für diese Stelle wahr. Anm. AB.

pathologischer Prozeß, der sich parallel zu den Erfahrungen der Juden von Sighet selbst entfaltet"[828], doch herrscht unter ihnen tatsächlich schon von Beginn an eine erkennbare illusorische Stimmung, die angesichts des tobenden Weltkriegs nicht nachvollziehbar erscheint.

Die nächste Angabe klingt unheilverkündend, obwohl noch kein ersichtlicher Grund dafür vorhanden ist und der harmlose Satz nach der Zeitangabe „Dann kam die Osterwoche"[829] das herrliche Wetter betont. Die Synagogen sind geschlossen worden – eine Vorausdeutung? –, deshalb treffen sich die Menschen in den Häusern. Alle Juden befolgen das Gebot der Bibel, die acht Festtage froh zu verbringen und zu feiern. Doch „das Herz war nicht dabei"[830], es „schlug seit einigen Tagen heftiger"[831]. Erstaunlich klingt auf einmal Wiesels Bestandsaufnahme: „Man wünschte, das Fest möge zu Ende gehen, damit man nicht gezwungen war, diese Komödie zu spielen."[832] Woher dieser plötzliche Sinneswandel rührt, bleibt unklar. Anscheinend haben die Menschen trotz ihrer stets positiv wirkenden und beschwichtigenden Einstellung doch anderes vermutet. Die direkten Aussagen waren der Gipfel der Selbstbeschwichtigung und des Selbstbetrugs; das, was *nicht* gesagt wird, ist vielmehr die wahre Meinung.

Nun wird der erste Höhepunkt oder Tiefpunkt in diesem Meer von Lügen und Selbstbetrug erreicht; die Wahrheit zeigt sich: „Am siebten Ostertag ging der Vorhang auf: die Deutschen nahmen die Oberhäupter der jüdischen Gemeinde fest. Von diesem Augenblick an lief alles blitzschnell ab. Das Rennen zum Tode hatte begonnen."[833] Das Schauspiel, wie sich auch Wiesel zuvor des Theatervokabulars bedient hat, hat also ein jähes Ende gefunden, die ‚Komödie', oder besser: Tragödie, muss nicht weitergespielt werden. Eine erste Maßnahme wird getroffen: Die Juden dürfen drei Tage lang unter Androhung der Todesstrafe nicht das Haus verlassen. Noch ein letztes Mal hat Küster-Mosche einen Auftritt in dieser Tragödie, als er Wiesels Vater anschreit: „Ich habe euch

---

828 Ebda. S. 138 bzw. siehe weiter ebda.: „In der früheren jiddischen Version ist die Illusion bereits vom Beginn des Narrativs an vorhanden, eine metaphysische Urkraft, die tragischerweise beides verkörpert, sowohl die Basis des Glaubens als auch die Ursache der Vernichtung."

829 Elie Wiesel: *Nacht*. S. 26.

830 Ebda.

831 Ebda.

832 Ebda. – Dietmar spricht von einer „Tragödie": vgl. dazu Analyse Dietmar bzw. Udo Dietmar: *Häftling…X.* S. 123: „Heute begann der vorletzte Akt der großen Tragödie."

833 Elie Wiesel: *Nacht*. S. 26.

gewarnt …' Und ohne eine Antwort abzuwarten, entschwand er."[834] Sein Erscheinen wirkt wie ein mit letzter Kraft getätigter Aufschrei, und dieser Auftritt beziehungsweise Abgang erfolgt ohne weitere Erklärung; der Leser erfährt nicht, woher er kommt, oder wohin er geht. Sein stiller Abgang markiert nun den endgültigen Abschied nach seinen letzten Worten; Wiesel erläutert nicht, was weiter mit ihm geschieht bzw. geschehen ist.

Andere schikanöse Anordnungen für die jüdischen Einwohner Sighets werden ausgegeben: Kein Jude darf mehr Wertsachen besitzen, alles muss den Behörden ausgehändigt werden. Elies Vater vergräbt die Wertsachen im Keller. Nach drei Tagen wird die Weisung verlautbart, dass der Davidstern getragen werden muss. Dazu meint Wiesels Vater, mit Elies Replik in Klammern aus dem Danach: „Der gelbe Stern? Na und? Man stirbt doch nicht davon …' (Armer Vater! Woran bist du dann gestorben?)."[835] Die anderen Bestimmungen lauten: Verbot von Gasthaus- und Cafébesuch, Verbot des Fahrens in der Eisenbahn, Verbot des Synagogenbesuchs, Ausgangssperre ab 18 Uhr. Schließlich erfolgt der nächste negative Meilenstein: „Dann kam das Ghetto."[836] Wiesel verwendet dafür denselben distanzierten Wortlaut wie zuvor („Dann kam die Osterwoche."). Es werden zwei Ghettos errichtet, ein großes und ein kleines. Die Familie von Wiesel kann in ihrem Haus bleiben, weil es sich innerhalb des großen Ghettos befindet; Verwandte ziehen jedoch bei ihnen ein, und Fenster, die auf die Straße hinausgehen, müssen zugenagelt werden. Um aus der Not eine Tugend zu machen, kehren die Menschen – erstaunlicherweise und erneut – rasch zur Normalität zurück: „Langsam renkte sich das Leben wieder ein. Der Stacheldraht, der uns wie eine Mauer umschloß, flößte uns keine ernstliche Angst ein. Wir fühlten uns sogar ganz wohl: wir waren ja unter uns. Eine kleine jüdische Republik …"[837] Dass ein Stacheldraht etwas später sehr wohl viel Angst erzeugen und zum Zeichen von Unfreiheit und Folter werden kann, ist hier noch undenkbar. Die jüdischen Ghettobewohner organisieren sich selbst; Verwaltungsrat, Polizei, Sozialhilfe, Gesundheitsamt entstehen.[838] Schließlich ergreift wieder das

---

834 Ebda. S. 27 bzw. vgl. Elie Wiesel: *Alle Flüsse fließen ins Meer.*
835 Elie Wiesel: *Nacht.* S. 27.
836 Ebda.
837 Ebda. 28.
838 Wie es den Juden bis zum Bau des Ghettos in ihrem Dorf, wo auch Nichtjuden lebten, ergangen ist, schildert Wiesel nicht. Deshalb lässt die folgende Bemerkung etwas rätseln, denn von negativen Erlebnissen mit der nichtjüdischen Bevölkerung war bisher noch nicht die Rede: Elie Wiesel: *Nacht.* S. 28: „Von jetzt ab würden wir nicht mehr den feindseligen

Wunschdenken der Menschen das Zepter, kaum entspannt sich die Situation etwas.

> Allgemein wurde angenommen, daß wir bis zum Kriegsende, bis zum Einmarsch der Roten Armee, im Ghetto bleiben würden. Dann würde das alte Leben wieder einkehren. Somit herrschte weder der Deutsche noch der Jude im Ghetto, sondern die Illusion.[839]

Die Personifizierung der Illusion als Machthaberin durch Wiesel zeigt also, dass auch er selbst nach seinem Erleben zu dem Schluss gekommen ist, dass sich alle durch Einbildung und Selbsttäuschung leiten ließen und sich Wunschvorstellungen hingaben, anstatt die neue Situation mit mehr Vorsicht zu betrachten.

13.6 HOFFNUNG UND ILLUSION

In der Nacht von Pfingstsamstag auf Pfingstsonntag wird der Vater von einem Bekannten zu einer außerordentlichen Versammlung geholt. Mit „Die Nacht brach ein"[840] beginnt Wiesel diese Episode, und das ist zugleich der Beginn einer Reihe von Beschreibungen, die auf *Nacht* bezogen sind, was einerseits den Titel der Erzählung und andererseits die Düsterkeit des Erzählungsinhalts impliziert. Für Wiesel steht die Nacht metonymisch für den Horror des Holocaust:[841] „Es gibt eine bestimmte Nacht, die alles Licht erstickt: Auschwitz, die Nacht, welche Elie Wiesel erlebte."[842]

Während der Vater weg ist, kommen immer mehr Menschen in den Hof der Familie Wiesel, und wiederum werden diese durch eine bestimmte Kraft – namentlich ein Gerücht – geholt: „Durch das Gerücht mißtrauisch gemacht,

---

Gesichtern, nicht mehr den haßerfüllten Blicken ausgesetzt sein. Furcht und Angst waren ausgestanden und vorbei."

839 Elie Wiesel: *Nacht*. S. 28 f. bzw. vgl. ebda. S. 36 f. – Wie der „Illusion" bereits anfangs (vgl. Einleitung zu *Un di Welt hot gschwign*) einige Bedeutung zugeschrieben wurde und noch nachfolgend zugeschrieben wird. Anm. AB.

840 Elie Wiesel: *Nacht*. S. 29. – Vgl. dazu auch ebda. S. 94: „Die Nacht brach herein."

841 Vgl. dazu Reinhold Boschki: *Der Schrei*. Gott und Mensch im Werk von Elie Wiesel. S. 19: „Nacht', die Erfahrung der Lager, und ,Schweigen', ein Motiv aus der jüdischen Tradition, sind die zwei Brennpunkte der Ellipse des Gesamtwerks *[Wiesels, Anm. AB]*. Sie sind gleichermaßen innere Mitte und innere Notwendigkeit aller literarischen Produktion WIESELs." [Versal im Orig. Anm. AB.]

842 Robert McAfee Brown: *Elie Wiesel*. S. 61.

gesellten sich weitere Nachbarn zu uns."[843] Dazu kommt, dass die „Nachricht
[…] das Gerücht [nährt] und das Gerücht […] die Nachricht"[844], wodurch
die Wechselbeziehung zwischen Information bzw. Nachricht und Gerücht
erkennbar wird. Indem das eine (Nachricht) oder das andere (Gerücht) weitergegeben wird, wird das jeweilige natürlich auch gleichzeitig automatisch
verändert. Als der Vater nach Mitternacht zurückkehrt, sind alle „nur darauf
aus, ein Wort der Zuversicht, der Beschwichtigung zu vernehmen, zu hören,
die Versammlung sei wie üblich, alltäglich verlaufen, es seien nur Fragen sozi-
aler und sanitärer Art besprochen worden …"[845]. Hoffnung, letzte Illusionen
werden beschworen, doch „das verstörte Gesicht"[846] des Vaters verheißt etwas
anderes. Es gibt keine Lüge mehr, an die man sich klammern kann wie an
einen Rettungsanker, die Nachricht lautet schließlich: „Deportation."[847] Diesmal möchten alle die ganze Wahrheit wissen: „Die Nachricht betäubte uns,
trotzdem wollten wir den bitteren Becher bis zur Neige leeren."[848] Der Vater
darf aber bei angedrohter Todesstrafe nichts Genaueres sagen. Nun befindet
sich dieser in einer Position, in der er zwar das faktische Wissen hat, die Wahrheit kennt – die bevorstehende Deportation ins Konzentrationslager –, diese
aber nicht mitteilen darf. Deshalb kann er nur eine falsche Nachricht weitergeben, um einerseits die Menschen mit – zumindest irgendeiner – Information zu versorgen und sich andererseits selbst nicht in Gefahr zu bringen:
„Man munkelt, es soll irgendwohin nach Ungarn gehen, zur Zwangsarbeit
in die Ziegelbrennereien. Anscheinend, weil die Front schon zu nahe gerückt
ist …"[849] Die Hoffnung ruht also auf einem möglichen Arbeitseinsatz[850]. Die
andere Hoffnung besteht, wie schon zuvor erläutert, in der bereits sehr na-

---

843 Elie Wiesel: *Nacht.* S. 29.
844 Irmela Schneider: *Das „Quasi-Zuhause" des Gerüchts.* Zur Theorie des Nachrichtenwerts im
      20. Jahrhundert. S. 166–190. In: Jürgen Brokoff, Jürgen Fohrmann, Hedwig Pompe [u.a.]
      (Hg.): *Kommunikation der Gerüchte.* Göttingen: Wallstein 2008. S. 167.
845 Elie Wiesel: *Nacht.* S. 30.
846 Ebda.
847 Ebda. bzw. vgl. unten.
848 Ebda. S. 31.
849 Ebda.
850 Vgl. zu Arbeitsdienst: Imre Kertész: *Roman eines Schicksallosen.* S. 7: György Köves' Vater ist
      zum Arbeitsdienst einberufen worden und kehrt nie mehr zurück; S. 278: Er ist tatsächlich
      im Konzentrationslager Mauthausen kurz nach seiner Ankunft gestorben, wie György nach
      seiner Rückkehr aus Buchenwald erfährt; S. 34: György wird selbst zum Arbeitsdienst in
      Ungarn bei Shell geholt; S. 68: Vor der Verfrachtung in den Deportationszug Richtung
      Auschwitz heißt es, dass man sich für den Arbeitsdienst in Deutschland melden könne.

hen Front: Die Menschen stützen sich also auf zwei sehr vage Hoffnungen und Mutmaßungen. Die Leute übermitteln untereinander die Nachrichten von der Auflösung des Ghettos. Später fragt der Vater von Wiesel abermals im Judenrat nach, ob die Verordnung noch immer aufrecht sei. Denn: „Bis zuletzt glimmte ein Funken Zuversicht in allen Herzen."[851] Die Hoffnung wird bis zum Schluss nicht aufgegeben; ein Wunder wird erwartet.

Ab acht Uhr in der Früh werden am nächsten Tag verschiedene jüdische Familien aus den Häusern auf die Straße getrieben. Stundenlang müssen die „Verurteilten" in der prallen Sonne ausharren und dürfen kein Wasser trinken. Heimlich verteilen aber jüdische Ghetto-Polizisten und jene, die noch nicht für den ersten Transport eingeteilt sind – darunter Elie Wiesel –, Krüge voll mit Wasser. Als das Zeichen zur Abfahrt gegeben wird, freuen sich die Menschen in den Waggons, da sie glauben, dass es „in der Hölle Gottes […] kein größeres Leiden als hier, auf dem Gehsteig in mitten der Bündel, mitten auf der Straße in glühender Sonnenhitze zu kauern"[852], gibt. Die zurückgebliebenen Menschen sollen zwei Tage später ebenso abtransportiert werden. „Es sei denn … es sei denn, daß die Sache sich einrenkt. Vielleicht geschieht noch ein Wunder …"[853], meint der Vater ebenso voller letzter Hoffnung. Es ist nicht bekannt, wohin die Menschen gebracht werden; „das Geheimnis wurde streng gehütet"[854].

Der Tag ist vergangen: „Die Nacht brach ein."[855] Alle warten nur noch auf den übernächsten Tag, den Abtransport. Denn, wie es Wiesel formuliert: „Das Urteil war ja gesprochen."[856] Es ist dies die „letzte Nacht, die wir zu Hause verbrachten"[857], wobei die Betonung sehr stark auf dem letzten Mal, das er mit seiner Familie in ihrem Haus schläft, sowie wiederum auf *Nacht* als Zeitangabe bzw. Hinweis auf den Titel liegt. Allerdings erfährt der Vater in der Früh, dass die Familie doch nur erst einmal ins kleine Ghetto überstellt werden soll. Polizisten treiben die verbliebenen Juden mitsamt Wiesels Familie aus den Häusern hinaus. Sie müssen ebenso wie die Menschen am Vortag ausharren und eine ähnliche Tortur erleiden. „Aufstehen. Abzählen. Hinsetzen. Wieder

---

851 Elie Wiesel: *Nacht.* S. 33.
852 Ebda. S. 35.
853 Ebda. S. 36.
854 Ebda.
855 Ebda. S. 37.
856 Ebda. bzw. vgl. oben.
857 Ebda.

aufstehen. Endlose Litanei."[858] Als endlich der Marschbefehl gegeben wird, hat Wiesel „keine Kraft mehr. Der Weg hatte kaum begonnen, und schon fühlte ich meine Kräfte versagen …"[859] Diese Aussage kann auf zwei Arten verstanden werden: Zum einen spricht Wiesel vom tatsächlichen Weg, jenem vom großen ins kleine Ghetto; zum anderen kann der Satz auch metaphysisch bzw. sinnbildlich gesehen werden, indem er seinen Leidensweg, den er nun zu beschreiten hat, beginnen muss. Danach folgt eine interessante Darstellung des Zusammentreffens von Juden und Polizisten:

> „Rascher! Rascher! Vorwärts, ihr Faulpelze!" brüllten die ungarischen Schutzpolizisten.
> In diesem Augenblick begann ich sie zu hassen, und mein Haß ist das einzige, was mich noch heute an sie bindet. Sie waren unsere ersten Bedrücker. Sie waren das erste Antlitz der Hölle und des Todes.[860]

Es ist das erste Mal, dass Wiesel als Bursche bzw. junger Erwachsener ein negatives Gefühl beschreibt. Dieses Gefühl von Hass ist für ihn, wie er es selbst schildert, noch immer vorhanden, eine Tatsache, die ihn auch beim Schreiben ins Präsens wechseln lässt.

Die verbliebenen Juden kommen im kleinen Ghetto an und ziehen dort in die Häuser ein, die die anderen vorher verlassen mussten. Diese Menschen sind „bereits vergessen"[861], auch wenn sie bis vor Kurzem noch dort gelebt haben. Trotz aller Widrigkeiten beginnt „man sich an die Lage zu gewöhnen"[862]. Wie schon zuvor stellen sich in Momenten einer vermeintlichen Besserung Erleichterung und Zuversicht bei den Menschen ein. Auch in dieser Situation gibt es nun nach dem ersten Schrecken erneut auftauchende namenlose Stimmen, die Optimismus sowie im Zuge dessen natürlich auch Gerüchte verbreiten. Denn: „Daß es zu einem Gerücht kommt, läßt sich zuerst darauf zurückführen, daß es sich um eine die Gruppe betreffende Nachricht handelt."[863] Bei Wiesel bedeutet diese Nachricht Folgendes:

---

858 Ebda. S. 38.
859 Ebda.
860 Ebda.
861 Ebda. S. 39. – Vgl. oben bzw. *Nacht*. S. 20 f.
862 Elie Wiesel: *Nacht*. S. 39.
863 Jean-Noël Kapferer: *Gerüchte*. S. 75.

Die Deutschen würden keine Zeit mehr haben, uns auszutreiben, hieß es ... Für die, die bereits deportiert worden waren, gab es freilich keine Rettung mehr. Uns hingegen würde man wahrscheinlich unser erbärmliches Leben bis zum Kriegsende weiterführen lassen.[864]

Die Illusion beginnt wieder zu herrschen, sobald eine gewisse Ruhe eingekehrt ist, und solange es keine tatsächliche Information gibt. „Wenn Informationen selten sind, führen sie zum Gerücht. Die Information kursiert, weil sie einen Wert hat."[865] Die Illusion lässt die Menschen, wie schon geschehen, jene vergessen, die bereits weggeschafft wurden; niemand interessiert sich mehr für deren Schicksal – wie bei Mosche und den anderen ausländischen Juden am Anfang. Wie bereits zuvor in der Analyse und im Text Wiesels zu erfahren war, verhalten sich die Menschen so, als sei wieder ein Normalzustand eingetreten. Es wird hier nun ebenso darüber gemunkelt, dass die Menschen in diesem Ghetto einfach so ihr „erbärmliches Leben" weiterleben könnten: Die Illusion führt also weiterhin zusammen mit der Fama das Regime.[866]

13.7 AUGEN UND SEHEN

Die darauf folgende Schilderung hat keine reale Bedeutung in oder für die Erzählung – sie deutet aber auf Wiesel und seine Erfahrungen:

Nacht. Niemand betete darum, daß die Nacht rasch verstreichen möge. Die Sterne waren nur Funken des großen Brandes, der uns verzehrte. Wenn dieses Feuer eines Tages erlöschen sollte, würde der Himmel leer sein, es würde nur noch erloschene Sterne und tote Augen geben.[867]

Diese Beschreibung klingt an der Stelle wie eine grauenvolle Voraussage, vor allem hinsichtlich des „großen Brandes", der auf ‚Holocaust' (das Brandopfer) hinweist. Das „Feuer", von dem er nun spricht, wird an anderen Stellen noch öfter vorkommen, und auch eine weitere ‚Seherfigur' wird sich immer wieder

---

864 Elie Wiesel: *Nacht.* S. 39 f.
865 Jean-Noël Kapferer: *Gerüchte.* S. 39.
866 Vgl. die Verwendung von „Illusion" bisher und nachfolgend sowie Elie Wiesel: *Nacht.* S. 28 f.: „Somit herrschte weder der Deutsche noch der Jude im Ghetto, sondern die Illusion." – Vgl. dazu Hans-Joachim Neubauer: *Fama.* S. 79: Es gibt keinen bekannten Urheber des Gerüchts, weshalb der Ursprung dieses Gerüchts nur im Hörensagen liegen kann.
867 Elie Wiesel: *Nacht.* S. 40.

darauf beziehen. Das Bild der „erloschenen" und „toten Augen" wird in der Holocaust-Literatur kontinuierlich verwendet; daher könnte es sein, dass sich Wiesel hier dazu hinreißen ließ, ebenso eine solche nachträglich motivierte Darstellung – heißt: eine Interpretation der KZ-Erlebnisse – bereits hier einfließen zu lassen. „Die Augen, die traurigen, erloschenen, verschleierten, sind Ausdruck des unsäglichen Leides, welches der Holokaust verursacht hat."[868] Gundula van den Berg ist in ihrer Untersuchung gleichsam zu dem Schluss gekommen, dass Wiesel in seinen Texten fortwährend dieselben beiden Motive verwendet: jenes der Augen und jenes des Feuers. „Während das Feuer bei Wiesel stets als Real-Metapher auf die brennenden Öfen der Vernichtungslager verweist, stellen die Augen und das Sehen einen vielschichtigen biblischen Bedeutungszusammenhang her."[869]

Nicht nur Elie Wiesel, sondern auch Udo Dietmar nimmt Bezug auf die Augen, allerdings nicht in einer religiösen Art und Weise, sondern vielmehr literarisch. Das bedeutet, dass sowohl Wiesel als auch Dietmar die Augen nicht bloß als Sinnesorgan verstehen, durch welches Konzentrationslager und Holocaust mit ange*sehen*, sondern welches in unmittelbarer Konsequenz ebenso in Mitleidenschaft gezogen wurde. Das, was unzähligen Menschen also angetan wurde, war in Folge in den Augen sichtbar. Dietmar konstatiert bei erschossenen Menschen deren „gebrochene Augen"[870], was wiederum auf den gebrochenen Menschen hindeutet. An anderer Stelle beschreibt er die „tiefliegenden Augen"[871] der Lagerinsassen, die er bei seiner Ankunft im KZ erkennen kann, was für ihn Teil eines Höllenbildnisses markiert. Bei Wiesel wird mit der Bezeichnung „tote Augen"[872] gleichzeitig auf den Bruch mit der Welt verwiesen, der durch die Erfahrung des Holocaust für ihn entstanden ist.[873]

Jorge Semprún, der ehemalige spanische Widerstands- und Résistance-Kämpfer, der ebenfalls wie Wiesel und Dietmar im KZ Buchenwald inhaf-

---

868 Gundula van den Berg: *Gebrochene Variationen*, S. 186. bzw. ebda.: „Wiesel und seine Überlebenden haben zuviel gesehen zu oft der Katastrophe ins Auge geblickt. Er präsentiert sie mit erloschenen oder verschleierten Augen oder als blinde Seher." – Vgl. ebda. S. 187: Allerdings ist keine von Wiesels Mosche-Figuren je komplett erblindet; allein ihr Blick wird immer wieder erwähnt.

869 Gundula van den Berg: *Gebrochene Variationen*, S. 132. – Weiterführend ihr Werk ab S. 132 ff. – Bzw. vgl. Kapitel zu Mosche.

870 Vgl. oben bzw. Udo Dietmar: *Häftling…X*. S. 133.

871 Vgl. oben bzw. Udo Dietmar: *Häftling…X*. S. 27.

872 Elie Wiesel: *Nacht*. S. 40.

873 Vgl. Gundula van den Berg: *Gebrochene Variationen*. S. 181 ff.

tiert war, rekurriert in seiner Lagerbiografie *Schreiben oder Leben* auf zweierlei
Arten auf Augen. Gleich am Beginn des Textes, bei Semprúns Befreiung aus
dem KZ, sind es die „aufgerissenen Augen, [...] in diesem schreckensstarren
Blick"[874], in dem er sich selbst sieht: im Entsetzen der Befreier. „Sie sehen mich
an, mit verstörten Augen voller Grauen."[875] Wie er selbst erkennt, „[...] bleibt
also nur mein Blick, schließe ich daraus, der sie derart beunruhigen kann. Es
ist das Grauen meines Blicks, das der ihre offenbart, von Grauen erfüllt. Wenn
ihre Blicke ein Spiegel sind, dann muß ich einen irren, verwüsteten Blick
haben."[876] Schließlich befasst sich Semprún länger mit dem Thema Augen und
Blick, um viele Seiten später zu folgendem Fazit zu gelangen:

> Plötzlich begriff ich die mißtrauische, entsetzte Verwunderung der drei Offiziere
> vor zwei Tagen. Wenn mein Blick tatsächlich nur den hundertsten Teil des Ent-
> setzens widerspiegelte, der sich in den toten Augen zeigte, die uns, Albert und
> mich, angesehen hatten, dann war es verständlich, daß den drei Offizieren in
> britischer Uniform davor gegraut hat.[877]

Die andere Darstellungsweise der Blicke oder Augen, die das Grauen mitan-
sehen mussten, gleicht bei Semprún inhaltlich auch den oben genannten Texten. „Es gab nur tote Blicke, weit geöffnete, auf das Grauen der Welt starrende
Augen."[878] Doch er selbst revidiert, dass Blicke sehr oft gar nicht mehr vorhanden sind:

> Sofern es Blicke gab: die meisten Deportierten hatten keinen Blick mehr.
> Er war erloschen, umnebelt, blind geworden vom grellen Licht des Todes. Die

---

874 Ebda. S. 11.
875 Ebda.
876 Ebda.
877 Ebda. S. 40.
878 Ebda. bzw. weitere Beispiele von toten Blicken toter Menschen: S. 38: „Es gab keine Überle-
     benden mehr in dieser Baracke des Kleinen Lagers. Die weit geöffneten, über dem Grauen
     der Welt aufgerissenen Augen mit ihren undurchdringlichen, anklagenden Blicken waren
     erloschene Augen, tote Blicke. Wir waren vorbeigegangen, Albert und ich, die Kehle zuge-
     schnürt, so leise wie möglich in der klebrigen Stille. Der Tod plusterte sich auf, zeigte das
     eisige Feuerwerk all dieser auf die Kehrseite der Welt, die Höllenlandschaft gerichteten Au-
     gen. [...]." – Oder S. 40: „Die toten Blicke, in der Angst des Wartens erstarrt, hatten sicher-
     lich bis zum Schluss nach irgendeiner jähen rettenden Erscheinung gespäht. Die Verzweif-
     lung, die in ihnen zu sehen war, entsprach dieser Erwartung, diesem letzten Aufbäumen der
     Hoffnung."

meisten von ihnen lebten nur noch dahin: mattes Licht eines toten Sterns, ihr Auge.

[....]

Aber der Blick, der überlebt haben würde, war brüderlich. Weil von soviel *[sic]* Tod genährt, wahrscheinlich. Von seinem so reichen Erbteil genährt.[879]

Schließlich ist auch zu erkennen, dass Wiesel in Verbindung mit Augen nicht nur auf den Bruch durch und das Grauen des Holocaust hinweist – also auf die Zeit und sozusagen die Folgerung *nach* dem Holocaust –, sondern noch *vor* dem Holocaust auf denselben. Dies geschieht im Sinne von Sehen als Voraus-*Sehen*. Letzten Endes verkehrt die Erfahrung des Holocaust „das Sehen in Blindheit oder in einen wahnsinnigen Blick"[880], wie es bei Wiesel nur allzu deutlich an bestimmten Figuren zu erkennen ist (Küster-Mosche, Frau Schächter).

13.8 OPTIMISMUS

Am nächsten Morgen ist „die Schwermut verschwunden"[881], und die im Ghetto verbliebenen Juden kommen sich „vor wie in den Ferien"[882]. Der Fantasie sind keine Grenzen gesetzt, alle haben etwas Positives zu sagen oder schaffen es zumindest, ihre Gedanken auf positive Weise auszudrücken:

„Wer weiß, vielleicht ist es unser Glück, verschleppt zu werden. Die Front ist nicht mehr weit, bald wird man den Kanonendonner hören. Darum evakuiert man die Zivilbevölkerung …"

„Sicherlich haben sie Angst, daß wir Partisanen werden!"

„Meiner Meinung nach ist die ganze Deportationsgeschichte nichts als Theater. Lacht nicht, ich meine es ernst. Die Deutschen wollen nur unseren Schmuck stehlen. Sie wissen natürlich, daß alles eingegraben ist, und daß sie suchen müssen. Das geht leichter, wenn die Besitzer in Ferien sind."

In Ferien!

Mit diesen optimistischen Reden, die kein Mensch glaubte, vertrieben wir uns die Zeit. Die wenigen Tage, die wir hier verbrachten, vergingen ruhig und verhältnismäßig angenehm. Man war freundlich miteinander. Es gab keine Rei-

---

879 Jorge Semprún: *Schreiben oder Leben*. S. 27.
880 Gundula van den Berg: *Gebrochene Variationen*. S. 187.
881 Elie Wiesel: *Nacht*. S. 41.
882 Ebda.

chen, keine Honoratioren, keine „Persönlichkeiten" mehr, nur zur gleichen, noch unbekannten Strafe Verurteilte.[883]

Diese Darstellung und Zusammenfassung der Meinungen und des allgemeinen Geredes sind der Höhepunkt an brodelnder Gerücheküche.[884] Die Formulierung „wie in den Ferien" ist markant und beinahe schon irrsinnig; gleichzeitig unterstreicht sie nur noch einmal die freiwillige Selbst(ver)blendung der Menschen in ihrer Situation des Nichtwissens – wodurch wiederum Gerüchte entstehen:

> Die Quelle vieler Gerüchte ist ein Ereignis oder Sachverhalt, die Unruhe erregen. Das Gerücht bedeutet, daß die Aufmerksamkeit der Gruppe mobilisiert wird: Während der einzelnen Stationen des Informationsaustauschs versucht die Gruppe, das Puzzle zusammenzusetzen, das aus den ihr übermittelten Einzelteilen besteht. Je mehr Teile fehlen, desto mehr wird die Gruppe bei der Deutung vom Unbewußten beeinflußt. Je zahlreicher hingegen die Teilinformationen sind, desto stärker wird die Deutung mit der Wirklichkeit übereinstimmen. Jene Deutung, die ausgewählt wird, weil sie am meisten befriedigt, bleibt im Umlauf […].[885]

Doch auch Wiesel selbst entlarvt diese Meinungen als „optimistische Reden", weil sie „kein Mensch glaubte". Die Menschen werden aber durch die Anschauungen und die gewisse Art der Gleichmachung auch vereint, da nun alle sozusagen im selben Boot sitzen und dasselbe Schicksal haben, oder wie es Wiesel ausdrückt: Sie sind „zur gleichen, noch unbekannten Strafe Verurteilte".

Am Abend vor der endgültigen Deportation sitzt die Familie am Tisch zusammen; es ist das letzte Mal, erneut, und Elie verbringt „die Nacht in Erinnerungen und Gedanken"[886]. Am nächsten Morgen müssen sich alle in der Synagoge einfinden. Die Synagoge ist verwüstet und geplündert, und die Juden

---

883   Ebda. – Beachtenswert ist hier die erneute Verwendung von „Verurteilte". Anm. AB.
884   Vgl. Hans-Joachim Neubauer: *Fama*. S. 143: Zu den Gerüchten im Ersten Weltkrieg, wenn sich Soldaten gelangweilt haben und keine Beschäftigung hatten: „So sind Gerede und Tratsch überall, ‚wie die Ratten und das übrige Elend' nisten sie in den engsten Verbindungsgräben, in Unterständen und Mannschaftszelten. Denn ‚die Jagd auf Nachrichten, besonders auf gute, ist eine der wichtigsten Beschäftigungen des Soldaten' und die Front ‚ein großer Markt des Geredes' […]."
885   Jean-Noël Kapferer: *Gerüchte*. S. 40.
886   Elie Wiesel: *Nacht*. S. 42.

verleben dort „entsetzliche vierundzwanzig Stunden"[887] mit kaum genügend
Luft und Platz. Da es Samstag, Sabbat, ist, „hätte [man] meinen können, wir
wären zur Andacht gekommen"[888], beschreibt Wiesel die Situation mit bitterer
Ironie. Am nächsten Morgen marschieren die Menschen zum Bahnhof. Zu je
80 Personen werden sie in einen Viehwaggon gepfercht. Sie bekommen etwas
Wasser und Brot, dann werden „die Wagen versiegelt"[889]. Es wird jeweils ein
Wagenältester bestimmt, der für jeglichen Fluchtversuch verantwortlich ist
und bei einem solchen erschossen wird.

Wiesel beobachtet: „Auf dem Bahnsteig schlenderten zwei Offiziere der Gestapo lächelnd auf und ab. Schließlich war alles reibungslos abgelaufen."[890]
Zu dieser Beobachtung muss aber überlegt werden, ob Wiesel das überhaupt
selbst sehen konnte, da es bei diesen Viehwaggons nur sehr wenige, sehr kleine
Luken gab. Da 80 Personen in einen Waggon gepfercht waren und aus Berichten und Erzählungen bekannt ist, dass sich die Menschen in den Waggons
kaum bewegen konnten, ist es eher unwahrscheinlich, dass Wiesel diese Sze-
nerie selbst beobachten konnte. Vielleicht hat es jemand, der tatsächlich am
Fenster stand und es sah, im Waggon erzählt, und Wiesel gibt diese Erzählung
hier wieder. Der sprachliche Gehalt wiederum zeigt eine Implizierung und Re-
duzierung im Tatbestand: Das Lächeln der Beamten wird als (für sie) logische
Reaktion auf den reibungslosen Ablauf zurückgeführt, der nicht näher aus der
sozusagen beobachteten oder nachvollzogenen Sicht der Gestapo-Leute beschrieben wird. Es wird also impliziert, dass das Lächeln wortlos deren Zufrie-
denheit ausdrückt.

13.9 DEPORTATION: DIE ZUGFAHRT

Die Deportation ist aus vielen Werken der Holocaust-Literatur bekannt: Beschrieben werden die Hitze und der Durst, die die Menschen nach zwei Tagen
(!) zu quälen beginnen, ebenso der Platzmangel; das mitgenommene Essen
wird gut eingeteilt. Nur ein Detail erscheint neu: die Beschreibung der Jungen, die „hemmungslos ihren Trieben"[891] nachgeben und „sich im Schutze der
Nacht mitten unter uns [paarten]"[892]. Zudem ist es wiederum eine Darstellung

---

887 Ebda.
888 Ebda.
889 Ebda. S. 43.
890 Ebda.
891 Ebda.
892 Ebda.

von *Nacht;* es ist nun eine andere Seite, die mit der Zeitbeschreibung Nacht in Verbindung gebracht wird. Lorenz konstatierte in ihrer Untersuchung von Ella Lingens-Reiners Erfahrungsbericht *Auschwitz. Zeugnisse und Berichte* auch ein ähnliches Fallen der Schamgrenzen: „Den Verlust der zivilen Lebensformen stellte Lingens-Reiner an der Gleichgültigkeit, Brutalität, dem Verlust des Schamgefühls bzw. der sexuellen Zügellosigkeit dar."[893]

Als der Zug schließlich an der tschechischen Grenze hält, verstehen die Menschen, dass sie Ungarn verlassen: „Zu spät wurden uns die Augen geöffnet."[894] Hier soll explizit auf die Formulierung verwiesen werden: Im Passiv gehalten klingt diese Aussage, als hätten die Menschen zuvor rein gar nichts gewusst und keine Informationen oder Nachrichten erhalten. Tatsächlich hat es aber genügend ‚Kassandra-Rufe' des Küster-Mosche und Nachrichtenverbreitung durch Menschen, die bereits selbst erlebt hatten, wie die Nazis vorgingen, gegeben. Diese Formulierung spiegelt also die Passivität der Menschen wider, denen die Augen eigentlich vor einiger Zeit schon geöffnet wurden – nur haben sie nicht darauf reagiert, sondern es ignoriert und auf das eigene und gegenseitige Schönreden vertraut. Aktiv formuliert, wäre die Wirkung hier eine ganz andere, da die Menschen nolens volens aktiv und bewusst ihre Augen verschlossen haben. Nun mussten sie selbst, ebenso aktiv, erkennen, dass sie sich geradewegs auf dem Weg in ihr Verderben befinden.

Ein deutscher Offizier lässt den Menschen durch einen ungarischen Dolmetscher erläutern, dass ab nun die deutsche Wehrmacht das Kommando über sie habe und dass jegliche verbliebenen Wertgegenstände abgegeben werden müssen. Würden solche später bei jemandem gefunden, würde derjenige sofort erschossen werden. Ferner muss die Zahl der 80 Reisenden bis zum Schluss gleich bleiben, sonst würden alle getötet. Wiesel beschreibt sehr bildreich: „Wir steckten alle bis zum Halse in der Falle. Die Türen wurden zugenagelt. Der Rückweg war endgültig abgeschnitten. Die Welt war ein hermetisch verriegelter Viehwagen."[895] Ähnlich wie die Erkenntnis zuvor stellt Wiesel die gegenwärtige Situation auch als sehr passiv dar. Er hat insofern natürlich recht, als die Menschen, eingesperrt in einen Waggon, nichts tun können, um sich aus der Lage zu befreien, doch hat diese Falle bereits viel früher zugeschnappt: So ist doch etwa schon das Einmarschieren der Deutschen in Sighet als erste der unabwendbaren Falltüren zu sehen; eine zweite Falltür ist das abgeriegelte

---

893   Dagmar C.G. Lorenz: *Verfolgung bis zum Massenmord.* S. 105.
894   Elie Wiesel: *Nacht.* S. 43.
895   Elie Wiesel: *Nacht.* S. 43.

Ghetto, eine dritte die Nacht in der Synagoge, in der auch alle Menschen eingeschlossen waren.

13.10 KASSANDRA-FIGUR: FRAU SCHÄCHTER

13.10.1 Hinführung zur Kassandra-Figur

Die zweite Seherfigur bei Wiesel nach Mosche ist Frau Schächter, die nun ebenso kurz, aber genauso nachhaltig und eindrücklich wie Mosche beschrieben wird. Frau Schächter ist diejenige Figur im Text von Wiesel, die die Rolle der mythisch überlieferten Kassandra[896] übernimmt. „Eine mythologische Figur wie Kassandra wird immer wieder aufgegriffen, umgedeutet und den jeweiligen Bedürfnissen der Zeit angepaßt. [Sie] […] kann […] dank ihres Facettenreichtums und ihres changierenden Wesens immer wieder erneut bedeutsam werden.“[897] Diese Bedeutsamkeit verleiht Wiesel Frau Schächter als Künderin des bevorstehenden Grauens. Auch viele Exilschriftsteller während des Zweiten Weltkriegs und danach haben wiederholt das Motiv der Unheilsprophetin Kassandra als Metapher für ihre Erfahrung des vergeblichen Widerstands und die düstere Zukunftsprognose gewählt, die sich mithin in der Geschichte des Nationalsozialismus manifestiert hat.[898]

Aus dem Motiv der Kassandra ist der Topos des Kassandra-Rufs entstanden.[899] Bei Wiesel besteht Frau Schächters Aufgabe als Kassandra tatsächlich darin, den Kassandra-Ruf zu tätigen: Sie fängt im Zugwaggon zu schreien an und scheint zu halluzinieren, nicht mehr Herrin ihrer Sinne zu sein:

---

896 Zur literarisch verwendeten Kassandra bzw. Kassandra-Figur und dem Umgang mit dem Mythos, der hier nicht weiter besprochen wird, weil dies nicht Teil der Analyse ist, vgl. z.B. Thomas Epple: *Der Aufstieg der Untergangsseherin Kassandra*. S. 20 ff., S. 26 ff. – Christa Wolf: *Kassandra*; Schmidt: *Kassandra – ein Mythos im Wandel der Zeit*. S. 11 ff. – Jentgens: *Kassandra*. Von Heinz und Kur: *Propheten, Seher, Zukunftsforscher: Kassandra*. S. 238 f. – Michaela Diers: *Das lächelnde Lebendige*. Frauen, Vision und Mystik: Von Hildegard von Bingen bis zu Christa Wolfs „Kassandra“. Innsbruck, Wien: Tyrolia 1998. S. 29 ff. bzw. S. 148–156: „Die Seherin und die Dichterin.“

897 Thomas Epple: *Der Aufstieg der Untergangsseherin Kassandra*. S. 11.

898 Vgl. Thomas Epple: *Der Aufstieg der Untergangsseherin Kassandra*. S. 233. – Vgl. dazu weiter ebda.: Viele Deutsche haben dagegen die Erfahrung gemacht, bewusst ein Unheil auf sich zukommen zu sehen, dabei aber hilf- und machtlos zusehen und dieses erleben zu müssen, wodurch ebenfalls eine Identifikation mit Kassandra entstanden ist.– Grundsätzlich war das ja auch die Erfahrung und die Haltung der Juden von Sighet. Anm. AB.

899 Vgl. Stephanie Jentgens: *Kassandra*. S. 15.

„Frau Schächter sieht die Flammen, lange bevor der Transport Auschwitz erreicht."[900] Bei Christa Wolf bedeutet die Sehergabe von Kassandra „die Fähigkeit zum Einblick in die politischen und historischen Wirkungsmechanismen und darüber hinaus die Erkenntnis der Wahrheit im philosophischen und religiösen Sinne"[901]. Solcherart kann auch Wiesels Kassandra-Figur verstanden werden, die auf politische und nunmehr historische Ereignisse hinweist und diese voraussagt. Bis zu ihrem ersten Auftritt ist Frau Schächter unbekannt; daher ist auch nichts von ihrer Vorgeschichte und einer möglichen tatsächlichen Sehergabe bekannt. Im Deportationszug erscheint die Frau nun erstmals, und mit ihr entsteht Unruhe. Da keine Innenperspektive von ihr gezeigt wird, kann Wiesel nur seine, also die des Betrachters, wiedergeben. Er gestaltet Frau Schächter in der Retrospektive als Seherin, die, allerdings nicht, wie es bei Wolf beschrieben ist, ihre Sehergabe zu einem unbekannten Zeitpunkt zu erkennen scheint. Eher unbewusst artikuliert sie etwas, dem nachträglich Prophetisches zugesprochen wird. Die Menschen erleben zwar dieselben Situationen wie sie, doch deuten sie diese nicht richtig und können daher nicht entsprechend handeln. Das Entstehen der Sehergabe der Priesterin Kassandra[902], deren Voraussagen politisch un-

---

900 Gundula van den Berg: *Gebrochene Variationen.* S. 184.

901 Svenja Schmidt: *Kassandra – ein Mythos im Wandel der Zeit.* S. 65.

902 Vgl. Thomas Epple: *Der Aufstieg der Untergangsseherin Kassandra.* S. 20: In Homers *Ilias,* das nach dem Verfasser den Beginn der europäischen Literatur markiert, wird Kassandra nur am Rande erwähnt: Sie ist die sehr schöne Tochter des Priamos, die als Erste den toten Hektor bei dem heimkehrenden Priamos entdeckt. Epple meint, dass das Erblicken als Manifestierung der Sehergabe für die spätere Literatur verstanden werden kann. – Im *Agamemnon* von Aischylos und in den *Troerinnen* von Euripides wird Kassandra jeweils als wichtige Figur eingeführt, wodurch sie in Folge auch außerhalb der Literatur bekannt wurde und die berühmten Schlagworte entstanden.
Homerus: *Ilias*:
13. Gesang, Z. 365:
Dieser warb um Kassandra, die schönste von Priamos' Töchtern [...]
24. Gesang, Z. 695–703:
Eos im Safrangewand erleuchtete rings nun die Erde.
Jene trieben die Rosse zur Stadt wehklagend und seufzend
Fort, und die Mäuler führten den Leichnam. Aber kein andrer
Sah sie vorher, der Männer noch schöngegürteten Weiber;
Nur Kassandra, schön wie die goldene Aphrodite,
Stieg auf Pergamos Höh', und schauete ferne den Vater,
Welcher im Sessel stand, und den stadtdurchrufenden Herold,
Auch in dem Maultierwagen, gestreckt auf Gewande, den Leichnam.
Laut wehklagte sie nun, und rief durch Ilios' Gassen: [...]

wirksam bleiben, kann mit wenigen Worten folgendermaßen beschrieben werden:

> Apoll sei, so berichtet Kassandra dem Chorführer, zu ihr in Liebessehnsucht ent-
> brannt gewesen. Sie habe ihm jedoch die zunächst versprochene sexuelle Ver-
> einigung verweigert. Der Gott, der ihr bereits die Sehergabe geschenkt hatte,
> strafte sie für ihre Täuschung damit, daß niemand ihren Prophezeiungen glau-
> ben werde.[903]

An anderer Stelle wird jedoch nicht Apolls Strafe für das Nichthören der Menschen verantwortlich gemacht, sondern „ein sündhafter Wille in den Menschen selbst, der sie gegenüber Kassandra taub macht"[904]. – Genau das ist auch das Verhalten der Menschen bei Wiesel: Sie zeigen ein bewusstes Nichthören- und Nichtwissenwollen, sie ignorieren die sich ihnen deutlich offenbarende Wahrheit. Ihre Verachtung und falsche Mitleidsbekundung ge-genüber Mosche sowie die ständig erzeugten und verbreiteten Gerüchte und illusorischen Annahmen bezüglich ihres bevorstehenden Schicksals zeigen das bewusste Ignorieren der Wahrheit nachdrücklich. Die narrative Bedeutung dieses Verhaltens ist so zu erklären, dass die Geschichte der Menschen rund um Wiesel und seine eigene anhand dieser Aktionen und Reaktionen Ersterer auf gewisse Figuren, Aussagen oder Gerüchte weitergetragen werden. Durch die gesetzten oder eben nicht gesetzten Taten der Menschen wird vom An-fang bis zum Ende deren Ergehen mitverfolgt. Das Agieren der Menschen – in diesem Fall: das Ignorieren der Seherin Frau Schächter und des Künders Mosche – ist daher auf narrativer Ebene insofern von Relevanz, als dem Leser dadurch veranschaulicht wird, wie die Menschen von ihrem Nichtwissen über das Nichtwissenwollen zur furchtbaren Wahrheitserkenntnis gelangen. Für die Menschen ist – wie im Falle der Gerüchte – das böse Erwachen am Ende ent-sprechend schlimmer, da sie sich zuvor nicht mit der Bedrohung auseinander-

---

903 Vgl. Stephanie Jentgens: *Kassandra*. S. 32. bzw. Solvejg Müller: *Kein Brautfest zwischen Men-schen und Göttern*. Kassandra-Mythologie im Lichte von Sexualität und Wahrheit. Köln, Weimar, Wien: Böhlau 1994. (= Böhlau forum litterarum. 17.) (Zugl.: Univ.-Diss. Düssel-dorf 1993). S. 6 ff. sowie Vorwort: Fabel des Hygin, 2. Jh. n. Chr., Übersetzung aus dem La-teinischen: „Kassandra, die Tochter des Priamos und der Hekuba, soll – wie man sagt – im Tempel des Apollo vom Spiel ermüdet eingeschlafen sein; als Apoll sie notzüchtigen wollte, gab sie ihm mit ihrem Körper keine Gelegenheit. Daher bewerkstelligte es Apoll, daß, wenn sie Wahrheiten prophezeite, diese nicht glaubhaft seien."
904 Stephanie Jentgens: *Kassandra*. S. 32.

setzen wollten. Zugleich wird Spannung aufgebaut, und auch die Geschichte wird vorangetrieben. Nicht zuletzt aufgrund des Spannungsaufbaus ergibt sich eine empathische Lesart: Das Verhalten der Menschen, über deren Lebensweg berichtet wird, ist es in erster Linie, das den Leser mitfühlen lässt.

Somit gibt es keine explizite Schuldzuweisung an Kassandra mehr, obwohl sie sich sehr oft schuldig, weil verantwortlich für das Unheil, das sie vorausgesehen hat, fühlt.[905] In der modernen Literatur entsteht die Überlegung, ob erst durch das Aussprechen, das Voraus*sagen* der Prophetie, das Unglück eintrifft; Kassandra wird „aufgrund der magischen Kraft des Wortes schuldig"[906]. Kassandra spricht dennoch immer die Wahrheit aus, die sie erfährt. „Sie entzieht sich ihrer Verantwortung nicht, obwohl sie sich selbst hierdurch schuldig fühlt. Kassandra ist wahre Prophetin, und sie erfüllt ihren Verkündigungsauftrag."[907] Der Kassandra-Stoff steht in Verbindung mit Themen wie Wahnsinn, Macht, Krieg und Mord.[908] Zudem gibt es

> [...] neben ihr *[Kassandra, Anm. AB]* keine literarische Gestalt, die von einer ähnlich düsteren Konstellation geprägt ist wie sie. Es existiert keine Figur, die so ausschließlich eine negative Zukunft vorhersehen muß. Kassandra ist nicht eine unbeteiligte Betrachterin des Kommenden, sondern ihr Schicksal ist [...] eng verknüpft mit ihren Vorhersagen.[909]

Mit jedem literarischen Motiv sind Handlungsstränge und Verhaltensweisen verbunden. Elemente des Motivs der Unheilsprophetin sind das Voraussehen und Voraussagen großen Unheils. Strukturell setzt sich dieses Motiv aus drei Elementen zusammen: aus der Ruferin selbst, der Vorausdeutung sowie der Zuhörerschaft, die sie anspricht.[910] Im Fall von Wiesels Ruferin wird der Zusammenhang der drei Teile insofern erklärt, als die Zuhörerschaft (die Zuginsassen) Kassandra (Frau Schächter) nicht glaubt und die Katastrophe (Feuer, Flammen, Tod im Konzentrationslager) eintrifft. Die Kassandra-Figur wird mit der Zeit nur noch auf das Motiv der Unheilsprophetin reduziert. Dadurch wird dieses Motiv für die bekannten Zusammensetzungen ‚Kassandra-Ruf' und ‚Kassandra-Stimme' und schließlich auch ‚Kassandra-Worte' für das

---

905 Vgl. ebda. S. 41.
906 Ebda.
907 Ebda. S. 42.
908 Vgl. Solvejg Müller: *Kein Brautfest zwischen Menschen und Göttern*. S. 73.
909 Thomas Epple: *Der Aufstieg der Untergangsseherin Kassandra*. S. 24.
910 Vgl. Stephanie Jentgens: *Kassandra*. S. 15.

Prophezeien von katastrophalen Ereignissen verwendet.[911] Mit Kassandra in Verbindung gebracht werden demnach Unheilsprophetie und Wirkungslosigkeit sowie Schwarzseherei und Unkenrufe. In unserer heutigen Gesellschaft ist Kassandra hauptsächlich als Symbol für eine Warnung vor einem schlimmen Ereignis gebräuchlich, aber ebenso als Synonym für Aussichtslosigkeit oder eine ausweglose Situation.[912]

Außerdem gibt es eine zweite Seherinnengestalt, mit der Kassandra am häufigsten verglichen wird: Sybille[913] bzw. auch als Plural die Sibyllen[914]. Ungleich Kassandra steht Sybille nicht „unter dem Signum des Scheiterns aller Bemühungen bei der Vermittlung des göttlichen Wissens"[915]. Sie wird zu einer „Gattungsbezeichnung der prophetischen Frau, die nicht an einen festen Ort, an ein Orakel gebunden ist"[916]:

> Man verstand im Altertum unter dieser Bezeichnung gottbegeisterte Frauen, die in einem Zustand der Ekstase Ahnungen kommender, meist unerfreulicher und schreckhafter Ereignisse aus einem Antriebe verkündeten, ohne befragt zu sein oder mit einem festen Orakelsitz in Verbindung zu stehen.[917]

So gesehen, kann Frau Schächter besonders mit Sybille verglichen werden, da sie dem von Sybille vorgegebenen Bild weitgehend entspricht: Sie scheint von Sinnen zu sein und verbreitet schreckliche Nachrichten, ohne aber einen augenscheinlichen Antrieb oder Hintergrund dafür zu haben. Mit ihren „sponta-

---

911 Vgl. Svenja Schmidt: *Kassandra – ein Mythos im Wandel der Zeit.* S. 119 f. bzw. Stephanie Jentgens: *Kassandra.* S. 37 f.

912 Vgl. Svenja Schmidt, S. 119 f. bzw. Stephanie Jentgens: *Kassandra.* S. 38.

913 Vgl. Stephanie Jentgens: *Kassandra.* S. 32.

914 Vgl. von Heinz und Frieder Kur: *Propheten, Seher, Zukunftsforscher.* S. 381 f.: *Sibyllen:* „In der Antike werden als ‚Sibylle' nicht näher bestimmte weissagend Frauen bezeichnet." Es soll zehn oder mehr Sibyllen gegeben haben, aber ihnen wird keine solche Besonderheit verliehen wie oben zitiert, allein der Hinweis auf die Weissagungsgabe durch den Gott Apoll – ähnlich Kassandra – wird erwähnt. Sibylle wünscht sich dazu noch viele Lebensjahre, vergisst aber, sich ebenso viele Jugendjahre zu erbitten. – Vgl. dazu ebda. S. 238 f.: *Kassandra:* Weil sich Kassandra dem Gott Apoll verweigert, obwohl sie ihm Beischlaf versprochen hat, um ebenso die Weissagungsgabe zu erhalten, verleiht er ihr die Gabe, Unheil zu prophezeien, welches ihr jedoch keiner glauben würde.

915 Thomas Epple: *Der Aufstieg der Untergangsseherin Kassandra.* S. 24. – Epple geht von mehreren „Sybillen" aus. Anm. AB.

916 Stephanie Jentgens: *Kassandra.* S. 32.

917 Ebda. S. 33.

nen, ekstatischen Verkündungen"[918] weist Sybille Ähnlichkeiten zu Kassandra auf, doch wird ihr keine so starke Individualität in literarischer Hinsicht zugesprochen. Die Weissagungen der Sybille sind immer von größerer Bedeutung als ihr individuelles Schicksal, wobei sie nie nur Unheil prophezeit und nicht eindeutig dem Wahnsinn verfällt.[919]

13.10.2 Der Wahnsinn der Frau Schächter

Wiesel führt Frau Schächter in der Situation im Deportationszug, im Viehwaggon, ein. Mithilfe ihrer Figur, die ebenso fiktionale Züge wie Küster-Mosche trägt, werden „Feuer, Prophetie und der Wahnsinn des Holokaust [...] miteinander verknüpft"[920]. Im Unterschied zur Beschreibung von Mosche, der aus der Sicht der – unbekannten – anderen gezeigt wird *(„Sie* nannten ihn den Küster-Mosche ..."), stellt Wiesel nun selbst die Frau dar bzw. vor. Zuerst schildert er die unmittelbare Gegenwart und präsentiert Frau Schächter bereits als emotional angegriffen, danach gibt er einen Einblick in ihr – nun vergangenes – Leben:

> Mit uns fuhr Frau Schächter, eine etwa fünfzigjährige Mutter mit ihrem zehnjährigen Sohn, der in seiner Ecke kauerte. Ihr Mann und zwei ältere Söhne waren versehentlich mit dem ersten Transport verfrachtet worden. Die Trennung hatte sie erschüttert.
> Ich kannte sie gut. Sie war oft bei uns gewesen: ein friedliches Geschöpf mit glühendem, gespanntem Blick. Ihr Mann war ein frommer Mensch, der Tag und Nacht im Lehrhaus verbrachte, so daß sie den Lebensunterhalt der Ihren erarbeiten mußte.[921]

---

918 Thomas Epple: *Der Aufstieg der Untergangsseherin Kassandra.* S. 24. – Vgl. dazu: Annette von Heinz und Frieder Kur: *Propheten, Seher, Zukunftsforscher.* S. 153 ff.: Zu Ekstase kann in Kürze folgende Begriffserklärung gegeben werden: „Das griechische Wort ‚ékstasis‘, wörtlich: ‚Austritt‘, kann je nach Kontext Entzückung, Verzückung, Außersichsein oder auch Verrücktheit bedeuten. Im engeren Sinn bezeichnet ‚Ekstase‘ einen Zustand, in dem der Erlebende die rationale Kontrolle über sich verloren hat und sich von übernatürlichen Kräften ergriffen fühlt."

919 Vgl. Thomas Epple: *Der Aufstieg der Untergangsseherin Kassandra.* S. 25. – Weiters bringt Epple die Sybillen mit der jüdischen und christlichen Apokalyptik in Verbindung, was eine ähnliche Überlegung bezüglich Wiesels Figur der Frau Schächter und ihrer Endzeitvorhersage motiviert.

920 Ebda.

921 Elie Wiesel: *Nacht.* S. 44 f.

Wiesel erläutert ihren Zustand noch deutlicher: „Frau Schächter hatte den Verstand verloren."[922] Sie habe am ersten Tag der Fahrt „zu stöhnen begonnen"[923] und fragt nun nach dem Grund der Trennung von ihrer Familie. „Später wurden ihre Klagerufe hysterisch"[924], fügt er hinzu.[925] In der dritten Nacht des Transports schließlich setzt zum ersten Mal ihr Geschrei ein: „Ein Feuer! Ich sehe ein Feuer! Ich sehe ein Feuer!"[926] Die in Panik geratenen Menschen sehen in der Mitte des Waggons Frau Schächter stehen, die „einem verdorrten Baum in einem Kornfeld"[927] gleicht. Sie deutet auf das Fenster und kreischt erneut, also zum zweiten Mal: „Seht! Seht doch! Das Feuer! Ein schreckliches Feuer! Habt Mitleid mit mir, das Feuer!"[928] Doch es ist kein Feuer zu sehen, sondern nur das Gegenteil dieser vermeintlichen Helligkeit: Finsternis – *Nacht*.

In der antiken Sage ist Kassandra im Moment des Sehens und Verkündens ein göttliches Medium. Sie kann sich der Vision und der Voraussage, die ihr gegeben werden, nicht entziehen. Die Prophetin ist Seherin, Verkünderin und Erklärerin der göttlichen Botschaft; als Mittlerin Gottes nimmt sie eine außerordentliche Stellung in der Gesellschaft ein.[929] Auch an anderer Stelle wird die besondere Aufgabe der Seherin hervorgehoben: „Im traditionellen Mythos gilt der Seher als Verkünder der Stimme Gottes."[930] Im Mittelalter wird Kassandra in eine göttliche Prophetin verwandelt, die „ihren Platz in der *ordo*"[931] hat. Bei Wiesel hat Frau Schächter als Kassandra keine höhere Position in ihrer

---

922 Ebda. S. 45.

923 Ebda.

924 Ebda.

925 Vgl. Svenja Schmidt: *Kassandra – ein Mythos im Wandel der Zeit.* S. 65: Bei Christa Wolfs *Kassandra* spürt Kassandra bereits vor einer Ekstase oder Halluzination die Wahrheit, bei Aischylos hingegen ist die Ekstase „Mittel zur Wahrheitsfindung".

926 Elie Wiesel: *Nacht.* S. 45.

927 Ebda. – Das von Wiesel verwendete Bild mag sinnbildlich dafür stehen, dass Frau Schächter als einziger Baum – als einzig Vorahnende – inmitten eines Kornfeldes – inmitten der anderen Menschen im Zug – steht und eigentlich schon tot ist. Anm. AB.

928 Elie Wiesel: *Nacht.* S. 45. Bzw. für eine weiterführende Überlegung vgl. Solvejg Müller: *Kein Brautfest zwischen Menschen und Göttern.* S. 53: Bei Euripides wird im Zusammenhang mit Kassandra auch auf Feuer hingewiesen, indem es heißt, dass Kassandras Erscheinen durch den Glanz der Fackel angekündigt würde. Für die Fackel der Kassandra siehe auch ebda. S. 54.

929 Vgl. Stephanie Jentgens: *Kassandra.* S. 28.

930 Svenja Schmidt: *Kassandra – ein Mythos im Wandel der Zeit.* S. 65.

931 Solvejg Müller: *Kein Brautfest zwischen Menschen und Göttern.* S. 77 bzw. vgl. S. 67 ff.: Mittelalter und Veränderung des Status von Kassandra.

Sozietät inne. Sie ist in der Gemeinde in Sighet wohl nur insofern aufgefallen, als sie für den Lebensunterhalt der Familie zuständig war, weil ihr Mann – wie Wiesel erläutert hat – sehr viel Zeit im Lehrhaus verbracht hat.

Kassandra zeigt typische Züge einer Prophetin, und ihre Besonderheit äußert sich vor allem im Scheitern ihrer warnenden Reden. Im Widerspruch zwischen mächtiger gesellschaftlicher Stellung und ohnmächtigem Aufbegehren sowie zwischen Wahrhaftigkeit und Wirkungslosigkeit spiegelt sich eine Eigentümlichkeit der Geschichte von Kassandra.[932] Der Schrei von Frau Schächter hat die Menschen derart erschreckt, dass es „bei jedem Kreischen der Räder auf den Schienen [schien], als gähne ein Abgrund unter unseren Füßen"[933]. Der Eindruck, dass die Leute nicht durch den bloßen Schrei, sondern durch eine eventuell dahinter verborgene Wahrheit – die noch niemand außer vielleicht Frau Schächter kennt – aufgerüttelt wurden, lässt sich nicht leugnen. Die Menschen nehmen den Schrei der ‚verrückten‘ Frau, der mit dem Kreischen der Räder korrespondiert, sehr ernst. Um sich wieder zu beruhigen, bedienen sich die Menschen abermals der altbewährten Methode der Selbstbeschwichtigung: „Unfähig, unsere Angst zu betäuben, suchten wir uns damit zu trösten, daß wir sagten: ‚Sie ist verrückt, die Arme.‘"[934] Erneut versuchen die Menschen also, die für sie bedrohlich wirkende Situation abzuwenden, indem sie die Frau degradieren und als „verrückt" abstempeln.

Frau Schächter ist diejenige, die für die anderen die Angst hinausschreit und dadurch wiederum bei diesen die latent herrschende Angst erst richtig heraufbeschwört; bisher war während der Deportation und Zugfahrt noch nicht die Rede von der Angst der Menschen.[935] „Man fürchtet diejenigen, die die dunklen Seiten der menschlichen Seele zu erkennen vermögen"[936], wie man eben auch den Narren fürchtet, der die Wahrheit ausspricht. Die „verrückte" Frau ist bei Wiesel somit das auslösende Moment für die unterdrückte Emotion der anderen: Sie fungiert als Spiegel für die Menschen, die auf ihre Handlung reagieren. Doch nicht nur wegen der düsteren Voraussagen meidet die Gesellschaft Kassandra; durch die Gabe des Sehens wird bereits Distanz zwischen ihr und den ‚gewöhnlichen‘ Menschen erzeugt. An verschiedenen Stel-

932 Vgl. Stephanie Jentgens: *Kassandra*. S. 32.
933 Elie Wiesel: *Nacht*. S. 45.
934 Ebda.
935 Vgl. Svenja Schmidt: *Kassandra – ein Mythos im Wandel der Zeit*. S. 62 f.: Kapitel „Angst und Schmerz in der Erzählung *Kassandra*": Bei Christa Wolf spricht Kassandra oft von Angst und Angstgefühlen; Angst wird als Befreiung und zugleich Schwäche gesehen.
936 Stephanie Jentgens: *Kassandra*. S. 40.

len wird sie zur Personifizierung moralischer Forderungen, gleichzeitig Klagende und Anklagende und unerwünschte Wahrheitssprecherin.[937] Aufgrund der Narrativierung von Wiesels Erlebnissen erhält Frau Schächters Verrücktheit einen symbolischen Charakter. Als Figur, die eben genau in der Situation der Deportation – einem sowohl für den Fortlauf der Geschichte als auch für alle Menschen in Wiesels Text folgenschweren Moment – in Erscheinung tritt, erhält sie eine größere Bedeutung: als Prophetin. Frau Schächter wird also erst durch die Erzählung zu einer symbolträchtigen Figur, die für die Lenkung der anderen Figuren innerhalb der Geschichte wichtig ist.

Das Beruhigen und Auflegen eines feuchten Tuchs auf ihrer Stirn helfen allerdings auch nichts; sie schreit weiter, zum dritten Mal: „Das Feuer! Das Feuer!"[938] Ihr Sohn klammert sich an sie und versucht ebenfalls, sie zu beschwichtigen. Wiesel kommentiert: „Sein Stammeln tat mir weher als das Jammern seiner Mutter."[939] Sie lässt sich auch von anderen Müttern nicht beruhigen, sie lässt sich nicht zum Schweigen bringen. Zum vierten Mal schreit sie, und dieses Mal spricht sie die anderen Menschen, also ihr Publikum als Seherin, direkt an: „Juden, hört mich an: Ich sehe ein Feuer! Flammen schlagen hoch! Ein furchtbarer Brand!"[940] Wiesel beschreibt ihr Schreien, „[a]ls sei eine verdammte Seele in sie geschlüpft und spreche aus der Tiefe ihres Wesens"[941]. Kassandras Ausrufe beinhalten Schmerz und Leid – sie selbst wird von ihren Wahrsagungen krampfartig überfallen,[942] und auch Frau Schächter wird auf gewisse Art krampfartig von ihren Wahrsagungen gepeinigt.

Erneut versuchen die Menschen, eher sich selbst zu beruhigen denn sie zu trösten: „Sie muß wahnsinnigen Durst haben, die Ärmste! Deshalb spricht sie immer von dem Feuer, das sie verzehrt …"[943] Mit der direkten Anrede an die anderen Juden und dem Beschreiben des Bildes, das sie vor sich sieht, gibt die Frau eine direkte Darstellung dessen, was später noch kommen wird. Die Menschen werfen der Frau Wahnsinn vor, weil sie nicht verstehen, was mit ihr los ist, und wovon sie spricht, oder wovor sie sogar warnen möchte. Es gibt keine erkennbaren Fakten, was ihre Schreie betrifft, denn sie deutet auf verborgene Wahrheiten und die Realität, indem sie eine metaphorische Sprache

---

937 Vgl. ebda.
938 Elie Wiesel: *Nacht*. S. 46.
939 Ebda.
940 Ebda.
941 Ebda.
942 Vgl. Stephanie Jentgens: *Kassandra*. S. 29.
943 Elie Wiesel: *Nacht*. S. 46.

benützt:[944] Das Feuer ist nicht da – sie halluziniert im Moment nur; doch wird am Ende der Zugfahrt tatsächlich Feuer zu sehen sein, das sich tatsächlich nicht nur als Metapher für Tod und Verderben bewahrheiten wird.

Anstatt sich mit der Situation von Frau Schächter näher auseinanderzusetzen, beziehen die Menschen ihre Schreie auf sich selbst: „Unser Schrecken schien die Wände des Wagens sprengen zu wollen. Unsere Nerven waren bis zum Zerspringen gespannt. Unsere Haut schmerzte. Es war, als griffe der Wahnsinn auch uns an die Kehle.“[945] Metaphorisch und personifizierend beschreibt Wiesel die Situation und das Verhalten der Menschen. Frau Schächters „Klage steigert sich bis ins Hysterische […]“[946], was bedeutet, dass Wiesel vorausgreifend auf den *Wahnsinn* des Konzentrationslagers anspielt, obwohl noch niemand weiß, wo diese Zugreise enden wird. So kann der *Wahnsinn* als Metapher für Auschwitz (das seinerseits metonymisch für die Massenvernichtung und den KZ-Irrsinn der Nazis steht) verstanden werden. Die Wahnsinnigen – oder eben Narren – erkennen die Wahrheit und den Wahnsinn und artikulieren diese.[947] Frau Schächter ist selbst eine Wahnsinnige, die als Einzige die Wahrheit ausspricht. Nach dem Küster-Mosche und der Kabbala-Lehre setzt Wiesel mit Frau Schächter nun zum dritten Mal den *Wahnsinn* als Topos ein.

Da sie das Geschrei und Frau Schächters Wahnsinn nicht mehr länger ertragen können, greifen die Menschen zur Selbsthilfe und fesseln und knebeln die Frau. Ein Merkmal der Unheilspropheten ist ihre Unbeliebtheit bei den Menschen. Auch Kassandra wird misshandelt: Sie wird beschimpft und eingesperrt. Grundsätzlich ist aber nicht der Fluch des Gottes Apoll schuld daran, dass Kassandra nicht erhört wird;[948] die Menschen, zu denen sie spricht, sind es, die ihr nicht glauben, weil sie ihrer eigenen Vorstellung und Wahrheit folgen wollen, die für sie annehmbarer erscheinen. Dass die *bessere Wahrheit* jedoch genauso ins Verderben führt – obwohl die Menschen das Verderben zuvor von sich abgewendet zu haben meinen –, müssen sie am eigenen Leibe bitter erfahren.

In Richtung Unvorstellbarkeit des Holocaust bezüglich Frau Schächters Schreien argumentiert auch Gundula van den Berg:

---

944 Vgl. Svenja Schmidt: *Kassandra – ein Mythos im Wandel der Zeit*. S. 52.
945 Elie Wiesel: *Nacht*. S. 46.
946 Gundula van den Berg: *Gebrochene Variationen*. S. 184.
947 Vgl. James E. Young: *Beschreiben des Holocaust*. S. 80.
948 Vgl. Stephanie Jentgens: *Kassandra*. S. 38.

Ist zwar ein unübliches, grotekes Verhalten schon bei den biblischen Propheten dokumentiert, so übersteigt die wahnsinnige Vision der Frau Schächter ein normales Vorstellungsvermögen. Angesichts der Flammen aus dem Krematorium und dem, was sie bedeuten, ist eine klare Unterscheidung zwischen Wahn und Realität nicht mehr zu treffen, wurde doch das wirklich, was in die Phantasiewelt vollkommen gestörter Menschen gehört, nämlich das millionenfache Vergasen und Verbrennen von Menschen.[949]

Zu diesem Zeitpunkt, da die Menschen noch ihr ihnen unbekanntes Schicksal erwarten und Frau Schächters Schreie auf ihren Irrsinn zurückführen, ist eben noch nicht klar, dass ihr Wahn mit jenem des Holocaust korrespondiert. Die wieder eingekehrte Ruhe nach der Knebelung der Frau lässt alle aufatmen. Auch die Fahrt bewirkt eine Art Besänftigung: „Die Räder schlugen auf den Schienen den eintönigen Takt der Reise durch die Nacht."[950] Nur der kleine Sohn von Frau Schächter ist aufgebracht und weint. Doch diese nicht zum Verstummen zu bringende Gestalt verschwindet nicht. Sie hat sich befreien können und „kreischte lauter als vorher"[951]: „Schaut das Fenster! Flammen, Flammen überall!"[952] Den Menschen stockt vor Schreck der Atem, aber der Ausruf ist nicht wahr. Erneut wird Frau Schächter gefesselt; ein paar schlagen sie, die anderen schimpfen. Ihr Sohn sitzt nur noch hilflos daneben, und „[d]ie Nacht schien nicht enden zu wollen"[953]. Erst gegen Morgen ist Frau Schächter ruhiger: „In ihrer Ecke kauernd, den dumpfen Blick ins Leere gerichtet, sah sie uns nicht mehr."[954] Sie scheint endlich gebändigt zu sein, und mit ihr die Angst. Doch es kommt anders:

> So verharrte sie den ganzen Tag, stumm, abwesend, eine Fremde unter uns allen. Beim Einbruch der Nacht schrie sie von neuem: „Der Brand, dort!" Und sie deutete auf einen Punkt im Raum, auf ein und denselben. Man hatte keine Lust mehr, sie zu schlagen. Die Hitze, der Durst, der Pesthauch, der Mangel an frischer Luft erstickte uns, aber all das war nichts im Vergleich zu den Schreien, die uns innerlich zerrissen. Noch wenige Tage, und wir hätten allesamt zu schreien begonnen.[955]

---

949 Gundula van den Berg: *Gebrochene Variationen*. S. 184 f.
950 Elie Wiesel: *Nacht*. S. 46.
951 Ebda. S. 47.
952 Ebda.
953 Ebda.
954 Ebda.
955 Ebda.

Frau Schächter halluziniert; es ist kein Feuer zu sehen. Die anderen Deportierten werden von ihr bzw. ihrem Schreien und der Situation im Zug selbst
beinahe in den Wahnsinn getrieben. Nicht einmal die widrigen Umstände im
Waggon – Hitze, Gestank, Enge, Durst – sind es, die die Menschen derart
belasten, sondern es ist nur das Verhalten der Frau. Der letzte Satz zeichnet
eine apokalyptische Vorstellung – doch wird diese kurz darauf vergessen: Eine
Station wird erreicht. Das Schild wird laut vorgelesen: „Auschwitz!' Niemand
hatte den Namen jemals gehört."[956] Wie bereits zuvor, und wie es auch oftmals
bei Dietmar zu bemerken ist, beschreibt Wiesel einen schicksalsträchtigen
Moment – das Erreichen von Auschwitz, dem Vernichtungslager – betont
nüchtern und knapp. Erst am Nachmittag gibt es Neuigkeiten, nach stunden-
langem Stillstehen des Zugs und endlosem Warten:

> Auschwitz war die Endstation. Hier würde alles ausgeladen werden. Hier lag ein
> Arbeitslager. Gute Behandlung. Die Familien würden nicht getrennt. Nur die
> Jungen müßten in den Fabriken arbeiten. Die Greise und Kranken würden zur
> Feldarbeit eingesetzt.[957]

Die Fama greift erneut um sich: „Das Gerücht ist eine Stimme, die Wahres
und Falsches vermischt."[958] Es werden Nachrichten verbreitet, die ad hoc nicht
nachgeprüft werden können, und weil sie positiv klingen, werden sie gerne
geglaubt: „Das Stimmungsbarometer stieg sprunghaft. Blitzartig fühlten wir
uns von allen Schrecken der vergangenen Nächte befreit. Man dankte Gott."[959]
Als Gegensatz beschreibt Wiesel die Lage von Frau Schächter: „Frau Schächter blieb in ihrem Winkel hocken, zusammengesunken, stumm, gleichgül-
tig gegen die allgemeine Hoffnungsfreudigkeit. Ihr Bübchen streichelte ihre
Hand."[960]

Es wird dunkel, der letzte Proviant wird aufgegessen; die tatsächliche Ankunft im Lager scheint für alle direkt bevorzustehen. Die Menschen versu-

---

956 Ebda.
957 Ebda. S 47 f.
958 Hans-Joachim Neubauer: *Fama*. S. 245. – Als wahr wird sich herausstellen, dass Auschwitz
   tatsächlich die Endstation ist – physisch wie metaphorisch: Viele werden hier sterben; Arbeitslager stimmt weitgehend, wenn das Arbeiten auch nur als Mittel zum Zweck – für das
   Getötetwerden oder Sterben der Internierten – dient, denn grundsätzlich waren Auschwitz
   und Birkenau als Vernichtungslager konzipiert. Anm. AB.
959 Elie Wiesel: *Nacht*. S. 48.
960 Ebda.

chen sich einigermaßen bequem zu positionieren, um schlafen zu können. Die allgemeine Stille dauert jedoch nicht an: Auf einmal ertönt ein Schrei: „Das Feuer! Es brennt! Seht, dort …!"[961] Zum siebten Mal schreit Frau Schächter und schreckt die anderen Menschen auf:

> Wieder hatten wir es geglaubt, wenn auch nur für den Bruchteil einer Sekunde. Aber draußen war nichts als Nacht. Tief beschämt nahmen wir wieder unsere Schlafstellung ein und waren trotzdem von Angst zerfressen. Da sie aber weiterschrie, schlugen wir von neuem auf sie ein und vermochten sie nur mit großer Mühe zum Schweigen zu bringen.[962]

An dieser Passage erscheint einiges bemerkenswert. Die Menschen glauben der Frau erneut, obwohl nichts von ihrem Aufschrei wahr ist; erstaunlich klingt die Bemerkung, dass sie über diesen Glauben „tief beschämt" seien. Aber auch wenn die Menschen den Anschein erwecken möchten, dass sie sich durch den Fehlalarm fälschlicherweise erschrecken ließen, schleicht sich – nach den vermeintlich guten Neuigkeiten – doch wieder Angst ein. Die Menschen haben es also geschafft, sich durch diese Nachrichten gänzlich auf positive Voraussichten zu konzentrieren, worüber sie auf ihre eigene Angst vor dem ungewissen Bevorstehenden vergessen.

Weiters mutet Wiesels durchgängige Verwendung des ‚wir' interessant an, weil es nicht ganz glaubwürdig und tatsachengetreu erscheint, dass alle zusammen ständig dasselbe denken oder tun. Bei Reiter wird hinsichtlich der Lagerberichte auf das oftmals verwendete unpersönliche ‚man' hingewiesen, welches „den Eindruck der Verlassenheit des einzelnen in der Masse unterstreicht"[963]. Aber nicht nur unter Verwendung des Pronomens ‚man' wird eine Verlassenheit oder Entindividualisierung dargestellt, sondern auch oder sogar erst recht mit dem gruppenspezifischen ‚wir', welches im Lager zwangsläufig ein Zusammengehörigkeitsgefühl evoziert. Die Menschen sind zwar noch nicht im Konzentrationslager inhaftiert, doch hat sich bereits dieses Erlebnis vor dem Hintergrund der Deportation in einem mit Menschen vollgestopften Viehwaggon als traumatisch erwiesen. In Folge kann eben ein erster Verlust der Eigenständigkeit – nach dem Verlust des Eigentums – bemerkt werden, und das Wirken der Menschen als bloße Masse beginnt noch vor der Internierung.

---

961 Ebda.
962 Ebda.
963 Andrea Reiter: *Auf daß sie entsteigen der Dunkelheit*. S. 187.

Um etwa 23 Uhr fährt der Zug weiter – er fährt ins Lager ein, so die Mut-maßung, nachdem die Menschen durch das Fenster einen Stacheldraht er-kennen konnten. Sehr emotionslos hält Wiesel fest: „Das mußte das Lager sein."[964] Es wird nicht weiter auf diese letzte Station Bezug genommen, son-dern auf Frau Schächter rekurriert, die von allen bereits „ganz vergessen"[965] ist. Auf einmal schreit sie erneut, und zwar zum achten und nun letzten Mal:

„Juden, seht! Seht das Feuer! Die Flammen, seht nur!"
Der Zug hielt an, und diesmal sahen wir Flammen, die in der tiefen Nacht aus einem hohen Schornstein schlugen.
Frau Schächter war von selbst verstummt. Schweigend, teilnahmslos, abwesend saß sie wieder in ihrem Eckchen.[966]

Die Darstellung der Ankunft zusammen mit dem letzten Aufschrei der wahn-sinnig gewordenen Frau Schächter und der Kontrastierung der dunklen Nacht mit den hellen Flammen mutet als literarischer Stilgriff Wiesels an. Zudem steht diese Darstellung in direktem Kontrast zu der Feststellung, das Ziel mit Namen „Auschwitz" erreicht zu haben. Diese so durchkomponierte Passage, die ein grauenhaftes Bild und einen ebensolchen Eindruck vermittelt, verrät die schriftstellerische Kunst Wiesels, der hier gekonnt das Element Spannung einsetzt. Außerdem verwendet er, wie bereits öfter, eine formal gesetzte Zäsur sowie eine bewusst nüchtern anmutende Tonlage, um beim Leser eine stärkere Reaktion und Konsternierung zu erzeugen. Ferner konstituiert die Darstel-lung eine an einen Film erinnernde Szene, wie es auch bei Dietmar einmal der Fall ist: Zuerst erfolgt der Kassandra-Ruf zum letzten Mal und in direkter Rede – es ist keine Halluzination oder Vorahnung mehr, sondern eine für alle sichtbare Tatsache –, danach bestätigt Wiesel den Ruf, indem er dem Leser mitteilt, dass nun alle Menschen im Zug die Flammen gesehen hätten, und schließlich wird noch einmal auf Kassandra selbst, also Frau Schächter, ver-wiesen – man möchte meinen, mittels Kameraschwenk zu „ihrem Eckchen" –, die nun ihre Pflicht erfüllt hat und nur noch ihres Schicksals als ungehörte Prophetin harrt. Die Kontrastierung der Dunkelheit der „tiefen" Nacht und der Helligkeit der Flammen deutet einerseits wieder auf den Titel des Buches hin, *Nacht;* andererseits kann auch eine gewisse Gegenüberstellung von Hell

---

964 Elie Wiesel: *Nacht.* S. 49.
965 Ebda. – Somit wird erneut jemand rasch vergessen, vgl. oben. Anm. AB.
966 Ebda.

und Dunkel im Sinne von Leben und Tod ausgemacht werden. In dieser Passage wird nur noch einmal auf das ‚Wir' rekurriert: in dem Moment, in dem die Menschen nach dem neuerlichen Aufschrei und dem Stehenbleiben des Zuges den einzigen aktiven Part spielen. Die Überleitung von Frau Schächter über das Halten des Zuges zum Erblicken der Flammen zeigt eben auch die drastische *Ent*-Spannung nach all den Schreien von Frau Schächter – nun gibt es endlich die Lösung, wenngleich diese die Bewahrheitung all der vorangegangenen Schreie ist. Im selben Augenblick aber, als die Menschen das Feuer nun selbst erblicken, verstummt sie. Sie hat die Rolle der Kassandra bis hierher gespielt; nachdem sie aber erfahren musste, dass ihr niemand Beachtung und Glauben schenkt, sondern alle ihr Verderben erleben müssen, hat sie keine weitere Bedeutung mehr. Ihre Rolle ähnelt somit der des Küster-Mosche: Ihm glaubte auch niemand seinen Bericht über die Erschießungen, bis er eines Tages verstummt und schließlich verschwunden war. Während Frau Schächter also keine weitere Rolle mehr spielt, konzentrieren sich alle auf das, was direkt vor ihnen abläuft. Als ob sie es nicht glauben können, was sie vor sich sehen, betont Wiesel: „Wir blickten auf die Flammen in der Nacht."[967] Nicht nur das Auge wird mit einem neuartigen Bild versorgt, auch die Nase muss etwas Neues erfassen: „Ein widerwärtiger Geruch lag in der Luft."[968] Das Ankommen stellt sich sodann folgendermaßen dar:

> Plötzlich öffneten sich die Türen. Seltsame, mit gestreiften Jacken und schwarzen Hosen bekleidete Gestalten,[969] eine Stablampe in der einen, einen Knüppel in der anderen Hand, sprangen in den Wagen und riefen, nach links und rechts Hiebe austeilend:
> „Alles aussteigen! Alles im Wagen lassen! Wird's bald!"
> Wir sprangen auf den Bahnsteig hinunter. Ich warf einen letzten Blick auf Frau Schächter. Ihr kleiner Junge hielt ihre Hand.[970]

---

967 Ebda.

968 Ebda.

969 Aus Berichten ist bekannt, dass diese *Gestalten* sogenannte Funktionshäftlinge sind, deren Aufgabe es teilweise gewesen ist, die Neuankömmlinge in Empfang zu nehmen und aus den Waggons hinauszutreiben, um ihre verbliebenen Koffer nach Wertgegenständen oder Brauchbarem zu durchsuchen (in Auschwitz trug dieses Sonderkommando den Namen „Kanada", weil diese Häftlinge sich von den Habseligkeiten der Menschen etwas nehmen durften). Bereits von Beginn an wird den neu Angekommenen klargemacht, dass an diesem Ort Gewalt herrscht und Mitgefühl keinen Platz hat. – Vgl. Dietmar, der als Kapo fungieren musste. Anm. AB.

970 Elie Wiesel: *Nacht*. S. 49.

Wiesels letzter Blick zurück – man könnte meinen: in sein altes Leben – gilt der wahnsinnig gewordenen Frau Schächter. Es erscheint bedeutsam, dass der junge Elie diesen letzten Blick zurück so bewusst wahrgenommen hat und dann im Werk auch so mitteilt – die Bedeutung der Frau für ihn und seine Erfahrung im Lager werden letztlich dadurch betont. Somit wird noch einmal klar, dass Frau Schächter eine größere Funktion in seinem Erleben, seiner Erinnerung und der Aufarbeitung der Erlebnisse spielt bzw. gespielt hat. [971]

Noch einmal, bereits zum dritten Mal, spricht Wiesel – wie schon Frau Schächter zuvor – die Flammen an, auf die alle schauen. Die folgenden beiden Sätze kommen ohne Verben aus; es sind schlichte Feststellungen. Der Minimalstil sorgt für den nötigen Nachdruck der Worte, selbst wenn weiter ausgeführte Formulierungen in dieser Situation ebenso drastisch und deutlich klingen würden. Doch scheint es Wiesel wichtig zu sein, die ersten Eindrücke auf diese Weise so reduziert zu schildern: „Vor uns Flammen. In der Luft der Geruch von verbranntem Fleisch. Es mußte Mitternacht sein. Wir waren da. In Birkenau."[972] Die Zeitangabe wird gemacht, um eine Relation zu ‚eben vorhin' herstellen zu können, als es etwa 22 Uhr war und jeder im Waggon noch zu schlafen versuchen wollte. Eine Stunde später, um 23 Uhr, sind alle durch Frau Schächters Schreien erwacht. Schließlich stehen sie nur weitere sechzig Minuten darauf, um 24 Uhr, im Vernichtungslager der Nazis und sehen die Flammen, vor denen Frau Schächter unentwegt und vergeblich gewarnt hat.[973]

---

971 Da Wiesel ständig die Anwesenheit und mögliche Reaktion von Frau Schächters Sohn beschreibt, obwohl dies anscheinend nichts zur Sache tut, könnte auch überlegt werden, ob sich Wiesel selbst mit dem Sohn identifiziert, und zwar insofern, als er selbst die Funktion als Sohn seines Vaters innehat, von dessen Seite er während der Deportation und der KZ-Zeit nicht weicht (siehe dazu Kapitel DER VATER VON ELIE WIESEL). Seine Mutter hingegen verliert er gleich nach der Deportation, weshalb die Vermutung naheliegt, dass Wiesel bei einer tatsächlichen Identifizierung seinen Vater an die Stelle der Mutter (hier eben Frau Schächter) setzt. Anm. AB.

972 Elie Wiesel: *Nacht.* S. 49.

973 Es ist auch eine der letzten Möglichkeiten gewesen, eine solch präzise Zeitangabe machen zu können, da Zeit bzw. Zeitlosigkeit in den NS-Konzentrationslagern eine große Rolle gespielt hat: Das Tragen von Armbanduhren war den ‚normalen' Häftlingen strikt untersagt, wodurch eine ständige Zeitlosigkeit für die Gefangenen herrschte. Das Verstreichen von Zeit war direkt mit dem Ertragen der KZ-Haft mit all ihren Schikanen gleichzusetzen – in der Regel wusste also kaum jemand, wie lange die Qualen an einem Tag dauern würden, ganz zu schweigen von der Dauer der Haft an sich. Somit war die oktroyierte Zeitlosigkeit für die Häftlinge eine weitere Schikane vonseiten der SS. Anm. AB. – Vgl. Elie Wiesel: *Nacht.* S. 60: nach Internierung und Prozeduren bei der Ankunft: „So vieles hatte sich in wenigen Stunden ereignet, daß ich das Zeitgefühl vollständig verloren hatte. Wann hatten

Zugleich wird auch noch erläutert, was der „widerwärtige Geruch" von zuvor ist: Es ist jener von verbranntem menschlichem Fleisch.

13.11 ERINNERUNGSVERMÖGEN

Hinsichtlich des historischen Wahrheitsgehalts muss ernsthaft bezweifelt werden, dass die Menschen bei der Ankunft des Zuges einen flammenschlagenden Schornstein des KZ Birkenau erblicken. Die Nationalsozialisten bzw. SS-Leute waren nämlich sehr darauf bedacht, dass die Neuankömmlinge nicht sofort sehen konnten, was in einem Konzentrationslager vor sich ging. Es erscheint viel wahrscheinlicher, dass der erste Eindruck derart prägend war, dass Wiesel aus seiner Erinnerung eine etwas veränderte Darstellung wiedergibt. Wenn er also behauptet, dass alle, die aus den Zügen steigen, in der Nacht einen Schornstein mit lodernden Flammen sahen, ist das historisch nicht richtig. Allerdings ist aus literaturwissenschaftlicher Sicht vielmehr von Bedeutung, dass Wiesel es *in seiner Erinnerung* so erlebt hat.[974]

Wiesel hat vermutlich bewusst einen literarisch-stilistischen Griff angewandt, um den Bogen von Frau Schächters Irrsinn bzw. ihrer Prophezeiung über den beginnenden Wahnsinn unter den Deportierten im Viehwaggon zur offensichtlichen Bewahrheitung ihrer oftmaligen Warnung zu spannen:

---

wir unser Haus verlassen? Und das Ghetto? Und den Zug? Vor einer Woche? Oder erst vor einer Nacht, einer einzigen Nacht?" – Vgl. dazu Udo Dietmar: *Häftling…X:* Ankunft im KZ, Abnahme des Privateigentums und zugleich Verlust der Identität (S. 28): „[…], mußten wir uns alle völlig entkleiden. Unsere Habseligkeiten wurden uns abgenommen, in einen Sack gesteckt und dieser mit Namen und Nummer versehen. Wertsachen, Uhren, Schmuck und Geld wurden gesondert gehalten und einer genauen Kontrolle unterzogen. Selbst den Mund mußten wir öffnen, damit nicht einer auf diese Weise etwas mit sich nahm. Dann ging es durch den sogenannten Friseurraum. Der Kopf wurde kahlgeschoren, alle behaarten Teile des Körpers rasiert." – Oder der Verlust des Zeitbegriffs, ebda. S. 45: „So verging Tag um Tag. Wir rechneten schon nicht mehr mit Tagen. Für uns war die Zeit begrifflos geworden."

974 Vgl. Andrea Reiter: „*Auf daß sie entsteigen der Dunkelheit.*" S. 184. – Vgl. dazu auch die Diskussionen über Binjamin Wilkomorski ‚falsche' Holocaust-Erinnerung, „*Bruchstücke*", der in Wahrheit kein Holocaust-Überlebender war und daher eine ‚unwahre' Erlebniserzählung verfasst hat, etwa in: Aleida Assmann: *Wie wahr sind Erinnerungen?* S. 103–122. In: Harald Welzer (Hg.): Das soziale Gedächtnis. S. 113 f. bzw. S. 115. – Vgl. dazu ferner Bettina Bannasch und Almuth Hammer: *Jüdisches Gedächtnis und Literatur.* S. 277–295. In: Astrid Erll und Ansgar Nünning (Hg.): *Gedächtniskonzepte der Literaturwissenschaft.* Theoretische Grundlegung und Anwendungsperspektiven. Berlin, New York: de Gruyter 2005. (= Media and Cultural Memory/Medien und kulturelle Erinnerung. 2.). S. 289.

Die Flammen, die die Frau ständig zu sehen meint, sind am Ende doch real und für alle erkennbar, und die Wirklichkeit gewordene Prophezeiung der Kassandra-Figur erweist sich eindeutig als literarisches Stilmittel und narrative Strategie. Gerade mit einem solchen Kunstgriff wird wiederum schließlich die Annahme bestätigt, dass Wiesel eine nicht mehr unmittelbare, rein subjektive Darstellung seiner Erlebnisse, sondern eine überformte, teilweise fiktionalisierte Version derselben präsentiert. Auch Young behandelt die Frage hinsichtlich faktischer Wahrheit und subjektiver Unwahrheit. Für Geschichtswissenschaftler ist zu Youngs Bedauern lediglich die Zeugenschaft an historischen Ereignissen interessant, während doch gerade die persönliche Erinnerung an ein solches Geschehnis genauso wichtig sein sollte. Denn nur sie können den Nachgeborenen diese, ihre Erinnerungen mitteilen. Aus psychologischer Sicht ist es wichtig, die „außerordentliche Wirkung"[975] von historischen Erlebnissen (in diesem Fall eben jenen Erlebnissen im Konzentrationslager) zu betrachten und sich nicht bloß auf die faktischen Wahr- oder Unwahrheiten zu konzentrieren.[976]

Ein Beispiel für eine von Historikern so genannte ‚Falschaussage' und für sie ‚wertlose' Darstellung von Erinnerung an wirkliche Begebenheiten ist das folgende: Eine Holocaust-Überlebende berichtet in einem Interview mit dem Psychoanalytiker Dori Laub vom Aufstand des Sonderkommandos[977] in Birkenau, welchen sie als Augenzeugin miterlebte. Sie erzählt davon, wie „vier Schornsteine explodieren und in Flammen aufgehen"[978]. Tatsächlich wurde allerdings nur *ein* Schornstein vernichtet, während die Frau in der Erinnerung vier zerstörte Kamine gespeichert hatte.[979] Sie hat also nicht erläutert,

---

975 James E. Young: *Zwischen Geschichte und Erinnerung*. S. 57.

976 Vgl. ebda. S. 56 ff.

977 Sonderkommando: Das waren jene Häftlinge, die ihre Mithäftlinge in die Gaskammern führten, wobei sie diesen vorgaukeln mussten, dass die Gaskammer der Duschraum sei. – Der Aufstand fand am 7. Oktober 1944 statt. Anm. AB.

978 Dori Laub: *Zeugnis ablegen oder Die Schwierigkeiten des Zuhörens*. S. 68–83. In: Ulrich Baer (Hg.): *„Niemand zeugt für den Zeugen"*. Erinnerungskultur nach der Shoah. Frankfurt/Main: Suhrkamp 2000. (= edition suhrkamp. 2141.) S. 70. – Vgl. auch Dori Laub: *Bearing Witness, or the Vicissitudes of Listening*. S. 57–74. In: Shoshana Felman und Dori Laub: *Testimony*. Crises of Witnessing in Literature, Psychoanalysis, and History. New York [u.a.]: Routledge 1992. S 59 ff. – Vgl. dazu: James E. Young: *Zwischen Geschichte und Erinnerung*. S. 56.

979 Dori Laub: *Zeugnis ablegen oder Die Schwierigkeiten des Zuhörens*. S. 71. – Laub verweist weiter darauf, dass sich mit dieser Explosion das Unvorstellbare ereignet hat und ein einmaliger Widerstand von der Überlebenden bezeugt worden ist: „[...] In Auschwitz war ein explodierender Schornstein genauso unwirklich wie *vier* [Hervorhebung AB]. Die unge-

was *passiert* war, sondern was sie *gesehen* hatte – und in Folge *in Erinnerung behielt*.[980] In Zusammenhang mit dem Text über gefälschte Holocaust-Erinnerung von Bruno Doesseker weisen Bannasch und Hammer auf das Problem der Authentizität und jenes der „authentischen' Erinnerungsschriften von Überlebenden"[981] von Konzentrationslagern hin, das sich dadurch ergibt. Auch sie rekurrieren auf die Erinnerung Überlebender an furchtbare Erlebnisse oder örtliche Gegebenheiten, die allerdings nicht stattfanden oder nicht so aussehen konnten, wie von diesen beschrieben.[982] Allerdings erscheint es verfemt, eine bewusst verfasste, gefälschte ‚Erinnerung' wie Doessekers mit durch Erinnerungslücken verzerrte Darstellungen von faktischen Ereignissen gleichzusetzen, wie es Bannasch und Hammer an dieser Stelle machen. Denn tatsächlich gibt es einen bedeutsamen Unterschied zwischen einer absichtlich gefälschten, aber auf Authentizität pochenden Erinnerungsdarstellung und einem authentischen Überlebensbericht mit zuweilen von der Realität abweichend erinnerten Gegebenheiten, der sich auf kulturelle und erzählerische Aspekte stützt:

> Bei diesen ‚Fälschungen', die von nicht professionell Schreibenden verfasst wurden, handelt es sich nicht um bewusste Veränderungen, die am Erinnerungsmaterial vorgenommen werden, sondern um andere Erinnerungen, die sich mit den eigenen überlagern, um den Rückgriff auf kulturelle Erzählmuster und narrative Strukturen.[983]

---

naue Anzahl bedeutet weniger als die Tatsache, daß das Ereignis, welches kaum begreiflich war, eintrat. Die Frau legt Zeugnis davon ab, wie der alles bezwingende Rahmen von Auschwitz gesprengt wurde, der keine bewaffneten jüdischen Aufstände erlaubte. Sie bezeugt, wie die Grundlagen des Systems zerbrachen. Darin besteht die historische Wahrheit ihres Berichts.'" (ebda. sowie S. 74) – Die Antwort eines Historikers auf die (Falsch-)Aussage der Frau lautet dagegen, indem er den „Augenzeugenbericht der Frau über den Aufstand in Auschwitz in seiner Unvollständigkeit hoffnungslos irreführend" nennt: „Sie hatte keine Ahnung, was da vor sich ging. Sie schreibt einem Vorhaben Bedeutung zu, das historisch keinen Unterschied machte." (S. 73)

980 Vgl. James E. Young: *Zwischen Geschichte und Erinnerung.* S. 56. – Vgl. dazu: Shoshana Felman und Dori Laub: *Testimony. Crises of Witnessing in Literature, Psychoanalysis, and History.* New York [u.a.]: Routledge 1992.

981 Bettina Bannasch und Almuth Hammer: *Jüdisches Gedächtnis und Literatur.* S. 277–295. In: Astrid Erll und Ansgar Nünning (Hg.): *Gedächtniskonzepte der Literaturwissenschaft. Theoretische Grundlegung und Anwendungsperspektiven.* Berlin, New York: de Gruyter 2005. (= Media and Cultural Memory/Medien und kulturelle Erinnerung. 2.). S. 289.

982 Vgl. ebda. – Vgl. dazu weiters ebda.: James E. Young spricht von der Fiktion der Faktendarstellung.

983 Ebda.

Zur Überlegung bezüglich ‚richtiger‘ und ‚falscher‘ Erinnerung stellt Aleida Assmann fest, dass Authentizität und historische Richtigkeit differenziert zu betrachten sind. So ist etwa die falsche Biografie Binjamin Wilkomirskis „nicht authentisch, aber korrekt"[984] und kann deshalb mit Erinnerungen tatsächlicher Holocaust-Überlebender verglichen werden, welche hingegen „authentisch, aber nicht korrekt"[985] sind. In dieselbe Richtung argumentiert P. Langer mit Hinblick auf Young, dass eben das tatsächlich Erlebte und selbst Niedergeschriebene eines Überlebenden, der für sein Erleben und seine Wahrheit Augenzeugenschaft beansprucht, per se wahr ist, während seine literarische Darstellung des Erlebens nicht der Wahrheit entsprechen muss.[986] Die Wahrheit steht im Mittelpunkt der Holocaust-Texte, während „[d]as Berichtete […] als wirklich und wahrhaftig Geschehenes angesehen werden"[987] soll. Historiker erachten im Gegensatz dazu zumeist nur jene Zeugenaussagen als wahr und dadurch wichtig, die mit historisch belegbaren Ereignissen übereinstimmen. Wenn in diesem Sinne also die Aussage eines Zeitzeugen falsch dargelegt wird, kann auch nicht dem restlichen Bericht geglaubt werden, weil das Gedächtnis als unzuverlässig eingestuft wird.[988]

Betrachtet man andere Holocaust-Memoiren und -Berichte, erkennt man, dass solche ‚Falschaussagen‘ im historischen und historiografischen Sinne natürlich als falsch zu bezeichnen sind, doch weist diese unrichtige Information auf das Erleben der Menschen hin und hebt den Eindruck, den diese Ereignisse auf sie gehabt haben, für die Zuhörer oder Leser verstärkt hervor. Für die Erinnerungsforschung ist eine solche ‚Falschaussage‘ sehr wertvoll, weil man dadurch nachvollziehen kann, wie Erlebnisse im menschlichen Gedächtnis über eine gewisse Zeitspanne verändert werden beziehungsweise, was ebenso spannend ist, was bestimmte Geschehnisse damals für die Erlebenden bedeutet haben. Letztlich bleibt als wichtigste Erkenntnis, dass Zeugenschaft trotz aller historischen Ungenauigkeit unbedingt erhalten werden muss. Eine ähnliche Überlegung zum vorliegenden Problem der Darstellung und individuellen Erinnerung ist bei Feinberg zu finden:

---

984 Aleida Assmann: *Wie wahr sind Erinnerungen?* S. 115.
985 Ebda.
986 Vgl. Phil C. Langer: *Schreiben gegen die Erinnerung?* S. 38.
987 Ebda.
988 Vgl. Dori Laub: *Bearing Witness, or the Vicissitudes of Listening.* S. 57–74. In: Shoshana Felman und Dori Laub: *Testimony.* Crises of Witnessing in Literature, Psychoanalysis, and History. New York [u.a.]: Routledge 1992.

Eine absolute Wahrheit gibt es [...] nicht, und sogar die subjektive Wahrheit, die Wahrheit des einzelnen, scheint fragmentiert zu sein. Anbieten kann der Memoirenschreiber nur seine eigene Geschichte. Hier zeigt sich noch einmal das Kernproblem der Memoiren, denn auch diese, ähnlich wie die Tagebücher, beruhen auf der persönlichen Perspektive, spiegeln im besten Falle nur die Wahrnehmung des einzelnen wider. So kann die Erinnerung an damals von zwei Überlebenden, die dieses Schicksal teilten, im nachhinein *[sic]* völlig anders dargestellt werden, wobei die Fiktion wie auch die Interpretation, die in dem Erinnerungsprozeß mitschwingen, wesentliche Teile der eigenen Wahrheit sind.[989]

Dieser Betrachtung zur zweifach möglichen Darstellungsart einer einzelnen Erinnerung von zwei Überlebenden soll sogleich noch das folgende Zitat gegenübergestellt werden:

Der Versuch, die Erzählungen von den „Tatsachen" zu trennen, als wären die Erfahrungen der Opfer unabhängig von ihrer Wahrnehmung der Wirklichkeit zu verstehen, führt zu einer prinzipiell unvollständigen Erfassung der historischen Wirklichkeit. Die Wiedereinführung ihrer Stimme und ihrer Subjektivität in die Geschichtserzählung bringt jenes Maß an Kontingenz in den zu analysierenden Prozeß der Geschichte zurück, das wir brauchen, um zeitgenössische Ursachen und Wirkungen wirklich zu verstehen.[990]

Noch einmal plädiert Young also für die historische Nachsichtigkeit zugunsten des individuellen Erinnerungswertes von Überlebenden. Nicht allein die historische Faktizität ist vonnöten, um ein Ereignis und dessen Auswirkungen auf einen Menschen fassen zu können. Der Geschichte, welche von Menschen erlebt wurde, muss demnach ein menschliches Gesicht gegeben werden, damit sie wirklich einen nachhaltigen Eindruck hinterlassen kann.

Für den Vergleich mit einer filmischen Darstellung wird von Köppen auf den Film *Schindlers Liste* des amerikanischen Regisseurs Steven Spielberg verwiesen, der jüdische Frauen[991] beim Aussteigen aus einem irrtümlich nach Bir-

---

989 Anat Feinberg: *Das Unbeschreibliche beschreiben.* S. 47–57. In: Reinhold Boschki, Dagmar Mensink (Hg.): *Kultur allein ist nicht genug.* S. 54 f. – Vgl. dazu: Phil C. Langer: *Schreiben gegen die Erinnerung?* S. 42 bzw. James E. Young: *Beschreiben des Holocaust.* S. 55.

990 James E. Young: *Beschreiben des Holocaust.* S. 58.

991 Sie waren sogenannte ‚Schindler-Juden' – so genannt aufgrund des österreichisch-tschechischen Fabrikanten Oskar Schindler, der den Nazis eine gewisse Anzahl an Juden aus Auschwitz bzw. dem Nebenlager Plaszow für seine Fabrik ‚abgekauft' hat und seither als einer der ‚Gerechten' gilt. Anm. AB.

kenau geleiteten Zug zeigt. Die Frauen sehen zu den direkt neben den Gleisen befindlichen *Schornsteinen* hinauf – und erblicken die lodernden Flammen, was sie natürlich in Panik versetzt. (Genau dieselbe Situation schildert im Grunde auch Wiesel für die Ankunft des Deportationszuges, in dem er sich befindet.) Dies ist jedoch eine falsche Darstellung: Die Gaskammern und Krematorien befanden sich bekanntlich im hintersten Winkel des Vernichtungslagers und waren von der berühmt-berüchtigten *Rampe*, der Ausstiegsstelle, aus nicht zu sehen. Bezüglich der Kulisse von Spielbergs Film ist Folgendes zu erfahren, was auch mit Wiesels sozusagen authentischer, aber nicht korrekter Darstellung – also seiner Erinnerung – korrespondiert:

> Die Innenansichten des Lagers entstanden vor der Kulisse des Tores von Auschwitz[992], einem der ikonischen Superzeichen des Holocaust. [...] Die Lokomotive durchquert nun das Tor, um an einer Rampe zu halten, die sich direkt an das Tor anschließt. Im Bild des Films können so zwei zentrale Zeichen von Auschwitz zu einer visuellen Einheit verschmolzen werden, die zwar nichts mit der Weite des realen Schauplatzes gemein hat, dafür umso mehr mit einem ,authentischen' Vorstellungsbild von Auschwitz-Birkenau. Und so darf auch neben Rampe und Tor der dritte Signifikant der industriellen Vernichtung nicht fehlen. Die Ankommenden wenden angstvoll die Gesichter, und im Filmbild erscheint in extremer Untersicht und seitlich angestrahlt vor einem schneeverhangenen Himmel der feuerspeiende Schlot des Krematoriums, der den Blicken der damals tatsächlich Ankommenden sorgsam verborgen blieb.[993]

Spielberg bedient sich dieser drastischen Filmsprache, die wiederum historische Unwahrheit benützt, um sich eines gewissen Schockeffekts sicher zu sein. In Wiesels Erlebnis und Text herrscht ebenso wie im Film Nacht, was den Kontrast zu den hellen Flammen natürlich verstärkt und noch mehr Dramatik erzeugt. Ob Wiesel es ebenso beabsichtigte, einen solchen Schockeffekt einzusetzen, bleibt dahingestellt – es erscheint aber eher unrealistisch, weil die Situation vielmehr aus der eigenen schockierten Perspektive heraus gezeichnet wirkt.[994] Das bedeutet, dass es jemandem wie Elie Wiesel, der selbst ein solches

---

992 Was tatsächlich Auschwitz II, also Birkenau, ist. Anm. AB.

993 Manuel Köppen: *Von Effekten des Authentischen – Schindlers Liste.* S. 145–170. In: Manuel Köppe und Klaus R. Scherpe: *Bilder des Holocaust. Literatur – Film – Bildende Kunst.* Köln, Weimar, Wien: Böhlau 1997. S. 155.

994 Eine weitere Überlegung: Zugleich ist eine Art Fiktionalisierung durch diese bewusst spannungsreiche und schockierende literarische Aufmachung zu entdecken, die wiederum auf

Ankunftsszenario miterlebt hat, zum Vorwurf gemacht werden darf, wenn er eine – geschichtlich – falsche Darstellung präsentiert, da eben seine eigene Erfahrung und Verarbeitung der Erlebnisse wie auch die zwischen Ereignis und Niederschrift liegende Zeit zur Trübung der Erinnerung beitragen können. Mit Reiter gesprochen, bedeutet dies Folgendes: „Die faktische Wirklichkeit tritt also hinter einer ‚*höheren Wirklichkeit*‘ zurück, und Authentizität gewinnt eine andere Qualität."[995]

13.12 KZ AUSCHWITZ

Nach der drastisch und knapp formulierten Schlusssequenz in der Zugaussstiegsszene rekurriert Wiesel zunächst auf Materielles – bevor er die *Ent*-Täuschung und gleichzeitig Erkenntnis darlegt: „Die alten liebgewonnenen Gegenstände, die wir bis hierher mitgeschleift hatten, blieben im Wagen zurück und damit unsere Illusionen."[996] Mitsamt der Habseligkeiten, die sie nun doch nicht mitnehmen dürfen – bis dahin konnten ein gewisser Schein und Hoffnung während der Deportation gewahrt werden –, werden die Illusionen begraben. Den Menschen, eben auch Wiesel, wird dies erst in jenem Moment bewusst. Die Männer und Frauen werden getrennt, was zugleich den endgültigen Abschied von Wiesels Mutter und seinen Schwestern[997] bedeutet. Die Menschen müssen sich auf Befehl der SS in Fünferreihen aufstellen. Im Chaos versucht Elie unter allen Umständen, bei seinem Vater zu bleiben. Sodann erscheint die nächste Figur. Diesmal ist es eine namenlose mit nur einem kurzen Auftritt, doch markiert dies den Beginn des Auftritts einer Reihe ähnlicher bedeutsamer Gestalten.

> „Heda, Kleiner, wie alt bist du?"
> Der Fragesteller war ein Gefangener. Ich sah sein Gesicht nicht, aber seine Stimme klang müde und warm.

---

den nichtautobiografischen, sondern vielmehr fiktional anmutenden Charakter der Erzählung hinweist. Anm. AB.

995 Andrea Reiter: *„Auf daß sie entsteigen der Dunkelheit."* S. 184. [Hervorhebung im Orig., Anm. AB] – In diesem Kontext ist dennoch zu überlegen, dass eine personale Perspektive überzeugender erscheint, weil sie vom Selbsterleben eines Menschen zeugt. Anm. AB.

996 Elie Wiesel: *Nacht*. S. 49.

997 Wiesel erwähnt späterhin im Text nur noch seine jüngere Schwester; das Schicksal der beiden älteren Schwestern bleibt darin unbekannt. Sie haben aber wie er den Holocaust überlebt. Anm. AB.

„Noch keine fünfzehn."

„Nein. Achtzehn."

„Nein", erwiderte ich. „Fünfzehn."

„Dummkopf. Hör, was ich dir sage."

Dann fragte er meinen Vater nach seinem Alter, der antwortete:

„Fünfzig Jahre."

Noch wütender geworden, sagte der andere:

„Nein, nicht fünfzig. Vierzig. Verstehen Sie? Achtzehn und Vierzig [sic]."

Er verschwand in der Nacht.[998]

So plötzlich und leise, wie der Mann aufgetaucht ist, verschwindet er auch wieder. Man weiß nicht, wer er ist, wie er aussieht, er hat keinen Namen. Elie und der Vater verstehen nicht, weshalb der Gefangene – der als solcher benannt wird, also auf gewisse Weise distanziert von Wiesel als Neuankömmling – ihnen falsche Altersangaben vorgibt. Klarerweise sind das Ältermachen des Burschen beziehungsweise die Verjüngung des Vaters Maßnahmen, um die bevorstehende Selektion sicher zu überstehen: Zu junge und zu alte Menschen wurden sofort ausselektiert und zumeist in den Tod geschickt. Diese Tatsache ist den deportierten Menschen natürlich noch nicht bewusst, weshalb sie über die Instruktionen des gesichtslosen Gefangenen erstaunt sind. Somit erteilt dieser Gefangene Vater und Sohn eine wichtige erste Lektion für das Überleben im KZ. Kaum ist der eine Gefangene verschwunden, erscheint ein anderer ebenso wütend und „fluchend"[999]:

„Hundesöhne, warum seid ihr gekommen? Sprecht, warum, warum?

Jemand wagte zu antworten:

„Was meinen Sie wohl? Etwa zum Vergnügen? Glauben Sie, wir hätten darum gebeten?"

Fast hätte der andere ihn niedergeschlagen:

„Halt's Maul, Schweinehund, oder ich hau' dich zusammen. Ihr hättet euch lieber aufhängen sollen, wo ihr wart, statt hierher zu kommen. Habt ihr nicht gewußt, was in Auschwitz gespielt wird? Ihr hattet keine Ahnung? Und das im Jahr 1944?"

Wir wußten es nicht. Niemand hatte uns ein Wort gesagt. Er traute seinen Ohren nicht. Sein Ton wurde immer brutaler.

„Seht ihr den Schornstein dort? Seht ihr ihn? Und die Flammen, seht ihr sie?

---

998 Elie Wiesel: *Nacht*. S. 51.
999 Ebda.

(Wir sahen sie, die Flammen.) Dorthin wird man euch führen. Dort wartet euer
Grab auf euch. Habt ihr's noch immer nicht begriffen? Hundesöhne, kapiert ihr
denn gar nichts? Man wird euch verbrennen. Euch verkalken, euch einäschern!"
Seine Wut wurde hysterisch. Wir standen reglos, wie versteint. War das nicht ein
Alptraum? Ein unvorstellbarer Alptraum?[1000]

Dieser gesichts- und namenlose Gefangene verbirgt seine Ungläubigkeit über
die Ahnungslosigkeit der angekommenen Menschen bezüglich Auschwitz
nicht; ebenso direkt offenbart („Flammen") und erläutert („verbrennen,
verkalken, einäschern") er ihnen die mögliche Endstation. Seine Wut resultiert aus der Fassungslosigkeit darüber, dass sich die Menschen wie Tiere zur
Schlachtbank führen lassen, ohne zu wissen, was geschehen wird – und das
im Jahr 1944, als die *Endlösung* schon längst Programm der SS war. Die Brutalität seiner Worte spiegelt die Brutalität des Lagers und der Zustände wider.[1001] Diese beiden unbekannten Gefangenen fungieren einerseits wie Retter
der Ankommenden und andererseits Künder des Unheils. Sie scheinen der
Schutz- und der Todesengel zu sein, die jeweils mit den Menschen bei deren Ankunft in Verbindung treten. Der Todesengel nimmt vorweg, was die
Menschen schlimmstenfalls erwartet; der Schutzengel bietet Hilfestellung an.
Die persönlichen Antworten auf die Angaben der Männer, laut ausgesprochen
oder nicht – zugleich rekurrierend auf Frau Schächter: „(Wir sahen sie, die
Flammen.)" bzw. „War das nicht ein Alptraum?" –, zeigen die Konfrontation
mit dieser neuen Welt, die in jenem Moment von den beiden Gefangenen
verkörpert wird. Als die namenlosen Männer verschwunden sind, setzt Gerede
unter den Angekommenen ein:

Da und dort hörte ich murmeln:
„Es muß etwas unternommen werden. Wir dürfen uns nicht morden, uns nicht
wie Vieh zum Schlachthof führen lassen. Wir müssen uns wehren."
Es befanden sich einige handfeste Burschen unter uns, die Dolche bei sich hatten und ihre Gefährten aufforderten, sich auf die bewaffneten Wächter zu stür-
zen. Ein junger Mann sagte:
„Die Welt muß wissen, was Auschwitz bedeutet. Alle, die noch rechtzeitig flie-
hen können, sollen es erfahren …"
Aber die Älteren flehten ihre Söhne an, keine Dummheiten zu machen:

1000 Ebda. S. 51 f.
1001 Vgl. SS-Jargon bei Dietmar.

„Wir dürfen die Hoffnung nicht verlieren, selbst wenn das Damoklesschwert über uns schwebt." So sprachen unsere Weisen.
Die Welle der Empörung verebbte.[1002]

Mittlerweile erkennen die Angekommenen endlich den Ernst der Lage, nachdem sie lange genug versucht haben, die Augen davor zu verschließen. Verschiedene Männer geben unterschiedliche Aussagen von sich; die einen klingen kriegerisch-wehrhaft, die anderen hoffnungsvoll-beschwichtigend oder abwartend. In Wiesels Kommentar zu Letzteren (noch immer voller Hoffnung) klingt ein etwas spöttischer Ton durch. Auch wenn er in diesem Moment noch nicht weiß, was auf ihn zukommen wird, scheinen das Ausharren und Weiterhoffen dennoch eine absurde Idee der „Weisen" zu sein, so mutet es, zwischen den Zeilen gelesen, an. Es wird also viel gesprochen, aber nichts gesagt und erst recht kein Entschluss zur Gegenwehr gefasst. Stattdessen verstummt das Gerede.

Die Selektion steht bevor; doch weiß natürlich noch niemand, was das eigentlich bedeutet. Dennoch scheint Wiesel intuitiv zu spüren, dass er dem namenlosen Gefangenen von vorhin glauben und sich demgemäß verhalten muss. Er gibt sein Alter mit achtzehn Jahren an und hört sich danach auf die Frage nach seinem Beruf „Landarbeiter"[1003] sagen. Wiesel und sein Vater werden nacheinander nach links verwiesen, worüber sie sich aufgrund des Zusammenbleibens freuen. Allerdings wissen sie noch gar nicht, „welche die gute Richtung war"[1004].

> Ein anderer Gefangener trat auf uns zu:
> „Zufrieden?"
> „Ja", antwortete einer.
> „Ihr Armen, ihr geht in die Gaskammer."
> Er schien die Wahrheit zu sagen. Nicht weit von uns entfernt loderten Flammen aus einem Graben empor, riesige Flammen. Dort wurde etwas verbrannt. Ein Lastwagen näherte sich dem Erdloch und schüttete seine Ladung aus: es waren kleine Kinder. Säuglinge! Ich hatte sie mit eigenen Augen gesehen ... Kinder in den Flammen. (Ist es verwunderlich, wenn mich seither der Schlaf flieht?)[1005]

1002 Elie Wiesel: *Nacht.* S. 52.
1003 Ebda. S. 53.
1004 Ebda.
1005 Ebda. 53 f. – Vgl. dazu: Alvin Rosenfeld: *Ein Mund voll Schweigen.* S. 32: „Gab es je ein deprimierenderes und hoffnungsloseres Stück Literatur, monströser als dieses? Wer möchte

Bereits zum dritten Mal erscheint eine unbekannte Gestalt und erläutert den Menschen ihr Schicksal. Die Menschen glauben ihr, da sie die Flammen nun selbst sehen können. Indes verweist der Wechsel ins Präsens bei der rhetorischen Frage am Schluss auf die Bedeutsamkeit, die dieses Erlebnis für Wiesel hatte. Die Menschen werden geradewegs auf eine andere Grube zugetrieben, und viele beginnen, für sich selbst das Kaddisch, das jüdische Totengebet, zu sprechen. Minutiös schildert Wiesel das Zugehen auf die Grube mit den Flammen, die den sicheren Tod bedeuten. Doch: „Zwei Schritte vor dem Graben befahl man uns, links abzuschwenken und in eine Baracke zu treten. Ich drückte die Hand meines Vaters. ‚Erinnerst du dich an Frau Schächter im Zug?' *[sic]* fragte er."[1006] Weshalb der Vater seinen Sohn in dem Moment, in dem sie der ersten unmittelbaren und sichtbaren Todesgefahr entronnen sind, nach Frau Schächter fragt, bleibt offen. Der Junge gibt auch keine Antwort auf diese (rhetorische) Frage. Der Zusammenhang zwischen der wahnsinnig gewordenen Frau und dem Feuer, vor dem sie gewarnt hat, ist dagegen offensichtlich – die Prophezeiung der Kassandra-Figur hat sich bewahrheitet, wie es auch van den Berg beschreibt: „Daß es sich […] bei Frau Schächters Wahnvorstellung um eine prophetische, antizipatorische Vision handelte, die das vorwegnahm, was die anderen später selbst sehen und erleben würden, zeigt sich daran, wie Wiesel die Ankunft im Konzentrationslager beschreibt."[1007]

Die Selektion geht auch in der Baracke weiter. Es werden starke Männer gesucht, deren zukünftige Arbeit jedoch noch nicht bekannt ist. Wiesel und sein Vater wissen nicht, ob es gut wäre, als stark angesehen zu werden oder nicht. Der Vater entscheidet sich für Letzteres:

> Einige SS-Offiziere schritten auf der Suche nach kräftigen Männern den Raum ab. Wenn Körperkraft geschätzt war, empfahl es sich vielleicht, als robust angesehen zu werden. Mein Vater dachte anders: es sei besser, nicht aufzufallen. Das Schicksal der anderen würde auch unseres werden. (Später sollten wir erfahren, daß er recht behalten hatte. Die an diesem Tag ausgewählten Männer wurden

es nicht auf der Stelle aus seinem Gedächtnis ausradieren? Und doch müssen wir bei diesen Worten verweilen, oder anderen, ihnen ähnlichen, um zu versuchen, die entscheidenden Kennzeichen der Holocaust-Literatur zu bestimmen."

1006 Elie Wiesel: *Nacht*. S. 56.

1007 Gundula van den Berg: *Gebrochene Variationen*. S. 184. – Die Textstelle, die das Ankommen der Menschen im KZ Auschwitz schildert, wird aus chronologischen Gründen erst weiter unten behandelt. Anm. AB.

dem Sonderkommando zugeteilt, jenem Kommando, das in den Gaskammern arbeitete [...]).[1008]

Man wusste im Vorhinein nichts über die bevorstehende Arbeit oder wie man sich am besten verhalten sollte. Hier fungiert nun der Vater erstmals als Figur, die für Wiesel eine Entscheidung trifft und ihm folglich einen Weg zeigt, wie es auch die unbekannten Figuren zuvor getan haben. Unmittelbar nach dem In-Erscheinung-Treten des Vaters als benannte Figur hört Wiesel wieder Aussagen Unbekannter. Doch diesmal will er sie nicht hören, nachdem er bisher schon allzu viel Gerede vernehmen musste. Er beschreibt die Stimmen, die etwas sagen wollen, als flüsternd und so, als ob sie nun tatsächlich nichts mehr laut zu sagen hätten. Wiesel nennt als Grund für das Flüstern den Rauch, der in die Kehle dringt und damit das Sprechen erschwert. Erneut werden – nach Küster-Mosche und Frau Schächter – also Menschen durch äußere Umstände zum Schweigen gebracht.

> Hinter mir hörte ich sprechen. Ich hatte keine Lust, zu hören, was gesagt wurde und wer sprach. Niemand wagte die Stimme zu erheben, obgleich kein Aufseher in der Nähe stand. Man flüsterte. Vielleicht geschah es wegen des dichten Rauches, der die Luft vergiftete und in die Kehle drang ...[1009]

Als erste konkrete Aussage wird die folgende eines SS-Mannes, mit dem „der Hauch des Todesengels"[1010] in die Baracke gebracht wird, vernommen. Wiesel gibt die Rede, wie er sie erinnert, wieder und fügt seine Gedanken, die er beim Anblick des Mannes hatte, hinzu:

> „Ihr befindet euch in einem Konzentrationslager. In Auschwitz ..." Dann brach er ab, um den Eindruck seiner Worte in unseren Mienen zu beobachten. Sein Gesicht ist mir bis zum heutigen Tag im Gedächtnis geblieben. Ein hochgewachsener Mann in den Dreißigern, in dessen Stirn und Augen das Verbrechen geschrieben stand. Er musterte uns wie ein Rudel räudiger Hunde, die sich ans Leben klammern. „Denkt immer daran", fuhr er fort. „Denkt daran und prägt es euch ein. Ihr seid in Auschwitz. Und Auschwitz ist kein Erholungsheim, sondern ein Konzentrationslager. Hier wird gearbeitet. Sonst geht ihr in den Schornstein. In die Gaskammer. Arbeiten oder Gaskammer – ihr habt die Wahl!"[1011]

1008 Ebda. S. 57.
1009 Ebda. S. 60.
1010 Ebda. S. 61.
1011 Ebda. S. 61 f.

Als Kontrast zu den Worten des SS-Mannes folgen die Worte und Erläuterungen des Blockältesten, eines jungen Polen. Auch er spricht den Rauch an:

„Kameraden, ihr befindet euch im Konzentrationslager Auschwitz. Ein langer Leidensweg steht euch bevor. Laßt den Mut nicht sinken. Ihr seid bereits der größten Gefahr entronnen: der Auswahl. Sammelt alle Kraft und verliert nicht die Hoffnung. Wir werden alle den Tag der Befreiung erleben. Habt Vertrauen ins Leben, tausendmal Vertrauen. Verscheucht die Verzweiflung, damit verjagt ihr auch den Tod. Die Hölle dauert nicht ewig. Und nun eine Bitte, vielleicht eher einen Rat: Laßt Kameradschaft unter euch herrschen. Wir alle sind Brüder und haben das gleiche Los zu ertragen. Über uns schwebt derselbe Rauch. Helft euch untereinander. Das ist das einzige Mittel, um zu überleben. Nun ist's genug, ihr seid müde. Hört zu: ihr seid in Block 17 untergebracht, ich bin für die Ordnung verantwortlich, jeder kann mit einer Beanstandung zu mir kommen. Das ist alles. Nun geht schlafen. Immer zwei in einem Bett. Gute Nacht!"
Die ersten menschlichen Worte.[1012]

Als freundlich gemeinte Ratschläge und Ermunterung können die Voraussagen und hoffnungsfrohen Worte zur Verbesserung des Gemütszustandes der Menschen beitragen. Am nächsten Tag fühlen sich die neu Angekommenen etwas besser. Die ersten Schrecken, so meinen sie, seien überwunden. Sogleich entstehen dadurch aber wieder Gerüchte, was dem Verdrängen und Vergessen Platz gewährt.

Gegen zehn Uhr verließen wir den Block, damit sauber gemacht werden konnte. Draußen wärmte uns die Sonne. Unsere Stimmung hatte sich gehoben. Wir fühlten die wohltuende Nachtruhe. Freunde trafen sich, man wechselte ein paar Worte. Man sprach von allem möglichen *[sic],* nur nicht von denen, die verschwunden waren. Die allgemeine Auffassung lautete: der Krieg kann nicht mehr lange dauern.
Im Schatten des Blocks legten wir uns zu einem Schlummerstündchen nieder. Der SS-Offizier der schmutzigen Baracke mußte gelogen haben: Auschwitz war wirklich ein Erholungsheim …[1013]

1012 Ebda. S. 65.
1013 Ebda. S. 66.

Das Gerede hebt an, die Verschwundenen sind vergessen oder verdrängt. Es macht sich neuer Mut bemerkbar – und so beginnt das Gerücht wieder Regime zu führen,[1014] indem der Hoffnung über das nahe Kriegsende Ausdruck verliehen wird. Die Menschen empfinden Auschwitz als „Erholungsheim", was die fatale Selbstverblendung – in Zusammenhang mit ihrer nicht vorhandenen Kenntnis von Auschwitz bzw. Birkenau – verdeutlicht. Wie bereits zuvor wird eine Wunschvorstellung als sich bewahrheitende Gegebenheit angenommen: *„Allgemein wurde angenommen, daß wir bis zum Kriegsende, bis zum Einmarsch der Roten Armee, im Ghetto bleiben würden. Dann würde das alte Leben wieder einkehren. Somit herrschte weder der Deutsche noch der Jude im Ghetto, sondern die Illusion."*[1015] Das bedeutet also, dass auch nach der Internierung in Auschwitz Illusionen und Gerüchte auftauchen und negative Umstände ausgeblendet werden, wie bereits an einigen Stellen zuvor analysiert wurde: Angenehm vorstellbare Gegebenheiten wie ein nahes Kriegsende sowie das Vergessen von Menschen, die die todbringende Selektion nicht überstanden, können von den Menschen um Wiesel akzeptiert werden, um so wenige Widrigkeiten wie möglich erleiden zu müssen. Dass schließlich alles ganz anders kommt, wird ihnen durch diese Selbsttäuschung am Ende ein noch bittereres Erwachen und Erkennen bescheren. Dasselbe war bereits zuvor mit den positiven Gerüchten der Fall, welche durch die grausame Wahrheit ad absurdum geführt wurden.

13.13 KRAFT DER LÜGE

Nach knapp einer Woche im KZ Auschwitz – Wiesel geht in seinem Bericht selbst direkt zu dem folgenden Ereignis über – fragt eines Tages nach dem Appell ein Mann nach *Wiesel* aus Sighet. Elies Vater meldet sich, erkennt den Fragenden, der ihn sehr wohl kennt, aber nicht. Elie dagegen weiß, dass dieser ein Verwandter namens Stein aus Antwerpen ist. Die Mutter von Elie ist die Tante von Steins Frau Reizel. Stein ist bereits seit 1942 im Lager und hat nun erfahren, dass ein Transport aus der Gegend seiner Verwandten gekommen ist. Er möchte Nachrichten über Reizel und die beiden Söhne haben. So übernimmt erstmals der Junge die Rolle einer Leitfigur, die für das weitere Schicksal eines anderen ausschlaggebend ist. Anhand seiner Information führt er,

---

1014 Vgl. dazu die Deportation der ausländischen Juden am Textanfang: dieselbe Reaktion des Vergessens, Verdrängens wird gezeigt, ein Gefühl des Weitermachenmüssens bzw. der Normwiederherstellung entsteht. Anm. AB.

1015 Elie Wiesel: *Nacht*. S. 28 f. [Kursivierung AB]

bildlich gesprochen, den Verwandten eine kurze Zeit lang durch das Konzentrationslager und spricht ihm durch die ‚guten Neuigkeiten' Mut und Kraft zu.

> Ich wußte nichts von ihrem Schicksal. Seit 1940 hatte meine Mutter nur noch einen Brief von ihnen erhalten.
> Ich log:
> „Ja, meine Mutter hat Nachrichten von euch. Reizel geht es gut. Den Kindern auch."
> Er weinte vor Freude. Er wäre gerne noch lange geblieben, hätte gerne noch mehr erfahren, die guten Nachrichten hungrig eingesogen, aber ein SS-Mann kam auf uns zu, so daß er sich aus dem Staube machen mußte und nur noch zurückrufen konnte, er würde morgen wiederkommen.[1016]

Elie entschließt sich zu einer (Not)Lüge, weil er erkennt, dass sich der Mann nichts weiter als eine positive Nachricht über den Verbleib seiner Familie erhofft. In diesem Zusammenhang soll die Frage bezüglich der Ähnlichkeiten und der Unterschiede von Gerücht und Lüge betrachtet werden, denn vergleicht man die bisherigen Annahmen, Gerüchte und das Gerede, die allesamt verbreitet werden, und diese Notlüge, gibt es einige Übereinstimmungen. Natürlich ist Wiesels Aussage eine bewusst getätigte Lüge. Der Verwandte Stein weiß das allerdings nicht, als er diese angebliche *Information* erhält. Daher versteht er das Ausgesagte eben als Information, die er nicht nachprüfen kann. Es ist nicht bekannt, ob Stein einer anderen Person diese Information weitergibt. Wenn er dies täte, weil er daran glaubt, würde aus der Lüge ein *Gerücht*. Denn:

> Die Frage „Wie kann man so ein Gerücht glauben?" ist falsch, weil die Menschen es genau dann weitererzählen, weil sie es glauben, und gerade deshalb gibt es ein Gerücht. Das Gerücht geht nicht der Überzeugung voraus, es ist deren sichtbare Erscheinungsform. Man verleiht nicht das Etikett „Information" oder „Gerücht", bevor man glaubt oder nicht glaubt: Das Etikett ist die Folge einer solchen Glaubensüberzeugung. Es handelt sich um ein vollkommen subjektives Werturteil: Die einen beurteilen etwas als Gerücht, die anderen als Wahrheit.[1017]

1016 Ebda. S. 67.
1017 Jean-Noël Kapferer: *Gerüchte*. S. 23 f.

In diesem Sinne behandelt der Verwandte Stein die Nachricht von Elie als *Wahrheit*, weil er ja keinerlei Überprüfungsmöglichkeit hat – solange er nicht direkt bei Elie nachfragt. Als *Gerücht* kann diese Information nunmehr insofern nicht betrachtet werden, als nur Stein alleine an dieser Nachricht Interesse hat und diese deshalb kaum weitererzählen wird. Als Gegenstück zu Gerücht, Information und Wahrheit findet sich nachstehend anhand des nächsten Textbeispiels ein Vergleich von Lüge und Gewissheit. Stein, der Verwandte aus Antwerpen,

> besuchte uns weiterhin von Zeit zu Zeit und brachte jedesmal eine halbe Ration Brot mit:
> „Hier, das ist für dich, Elieser."
> [...]
> Häufig sagte er zu meinem Vater: „Paß auf deinen Jungen auf. Er ist schwach, ausgehöhlt. Sieh zu, daß er nicht ausgesondert wird. Eßt! Eßt zu jeder Zeit und was ihr auftreiben könnt. Wer schwach ist, macht es hier nicht lange mit ..."
> Dabei war er selbst so mager, so ausgehungert, so schwächlich ...
> „Das einzige, was mich am Leben hält", pflegte er zu sagen, „ist, daß Reizel und meine Kleinen noch am Leben sind. Ohne diese Gewißheit würde ich nicht durchhalten."[1018]

Wie Stein selbst sagt, ist es die „Gewißheit", die ihn weiterleben lässt. Doch ist diese Gewissheit eine von Elie bewusst formulierte Lüge, die für Stein motivierend wirkt. Schließlich kann die Lüge durch äußere Umstände nicht weiter aufrechterhalten werden, wodurch dieses kleine Kartenhaus aus Hoffnung für den Verwandten in sich zusammenfällt.

> Eines Abends kam er strahlend angelaufen.
> „Ein Transport aus Antwerpen ist eben angekommen. Morgen gehe ich hin. Sie werden bestimmt Nachrichten mitbringen ..."
> Und fort war er.
> Wir sollten ihn nicht wiedersehen. Er erhielt Neuigkeiten, *wahre* Neuigkeiten.[1019]

Die Lüge wird also aufgedeckt, indem Stein von jenen, die wirklich wissen, was in Antwerpen beziehungsweise mit seiner Familie passiert ist, die Wahr-

---

1018 Elie Wiesel: *Nacht.* S. 69.
1019 Ebda. S. 70 f.

heit erfährt. Genauso wenig wie der Leser erfährt, was zwischen der letzten
hoffnungsvollen Aussage Steins und seinem Fernbleiben geschieht, wird dessen weiteres Los erwähnt. Doch ist davon auszugehen, dass seine Lebenskraft
durch die schlechte Nachricht rapide gesunken ist. Direkt nach der Schilderung der Begegnung mit dem Verwandten Stein und des Agierens Elie Wiesels als Schicksalsvermittler im Stammlager Auschwitz werden Wiesel und sein
Vater in ein anderes Lager überstellt. Zu Fuß müssen sie einen vierstündigen
Marsch ins Außenlager Auschwitz-Monowitz bewältigen.

13.14 GOTTES TOD

Eine bekannte Textstelle aus *Nacht,* die immer wieder als Zitat und Untersu-
chungsbeispiel in der Literatur zu finden ist, ist die nachstehende.[1020] Nachdem eine Widerstandszelle innerhalb des Lagers aufgedeckt wurde, werden
zwei Erwachsene und ein Kind zum Tod durch Erhängen verurteilt. Die anderen Häftlinge müssen dabei zusehen. Als sie versammelt vor dem Galgen
stehen, spielt sich das folgende Szenario ab:

> „Es lebe die Freiheit!" riefen die beiden Erwachsenen.
> Das Kind schwieg.
> „Wo ist Gott, wo ist er?" fragte jemand hinter mir.
> Auf ein Zeichen des Lagerchefs kippten die Stühle um. Absolutes Schweigen
> herrschte im ganzen Lager. Am Horizont ging die Sonne unter.
> „Mützen ab!" brüllte der Lagerchef. Seine Stimme klang heiser. Wir weinten.
> „Mützen auf!"
> Dann begann der Vorbeimarsch. Die beiden Erwachsenen lebten nicht mehr.
> Ihre geschwollenen Zungen hingen bläulich heraus. Aber der dritte Strick hing
> nicht reglos: der leichte Knabe lebte noch …
> Mehr als eine halbe Stunde hing er so und kämpfte vor unseren Augen zwischen
> Leben und Sterben seinen Todeskampf. Und wir mußten ihm ins Gesicht sehen.
> Er lebte noch, als ich an ihm vorüberschritt. Seine Zunge war noch rot, seine

---

1020 Vgl. dazu auch Lawrence L. Langer: *Leichname im Spiegel.* S. 91–102. In: Reinhold Boschki,
   Dagmar Mensink (Hg.): *Kultur allein ist nicht genug.* S. 101 f. bzw. S. 99 ff.: Langer bringt
   die Erzählung der Erhängung mit der Verbrennung von Babys direkt bei der Ankunft in
   Auschwitz bzw. der Glaubensfrage in Verbindung: „Der Mord von Kindern wird in *Nacht*
   als das größte Verbrechen qualifiziert, als diejenige Tat, die den Glauben auslöscht oder
   zumindest ihn gemeinsam mit den Opfern an den Galgen hängt." – Vgl. dazu auch das
   Vorwort von François Mauriac in *Nacht.* S. 11 ff.

Augen noch nicht erloschen.
Hinter mir hörte ich denselben Mann fragen:
„Wo ist Gott?“
Und ich hörte eine Stimme in mir antworten:
„Wo er ist? Dort – dort hängt er, am Galgen …“
An diesem Abend schmeckte die Suppe nach Leichnam.[1021]

Erneut taucht eine namenlose Gestalt hinter Wiesel auf, um zweimal eine Frage zu stellen, die der Junge im Kontext des KZ-Wahnsinns auf sich selbst bezieht und die er schließlich auch beantwortet. Es wird also nicht nur ein grässliches Ereignis – wie es bei Wiesel oftmals der Fall ist – aus dem Lager-‚Alltag‘ wiedergegeben, sondern es wird der innerliche Kampf Elies, seinen Gottesglauben aufrechtzuerhalten, aufgegriffen.[1022] Er versteht die Frage als Aufforderung, wie früher mit seinem Kabbala-Lehrer Mosche die Existenz Gottes und seine Bedeutung zu hinterfragen und, soweit möglich, zu überprüfen. Nun befindet er sich aber nicht mehr in seinem Dorf, wie am Anfang des Textes, sondern mitten im NS-Konzentrationslager, und hat sich der Frage alleine zu stellen, indem er zugleich dem sterbenden Kind bei dessen Todeskampf zusehen muss.

Diese Stelle ist nicht nur vor einem religiösen Hintergrund zu behandeln, sondern sie zeigt erneut das Geführtwerden Wiesels im KZ durch eine nicht näher beschriebene Person, wie er diesem grausamen Ereignis beiwohnt und wie sich diese Situation auf ihn auswirkt beziehungsweise was diese bei ihm bewirkt. Ohne Beachtung eines religiösen oder religionswissenschaftlichen Hintergrunds beziehungsweise bei der ersten Lektüre dieser Textpassage mag die Frage nach dem ‚Tod‘ Gottes im Zusammenhang mit dem Tod des Kin-

---

1021 Elie Wiesel: *Nacht*. S. 93 f.
1022 Vgl. ebda. S. 97: „Mußte man fasten? Die Frage wurde heftig diskutiert. Fasten könnte sichereren, rascheren Tod bedeuten. Hier fastete man das ganze Jahr. Das ganze Jahr war Jom Kippur. Aber andere meinten, man müsse fasten, schon weil fasten gefährlich war. Es galt, Gott zu zeigen, daß man selbst hier, in dieser verriegelten Hölle, imstande war, ihm den Preis zu singen.“ – Vgl. auch Gundula van den Berg: *Gebrochene Variationen*. S. 29 sowie S. 31 f.: „Ein Verhältnis zwischen Gott und Mensch, das den Tod Gottes impliziert, ist ein Gedanke, den auch Wiesel dachte und schrieb, vielleicht am eindrücklichsten in der vielzitierten Passage […]. Es entsteht der Eindruck, daß dort, wo diese Szene stattfindet, im Konzentrationslager Auschwitz bei der Erhängung eines jüdischen Jungen, Wiesel seine Vorstellung von einem getöteten Gott auszudrücken wagt.“ – Als Gegendarstellung ebda.: „Eine weniger übliche Lesart dieser Stelle könnte aber auch sein: Gott hängt da, als unsterblicher Stellvertreter für den Jungen. […]“

des nicht unbedingt logisch erscheinen, sondern insgesamt mag vielmehr die spannungsreiche literarische Darstellung eines Ereignisses sichtbar werden. Das bedeutet, dass diese Stelle erneut als Beispiel für *literarische Überformung* gilt, für welche Wiesel Spannung als Stilmittel eingesetzt hat, um am Ende verstärkt den Grad der Grausamkeit zu betonen.[1023] Genau durch eine solche Bearbeitung und Durchkomponiertheit wird wiederum der fiktionale oder auch nur literarische Charakter, der bisher schon teilweise in Wiesels Text zu finden war, eindeutig erkennbar. Es wird allerdings auch in der Forschungsliteratur eine gewisse Fiktionalität bestätigt: Obwohl er selbst für einen harten, nüchternen Stil im Fall einer Holocaust-Autobiografie plädiert, hat dies Wiesel aber „nicht davon abgehalten, in seine autobiografische Triologie *[sic] Die Nacht zu begraben, Elischa* eine Serie von romanhaften Kunstgriffen einzubauen"[1024]. Schließlich ist auch die Erwähnung des Sonnenuntergangs, mithilfe dessen üblicherweise auf eine romantische Stimmung hingewiesen wird, nicht außer Acht zu lassen. Das Schweigen im Lager korrespondiert auf gewisse Weise mit der untergehenden Sonne; die Stille wird dadurch hervorgehoben. Eine solche betont lyrische Stimmungsbeschreibung bedeutet in Folge wiederum eine verstärkte Literarisierung der Erlebnisse Wiesels. Durch diese Kontrastierung – siehe Dietmar – wird die Bedeutung eines Ereignisses wie jenes zuvor außerdem noch viel mehr unterstrichen.

Als Gegenbeispiel kann eine andere Textstelle mit der Beschreibung einer Erhängung wiedergegeben werden, welche zeitlich *vor* dem oben stehenden Beispiel einzuordnen ist. Es sind dies die einzigen beiden Darstellungen Wiesels von Tötungen ‚Verurteilter' abgesehen natürlich vom täglichen Sterben im KZ. Ein junger Pole wird wegen Diebstahls während eines Fliegeralarms zum Tode verurteilt. Während das Urteil verlesen wird, ist Wiesel sehr aufgeregt:

> Ich hörte mein Herz klopfen. Die Tausenden von Menschen, die täglich in Auschwitz und Birkenau in den Gaskammern starben, hatten aufgehört, mich zu verwirren. Aber dieser, der an seinem Todesgalgen lehnte, erschütterte mich.[1025]

1023 Vgl. dazu Kapitel FIKTIONALISIERUNG: EMPATHIE UND SPANNUNG.

1024 Brigitta Elisa Simbürger: *Faktizität und Fiktionalität: Autobiografische Schriften zur Shoah.* Berlin: Metropol 2009. S. 50. – Tatsächlich können die Teile zwei *(Morgengrauen)* und drei *(Tag)* zwar als an WIESELs Leben angelehnt bezeichnet werden, jedoch nicht als autobiografisch, sind sie doch beide wirklich als Romane angelegt und nicht, wie *Nacht*, als Autobiografie in Ich-Form. Anm. AB.

1025 Elie Wiesel: *Nacht*. S. 90.

Diese außertourliche Tötung erhält von Wiesel also eine andere Wertung als die andauernde maschinelle sowie das ständige Sterben ringsum. Zugleich macht ein Mithäftling namens Juliek die folgende irritierende Aussage, worauf Wiesel – trotz der soeben dargelegten „Erschütterung" – aber nicht näher eingeht: „Wird's bald? Ich habe Hunger …"[1026] – Eingegangen kann von analysierender Seite insofern auf diese Aussage werden, als dadurch die im KZ herrschende Wertigkeit erkannt wird: Der bevorstehende Tod des Mithäftlings berührt Juliek nicht, für ihn ist nur das bevorstehende Abendessen von Bedeutung – das seinen eigenen Tod verhindert. Zu dieser Wertummünzung ergibt sich durch das folgende Beispiel noch eine weitere Erläuterung. Wie bei der zuvor geschilderten Erhängung wiederholt sich das Szenario:

Messerscharf durchdrang ein Befehl die Luft:
„Mützen ab!"
Zehntausend Häftlinge ehrten den Toten.
„Mützen auf!"
Dann mußte das ganze Lager, Block für Block, an dem Erhängten vorbeiziehen und die toten Augen und die hängende Zunge des Toten ansehen. Kapos und Blockchefs zwangen einen jeden, dem Erhängten gerade ins Gesicht zu blicken. Nach dem Vorbeizug erhielten wir die Erlaubnis, in den Blocks die Abendsuppe zu löffeln.
Ich erinnere mich, daß ich die Suppe an diesem Abend ausgezeichnet[1027] fand.[1028]

Das, was sich nun vor Wiesels und den Augen der anderen abspielt, ist im Grunde dasselbe, was im anderen Beispiel beschrieben ist. Dass Wiesel nun aber – nach anfänglichem Schaudern – anscheinend nicht weiter betroffen ist und auch keine Reaktion auf das Geschehen zeigt, sondern im Gegenteil froh seine Suppe isst, soll nicht weiter verwundern. Er hat durch die Situation im KZ den herrschenden Grundsatz übernommen, ganz im Sinne des Sozialdarwinismus: Das eigene Überleben steht über dem der anderen, der Stärkere überlebt den Schwächeren. Jean Améry legt dieselbe Meinung folgendermaßen in seinen Überlegungen bezüglich des Überlebens im Konzentrationslager dar:

1026 Ebda.
1027 Vgl. ebda. S. 93 f. und in diesem Zusammenhang Jean Améry: *Jenseits von Schuld und Sühne*. S. 36: Wertigkeiten im Konzentrationslager.
1028 Elie Wiesel: *Nacht*. S. 91.

Nein, wir hatten keine Angst vor dem Tode. Deutlich erinnere ich mich, wie Kameraden, in deren Blocks Selektionen für die Gaskammern erwartet wurden, nicht über diese sprachen, wohl aber mit allen Anzeichen von Furcht und Hoffnung über die Konsistenz der zu verteilenden Suppe.[1029]

13.15 GESICHTSLOSER SEHER

Mitte Jänner 1945, während laufend Selektionen stattfinden – Wiesel nennt sie ‚Auswahl' –, kommt Elie Wiesel mit Frostbeulen ins Krankenrevier und muss sich einer Operation unterziehen. Das Krankenrevier erläutert er nicht näher, was etwas erstaunlich ist – wird und wurde dieses doch von vielen Überlebenden als weiterer Ort des Schreckens innerhalb eines KZ bezeichnet, welcher großteils nicht zur Pflege der Häftlinge, sondern als Sterbe- oder Tötungsort errichtet war (es gab dort bekanntermaßen bestialische Versuche an Menschen, etwa Injektionen mit dem Malariavirus). Im Gegenteil, er schildert ein positives Erlebnis: „Man legte mich in ein Bett mit weißen Laken. Ich hatte vergessen, daß man normalerweise in weißen Laken schläft."[1030]

In der Folge führt Wiesel eine weitere Figur ein, die – wiederum namen- und diesmal auch gesichtslos – ihre Sicht der Dinge an den jungen Burschen weiter- und ihm dadurch einiges zu denken gibt: „Neben mir lag ein an Ruhr erkrankter ungarischer Jude. Er war nur noch Haut und Knochen, und seine Augen waren erloschen. Ich hörte nur noch seine Stimme, seine einzige Lebensäußerung. Woher nahm er die Kraft, zu sprechen?"[1031] Auch hier erwähnt Wiesel die „erloschenen Augen" des Häftlings, der weiß, dass er dem Tod nah ist. Wie ein Kontrast sind diese Augen zu verstehen, die physisch und faktisch fast nicht mehr vorhanden sind, was jedoch das metaphysische Sehen des Häftlings nicht beeinträchtigt: Er verfügt durch Wiesels Erleben und literarische Überformung ebenso über die Sehergabe. Als Erstes erklärt ihm der andere Häftling in Kürze das Vorgehen im Krankenrevier und rät zur Vorsicht:

> „Freu dich nicht zu früh, Kleiner. Auch hier gibt es die Auswahl! Und zwar noch häufiger als draußen. Deutschland braucht keine kranken Juden, Deutschland braucht mich nicht. Nach dem nächsten Transport hast du einen neuen Nach-

---

1029 Jean Améry: *Jenseits von Schuld und Sühne.* – Vgl. Amérys Begriff der *Gegenmenschen.* Anm. AB.

1030 Elie Wiesel: *Nacht.* S. 109.

1031 Ebda.

barn. Drum hör mich an und befolge meinen Rat: verlasse das Lazarett nach der
Auswahl!"[1032]

Seine realistische Einschätzung, wie es um ihn selbst bestellt ist und was ihn
daher erwartet, teilt er dem Jungen unmissverständlich mit, was diesem als
Warnung gelten soll. Trotz aller Lagerrealität eröffnet sich für Wiesel eine
Möglichkeit, sich einer Illusion hinzugeben. Aufgrund seiner Angst versucht
er, einen Weg der Selbstbeschwichtigung zu finden, wie er es zuvor schon oft
genug bei anderen Menschen und Menschengruppen erlebt und von ihnen
vorgelebt bekommen hat.

> Diese Worte, die aus der Erde kamen, aus einer Gestalt, die kein Gesicht mehr
> hatte, jagten mir einen furchtbaren Schrecken ein. Natürlich war das Lazarett win-
> zig, und wenn in diesen Tagen neue Kranke kamen, mußte man Platz machen.
> Vielleicht wollte mein Nachbar ohne Gesicht, der vielleicht fürchtete, unter den
> ersten Opfern zu sein, mich nur vertreiben und mein Bett frei sehen, damit er selbst
> eine Chance bekäme, zu überleben. Vielleicht wollte er mich nur erschrecken.
> Wenn er aber wahr gesprochen hatte? Ich beschloß, die Ereignisse abzuwarten.[1033]

Die erste Abwehrreaktion überwunden, überlegt Wiesel, ob diese nicht doch
der Wahrheit entsprechen und er sehr achtsam sein müsse. Er lässt sich also
von den Aussagen des Namenlosen lenken und zum Nachdenken bringen.
Bereits zwei Tage später, nach der Operation, gibt es Neuigkeiten – und „das
Gerücht [lief] durchs Lager, daß die Front plötzlich nahegerückt sei. Die Rote
Armee stoße auf Buna vor, hieß es, es sei nur noch eine Frage von Stunden."[1034]
Wiesel schmettert die Schwätzereien vorerst ab, indem er unter Verwendung
von Ausdrücken wie „falscher Prophet" und „Hirngespinste" konstatiert:

> Wir waren an diese Art von Gerüchten bereits gewöhnt. Es war nicht das erste
> Mal, daß ein falscher Prophet uns den Frieden auf der Welt, Verhandlungen mit
> dem Roten Kreuz wegen unserer Befreiung und andere Hirngespinste verspro-
> chen hatte … Plötzlich glaubten wir daran, es war wie eine Morphiumspritze.
> Diesmal klangen die Prophezeiungen jedoch handgreiflicher. In den vergange-
> nen Nächten hatten wir in der Ferne Kanonendonner gehört.[1035]

1032 Ebda.
1033 Ebda. S. 109 f.
1034 Ebda. S. 111.
1035 Ebda. S. 112. – Diese Stelle erscheint bei genauerer Betrachtung etwas unglücklich formu-

Sehr rasch hofft auch er, dass das Verbreitete diesmal stimmt. Er beschreibt, was eine vermutlich gute Nachricht für die Inhaftierten bedeutet und was diese bei ihnen auslöst. Da nun tatsächlich Artillerie in der Ferne für alle vernehmbar ist, hebt sich die Stimmung, und dem vermeintlichen ,Gerede' wird mehr Glauben geschenkt, da dieses durch die Geräusche ja quasi untermauert wird. Allerdings wird Wiesel wieder auf den Boden der Realität geholt, als sein „gesichtsloser Nachbar" spürbar emotionslos sagt:

> „Gib dich keinen Illusionen hin. Hitler hat es klar und deutlich ausgesprochen, daß er sämtliche Juden vernichtet haben wird, bevor es dreizehn schlägt."
> „Was haben Sie davon?" stieß ich hervor. „Sollen wir Hitler als Propheten ansehen?"[1036]

Der Widerstand, der in der Antwort des Jungen liegt, ist nicht zu überlesen. Auf seine Religiosität Bezug nehmend, wirft er dem Mithäftling eine trotzige und scheinbar aufmüpfig-naive rhetorische Frage als Erwiderung hin, die sich direkt aus der Formulierung des anderen ergibt. Indem sich Wiesel noch einmal auf die „erloschenen Augen" bezieht, stellt er die Antwort des Kranken unter Einbeziehung eines Eindrucks von Nicht-mehr-Sehen- und Nicht-mehr-sprechen-Können folgendermaßen dar:

> Seine erloschenen Augen blickten mich starr an. Schließlich sagte er tonlos: „Ich habe mehr Vertrauen in Hitler als in irgend jemand anderen. Hitler ist der einzige, der alle seine dem jüdischen Volke gemachten Versprechungen samt und sonders gehalten hat."[1037]

Es zeigt sich also tatsächlich, dass der Namen- und Gesichtslose, rekurrierend auf Wiesels emotional-aufbrausende Antwort (als Gegenfrage: „Sollen wir Hitler als Propheten ansehen?"), Hitler als Wahrheitssprecher annimmt. So

---

liert, denn die beiden aufeinanderfolgenden Sätze „Plötzlich glaubten wir daran, es war wie eine Morphiumspritze. Diesmal klangen die Prophezeiungen jedoch handgreiflicher." klingen eher wie eine gegenseitige Negierung, sie besagen aber im Grunde dasselbe. Etwa wäre eine Formulierung wie „Plötzlich glaubten wir jedoch daran, es war wie eine Morphiumspritze, denn diesmal klangen die Prophezeiungen jedoch handgreiflicher." eindeutig nachvollziehbar, da der ursprünglich zweite Satz ein Kausalsatz des vorhergehenden ist. Anm. AB.

1036 Ebda.
1037 Ebda.

paradox die Situation erscheinen mag, so nachvollziehbar ist allerdings diese
Einstellung: Der namenlose Häftling glaubt nicht an Gerüchte und will sich
an keine Unwahrheiten, die falsche Hoffnung verheißen, klammern. Vielmehr
vertraut er den Tatsachen und bildet sich dementsprechend eine Meinung.
In der Tat rücken die Alliierten – wie einige schon die Artillerie vernehmen
konnten – immer näher, weshalb eine *Evakuierung*[1038] vorbereitet wird:
„Ein Arzt betrat das Krankenzimmer und verkündete: ‚Morgen unmittelbar nach Einbruch der Dunkelheit marschiert das Lager ab. Ein Block nach
dem anderen. Die Kranken können im Lazarett bleiben und werden nicht
evakuiert.'"[1039] Konträr zu den geschäftigen Vorbereitungen gibt sich Wiesel
erneut Überlegungen und Gedanken hin, die diesmal jedoch akkurater erscheinen.

Das Lager summte wie ein Bienenkorb. Man lief, rief und fragte. In allen Blocks
wurden Marschvorbereitungen getroffen. Ich hatte meinen kranken Fuß vergessen.
Diese Nachricht gab mir zu denken. Sollte die SS sich damit einverstanden erklären, daß einige hundert Häftlinge sich in den Lazarettblocks bereitmachten
und seelenruhig die Ankunft ihrer Befreier erwarteten? Würden sie irgendeinem
Juden erlauben, die dreizehnte Stunde abzuwarten? Sicherlich nicht.[1040]

1038 Ad Evakuierung/Todesmarsch: Vgl. Udo Dietmar: *Häftling…X.* bzw. *Nacht.* S. 112 f.: „Um
vier Uhr nachmittags desselben Tages rief die Uhr wie üblich alle Blockältesten zum Appell.
Niedergeschlagen kehrten sie zurück und sagten nur ein Wort: Evakuierung. Das Lager
sollte aufgelöst, wir sollten rückwärts verlagert werden. Aber wohin? Irgendwohin tief nach
Deutschland hinein, in andere Lager: an denen fehlte es nicht. – ‚Wann?' – ‚Morgen abend
[sic].' – ‚Vielleicht kommen die Russen noch vorher.' – ‚Vielleicht.' – Wir wußten wohl, daß
das nicht der Fall sein würde." – Die Formulierung „Niedergeschlagen kehrten sie zurück
und sagten nur ein Wort: Evakuierung." nimmt Anleihe an der anfangs verwendeten Darstellung der Nachricht bezüglich der Deportation. Anm. AB. – Vgl. dazu Aleida Assmann:
Wie wahr sind Erinnerungen? S. 103–122. In: Harald Welzer (Hg.): *Das soziale Gedächtnis.* S.
104 f.: Assmann behandelt Primo Levis Buch „*Ist das ein Mensch?*" bezüglich der Frage zur
Perspektivität von Erinnerungen und greift dafür als Datum den „27. Januar 1945 im Lager
Buna-Monowitz in unmittelbarer Nähe von Auschwitz" heraus: Levi schildert die letzten
Tage bis zur Ankunft der Roten Armee – die „Lagerleitung war zusammen mit 20000 Häftlingen geflohen, die auf dem Evakuierungsmarsch fast alle umgekommen oder umgebracht
worden waren. Sie hatten alle, die dazu noch irgend fähig waren, mitgenommen. Übrigge-
blieben waren die Kranken, Sterbenden und Toten, unter ihnen der an Scharlach leidende
Primo Levi." Levi war also einer jener, der tatsächlich im Lager geblieben ist, wogegen Wiesel für sich und seinen Vater bestimmt hat, dass sie beide mit evakuiert werden sollten. Für
die zwei hat es eine Entscheidungsmöglichkeit gegeben, für Levi nicht.
1039 Elie Wiesel: *Nacht.* S. 113.
1040 Ebda.

Wiesel nimmt die Redewendung „Bevor es dreizehn schlägt", die der namenlose Gefangene zuvor verwendet hat, auf und benutzt sie weiter, indem
er die oben stehende hypothetische Frage in den Raum stellt, auf die er selbst
gleich Antwort gibt. Wie zur Bestätigung äußern der gesichtslose und auch ein
anderer Häftling Entsprechendes:

> „Man wird alle Kranken schonungslos erledigen", sagte der Gesichtslose, „und
> sie mit dem letzten Schub in die Gaskammer spedieren."
> „Sicherlich ist das Lager unterminiert", warf ein anderer ein. „Unmittelbar nach
> der Evakuierung wird alles in die Luft fliegen."[1041]

Wiesel hat im Zusammenhang mit der *Evakuierung* als ersten Gedanken nur
jenen an seinen Vater im Kopf: „Ich selbst dachte nicht an den Tod, wollte
mich jedoch nicht von meinem Vater trennen lassen. Wir hatten schon soviel
[sic] gemeinsam gelitten und ertragen: es war nicht mehr der Augenblick, uns
trennen zu lassen."[1042] Wie bei Dietmar ist das Thema Zufall in einem Umfeld des durchgeplanten und maschinell durchgeführten Todes auch bei Wiesel von Bedeutung.[1043] Für Elie Wiesel ist es wichtig, sich nicht nach all den
gemeinsamen – furchtbaren – Erlebnissen trennen zu lassen, da er (wie sein
Vater) sonst den letzten Halt im Konzentrationslager verloren hätte.

13.16 DER VATER VON ELIE WIESEL: HILFE UND BÜRDE

13.16.1 Der Vater als Leitfigur

Auch wenn Wiesels Vater von Anfang an eine mehr oder weniger große Rolle
für den Jungen spielt, ist bisher noch nicht allzu oft die Sprache auf ihn gekommen.[1044] Dass ein Kapitel über ihn erst an dieser Stelle zu finden ist, soll

---

1041 Ebda.
1042 Ebda. S. 113 f.
1043 Vgl. Udo Dietmar: *Häftling…X.* S. 68 f.: In einer solchen Umgebung von strategisch durch-
    geführtem Mord wollte Dietmar den zufälligen Tod durch ein Kriegsgeschoss vermeiden,
    nachdem er schon viel Ärgeres hatte aushalten müssen.
1044 Vgl. dazu Harry James Cargas: *Positive Ambiguity – die Gegensätze aushalten.* Elie Wiesels
    religiöses Denken. S. 234–244. In: Reinhold Boschki, Dagmar Mensink (Hg.): *Kultur allein
    ist nicht genug.* S. 242: Das Vater-Sohn-Motiv ist bei Wiesel ein wiederkehrendes; es ist in
    seinen Essays, Gesprächen und seiner Lebensauffassung insgesamt verankert und vielfach in
    seinen Romanen mit dem Thema Schuld verbunden.

nicht seine Bedeutung für Wiesel und den Text schmälern. Bemerkenswert erscheint dennoch, dass Wiesel an keiner Stelle in *Nacht* den Vornamen des Vaters erwähnt,[1045] obgleich eine „tiefe Intimität […] zwischen Wiesel und seinem Vater während der gesamten qualvollen Zeit in Auschwitz"[1046] herrscht:

> In *Nacht* lesen wir von dem kleinen Jungen, der zum Zeugen der langsamen Ermordung seines Vaters wird. In Umkehrung der üblichen Rollenverteilung ist es der Junge, der den Mann beschützt – indem er ihm eine extra Ration Nahrung besorgt, ihm beibringt, wie man richtig marschiert, weil die Unfähigkeit des Vaters, im richtigen Rhythmus zu gehen, in gefährlicher Weise die Aufmerksamkeit der Lagerwachen erregt und Bestrafung nach sich zieht. Schließlich mußte er mit ansehen, wie sein Vater durch die Hand eines Sadisten zu Tode kommt. Wiesels spontane, für einen jungen Mann unter diesen Umständen kurze und untadelige Reaktion auf den Tod seines Vaters war ein unmittelbares Gefühl der Befreiung bzw. Entlastung.[1047]

Genau diese angesprochene „Rollen(um)verteilung" wird sich in den nachstehenden Textstellen zeigen, wodurch auch Wiesel im Konzentrationslager seine Rolle als Geleiteter hinter sich lässt und zur Leitfigur für den Vater wird. Indem sich diese Umkehrung vollzieht, zeigt sich auch das gleichsam plötzliche Erwachsenwerden des jungen Burschen. Bis nach seiner Befreiung wusste Elie Wiesel nicht, was mit seiner Mutter und seiner kleinen Schwester passiert ist; sein Vater, der noch im Lager stirbt, hat somit gar nie Gewissheit erhalten. Es ist für den Jungen also allein aus diesem Grund wichtig, nicht von seinem Vater getrennt zu werden, da seine restliche Familie nicht mehr auffindbar ist.[1048] Er entsinnt sich deshalb immer wieder seiner Mutter und Schwester, doch beide, Vater wie Sohn, haben bereits Befürchtungen:

1045 Vgl. Biografien zu Wiesels Leben und Werk, etwa: Ellen Norman Stern: *Wo Engel sich versteckten*. Das Leben des Elie Wiesel. 2. Aufl. Freiburg, Basel, Wien: Herder 1986. S. 11 ff.: Der Vater hieß Schlomo, die Mutter Sarah. – Bzw. Christian Feldmann: *Elie Wiesel – ein Leben gegen die Gleichgültigkeit*. Freiburg, Basel, Wien: Herder 1998.

1046 Lawrence L. Langer: *Leichname im Spiegel*. S. 99.

1047 Harry James Cargas: *Positive Ambiguity – die Gegensätze aushalten*. Elie Wiesels religiöses Denken. S. 234–244. In: Reinhold Boschki, Dagmar Mensink (Hg.): *Kultur allein ist nicht genug*. S. 242.

1048 Wiesels Mutter sowie seine kleine Schwester Tsipora wurden tatsächlich gleich nach der Ankunft in Auschwitz-Birkenau vergast; seine beiden älteren Schwestern haben aber überlebt, wie bereits erwähnt. Anm. AB.

Von Zeit zu Zeit freilich summte ein Gedanke in meinem Kopf: „Wo ist Mama in diesem Augenblick …und Tsipora …"

„Mama ist noch eine junge Frau", sagte einmal mein Vater. „Sie wird in einem Arbeitslager sein. Und Tsipora, die doch schon ein großes Mädchen ist, wird auch in einem Lager sein …"

Wie man daran glauben wollte! Man tat so. Ob der andere daran glaubte?[1049]

Die Hoffnung liegt also auch für die beiden in der selbst gestalteten Illusion, doch will keiner von ihnen so recht daran glauben. Interessant ist hierbei die Wortwahl: Stellt zuvor der Junge die Frage nach der Mutter und Schwester in Form eines inneren Monologs, erfolgt eine Aussage des Vaters in direkter Rede mit Vermutungen und Wunschvorstellungen. Formell ausgedrückt werden diese von Wiesel mittels mehrerer Punkte am Ende, was auf die Unsicherheit (in der Aussage) des Vaters deutet. Letztlich zieht Elie aus dieser gedanklichen und nie wirklich stattgefundenen Konversation (diese ist eben fingiert, da er selbst nur einen Gedanken im Kopf hat, den er an dieser Stelle nicht laut ausspricht, wogegen der Vater seine Hoffnung verbalisiert) einen Schluss, der wie eine Zäsur wirkt. Es scheint, als ob durch das unpersönliche Pronomen eine Distanz zwischen der illusorischen Wunschvorstellung und der Realitätserkenntnis, die Wiesel niederschreibt, dem Vater aber nicht mitteilt, entsteht, die einerseits die Illusion weit wegschiebt, andererseits aber auch die Ernüchterung nicht zu nahe an den Menschen heranlässt. Die Frage bleibt, ob es tatsächlich nur der Sohn ist, der nicht an diese Fantasievorstellung glaubt, oder ob der Vater allein um des Sohnes willen an der selbst erschaffenen Lüge festhält.

Der Vater ist in *Nacht* für Wiesel fassbar und physisch vorhanden und natürlich in erster Linie der tatsächliche Mensch und Vater – er wird im Text allerdings ebenso zu einer Figur stilisiert. Wiesel hat den realen Vater also narrativ überformt, um ihn den anderen Figuren, namenlos oder nicht, auch anzupassen. Dies zeigt sich sehr oft daran, wie der junge Elie seine Erlebnisse als Geschichte erzählt und seine Wege innerhalb des Lagers als immer eigenständiger darstellt, wobei der Vater zwar immer wieder präsent ist, aber nicht wirklich im Mittelpunkt steht – wenngleich er für den Jungen unverkennbar eine wichtige Rolle in seinem Leben gespielt hat. Wiesels Vater ist in einigen Textbeispielen als direktes Gegenstück zu anderen Figuren[1050] um Wiesel zu

---

1049 Elie Wiesel: *Nacht*. S. 70 f.

1050 Vgl. dazu Lawrence L. Langer: *Leichname im Spiegel*. S. 98: Wiesel präsentiert die SS-Män-

erkennen, die sehr oft ungenannt oder schemenhaft bleiben, indem sie Meinungen oder Voraussagen mitteilen und keine Fixposition haben. Der Vater stellt quasi eine Verbindung zum Wirklichen her, während viele Figuren sehr metaphysisch und imaginär wirken (selbst wenn sie zu Ereignissen Stellung nehmen). Durch diese andere Wirklichkeit wird dem Leser wiederum die Unmittelbarkeit des Lagers vor Augen geführt – und schließlich müssen, wie im nächsten Kapitel, plötzlich eigene Entscheidungen getroffen werden, die Leben oder Tod bedeuten.

13.16.2 Todesmarsch

Die *Evakuierung* – die sogenannten Todesmärsche – beginnt. Nun geht es darum zu entscheiden, ob sich Wiesel und sein Vater mit *evakuieren* lassen oder besser im Lager zurückbleiben. Der Junge will von seinem Vater wissen, was sie tun sollen; er scheint ihn nicht nur als Vater, sondern auch als Person, von der er mehr Wissen und vielleicht auch Zuversicht erwartet, zu fragen.

„Was geschieht nun?"
Mein Vater antwortete nicht.
„Was wird geschehen, Vater?"
Er war in Gedanken versunken. Die Wahl lag in unseren Händen. Zum erstenmal *[sic]* konnten wir unser Los selbst entscheiden. Wir konnten alle beide im Lazarett bleiben, wo ich ihn dank meines Arztes als Kranken oder Krankenwärter einführen konnte. Wir konnten auch mit den anderen gehen.
Ich war entschlossen, meinen Vater auf jeden Fall zu begleiten.
„Was geschieht nun, Vater?"
Er schwieg.
„Wir wollen uns mit den anderen evakuieren lassen", sagte ich.
Er antwortete nicht und blickte nur auf meinen Fuß.
„Glaubst du, daß du marschieren kannst?"
„Ich glaub schon."
„Hoffentlich bereuen wir es nicht, Elieser."[1051]

---

ner in *Nacht* als gesichts- und identitätslos, ihre Stimmen bleiben anonym. Doch sind es nicht diese, die ich hierin mit *Figuren* bezeichne: Ich meine jene Menschen um Elie Wiesel, die als Leitfiguren fungieren. Anm. AB.
1051 Elie Wiesel: *Nacht*. S. 114.

Dreimal fragt der Junge seinen Vater, zweimal im Präsens, einmal im Futur und zweimal auch mit der nachdrücklichen direkten Anrede „Vater" am Schluss. Doch der Gefragte gibt keine Antwort – bis der Junge selbst die Entscheidung trifft. Wiederum ist dennoch Wiesels einziger Gedanke, beim Vater zu bleiben, auch wenn dieser nur als stille Gestalt vorhanden scheint. Erstmals dürfen, oder in diesem Fall: müssen, die Häftlinge nun selbst festlegen, was die beste Option für sie wäre.[1052] Doch ist eine Entscheidung in diesem Augenblick, beim Nahen der Alliierten und in der allgemein herrschenden Ungewissheit, beinahe unmöglich für die Menschen. Was richtig und was falsch ist, ist fraglich. – Wiesel schreibt in einem gesonderten Absatz: „Nach dem Kriege erfuhr ich das Schicksal der im Lazarett Verbliebenen. Sie wurden zwei Tage nach der Evakuierung schlicht und einfach von den Russen befreit."[1053] Es war rückblickend also die falsche Entscheidung, die der Junge in stummer Übereinkunft mit dem Vater – oder zumindest ohne Gegenwort – getroffen hat.

Die Marschgruppe, deren Teil Wiesel und sein Vater sind, darf erst nach 70 Kilometern zum ersten Mal Rast machen. Die Erschöpfung der Häftlinge ist verständlicherweise derart hoch, dass sich alle an Ort und Stelle, vor einem Schuppen, in den Schnee sinken lassen. Elies Vater aber „rüttelte mich hoch: ‚Nicht hier … steh auf! Noch ein paar Schritte. Dort drüben ist der Schuppen … Komm …' – Ich hatte weder Lust noch Kraft, aufzustehen. Trotzdem gehorchte ich."[1054] Der Vater nimmt in diesem Moment seine Rolle als Fürsorgender wieder wahr und trifft nun für seinen Sohn eine Entscheidung. Er geleitet ihn in den Schuppen und wacht über ihn. Dennoch ist er nicht mehr derjenige, der die Kraft hat, um für beide zu sorgen und aufzupassen. Langsam, aber stetig übernimmt diese Rolle der Sohn, der das bereits zu wissen scheint und feststellt: „Wie alt er seit gestern abend *[sic]* geworden war! Sein Körper war völlig verkrümmt und verdreht. Seine Augen waren versteint,

---

1052 Vgl. ebda. S. 72: Ankunft im Lager Buna: „Am Abend kamen die Arbeitskommandos von den Arbeitsplätzen zurück. Appell. Wir suchten nach Bekannten, erkundigten uns bei den Alten, welches Arbeitskommando das beste sei, in welchen Block man eingeteilt werden müsse. Alle Häftlinge erklärten einstimmig: ‚Buna ist ein sehr gutes Lager. Hier hält man es aus. Wichtig ist nur, nicht ins Baukommando eingeteilt zu werden …' Als ob die Wahl in unseren Händen gelegen hätte." – An dieser Stelle hat es also keine Möglichkeit zur eigenen Bestimmung gegeben, obwohl hierbei nur eine Wahl die richtige gewesen wäre, wie die Häftlinge in Buna sagen.
1053 Elie Wiesel: *Nacht*. S. 114.
1054 Ebda. S. 121.

seine Lippen welk, tot. Alles an ihm war völlige Erschöpfung."[1055] Erneut spricht der Vater zu seinem Sohn, die Stimme: „Du darfst nicht einschlafen, Elieser. Es ist gefährlich, im Schnee einzuschlafen. Wer einschläft, wacht nicht mehr auf. Komm, mein Junge, komm. Steh auf!"[1056] Wiesel schafft es fast nicht und fragt rhetorisch: „Aufstehen? Wie konnte ich? Wie sollte ich mich den weichen Daunen entwinden? Ich hörte wohl die Worte meines Vaters, aber sie schienen mir sinnlos, als fordere jemand von mir, daß ich den ganzen Schuppen fortschleppe …"[1057] Er kann also der ihn führenden Macht in Gestalt seines Vaters kaum folgen, erst nach der dritten Aufforderung – „Komm, mein Sohn, komm …"[1058] – schafft er es, sich aufzuraffen und mitzugehen. Kurz darauf ist es wiederum der junge Wiesel, der auf seinen Vater achtgeben muss. Der Vater löst sich, bildlich gesprochen, immer mehr auf und verschwindet langsam aus der Welt. Diese Beobachtung macht auch Wiesel, indem er den Vater mit einem „Waisenkind"[1059] vergleicht, das mit großen Augen um sich blickt und nicht versteht, was vor sich geht. Außerdem ist, so, wie dessen Augen im Moment nicht sichtbar sind, dies bereits ein Zeichen für deren Ausgelöschtwerden.

Auch mein Vater schlummerte sanft. Ich konnte seine Augen nicht sehen, seine Mütze bedeckte ihm das Gesicht.
„Wach auf", murmelte ich ihm ins Ohr.
Er fuhr zusammen, setzte sich auf und blickte umher, verloren, verstört, wie ein Waisenkind. Lange blickte er umher, als habe er in diesem Augenblick beschlossen, eine Bestandsaufnahme von seiner Umwelt zu machen, zu erfahren, wo er sich befand, an welchem Ort, wie und warum. Dann lächelte er.
Ich werde dieses Lächeln nie vergessen. Aus welcher Welt kam er zurück?
Unablässig fiel der Schnee in dicken Flocken auf die Leichname.[1060]

1055 Ebda.
1056 Ebda. S. 121 f.
1057 Ebda. S. 122.
1058 Ebda.
1059 Wiesel verwendet also eine gewissermaßen wertende, klassifizierende Form von Kind, indem er seinen Vater mit einem „Waisenkind" gleichsetzt – zugleich kann überlegt werden, ob Wiesel sich selbst schon als ein solches gefühlt hat, nach dem plötzlichen Verschwinden der Mutter und mit dem sich nun langsam vollziehenden Auflösen des Vaters. Anm. AB.
1060 Elie Wiesel: *Nacht*. S. 123 f.

Bei L. Langer ist ebenfalls eine Überlegung zur Vater-Sohn-Konstellation in Wiesels *Nacht,* überschattet vom möglichen Bruch bzw. Rollentausch, zu finden. Er beschreibt, wie Vater und Sohn einander weiterhelfen – analog zu den oben stehenden Beispielen – und sich gegenseitig stützen. Die folgende Beschreibung untermauert daher zuvor Festgestelltes und Zitiertes:

> An vielen entscheidenden Stellen fassen sie sich an der Hand […]. Das menschliche Band zwischen ihnen mag bisweilen abreißen, aber immer wieder wird es erneuert. Der Wunsch, das alte Vater-Sohn-Verhältnis aufrechtzuerhalten, verläuft bis zum Schluß parallel zur gegenläufigen Erfahrung seines stufenweisen Zerfalls.[1061]

13.16.3 KZ Buchenwald

Beide, Vater wie Sohn, halten den Fußmarsch von Auschwitz bis zum Konzentrationslager Gleiwitz nahe Kattowitz durch. Die Strecke beträgt etwa 100 Kilometer. Von dort werden sie in Viehwaggons weiter nach Buchenwald gebracht, wo der Vater erkrankt. In der Folge wird er sich auch nicht mehr erholen. Elie berichtet dem Blockältesten, dass der Arzt seinem Vater nicht helfen will. Dieser antwortet dem Jungen, indem er an sein Gewissen appelliert:

> „Der Arzt kann nichts mehr für ihn tun, und du auch nicht. […] Hör mich an, Kleiner. Vergiß nicht, daß du in einem Konzentrationslager bist. Hier muß jeder für sich kämpfen und darf nicht an die anderen denken. Nicht einmal an seinen eigenen Vater. Hier gibt es weder Vater noch Bruder noch Freund. Hier lebt und stirbt jeder für sich. Ich gebe dir einen guten Rat: gib deinem alten Vater keine Brot- oder Suppenration mehr. Für ihn kannst du nichts mehr tun. Und du mordest dich dabei nur selbst. Du müßtest im Gegenteil auch seine Ration essen …"[1062]

Diese klar ausgesprochenen Worte der Warnung und Anweisung wirken erschütternd, doch der junge Bursche weiß, dass der Blockälteste recht hat. Dieser Funktionshäftling fungiert in dem Moment als wichtige physisch präsente Instanz und nicht mehr als undefinierbarer Seher wie viele andere Personen zuvor und ist für den Jungen von großer Bedeutung, da er ihm so deutlich die

---

1061 Lawrence L. Langer: *Leichname im Spiegel.* S. 99.
1062 Elie Wiesel: *Nacht:* S. 148.

Sachlage schildert. Wiesel drückt seinen Zwiespalt folgendermaßen aus und übernimmt die Weisungsmacht des Vaters: Der Rollentausch ist vollzogen.

> Ich hörte ihn an, ohne ihn zu unterbrechen. Er hatte recht, dachte ich insgeheim, ohne es mir eingestehen zu wollen. Zu spät, deinen alten Vater zu retten, sagte ich mir. Statt dessen *[sic]* könntest du zwei Rationen Brot, zwei Teller Suppe haben …
>
> Ich dachte es nur einen Bruchteil einer Sekunde, und doch fühlte ich mich schuldig.[1063]

Wie bereits bemerkt, scheint sich der Vater nun von Elie und aus der Welt zu lösen, und auch der Junge selbst ist sich dessen bewusst, dass seine Leitfigur ihn nicht mehr lange führen und begleiten wird. Erstaunlich ist dabei die Entschlossenheit, die er zeigt, wobei diese durch den Kontext der Konzentrationslager, in denen der Tod alltäglich ist, wiederum nicht verwunderlich scheint. Sein Überlebenssinn lässt ihn mit seiner Vaterliebe hadern. Nachdem er diese für ihn schuldhaften Gedanken wieder beiseitegeschoben hat, besorgt er Suppe für den Vater. Doch dieser

> zeigte kein Verlangen danach, er wollte nur Wasser.
> „Trink kein Wasser, iß die Suppe …"
> „Ich verbrenne … Warum bist du so böse mit mir, mein Sohn …? Wasser …"
> Ich brachte ihm Wasser. Dann verließ ich den Block, um anzutreten, machte jedoch auf halbem Wege kehrt und legte mich auf die Pritsche über ihm. Die Kranken durften ja im Block bleiben. Ich war also krank. Ich wollte meinen Vater unter keinen Umständen verlassen.[1064]

Zwischen Wiesel und seinem Vater herrschen eine besondere Verbundenheit und ein starkes Zusammenhalten. Bei der Ankunft im KZ Buchenwald müssen die Häftlinge auf dem Appellplatz in Fünferreihen antreten. Wieder spricht Wiesel von der Angst, den Vater verlieren zu können: „Ich packte meinen Vater an der Hand. Es war die alte vertraute Angst: nur ihn nicht verlieren."[1065]

Erstaunlich erscheint die nächste Textstelle. Es geht nun nicht mehr um seine Angst, den Vater zu verlieren, sondern um das Zurücklassen desselben.

1063 Ebda.
1064 Ebda.
1065 Elie Wiesel: *Nacht.* S. 140.

Während eines Fliegeralarms direkt nach der Ankunft im KZ Buchenwald werden die beiden getrennt. Erst am nächsten Tag macht sich der Junge auf die Suche nach dem Vater, was bereits seine innerlich getroffene Entscheidung zeigt:

> Es war hellichter Tag, als ich erwachte. Erst jetzt erinnerte ich mich daran, daß ich einen Vater hatte. Vom Alarmzeichen an war ich der Menge nachgelaufen, ohne mich um ihn zu kümmern. Ich wußte, daß er am Ende seiner Kräfte, am Rand des Todeskampfes war, und trotzdem hatte ich ihn verlassen.
> Ich machte mich auf die Suche nach ihm.
> Aber im selben Augenblick erwachte der Gedanke in mir: „Wenn ich ihn nicht finde! Wenn ich dieses tote Gewicht loswürde, damit ich mit allen Kräften für mein eigenes Überleben kämpfen könnte und mich nur noch um mich zu kümmern brauchte!" Und schon empfand ich Scham, Scham für das Leben, Scham um meinetwillen.[1066]

Schließlich findet Wiesel ihn in einem anderen Block, der wahrscheinlich eigens für Kranke und dem Tod Geweihte vorgesehen ist. Der Vater hat nichts mehr zu essen bekommen, weil die Kranken so dem Tod überlassen werden und den anderen, noch halbwegs Gesunden nichts wegessen sollen. Der Junge teilt mit dem Vater, verhängt aber schließlich ein schweres Urteil über sich selbst: „Ich gab ihm, freilich schweren Herzens, was von meiner Suppe übrig geblieben war. Ich fühlte, daß ich die paar Löffel unwillig abgab. Ich hatte die Probe genau so wenig bestanden wie Rabbi Eliahus Sohn."[1067]

13.16.4 Befreiung vom Vater

Es gibt drei andere Textstellen, in denen Wiesel seine Trennung vom Vater thematisiert, jedoch nicht mehr die tatsächlich damit verbundene Angst der physischen Trennung, sondern jene im Sinne des Loswerdens und Loswerdenwollens, also bewussten Absonderns. Noch vor der *Evakuierung*, während der

---

1066 Ebda. S. 142.
1067 Ebda. S. 143 f. – Vgl. dazu Elie Wiesel: *Nacht*. S. 124 ff.: Rabbi Eliahu war ebenso mit seinem Sohn im KZ gewesen, aber auf dem Todesmarsch von diesem zurückgelassen worden. Wiesel setzt sich also mit dem Sohn von Rabbi Eliahu gleich, nachdem er einen ähnlichen Gedanken wie dieser bei sich bemerkt hat: Er möchte seinen Vater nicht am Leben erhalten, indem er diesem von seiner Ration etwas abgeben soll. Diese Weiterentwicklung bei Wiesel wird durch die nachfolgenden Stellen noch näher beleuchtet.

Zeit in Monowitz, wird der Vater von Wiesel eines Tages vom cholerischen Kapo Idek zusammengeschlagen. Elie reagiert auf diese Gegebenheit bereits wie ein KZ-Veteran: Er schützt sich selbst, indem er nur zusieht und nichts unternimmt:

> Ich hatte dem Auftritt beigewohnt, ohne mit der Wimper zu zucken. Ich schwieg, vielmehr hielt ich es für richtig, mich zu entfernen, um nicht auch Hiebe abzubekommen. Ja noch mehr: wenn ich in diesem Augenblick Zorn verspürte, richtete er sich nicht gegen den Kapo, sondern gegen meinen Vater. Ich nahm es ihm übel, daß er den Vorfall nicht zu verhindern gewußt hatte. Soweit [sic] hatte das Leben im Konzentrationslager mich schon gebracht ...[1068]

Die Reaktion, auf den Vater, das Opfer, und nicht den Kapo, den Täter, wütend zu sein, zeigt erneut den herrschenden Grundsatz in einem Konzentrationslager: Der Stärkere überlebt den Schwächeren, und jeder muss für sich selbst sorgen. Wiesel stellt sich somit gewissermaßen auf die Seite der Gegner.[1069]

Das andere Beispiel, in dem Wiesel seinem Vater nicht zu Hilfe kommt, weil er selbst nicht verprügelt werden will, beschreibt die letzten Stunden in Buchenwald, in denen der Vater noch am Leben ist. Es schließt direkt an das letzte Beispiel im Kapitel VATER an. Der Vater jammert und möchte Wasser haben, während SS-Offiziere in der Baracke sind, um eine Selektion durchzuführen. Auf den Befehl eines Offiziers, still zu sein, reagiert der Vater nicht.

> Der Offizier trat heran und schrie, er solle den Mund halten. Aber mein Vater hörte ihn nicht und rief in einem fort. Der Offizier schlug ihm mit seinem Knüppel auf den Kopf.
> Ich rührte mich nicht. Ich fürchtete, mein Körper fürchtete, auch einen Schlag zu bekommen.
> Nun röchelte mein Vater, und ich hörte meinen Namen:

1068 Ebda. S. 81.
1069 Vgl. dazu Elie Wiesel: *Nacht.* S. 62 f.: Während die neu in Auschwitz Angekommenen in einem Block warten müssen, wird der Vater von einem zur Aufsicht bestellten „Zigeunerhäftling" zusammengeschlagen, weil er nach einer Toilette gefragt hat. Elie sitzt tatenlos daneben und ist über seine eigene Reaktion erschrocken. Er macht sich Vorwürfe, dass er zugesehen hat, wie sein Vater geschlagen wird, ohne eingegriffen zu haben. – Hierbei schützt er sich also ebenfalls, doch ist auch noch das Gefühl der Reue vorhanden, das er aus Scham empfindet, seinem Vater nicht geholfen zu haben.

„Elieser."
Ich sah ihn noch stoßweise atmen und rührte mich nicht.
Als ich nach dem Appell von meiner Pritsche stieg, konnte ich noch seine zit-
ternden Lippen murmeln sehen. Über ihn gebeugt, betrachtete ich ihn eine gute
Stunde lang, um sein blutüberströmtes Gesicht, seinen zerschmetterten Schädel
im Gedächtnis zu bewahren.
Dann war Nachtruhe, und ich kletterte auf meine Pritsche über meinem Vater,
der noch immer lebte. Es war der 28. Januar 1945.[1070]

Wie zuvor schon muss Wiesel nun seinen schwer verletzten Vater sehen und
will sich, weil er sich seines eigenen Verhaltens bewusst ist, dieses Bild auch
genau einprägen, um es in Erinnerung zu behalten und später davon erzählen
zu können. Der Tod des Vaters geht wie sehr häufig im Konzentrationslager
sehr emotionslos vonstatten – Wiesel hatte gar keine Möglichkeit mehr, sich
von ihm zu verabschieden. Denn: „Strenge Trauerriten konnten Wiesel keinen
trostbringenden Weg bieten, um seinem Vater ein ehrenvolles Andenken zu
bewahren."[1071]

Am 29. Januar erwachte ich im Morgengrauen. An Stelle meines Vaters lag ein
anderer Kranker auf der Pritsche unter mir. Vermutlich hatte man ihn vor Tages-
anbruch in die Gaskammer gebracht. Vielleicht lebte er noch …
Es wurden keine Gebete über seinem Grab gesprochen, zu seinem Andenken
wurde keine Kerze entzündet. Sein letztes Wort war mein Name gewesen. Ein
Ruf, den ich nicht beantwortet hatte.
Ich weinte nicht, und es tat mir weh, nicht weinen zu können. Aber ich hatte
keine Tränen mehr. Hätte ich mein schwaches Gewissen bis ins Tiefste erforscht,
vielleicht hätte ich dort etwas wie das Wörtchen „endlich frei!" entdeckt …

Erneut wird Wiesel mit seinem Zwiespalt konfrontiert, indem er zwischen seiner Vaterliebe und -treue sowie dem Gedanken der Erlösung von einer Last
hin- und hergerissen ist. Für Wiesel ist dieses Miterleben des Sterbens des eigenen Vaters natürlich ein einschneidendes Erlebnis, auch wenn es in diesem
Moment nicht so klingt. Die Erschütterung wird erst durch die folgende Erläuterung deutlich, die nicht mehr wie Teil der erzählten Geschichte, sondern
ein aus der Rückschau hinzugefügter Kommentar klingt: „Ich sollte bis zum

---

1070 Elie Wiesel: *Nacht*. S. 149.
1071 Lawrence L. Langer: *Leichname im Spiegel*. S. 96.

11. April in Buchenwald bleiben, eine Zeitspanne, die ich übergehen will, weil sie für mich nichts mehr bedeutete. Denn seit dem Tode meines Vaters berührte mich nichts mehr."[1072]

Nach dem Tod des Vaters erscheint der Junge halt- und emotionslos, was zu folgender Überlegung führt: Wenn der Vater bereits früher gestorben wäre, also nicht erst nach der *Evakuierung* ins Innere des Deutschen Reiches nach Buchenwald, wäre Wiesel dann ebenso dem Verderben ausgeliefert gewesen, weil er sich schlicht selbst aufgegeben hätte? Ferner zeigt sich genau durch diese Textstelle, wie wichtig der Vater für den Burschen tatsächlich war. Erst aus dem Rückblick wird also dessen Signifikanz erkennbar, die er als Leitfigur für den Sohn innehatte. Mit dem Vater stirbt sodann auch ein großer, wichtiger Teil von Elie Wiesel, war der Vater doch der letzte Teil seiner Familie im Konzentrationslager und die Person, für die es sich zu überleben ‚lohnte'.

Wiesel wird zuerst noch in einen Jugendblock versetzt und schließlich am 11. April 1945 zusammen mit den letzten Häftlingen nach der Übernahme des KZ Buchenwald durch die Widerstandsgruppe von den amerikanischen Truppen befreit. Inzwischen wurden sogar noch Gruppen evakuiert bzw. auf Todesmarsch geschickt. Nach der Befreiung stürzt sich Wiesel wie viele andere auf jegliches Essen, das sie finden: „Man dachte an nichts anderes. Weder an Rache noch an die Eltern. Man dachte nur an Brot."[1073] Kurz darauf erkrankt er an einer Vergiftung und ringt zwei Wochen lang mit dem Tod. Als er wieder genesen ist, will er sich im Spiegel anschauen, was er – wie so viele KZ-Häftlinge, die diese Erfahrung teilen – sehr lange nicht tun konnte. Seine letzte Feststellung in *Nacht* wurde bereits oftmals zitiert und gleicht der Erfahrung anderer Häftlinge: „Aus dem Spiegel blickte mich ein Leichnam an. Sein Blick verläßt mich nicht mehr."[1074]

1072 Elie Wiesel: *Nacht*. S. 150.
1073 Ebda. S. 153.
1074 Ebda.

Eine Problematik ergibt sich für alle drei Sprachen hinsichtlich der Auf-schrift des Lagertors des KZ Auschwitz. Auf dem Schild am Schranken steht bis heute weithin sichtbar der allseits bekannte NS-Schriftzug „ARBEIT MACHT FREI". In der deutschen, englischen und französischen Version von *Nacht* ist dieser Schriftzug aber ganz anders formuliert. Das heißt: Für den Ursprungstext wurde dieser zynische Ausspruch erstmals falsch aus dem Deut-schen ins Französische (oder auch Jiddische) übersetzt, für den englischen Text ebenso falsch weiterübersetzt und schließlich in einen falschen deutschen Text rückübersetzt:

„Arbeit ist Freiheit!" *(Nacht, S. 64)*

« Le travail, c'est la liberté! » *(La Nuit, S. 88)*

"Work is liberty!" *(Night, S. 38)*

Es gibt keine Erklärung, weshalb eine offensichtlich falsche Formulierung ver-wendet wurde. Um zu veranschaulichen, wie der Wortlaut bzw. das Tor aus-sieht, nachstehend ein Foto:[1075]

1075 Fotografie: Antonia Barboric, ehem. Konzentrationslager und Gedenkstätte Auschwitz/ Oświęcim, 2008. Bild ist Teil des Fotoprojekts *Ästhetik des Grauens – Ansichtskarten aus Auschwitz.*

14 Resümee

Das Ziel der vorliegenden Untersuchung war es, die Literarizität bzw. Erzählqualität von zwei sehr unterschiedlichen Werken der Holocaust-Literatur zu
veranschaulichen. Mittels Untersuchung der von den beiden Verfassern Udo
Dietmar und Elie Wiesel jeweils verwendeten narrativen Strategien wurden
gesamtheitliche Textanalysen unter Berücksichtigung der Chronologie der
Texte vorgenommen. Da es in der bisherigen Forschungslandschaft zur Holo-
caust-Literatur kaum gesamtchronologische Untersuchungen gibt, stellt diese
Analyseart eine Neuheit dar. Eine weitere Novität innerhalb der vorliegenden
Analyse findet sich in der Auswahl der beiden Texte. Das Buch *Häftling...
X...In der Hölle auf Erden!* eines unbekannten Verfassers, publiziert unter dem
Pseudonym Udo Dietmar, ist ein Beispiel für ganz früh (1946) auf Deutsch
erschienene Holocaust-Literatur. *Nacht* (1958 auf Frz., 1963 auf Dt.) von Elie
Wiesel ist nicht nur innerhalb der (Holocaust-)Literatur bekannt, sondern
gilt weltweit als bedeutendes Beispiel für ein autobiografisches Werk über den
Holocaust und die Aufarbeitung von KZ-Erlebnissen. In der Forschung zur
Holocaust-Literatur erscheint *Nacht* als viel zitiertes und oftmals erwähntes
Werk und ist Teil des Kanons der Holocaust-Literatur. Dietmars Werk ist im
Rahmen dieser Analyse stellvertretend für die Unmenge an anderen oftmals
unbekannten und sehr früh veröffentlichten Werken zu verstehen, die nur
gelegentlich bzw. auszugsweise in der Forschungsliteratur zum Holocaust be-
rücksichtigt werden. Durch die Analyse von zwei Werken mit so unterschiedlichen Produktionsbedingungen sollte auf die Heterogenität der literarischen
Gattung Holocaust-Literatur hingewiesen werden.

14.1 HOLOCAUST-LITERATUR

Es müsste zu denken geben, dass in der Wissenschaft nach wie vor große Diskrepanzen bezüglich der Termini Holocaust und Holocaust-Literatur herrschen. Die Grundthese der Analyse lautete, dass der (heuristische) Begriff Holocaust als Metapher nach der ursprünglichen Bedeutung „Brandopfer" die
gesamtheitliche, systematische NS-Menschenvernichtung bezeichnet. Neben

Holocaust wird mit dem Begriff Schoah die Vernichtung der europäischen Juden als ein Volk expliziert, die als beispiellose Gräueltat der Nationalsozialisten feststeht. Dennoch dürfen insofern keinerlei Differenzierungen unter den Millionen von Opfern des NS-Regimes vorgenommen werden, als diesen damit heute noch einmal Unrecht getan würde. Für ein allgemeines Verständnis von Holocaust und in Folge Holocaust-Literatur wurde eine schematische Aufstellung einiger bekannter Verfasser von als Holocaust-Literatur geltenden Werken über Holocaust und KZ vorgenommen. Darunter fanden sich, wenig überraschend, ehemalige jüdische und politische Häftlinge sowie Schriftsteller und Nichtschriftsteller direkt nebeneinander; Werke, die mit großer, und solche, die mit kleiner zeitlicher Distanz zum Geschehen entstanden waren; Verfasser, die zum Zeitpunkt des Holocaust Kinder waren, und andere, die bereits erwachsen waren etc. Um folglich das weite Spektrum der Holocaust-Literatur zumindest im Kleinen anzuzeigen, galt die Analyse einem der Werke aus dieser Aufstellung, eben *Nacht,* verfasst von einem jüdischen Schriftsteller sowie dem Text eines unbekannten politischen KZ-Häftlings.

14.2 (UN)DARSTELLBARKEIT

In der Holocaust-Literatur-Forschung existiert bedauerlicherweise nach wie vor der *Topos der Undarstellbarkeit.* Dieser Begriff scheint aber oftmals verwendet zu werden, um vom Wichtigen, den vorhandenen Zeugnissen von Überlebenden, abzulenken. Anhand der Vielzahl an vorliegenden Werken, die allesamt die NS-Gräuel beschreiben, wird die These der Undarstellbarkeit aber eigentlich von vornherein – eben durch ihre Existenz – widerlegt, weshalb es seltsam anmutet, dass sich der Begriff so hartnäckig halten kann. Wie bereits im theoretischen Teil der Analyse dargelegt, war es für die Überlebenden natürlich nicht einfach, ihre Erlebnisse in Worte zu fassen, da sie nie zuvor etwas Derartiges erlebt hatten. Zahlreiche Überlebende wählten sogar als erste Reaktion das Schweigen, weil sie sich nicht imstande sahen, über das Erlebte ‚adäquat' berichten zu können. Allerdings war es den meisten (früher oder später) dennoch ein Anliegen, von diesen Erlebnissen zu berichten – selbst wenn viele Verfasser an mancher Stelle in ihren Texten darauf hinweisen, dass gewisse Ereignisse kaum beschreib- und vorstellbar, geschweige denn nachvollziehbar seien. Überlegungen, wie solche Gräueltaten – Beschreibungen von Folterungen vonseiten der SS etc. – darstellbar sind oder sein können, kamen tatsächlich erst mit Beginn der Forschung zur Holocaust-Literatur auf.

Die Frage nach der Darstellbarkeit (Problem auf Produktionsseite) und in der Folge auch Nachvollziehbarkeit (Problem auf Rezeptionsseite) hat für die Forschung natürlich ihre Berechtigung, hat der Nationalsozialismus bzw. der Holocaust doch in jeglicher Hinsicht einen Bruch verursacht, der ein Umdenken nach dieser Zeit erforderte. In sprachlicher Hinsicht ist die Überlegung, ob mit der herkömmlichen (besonders der deutschen) Sprache – die ja ebenfalls von den Nationalsozialisten beeinflusst und neu ‚(miss)gestaltet‘ wurde – das, was an Gräueltaten in den 1930er- und 1940er-Jahren passierte, beschreibbar ist, demnach gerechtfertigt. Allerdings dürfen darüber nicht die vorhandenen literarischen Zeugnisse von Überlebenden vergessen oder vernachlässigt werden. Die rein sprachliche Ebene ist schließlich von der literarischen abzugrenzen, da es diese Zeugnisse wirklich gibt. Somit erscheint die oben dargestellte Überlegung, ob und wie berichtet werden kann, eigentlich überflüssig. Allein, es gibt immer noch Forscher, die weiterhin beharrlich diesen *Mythos der Undarstellbarkeit* weitertragen. Somit ist das vermeintliche Problem auf Produktionsseite eigentlich keines, wogegen jenes auf Rezeptionsseite allein das des Lesers ist, letztlich aber nichts mehr mit der Frage nach der Darstellbarkeit zu tun hat. Tatsächlich entstanden nämlich die ersten Texte von Überlebenden noch während der NS-Zeit, bisweilen in den Konzentrationslagern und Ghettos, und direkt nach Ende des Zweiten Weltkriegs. In der Folge setzten sich diejenigen, die den Holocaust er- und überlebt haben, gar nicht erst mit der Frage der Darstellung oder womöglich sogar Darstellbarkeit auseinander, sondern verwendeten die ihnen zur Verfügung stehende Sprache als Instrument, um anderen Menschen ihre Erlebnisse mitzuteilen. Dass sie teilweise nicht gehört wurden oder werden wollten, wurde für diese Überlebenden erst nach der Publikation zum Problem: Viele dieser frühen Texte sind heute unbekannt oder finden nur selten Beachtung.

Um auch explizit darauf zu verweisen, dass die frühen Texte zur Holocaust-Literatur zu zählen sind, wurde für diese eine eigene Subgattung der *frühen Holocaust-Literatur* vorgeschlagen. Diese Überlegung diente nicht dazu, doch noch Platz für die oftmals *Erlebnisberichte* genannten Texte innerhalb dieses Genres zu schaffen, sondern, im Gegenteil, um sie als fixen Bestandteil (innerhalb) der Holocaust-Literatur zu betonen. Für die Hervorhebung der Charakteristika der früh publizierten Werke wurden einige (der vielen) Merkmale beschrieben, die in frühen Texten wiederholt zu finden sind: etwa die direkte Anrede an den Leser, die Anfangsgestaltung mittels direkten Einstiegs ins Geschehen vor der KZ-Internierung oder die chronologische Darstellung der Erlebnisse.

14.3 AUTOBIOGRAFIE UND ERINNERUNG

Die meisten Überlebenden schrieben ihre Erlebnisse in prosaischer Ich-Form nieder, da sie unmittelbar über ihre KZ-Internierung und ihre Holocaust-Erfahrungen berichten wollten. Da eine Autobiografie meist erst nach einer gewissen Lebensdauer verfasst wird bzw. werden kann, um die Lebensbeschreibung eines Menschen wiederzugeben, mag die Autobiografie zuweilen als unpassendes Genre für Holocaust-Literatur erscheinen. Allerdings wurde in diesem Kontext überlegt, ob nicht – gerade weil der Holocaust ein auf so negative Art eindrückliches Ereignis im Leben vieler Menschen darstellte – am bestmöglichen mittels autobiografischer Aufzeichnung über diese Lebensphase berichtet werden konnte.

Waren es in den frühen Texten sehr direkt formulierte, mitunter an die Leser gerichtete Beschreibungen, die eben meist von Nichtschriftstellern stammten, so finden sich in den späteren Werken vermehrt selbstreflexive Passagen. Auch eine Zuordnung zu gewissen literarischen Traditionen ist möglich, was insbesondere bei (später veröffentlichten) Texten von Schriftstellern der Fall ist. Für die nur kurz nach Ende des Kriegs publizierten Werke kommt die Frage nach möglichen Erinnerungsproblemen nicht so sehr zum Tragen wie bei jenen, die mit einer gewissen Distanz zum Geschehen entstanden. Das autobiografische Gedächtnis stellt also ein Problem bezüglich wahrer und falscher Erinnerung und folglich, auf schriftlicher Ebene, einem Textzeugnis dar. Das Gedächtnis gilt als unsichere Quelle, da Erlebnisse in ebendiesem oftmals anders abgespeichert werden, als sie sich ereignet haben. Zudem können sich Erinnerungen auch immer weiter verändern, sodass vom ursprünglichen Ereignis lediglich eine ähnliche erinnerte Version übrig bleibt.

Durch das historische Ereignis Holocaust als Mittelpunkt dieser Literatur stellt das Gedächtnis bzw. die Erinnerung insofern eine Fehlerquelle für die Geschichtsschreibung dar, als beispielsweise historisch belegbare bzw. belegte Ereignisse in literarischen Beschreibungen möglicherweise falsch wiedergegeben werden. Das bedeutet, dass Historiker Texte der Holocaust-Literatur häufig nur unter Berücksichtigung der literarischen und rezeptionsbedingten Besonderheiten als historische Quellen heranziehen können, da diese Texte oftmals nicht faktisch richtige Ereignisse beschreiben, sondern vielmehr das Erleben der Verfasser. Die subjektive Wahrnehmung von Ereignissen kann daher per se eine Fehlerquelle sein, etwa aufgrund von Emotionalität, und damit eine mögliche objektive Betrachtungsweise verhindern. So stellt sich in der Folge die Frage, ob in oder aus der Erinnerung Erlebnisse interpretiert oder (re-)konstruiert werden. In der Analyse wurde die These der (Re-)Konstruktion verfolgt, nach der das Gedächtnis Erlebnisse wiederherstellt, um sie in die Gegenwart zu transportieren. Erst nach dieser (Re-)Konstruktion wird durch die Beförderung ins Heute – also durch die Erzählung oder Niederschrift – eine Interpretation der Ereignisse ermöglicht, die eventuell auch in die Erzählung oder den Text miteinfließt. Die (persönliche, subjektive) Interpretation, die dann vonseiten der Erzähler erfolgen kann, dient prinzipiell dazu, einen Sinn des bzw. im Erlebten zu finden. Im Zusammenhang mit dem Holocaust ist es natürlich fast verfemt, von Sinn zu sprechen, doch auch in diesem Fall benötigen bzw. benötigten die Überlebenden eine Möglichkeit, um das Erlebte adäquat verarbeiten zu können.

Für schriftliche Zeugnisse, die erst nach einer gewissen Zeit entstanden, stellt sich also einerseits das Problem des unzuverlässigen Gedächtnisses und der umformenden Erinnerung. Andererseits muss auch eine mögliche Traumatisierung der Menschen berücksichtigt werden, die ihrerseits Ereignisse in der Erinnerung verändern kann und diese daher im Heute falsch wiedergeben lässt. Das Wirken bzw. die Bedeutung von Trauma ist, wie die (kognitions)psychologische Untersuchung des Erinnerungsvermögens zeigt, als wichtige Komponente in der Untersuchung von (später entstandener) Holocaust-Literatur zu verstehen, da nur auf diese Art gewisse (menschliche) Verhaltensweisen erklärbar werden. Somit wurde versucht aufzuzeigen, wie weit und offen das Forschungsfeld der Holocaust-Literatur ist, und welche wissenschaftlichen Zweige für Textanalysen von Bedeutung sind.

14.4 AUTHENTIZITÄT UND ZEUGENSCHAFT

KZ-Häftlinge fassten oftmals bereits in den Konzentrationslagern den Entschluss, nach ihrer Entlassung oder Befreiung verbal oder schriftlich von ihren Erlebnissen zu berichten. Die meisten waren sich ihrer nunmehrigen – und eigentlich oktroyierten – Funktion als Zeugen eines grauenhaften geschichtlichen Ereignisses bewusst, und so wollten sie ein authentisch-wahres Zeugnis von ihrem Erleben ablegen. Doch ist auch diesbezüglich für die vorliegende Analyse eine Unterscheidung zwischen früh entstandenen und spät veröffentlichten Werken der Holocaust-Literatur vonnöten, da sich für die späteren Werke verstärkt die Frage nach dem Erinnerungsvermögen stellt bzw. in diesem Kontext das Problem der durch die größere Zeitspanne zwischen Erleben und Niederschrift möglichen Veränderung der Ereignisse auftritt.

Authentizität im Falle von früh publizierten Werken bedeutet zumeist einen direkten Hinweis der Verfasser im Vor- oder Schlusswort darauf, dass all das, was sie nun beschreiben werden oder beschrieben haben, der Wahrheit entspricht und zusätzlich als Zeugnis eines Verbrechens dienen soll. Nicht selten sind diese Formulierungen sehr emotional gestaltet, wie auch einige Aussagen wiederholt dargestellt werden – wodurch zugleich die persönliche Betroffenheit der Verfasser umso deutlicher wird. Genau diese Emotionalität und Betonung des Wahrheitsgehalts bedeuten für viele Literaturwissenschaftler allerdings eine Schmälerung der literarischen Bedeutung der früh entstandenen Werke. Dieser Meinung ist jedoch entgegenzuhalten, dass das, was negativ aufgefasst werden mag und eine Nichtzuschreibung zur Gattung Holocaust-Literatur nach sich zieht, gerade erst ein Merkmal für die Subgattung der frühen Holocaust-Literatur konstituiert.

Für später entstandene Werke über den Holocaust bedeutet die Frage nach authentischer Darstellung von Erleben zugleich und erneut jene nach der Erinnerung. Durch Erinnerungen können authentische, aber zugleich historisch falsche Ereignisse wiedergegeben werden. Das heißt, dass zwar auch die mit größerer zeitlicher Distanz zum Erleben publizierte Holocaust-Literatur ein authentisches Zeugnis über den Holocaust ablegt, dabei aber oftmals eine – der Wirkungsweise des Gedächtnisses entsprechende – veränderte, überformte Erinnerung an tatsächlich Geschehenes bietet. Aufgrund einer solchen möglichen Überformung stellt sich folglich die Frage nach der vermeintlichen Fiktionalisierung von Ereignissen durch den Akt des Erinnerns, was zugleich eine Schwierigkeit innerhalb der Gattung der Autobiografie bedeutet. Durch die in der Analyse näher betrachtete Diskussion über Faktualität und Fiktionalität in der Autobiografie wurde allerdings klar, dass Erleben durch die bzw. in der Erinnerung oftmals unweigerlich fiktional anmutende Züge erhalten kann. Solch fiktionale Züge sind in der Tat gewissermaßen eine Bedingung für die Narrativierung von Erlebnissen, um eine kohärente Schilderung zu erhalten, auch wenn es in der Forschung dazu unterschiedliche Meinungen gibt.

14.5 BEISPIEL FÜR FRÜHE HOLOCAUST-LITERATUR

Udo Dietmar: *Häftling...X...In der Hölle auf Erden!*

Wie bereits angesprochen, gibt es zu sogenannten nichtliterarischen KZ-Berichten, KZ-Erinnerungen kaum Forschungsliteratur. Daher wurde im Kontext dieser Analyse versucht, mithilfe vorhandener Holocaust-Literatur relevante Beobachtungen und Untersuchungsergebnisse, die auch auf den vorliegenden Analysetext zutreffen, einzuarbeiten und mit eigenen Erkenntnissen zu vereinen oder zu kontrastieren. Udo Dietmars Darstellung seiner KZ-Erlebnisse wird gemeinhin als nichtliterarischer Text angesehen. Der Verfasser war kein Schriftsteller, sondern griff nur einmal zur Feder, um seine Erlebnisse in den drei Konzentrationslagern Natzweiler, Dachau und Buchenwald niederzuschreiben. Damit sein Werk aber nicht weiterhin nur am Rande in der Forschung erwähnt bleibt, war es mithin ein Ziel der vorliegenden Analyse, dieses aus der Vergessenheit zu holen und unter literaturwissenschaftlichen Aspekten zu betrachten. Durch die Untersuchung wurde der literarische Gehalt des Buches herausgearbeitet, der das Werk nun vielleicht eher als würdig für den Kanon der Holocaust-Literatur erachten lässt bzw. zumindest eine unwidersprochene Zuordnung desselben zur Gattung Holocaust-Literatur erlaubt.

Die Analyse in *Häftling…X* galt den Wetter- und Landschaftsdarstellungen in Kontrast zu oder in Übereinstimmung mit der Gemütsverfassung des Protagonisten bzw. Verfassers und ggf. auch seiner Mitgefangenen als narrative Strategie, mit der seine Erlebnisse in eine erzählerische Form gebracht wurden. Der Bogen reicht hier von Übereinstimmung (Beschreibungen von gutem Wetter und Sonnenschein und mit Wohlergehen bzw. schlechtem Wetter und schlechter Verfassung) zu Kontrastierung (Darstellung von gutem Wetter und schlechter körperlicher Verfassung bzw. vice versa). Diese Narrativierungsstrategie erlaubt auch tiefere Einblicke in das Befinden des Autors zu verschiedenen Zeitpunkten. Durch die Orientiertheit der Analyse an der Chronologie des Textaufbaus wurde allerdings ersichtlich, dass Dietmar kein bestimmtes Muster verwendete, um Wetter und Landschaft mit Erleben und Verfassung regelmäßig übereinzustimmen oder zu kontrastieren. Es gibt demnach keinen Aufbau mit Einleitung, Steigerung, Höhepunkt, Erlösung und einer jeweiligen Wetter- und menschlichen Stimmung. Es erscheint ganz im Gegenteil sehr unwillkürlich, wie die Kontraste oder Übereinstimmungen gesetzt sind, weshalb davon auszugehen ist, dass diese Form der Narrativierung keine bewusst gewählte war. Die Ereignisse und Erlebnisse in *Häftling…X* sind – charakteristisch für früh entstandene Holocaust-Literatur – oft sehr emotional und persönlich/subjektiv geschildert, wodurch die Unmittelbarkeit von Dietmars ungläubiger Zeugenschaft vieler NS-Verbrechen mehr als deutlich wird. Verglichen mit *Nacht* sind auch keine so fiktional anmutenden, literarisch überformten Passagen wie bei Wiesel zu finden, weshalb eine vertiefende Diskussion von Fiktion(alität) und Imagination in der Analyse von *Häftling…X* ausbleibt.

Als Besonderheit kann in Dietmars Werk herausgestellt werden, dass er als einer der ersten Verfasser von deutschsprachiger Holocaust-Literatur das Bild von Dante Alighieris *Inferno* aus der *Göttlichen Komödie* in einer Textpassage für seine Darstellung verwendete. Somit kann also der Meinung der Forschungsliteratur, wonach dieses Bild an anderer Stelle erst im Jahr 1947 zum ersten Mal verwendet worden sei, entgegengehalten werden, dass Dietmar bereits 1946 ein Konzentrationslager als „Hölle" bezeichnete.

14.6 BEISPIEL FÜR SPÄTERE HOLOCAUST-LITERATUR

Elie Wiesel: *Nacht*

Elie Wiesel ist unbestritten ein wichtiger Autor der Holocaust-Literatur, der die Erforschung dieser literarischen Gattung in mancher Hinsicht geprägt hat. Als narrative Strategien verwendete Wiesel Perspektivierung durch Figuren, Gerüchte und Fama sowie Spannung und Empathie als stilistische Kunstgriffe zur Intensivierung und Betonung an bestimmten Textstellen, um sein Erleben literarisch umformt wiederzugeben. Die Lektüre von *Nacht* hinterlässt den Eindruck, dass Wiesel nicht seine eigene erlebte Geschichte, sondern ein teilweise durch Menschen und Figuren beeinflusstes Geschehen erzählt, wovon er bloß ein (unbeteiligter) Teil ist. Die Unmittelbarkeit, die bei Dietmar zu spüren ist, ist bei Wiesel durch die genannte Kompositionsweise nicht vorhanden. Dies ist zum Teil auf Wiesels Jugend zurückzuführen, während der er die Internierung in den Konzentrationslagern erlebt hat, zum Teil auf die Zeitspanne zwischen Erleben und Erzählen und zum Teil auf seinen Beruf als Schriftsteller: Worte sind sein Werkzeug. Zudem ist man bei Wiesels *Nacht* unweigerlich mit der Übersetzungsproblematik konfrontiert.

Durch die Lenkung und Leitung und dadurch Beeinflussung Wiesels durch verschiedene Figuren und Gerüchte entsteht der Eindruck, dass eine andere Geschichte in schriftlicher Form entstanden ist, als sie Wiesel als Junge erlebte: Die Erlebnisse werden von Wiesel stets im Spiegel eines anderen Erlebens bzw. Zusammentreffens mit einer anderen Person betrachtet. In *Nacht* sind durchwegs nicht sehr viele der bekannten Gräueltaten der Nazis beschrieben, auch gibt es nicht allzu viele Reflexionen über ebendiese. Vielmehr ist Wiesels Gang von dem Zeitpunkt, als er die Seherfigur, den Narren Küster-Mosche in seinem Heimatdorf Sighet kennenlernt, über die Lagerinhaftierung in Auschwitz-Birkenau bis zur Befreiung in Buchenwald beschrieben, samt den Menschen, die er dabei trifft und die ihn führen und leiten. Wiesels Geschichte in *Nacht* ist nicht nur die Schilderung der Zeit und seiner Erlebnisse im NS-Lager, sondern auch die seines (sehr rasch vonstattengehenden) Erwachsenwerdens; sie kann also auch – aufgrund der Holocaust-Erfahrung – als eine Art negativer Entwicklungsroman bezeichnet werden. Es gibt drei Figuren in *Nacht,* die eine außerordentliche Position innehaben. Diese drei Figuren werden namentlich genannt und vorgestellt und begleiten den jungen Elie Wiesel ein Stück auf seiner so zu nennenden Reise – im Holocaust und zum Erwachsenwerden. Die markanteste reale Figur ist Wiesels Vater. Obwohl sein Name kein einziges Mal in *Nacht* genannt wird, sind seine Präsenz und sein Einfluss auf Elie stark spürbar. Er ist eben nicht nur als Vater eine wichtige und führende Instanz für den Jungen, sondern in den Lagern Auschwitz und Buchenwald der letzte Vertraute und Verbündete Wiesels. Allerdings vollzieht sich – auf dem *Evakuierungs-* bzw. Todesmarsch von Auschwitz nach Buchenwald – ein Rollentausch: Der Vater überträgt seine tragende und leitende Rolle auf den Sohn – bzw. verliert er diese an den Sohn, da er in Passivität verfällt –, der diese sogleich übernimmt: Aus der Angst vor der Trennung vom Vater im Lager oder auf dem Marsch wird die Angst vor dem Vater als Bürde. Wiesel findet sich in einer für Konzentrationslager typischen Situation wieder: Er muss im Interesse seines eigenen Überlebens und Wohlergehens den Schwächeren, in diesem Fall seinen Vater, hinter sich lassen und auf sich selbst schauen.

Mosche, der Küster ist insofern eine höchst interessante Figur in Wiesels Werk, als sie nicht nur in *Nacht,* sondern auch in vielen anderen Werken des Autors zu finden ist. In *Nacht* ist Mosche die erste Figur, die Opfer des Holocaust bzw. der Endlösung wird und die dadurch ihre höhere Funktion als Prophet erlangt. Zuerst Bettler und Messdiener, zugleich religiöser Fanatiker, wird Mosche der Kabbala-Lehrer des zwölfjährigen Elie Wiesel, als welcher er noch als ,normale' Figur erscheint. Nachdem er jedoch mit anderen Juden in einem ersten Transport deportiert wurde und als Einziger überlebte, kehrt er zurück, um die Juden dort vor dem Grauen, das ihm selbst widerfuhr und das er wundersamerweise überlebte, zu warnen. Doch er wird ignoriert und verteufelt. Am Ende sind es die Menschen, die Mosche aufgrund ihrer Ignoranz und Kurzsichtigkeit verstummen und erblinden lassen: Der Seher ist geschlagen.

Als Kassandra-Figur und somit Unheilsprophetin wird Frau Schächter gesehen, die erst und auch einzig im Deportationszug der Juden von Sighet in Erscheinung tritt. Sie ist ebenso eine gesellschaftliche Außenseiterin, allerdings hat sie eine sehr wichtige Rolle inne. Sie ist die Seherin, die, ungleich Mosche, noch nicht das Bevorstehende selbst erlebt hat, sondern es nur als Einzige sehen kann, indem sie halluziniert. Da aber der Fluch auf Kassandra, der mythischen Seherfigur, lastet, nicht angehört zu werden, glaubt ihr niemand.

Es wird deutlich, dass Wiesel mit diesem Werk selbst eine Rolle als Wahrheitsvermittler übernommen hat. Indem den Aussagen von Propheten oft nicht geglaubt wird, wird ihnen Wahnsinn zugeschrieben, was Wiesel wiederum verdeutlicht: Er zeigt den Irrsinn Frau Schächters, und er thematisiert den religiösen Wahn von Mosche, um auf den Wahnsinn des Holocaust zu verweisen. Da den beiden Figuren bei Wiesel kein Glauben geschenkt wird, stellt er die Torheit der Menschen und die spätere Katastrophe mithilfe der mythisierten Figuren Frau Schächter und Mosche für sein eigenes Publikum dar – es handelt sich also quasi um eine Doppelung von Prophet und Publikum sowie Autor und Publikum, wobei jeweils die Wahrheit vermittelt werden soll.

Durch Gerüchte, die auf die Menschen und Figuren rund um Wiesel zurückgehen, entsteht eine andere Form der Perspektivierung in *Nacht*. Die Fama ist es, die Menschen oft Dinge sagen oder tun lässt, die sie sonst vielleicht nicht machen würden; sie eröffnet Menschen oftmals andere oder neue Perspektiven. Im Fall von Wiesel offenbaren sich zwei Arten von Gerüchten: positive und negative. Erstere bedeuten Gerede, das unheilvolle Tatsachen zu verniedlichen versucht: Etwa werden Stimmen laut, die meinen, der Krieg würde niemals nach Sighet kommen. Dieses Gerede wird natürlich gerne geglaubt. Negative Gerüchte sind dagegen jene, die wirklich Unvorstellbares (wie die Deportation der Juden) transportieren – weshalb diesen kein Glauben geschenkt wird. So zeigt sich, dass die Menschen um Wiesel, natürlich auch in Folge er selbst, durch das Gerede anderer, durch Klatsch und Aussagen gelenkt und geleitet werden. Als sich die positiven Gerüchte, die Beschwichtigungen, am Ende als das, was sie waren, herausstellen: als falsch, und sich die negativen Gerüchte, die negiert wurden, bewahrheiten, müssen die Menschen ihre – teilweise gewollte – Blindheit erkennen und ihr schlimmes Schicksal akzeptieren. Dieses Schicksal – die Deportation – hätten sie allerdings, hätten sie auf Vorzeichen und Hinweise geachtet, abwenden oder anders mitgestalten können. Das Festhalten an den Gerüchten hat sie zu passiven Opfern gemacht.

14.7 SCHLUSSWORT

Wie durch die vorliegenden Analysen veranschaulicht wurde, bietet nicht nur der Text von Wiesel – der ohne jeden Zweifel als literarisches Meisterstück gilt – eine höchst interessante Darstellung von dessen KZ-Erlebnissen, sondern auch Dietmars Schilderung lässt Literarizität erkennen. Zugleich ist durch die kurze Distanz zwischen Kriegsende und Publikationszeit eine stärkere Unmittelbarkeit in *Häftling…X* gegeben, wogegen in *Nacht* vielmehr eine Durchkomponiertheit des Textes zu finden ist. Beide Verfasser haben sich verschiedener Topoi und Bilder bedient, anhand derer sie ihre jeweilige Geschichte erzählen und dem Leser nahebringen. So wichtig es also ist, Werken wie Wiesels einen hohen Stellenwert in der Literatur einzuräumen, so wichtig ist es allerdings auch, jene von Holocaust-Überlebenden, die außer der Niederschrift ihrer KZ-Erlebnisse keine Bücher verfasst haben, in diesem Kontext anzuführen und zu erforschen.

15 Auswahlbibliografie

15.1 HOLOCAUST-LITERATUR

15.1.1 Primärliteratur

Adam, Walter: *Nacht über Deutschland.* Erinnerungen an Dachau. Ein Beitrag zur Kulturgeschichte des Dritten Reiches. Aus dem literarischen Nachlaß von Walter Adam, Sektionschef, Oberst a.D. (Häftling Nr. 268). Wien: Österreichischer Verlag 1947.

Améry Jean: *Jenseits von Schuld und Sühne.* Bewältigungsversuche eines Überwältigten. München: Szczesny 1966.

Arthofer, Pfarrer Leopold: *Als Priester im Konzentrationslager.* Meine Erlebnisse in Dachau. Graz, Wien: Moser 1947.

Becker, Jurek: *Jakob der Lügner.* Rostock: VEB Hinstorff 1976.

Berke, Hans: *Buchenwald.* Eine Erinnerung an Mörder. Salzburg: Ried 1946.

Borowski, Tadeusz: *Bei uns in Auschwitz.* München: Piper 1987.

Boskowits, Ch. F.: *Des Teufels Küche.* Berlin, Wien, Leipzig: Zsolnay 1947.

Delbo, Charlotte: *Trilogie: Auschwitz und danach.* Basel, Frankfurt/Main: Stroemfeld/ Roter Stern 1990.

Dietmar, Udo: *Häftling...X... In der Hölle auf Erden!* Weimar: Thüringer Volksverlag 1946.

Fénelon, Fania: *Das Mädchenorchester in Auschwitz.* Frankfurt/Main: Röderberg 1980.

Frankl, Viktor E.: *... trotzdem Ja zum Leben sagen.* Ein Psychologe erlebt das Konzentrationslager. 24. Aufl. München: dtv 2004.

Freund, Julius: *O Buchenwald!* Klagenfurt: Selbstverlag 1945.

Frister, Roman: *Die Mütze oder Der Preis des Lebens.* Ein Lebensbericht. Berlin: Siedler 1997.

Frauen-Konzentrationslager Ravensbrück. Geschildert von Ravensbrücker Häftlingen. 2. Aufl. Wien: Stern 1946.

Gostner, Erwin: *1000 Tage im KZ.* Ein Erlebnisbericht aus den Konzentrationslagern Dachau, Mauthausen und Gusen. Innsbruck: Selbstverlag 1945.

Grand, Anselm J.: *Turm A ohne Neuigkeit!* Erleben und Bekenntnis eines Österreichers. Ein Komponist, Maler und Schriftsteller schildert das KZ. Wien [u.a.]: Doblinger 1946.

Graumann, Samuel: *Deportiert!* Ein Wiener Jude berichtet. Wien: Stern 1947.

Hilsenrath, Edgar: *Der Nazi und der Friseur.* Köln: Braun 1977. (Zugl.: *The Nazi and the Barber.* New York: Doubleday 1971.).

Hilsenrath, Edgar: *Nacht.* Köln: Braun 1978.

Höss, Rudolf: *Kommandant in Auschwitz.* Autobiographische Aufzeichnungen. Stuttgart: Deutsche Verlagsanstalt 1958. (= Quellen und Darstellungen zur Zeitgeschichte. 5.).

Hurdes, Felix: *Vater unser.* Wien: Herder 1950.

Kalmar, Rudolf: *Zeit ohne Gnade.* Wien: Schönbrunn-Verlag 1946.

Katsh, Abraham I. (Hg.): *Buch der Agonie.* Das Warschauer Tagebuch des Chaim A. Kaplan. Frankfurt/Main: Insel 1967.

Kautsky, Benedikt: *Teufel und Verdammte.* Erfahrungen und Erkenntnisse aus sieben Jahren in deutschen Konzentrationslagern. Zürich: Gutenberg 1946.

Kertész, Imré: *Dossier K.* Eine Ermittlung. 2. Aufl. Reinbek b. Hamburg: Rowohlt 2006.

Kertész, Imre: *Roman eines Schicksallosen.* 17. Aufl. Reinbek b. Hamburg: Rowohlt Taschenbuch 2004.

Kipphardt, Heinar: *Bruder Eichmann.* Schauspiel und Materialien. Reinbek b. Hamburg: Rowohlt Taschenbuch 1990.

Klemperer, Victor: *LTI.* Notizbuch eines Philologen. Leipzig: Reclam 1975.

Klüger, Ruth: *weiter leben*: Eine Jugend. Göttingen: Wallstein 1992.

Komleitner, Erwin A.: *Todeslager Emsland im Moor.* Der Teufelsberg ruft! Ein Erlebnisbericht aus dem deutschen Internierungslager im Moor. Wien: Selbstverlag der „Österreichischen Gesellschaft Nächstenhilfe in Wien, Roman Karl Scholz, Dr. Hans Zimmerl, Hans Georg Heintschel-Heinegg-Bund" 1947.

König, Friedrich-Wilhelm und Richard Koimzioku: *Verreckt.* Wahn – Wunsch – Wirklichkeit. Wien: Selbstverlag 1946.

Konzentrationslager Buchenwald. Geschildert von Buchenwalder Häftlingen. 2. Aufl. Wien: Stern 1946.

Kopp, Guido: *Ich aber habe leben müssen …* Die Passion eines Menschen des 20. Jahrhunderts. Salzburg: Ried 1946.

Langbein, Hermann: *Menschen in Auschwitz.* Wien: Europaverlag 1972.

Langhoff, Wolfgang: *Die Moorsoldaten.* 13 Monate Konzentrationslager. 2. Aufl. Stuttgart: Verlag Neuer Weg 1974.

Lasker-Wallfisch, Anita: *Ihr sollt die Wahrheit erben.* Die Cellistin von Auschwitz. Erinnerungen. 8. Aufl. Reinbek b. Hamburg: Rowohlt Taschenbuch 2007.

Levi, Primo: *Die Untergegangenen und die Geretteten.* München, Wien: Hanser 1990.

Levi, Primo: *Ist das ein Mensch?* Erinnerungen an Auschwitz. Frankfurt/Main: Fischer 1961.

Lévy-Hass, Hanna: Tagebuch aus Bergen-Belsen 1944–1945. Hg. v. Amira Hass. München: C. H. Beck 2009. (= beck'sche reihe. 1929.).

Lochner, Louis Paul (Hg.): *Goebbels Tagebücher.* Aus den Jahren 1942–1943. Zürich: Atlantis 1948.

Meier, Heinrich Christian: *So war es*. Das Leben im KZ Neuengamme. Hamburg: Phönix 1948.

Poller, Walter: *Arztschreiber in Buchenwald*. Bericht des Häftlings 996 aus Block 36. Offenbach am Main: Das Segel 1960.

Rammerstorfer, Bernhard (Hg.): *Ungebrochener Wille*. Der außergewöhnliche Mut eines einfachen Mannes: Leopold Engleitner, geb. 1905. Herzogsdorf: Eigenverlag 2008.

Reich-Ranicki, Marcel: *Mein Leben*. 3. Aufl. Stuttgart: Deutsche Verlags-Anstalt 1999.

Reimann, Viktor: *Wenn die Nacht weicht*. Besinnliches Tagebuch eines Häftlings. Graz, Salzburg, Wien: Anton Pustet 1946.

Rost, Nico: *Goethe in Dachau*. Literatur und Wirklichkeit. Berlin: Volk und Welt 1946.

Schifko-Pungartnik, Manfred: *Leichenträger ans Tor!* Bericht aus fünf Jahren Konzentrationslager. Graz: Ulrich Moser Verlag 1946.

Seger, Gerhart: *Oranienburg*. Erster authentischer Bericht eines aus dem Konzentrationslager Geflüchteten. Karlsbad: Verlagsanstalt Graphia 1934. (= Probleme des Sozialismus. Sozialdemokratische Schriftenreihe. Nr. 5: „Oranienburg".) (Mit einem Geleitwort von Heinrich Mann.).

Semprún, Jorge: *Schreiben oder Leben*. 2. Aufl. Frankfurt/Main: Suhrkamp 1995.

Semprún, Jorge: *Was für ein schöner Sonntag!* Frankfurt/Main: Suhrkamp 1984. (= suhrkamp taschenbuch. 972.).

Semprún, Jorge und Elie Wiesel: *Schweigen ist unmöglich*. Frankfurt/Main: Suhrkamp 1997. (= Edition Suhrkamp. 2012.).

Steinbock, Johann: *Das Ende von Dachau*. Salzburg: Österreichischer Kulturverlag 1948.

Stojka, Ceija: *Wir leben im Verborgenen*. Erinnerungen einer Rom-Zigeunerin. Hg. v. Karin Berger. Wien: Picus 1988.

Taylor, Kressmann: *Adressat unbekannt*. 7. Aufl. Reinbek b. Hamburg: Rowohlt 2004.

Walleitner, Hugo: *Zebra*. Ein Tatsachenbericht aus dem Konzentrationslager Flossenbürg. Bad Ischl: Selbstverlag 1946.

Weiss, Peter: *Die Ermittlung*. Oratorium in 11 Gesängen. Frankfurt/Main: Suhrkamp 1965.

Wiesel, Elie: *Alle Flüsse fließen ins Meer*. Autobiographie. 2. Aufl. Hamburg: Hoffmann und Campe 1995.

Wiesel, Elie: *Die Nacht zu begraben, Elischa*. Nacht, Morgengrauen, Tag. München und Eßlingen a. N.: Bechtle 1963.

Wiesel, Elie: *La Nuit*. Paris: Editions de Minuit 1958.

Wiesel, Elie: *Night*. New York, Toronto, London [et al.]: Bantam Books 1985.

Wiesel, Elie (Vizl, Eli'ezer): *Un di velt hot geshvign*. Buenos Ayres: Tsentral-Farband fun Poylische Yidn in Argentine 1956. (253 Seiten) (= Dos Poylishe Yidntum. 17.).

Wittmann, Max und Erich Kunter: *Weltreise nach Dachau*. Ein Tatsachenbericht nach den Erlebnissen des Weltreisenden und ehemaligen politischen Häftlings Max Wittmann. Stuttgart-Botnang: Kulturaufbau-Verlag 1946.

Zeder, Heinrich: *Judas sucht einen Bruder.* Schicksale aus dem Freiheitskampf Öster-
reichs. Wien: Wiener Dom Verlag 1947.

15.1.2 Sekundärliteratur

Arnold, Heinz Ludwig (Hg.): *Literatur und Holocaust.* Heft 144. München: edition text
und kritik 1999.

Avishai, Margalit und Gabriel Motzkin: *Die Einzigartigkeit des Holocaust.* S. 3–18. In:
Deutsche Zeitschrift für Philosophie 45. 1997.

Baer, Ulrich (Hg.): *„Niemand zeugt für den Zeugen.“* Erinnerungskultur nach der
Shoah. Frankfurt/Main: Suhrkamp 2000. (= edition suhrkamp. 2141.).

Bauer, Yehuda: *Die dunkle Seite der Geschichte.* Die Shoah in historischer Sicht. Interpretationen und Re-Interpretationen. Frankfurt/Main: Jüdischer Verlag 2001.

Bayer, Gerd und Rudolf Freiburg (Hg.): *Literatur und Holocaust.* Würzburg: Königshausen & Neumann 2009.

Benz, Wolfgang und Peter Reif-Spirek: *Geschichtsmythen.* Berlin: Metropol Verlag
2003.

Berg, Nicolas, Jess Jochimsen und Bernd Stiegler (Hg.): *Shoah – Formen der Erinnerung.* München: Fink 1996.

Beyer, Marcel: *Kommentar.* Holocaust: Sprechen. S. 18–24.In: Heinz Ludwig Arnold
(Hg.): *Literatur und Holocaust.* Heft 144. München: edition text und kritik 1999.

Bezwinska, Jadwiga: *KL Auschwitz in den Augen der SS.* Höss, Broad, Kremer. Katowice: Krajowa Agenja Wydawnicza 1981.

Birkmeyer, Jens und Annette Kliewer (Hg.): *Holocaust im Deutschunterricht.* Modelle
für die Sekundarstufe I. Hohengehren: Schneider 2010.

Bonhoeffer, Emmi: *Zeugen im Auschwitz-Prozeß.* Begegnungen und Gedanken. Wup-
pertal-Barmen: Kiefel 1964.

Braese, Stephan, Holger Gehle, Doron Kiesel [u.a.] (Hg.): *Deutsche Nachkriegsliteratur und der Holocaust.* Frankfurt/Main, New York: Campus 1998.
(= Wissenschaftliche Reihe des Fritz-Bauer-Instituts. 6.).

Buchheim, Hans, Martin Broszat, Hans-Adolf Jacobsen [u.a.] (Hg.): *Anatomie des SS-
Staates.* 6. Aufl. München: dtv 1994.

Cernyak-Spatz, Susan E.: *German Holocaust Literature.* New York, Bern, Frankfurt/
Main: Lang 1985. (= American University Studies: Ser. 1, Germanic Languages und
Literature. 29.).

Conter, Claude: *KZ-Literatur der 30er Jahre oder die Genese der KZ-Darstellung.*
S. 24–30. In: Ders. (Hg.): *Literatur und Holocaust.* Universität Bamberg 1996.
(= Fußnoten zur Literatur. Hg. v. Wulf Segebrecht. 38.).

des Pres, Terrence: *Der Überlebende – Anatomie der Todeslager.* Stuttgart: Klett-Cotta
2008. (= The Survivor. An Anatomy of Life in the Death Camps. New York: Oxford
University Press 1976).

Dresden, Sam: *Holocaust und Literatur.* Essay. Frankfurt/Main: Jüdischer Verlag 1997.

Düwell, Susanne: *„Fiktion aus dem Wirklichen.“* Strategien autobiographischen Erzählens im Kontext der Shoah. Bielefeld: Aisthesis 2004.

Düwell, Susanne und Matthias Schmidt (Hg.): *Narrative der Shoah.* Repräsentationen der Vergangenheit in Historiographie, Kunst und Politik. Paderborn, München, Wien [u.a.]: Schöningh 2002. (= Studien zu Judentum und Christentum. Hg. v. Josef Wohlmuth. Sonderforschungsbericht 534: „Judentum – Christentum“ an der Universität Bonn.).

Diner, Dan (Hg.): *Zivilisationsbruch.* Denken nach Auschwitz. Frankfurt/Main: Fischer Taschenbuch 1988.

Eke, Norbert Otto und Hartmut Steinecke (Hg.): *Shoah in der deutschsprachigen Literatur.* Berlin: Schmidt 2006.

Faber, Richard: *Erinnern und Darstellen des Unauslöschlichen.* Über Jorge Semprúns KZ-Literatur. Berlin: edition tranvia/Verlag Walter Frey 1995.

Fernekes, William R.: *The Oryx Holocaust Sourcebook.* Westport and London: Oryx Press 2002. (= Oryx Holocaust Series).

Feuchert, Sascha: *Fiction oder Faction?* Grundsätzliche Überlegungen zum Umgang mit Texten der Holocaustliteratur im Deutschunterricht. S. 129–143. In: Jens Birkmeyer (Hg.): *Holocaust-Literatur und Deutschunterricht.* Perspektiven schulischer Erinnerungsarbeit. Hohengehren: Schneider 2008.

Feuchert, Sascha (Hg.): *Holocaust-Literatur.* Auschwitz. Arbeitstexte für den Unterricht. Für die Sekundarstufe I. Stuttgart: Reclam 2000. (= Universal-Bibliothek. 15047.).

Feuchert, Sascha: *Oskar Rosenfeld und Oskar Singer.* Zwei Autoren des Lodzer Gettos. Studien zur Holocaustliteratur. Frankfurt/Main: Lang 2004 (= Gießener Arbeiten zur Neueren Deutschen Literatur und Literaturwissenschaft. 24.).

Frankfurter, Bernhard (Hg.): *Die Begegnung.* Auschwitz – Ein Täter und ein Opfer im Gespräch. Wien: Verlag für Gesellschaftskritik 1995.

Friedländer, Saul (Hg.): *Probing the Limits of Representation.* Nazism and the „Final Solution“. Cambridge: Harvard University Press 1992.

Friedman, Jonathan C. (Hg.): *The Routledge History of the Holocaust.* London: Taylor & Francis 2011. (= The Routledge Histories.).

Goldhagen, Daniel Jonah: *Hitlers willige Vollstrecker.* Ganz gewöhnliche Deutsche und der Holocaust. Berlin: Siedler 2000.

Günter, Manuela (Hg.): *Überleben schreiben. Zur Autobiographik der Shoah.* Unter Mitarbeit von Holger Kluge. Würzburg: Königshausen & Neumann 2002.

Habermas, Jürgen: *Der Zeigefinger.* Die Deutschen und ihr Denkmal. In: *Die Zeit* 14/1999 vom 31.3.1999. Online im Internet: [Stand: 13.08.2013]

Hahn, Hans-Joachim: *Repräsentationen des Holocaust.* Zur westdeutschen Erinnerungskultur seit 1979. Heidelberg: Universitätsverlag Winter 2005. (= Probleme der Dichtung. Studien zur deutschen Literaturgeschichte. Hg. v. Peter Uwe Hohendahl und Rüdiger Steinlein. 33.).

Halperin, Irving: *Messengers from the Dead*. Literature of the Holocaust. Philadelphia: Westminster Press 1970.

Hamburger Institut für Sozialforschung (Hg.): *Die Auschwitz-Hefte*. Weinheim und Basel 1987.

Heubner Christoph, Alwin Meyer, Jürgen Pieplow: *Gesehen in Auschwitz: Lebenszeichen*. Berlin: Aktion Sühnezeichen 1987.

Hilberg, Raul: *Sonderzüge nach Auschwitz*. Berlin: Ullstein 1987. (= Ullstein-Buch. 33085. Zeitgeschichte.).

Hofmann, Michael: *Literaturgeschichte der Shoah*. Münster: Aschendorff 2003. (= Literaturwissenschaft. Theorie und Beispiele. Hg. v. Herbert Kraft. 4.).

Kirsten, Holm und Wulf Kirsten (Hg.): *Stimmen aus Buchenwald*. Ein Lesebuch. Göttingen: Wallstein 2002.

Kluge, Aukje and Benn E. Williams (Ed.): *Re-Examining the Holocaust through Literature*. Newcastle: Cambridge Scholars Publishing 2009.

Klundt, Michael: *Geschichtspolitik*. Köln: PapyRossa 2000.

Koch, Gertrud (Hg.): *Bruchlinien*. Tendenzen der Holocaustforschung. Köln, Weimar, Wien: Böhlau 1999. (= Beiträge zur Geschichtskultur. 20. Hg. v. Jörn Rüsen.).

Kramer, Sven: *Auschwitz im Widerstreit*. Zur Darstellung der Shoah in Film, Philosophie und Literatur. Wiesbaden: DUV 1999. (= DUV. Literaturwissenschaft.).

La Capra, Dominick: *History and Memory after Auschwitz*. Ithaca and London: Cornell University Press 1998.

La Capra, Dominick: *Representing the Holocaust*. History, Theory, Trauma. Ithaca and London: Cornell University Press 1994.

Lawrence L. Langer: *Leichname im Spiegel*. S. 91–102. In: Reinhold Boschki, Dagmar Mensink (Hg.): *Kultur allein ist nicht genug*. Das Werk von Elie Wiesel – Herausforderung für Religion und Gesellschaft. Münster: LIT Verlag 1998. (= Religion – Geschichte – Gesellschaft. 10. Hg. v. Johann Baptist Metz, Johann Reikerstorfer, Jürgen Werbick).

Langer, Lawrence L.: *The Holocaust and the literary Imagination*. New Haven and London: Yale University Press 1975.

Langer, Phil C.: *Schreiben gegen die Erinnerung?* Autobiographien von Überlebenden der Schoah. Hamburg: Krämer 2002.

Lappin, Eleonore und Albert Lichtblau (Hg.): *Die „Wahrheit" der Erinnerung*. Jüdische Lebensgeschichten. Innsbruck, Bozen, Wien: Studienverlag 2008.

Lingens-Reiner, Ella (Hg.): *Auschwitz*. Zeugnisse und Berichte. Frankfurt/Main: Europäische Verlagsanstalt 1962.

Longerich, Peter: *Politik der Vernichtung*. Eine Gesamtdarstellung der nationalsozialistischen Judenverfolgung. München: Piper 1998.

Lorenz, Dagmar C.G.: *Verfolgung bis zum Massenmord*. Holocaust: Diskurse in deutscher Sprache aus der Sicht der Verfolgten. New York, Berlin, Bern [u.a.]: Lang 1992. (= German Life and Civilization. Ed. by Jost Hermand. Vol. 11.).

Lyotard, Jean-François: *Heidegger und die Juden*, Wien: Passagen-Verlag 1988.

Mahler-Bungers, Annegret, „*Das Wort entschlief, als jene Welt erwachte.*" Zur Literatur des Holocaust. S. 24–54. In: Wolfram Mauser und Carl Pietzcker (Hg.): *Freiburger literaturpsychologische Gespräche.* Würzburg: Königshausen & Neumann 2000. (= Jahrbuch für Literatur und Psychoanalyse. 19.).

Markovits, Andrei: *Amerika, dich haßt sich's besser.* Hamburg: Konkret 2004.

Martinez, Matias (Hg.): *Der Holocaust und die Künste.* Medialität und Authentizität von Holocaust-Darstellungen in Literatur, Film, Video, Malerei, Denkmälern, Comic und Musik. Bielefeld: Aisthesis 2004. (= Schrift und Bild in Bewegung. Hg. v. Bernd Scheffer und Oliver Jahraus. 9.).

Patterson, David, Alan L. Berger, Sarita Cargas (Ed.): *Encyclopedia of Holocaust Literature.* Westport and London: Oryx 2002. (= Oryx Holocaust Series).

Peitsch, Helmut: *Nachkriegsliteratur 1945–1989.* Göttingen: V&R unipress 2009.

Peter, Jürgen: *Der Historikerstreit und die Suche nach einer nationalen Identität der achtziger Jahre.* Frankfurt/Main: Europäischer Verlag der Wissenschaften 1995.

Piper, Ernst Reinhard (Hg.): *„Historikerstreit".* Die Dokumentation der Kontroverse um die Einzigartigkeit der nationalsozialistischen Judenvernichtung. München und Zürich: Piper 1987. (= Serie Piper. 816.).

Pollak, Michael: *Die Grenzen des Sagbaren.* Lebensgeschichten von KZ-Überlebenden als Augenzeugenberichte und als Identitätsarbeit. Frankfurt/Main und New York: Campus 1988. (= Studien zur Sozialwissenschaft. 12.).

Prümm, Karl: *„Die Zukunft ist vergeßlich."* Der antifaschistische Widerstand in der deutschen Literatur nach 1945. S. 33–68. In: Hans Wagener (Hg.): *Gegenwartsliteratur und Drittes Reich*: Deutsche Autoren in der Auseinandersetzung mit der Vergangenheit. Stuttgart: Reclam 1977.

Reich, Walter: *Die große Lektion.* In: *Süddeutsche Zeitung (SZ).* 14.8.1999. S. 13. Online im Internet: Stand: 22.8.2012.

Reiter, Andrea: *„Auf daß sie entsteigen der Dunkelheit."* Die literarische Bewältigung von KZ-Erfahrung. Wien: Löcker 1995.

Rosenfeld, Alvin H.: *Ein Mund voll Schweigen.* Literarische Reaktionen auf den Holocaust. Überarb., aktual. und erg. Fassung. Göttingen: Vandenhoeck und Ruprecht 2000.

Rosenfeld, Alvin H. (Hg.): *Thinking about the Holocaust.* After Half a Century. Bloomington and Indiana: Indiana University Press 1997. (= Jewish Literature and Culture. Hg. v. Alvin H. Rosenfeld.).

Roth, John K. und Michael Berenbaum (Hg.): *Holocaust.* Religious and Philosophical Implications. New York: Paragon House 1989.

Rothberg, Michael: *Traumatic Realism.* The Demands of Holocaust Representation. Minneapolis, London: University of Minnesota Press 2002.

Scheurig, Bodo (Hg.): *Deutscher Widerstand 1938–1944.* Fortschritt oder Reaktion? München: dtv 1969.

Schlant, Ernestine: *Die Sprache des Schweigens.* Die deutsche Literatur und der Holocaust. München: Beck 2001.

Sicher, Efraim: *The Holocaust novel.* New York: Routledge 2005.

Simbürger, Brigitta Elisa: *Faktizität und Fiktionalität:* Autobiographische Schriften zur Shoa. Berlin: Metropol Verlag 2008.

Sofsky, Wolfgang: *Die Ordnung des Terrors.* Das Konzentrationslager. Frankfurt/Main: Fischer Taschenbuch 1997. (= Die Zeit des Nationalsozialismus. Eine Buchreihe. Hg. v. Walter H. Pehle.).

Spiesser, Fritz: *Das Konzentrationslager.* 3. Aufl. München: Zentralverband der NSDAP 1943. (= Soldaten-Kameraden! 20/21.).

Stephan, Inge und Alexandra Tacke (Hg.): *NachBilder des Holocaust.* Köln, Weimar, Wien: Böhlau 2007.

Straub, Jürgen (Hg.): *Erzählung, Identität und historisches Bewußtsein.* Die psychologische Konstruktion von Zeit und Geschichte. Erinnerung, Geschichte, Identität 1. Frankfurt/Main: Suhrkamp 1998. (= suhrkamp taschenbuch. wissenschaft. 1402.).

Taterka, Thomas: *Dante Deutsch.* Studien zur Lagerliteratur. Berlin: Schmidt 1999. (= Philologische Studien und Quellen. H. 153.).

Vordermark, Ulrike: *Das Gedächtnis des Todes:* Die Erfahrung des Konzentrationslagers Buchenwald im autobiographischen Werk Jorge Semprúns. Köln, Weimar, Wien: Böhlau 2008. (Zugl. Univ.-Diss., Düsseldorf 2006, u.d.T. *Die Erfahrung des Konzentrationslagers Buchenwald im autobiographischen Werk Jorge Semprúns*) (= Europäische Geschichtsdarstellungen. 17.).

Young, James E.: *Beschreiben des Holocaust.* Darstellung und Folgen der Interpretationen. Frankfurt/Main: Jüdischer Verlag 1992.

15.2 LITERATURTHEORIEN

Adorno, Theodor W.: *Erziehung nach Auschwitz.* S. 674–690. In: Ders.: *Kulturkritik und Gesellschaft II.* Eingriffe, Stichworte, Anhang. Frankfurt/Main: Suhrkamp 1977. (= Theodor W. Adorno. Gesammelte Schriften. Hg. v. Rolf Tiedeman. 10.2).

Fludernik, Monika: *Erzähltheorie.* Eine Einführung. 2., durchgesehene Aufl. Darmstadt: Wissenschaftliche Buchgesellschaft 2008.

Genette, Gérard: *Die Erzählung.* München: Fink 1994 (= UTB für Wissenschaft. Große Reihe: Literatur- und Sprachwissenschaft.).

Genette, Gérard: *Narrative Discourse.* Oxford: Basil Blackwell 1980.

Klüger, Ruth: *Gelesene Wirklichkeit.* Fakten und Fiktionen in der Literatur. Göttingen: Wallstein 2006.

Kohl, Katrin: *Metapher.* Stuttgart und Weimar: Metzler 2007. (= Sammlung Metzler. 352.).

Lämmert, Eberhard: *Bauformen des Erzählens.* 8., unveränderte Aufl. Stuttgart: Metzlersche Verlagsbuchhandlung und Carl Ernst Poeschel Verlag 1993.

Martinez, Matias und Michael Scheffel: *Einführung in die Erzähltheorie.* München: Beck 1999.

Nünning, Ansgar (Hg.): *Grundbegriffe der Literaturtheorie.* Stuttgart, Weimar: Metzler 2004. (= Sammlung Metzler. 347.).

Nünning, Ansgar (Hg.): *Literaturwissenschaftliche Theorien, Modelle und Methoden.* Eine Einführung. Trier: Wissenschaftlicher Verlag 1995. (= WVT-Handbücher zum literaturwissenschaftlichen Studium. 1. Hg. v. Monika Fludernik und Ansgar Nünning.).

Nünning, Ansgar und Vera Nünning (Hg.): *Konzepte der Kulturwissenschaften.* Theoretische Grundlagen – Ansätze – Perspektiven. Stuttgart, Weimar: Metzler 2003.

Petersen, Jürgen H. und Martina Wagner-Egelhaaf (Hg.): *Einführung in die neuere deutsche Literaturwissenschaft.* Ein Arbeitsbuch. 8., neu bearbeitete Aufl. Berlin: Schmidt 2009.

Petersen, Jürgen H.: *Erzählsysteme: eine Poetik epischer Texte.* Stuttgart und Weimar: Metzler 1993. (= Metzler Studienausgabe).

Petersen, Jürgen H.: *Fiktionalität und Ästhetik:* Eine Philosophie der Dichtung. Berlin: Schmidt 1996.

Sexl, Martin (Hg.): *Einführung in die Literaturtheorie.* Wien: Facultas 2004.

Stanzel, Franz K.: *Die typischen Erzählsituationen im Roman.* Dargestellt an Tom Jones, Moby-Dick, The Ambassadors, Ulysses u.a. Wien, Stuttgart: Braumüller 1955. (= Wiener Beiträge zur englischen Philologie. Hg. v. Leo Hibler-Lebmannsport. 63.).

Stanzel, Franz K.: *Theorie des Erzählens.* 2., verbesserte Aufl. Göttingen: Vandenhoeck & Ruprecht 1982. (= Uni-Taschenbücher. 904.).

Ter-Nedden, Gisbert: *Poesie zwischen Rede und Schrift.* Bausteine zu einer Medientheorie der Literatur. S. 11–25. In: Ders.: *Buchdruck und Aufklärung.* Kurseinheit I: Zur Mediengeschichte von Literatur und Poetik. Hagen [o.V.] 1999. (= Studienbrief der Fernuniversität Hagen. 4504.).

White, Hayden: *Die Bedeutung der Form.* Erzählstrukturen in der Geschichtsschreibung. Frankfurt/Main: Fischer Taschenbuch 1990.

15.3 AUTOBIOGRAFIE, ERINNERUNG, TRAUMA

Assmann, Aleida und Dietrich Harth (Hg.): *Mnemosyne.* Formen und Funktionen kultureller Erinnerung. Frankfurt/Main: Fischer Taschenbuch 1991. (= Fischer Wissenschaft).

Assmann, Jan: *Das kulturelle Gedächtnis.* Schrift, Erinnerung und politische Identität in frühen Hochkulturen. München: Beck 1992.

Blanchot, Maurice: *Die Schrift des Desasters.* München: Fink 2005. (= „Genozid und Gedächtnis." Hg. v. Institut für Diaspora- und Genozidforschung an der Ruhr-Universität Bochum.).

Bronfen, Elisabeth, Birgit R. Erdle und Sigrid Weigel (Hg.): *Trauma.* Zwischen Psychoanalyse und kulturellem Deutungsmuster. Köln, Weimar, Wien: Böhlau 1999. (= Literatur – Kultur – Gesellschaft: Kleine Reihe. 14.).

Erll, Astrid: *Kollektives Gedächtnis und Erinnerungskulturen.* Eine Einführung. Stuttgart und Weimar: Metzler 2005.

Erll, Astrid und Ansgar Nünning (Hg.): *Gedächtniskonzepte der Literaturwissenschaft.* Theoretische Grundlegung und Anwendungsperspektiven. Berlin, New York: de Gruyter 2005. (= Media and Cultural Memory/Medien und kulturelle Erinnerung. 2.).

Erll, Astrid und Ansgar Nünning (Hg.): *Medien des kollektiven Gedächtnisses.* Konstruktivität – Historizität – Kulturspezifität. Berlin, New York: de Gruyter 2004. (= Media and Cultural Memory/Medien und kulturelle Erinnerung. Hg. v. Astrid Erll und Ansgar Nünning. 1.).

Felman, Shoshana und Dori Laub: *Testimony.* Crises of Witnessing in Literature, Psychoanalysis, and History. New York [u.a.]: Routledge 1992.

Halbwachs, Maurice: *Das Gedächtnis und seine sozialen Bedingungen.* Hg. v. Heinz Maus. Berlin [u.a.]: Luchterhand 1966. (= Soziologische Texte. 34.).

Halbwachs, Maurice: *Das kollektive Gedächtnis.* Frankfurt am Main: S. Fischer 1985/1991.

Köppen, Manuel und Klaus R. Scherpe (Hg.): *Bilder des Holocaust.* Literatur – Film –Bildende Kunst. Köln, Weimar, Wien: Böhlau 1997. (= Literatur – Kultur – Geschlecht. Kleine Reihe. 10.).

Kotre, John: *Der Strom der Erinnerung.* Wie das Gedächtnis Lebensgeschichte schreibt. München: dtv 1998. (= dtv. 36089.).

Kotre, John: *Weiße Handschuhe.* Wie das Gedächtnis Lebensgeschichten schreibt. München, Wien: Hanser 1996.

Laub, Dori: *Bearing Witness, or the Vicissitudes of Listening.* S. 57–74. In: Shoshana Felman und Dori Laub: *Testimony. Crises of Witnessing in Literature, Psychoanalysis, and History.* New York [u.a.]: Routledge 1992.

Markowitsch, Hans J. und Harald Welzer: *Das autobiographische Gedächtnis.* Hirnorganische Grundlagen und biosoziale Entwicklung. Stuttgart: Klett-Cotta 2005.

Neumann, Birgit: *Erinnerung – Identität – Narration.* Gattungstypologie und Funktionen kanadischer *Fictions of Memory.* Berlin: de Gruyter 2005.

Niggl, Günther (Hg.): *Die Autobiographie.* Zu Form und Geschichte einer literarischen Gattung. Darmstadt: Wissenschaftliche Buchgesellschaft 1989. (= Wege der Forschung. 565.).

Pascal, Roy: *Die Autobiographie.* Gehalt und Gestalt. Stuttgart [u.a.]: Kohlhammer 1965.

Pethes, Nicolas und Jens Ruchatz (Hg.): *Gedächtnis und Erinnerung.* Ein interdisziplinäres Lexikon. Reinbek b. Hamburg: Rowohlt Taschenbuch 2001. (= rowohlts enzyklopädie. Hg. v. Burghard König.).

Rüsen, Jörn und Jürgen Straub: *Die dunkle Spur der Vergangenheit – Psychoanalytische Zugänge zum Geschichtsbewußtsein.* Erinnerung, Geschichte, Identität 2. Frankfurt/Main: Suhrkamp 1998. (= suhrkamp taschenbuch wissenschaft. 1403.).

Schacter, Daniel L.: *Wir sind Erinnerung.* Gedächtnis und Persönlichkeit. Reinbek b. H.: Rowohlt 1999.

Wagner-Egelhaaf, Martina: *Autobiographie.* Stuttgart und Weimar: Metzler 2000. (= Sammlung Metzler. 323.).

Welzer, Harald (Hg.): *Das kommunikative Gedächtnis*. Eine Theorie der Erinnerung. München: Beck 2002.

Welzer, Harald (Hg.): *Das soziale Gedächtnis*. Geschichte, Erinnerung, Tradierung. Hamburg: Hamburger Edition 2001.

15.4 SEKUNDÄRLITERATUR ZUM ANALYSETEIL DIETMAR

Apel, Friedmar: *Deutscher Geist und deutsche Landschaft*. Eine Topographie. München: Albrecht Knaus 1998.

Braun-Bau, Susanne: *Natur und Psyche*. Landschafts- und Bewußtseinsdarstellung in australischen Romanen des 20. Jahrhunderts. Hamburg: LIT Verlag 1996. (Zugl. Univ.-Diss., Wuppertal 1995.) (= AL, Anglophone Literaturen. Hamburger Beiträge zur Erforschung neuerer englischsprachiger Literaturen. Hg. v. Gerd Dose und Bettina Keil. 2.).

Delius, F. C.: *Der Held und sein Wetter*. Ein Kunstmittel und sein ideologischer Gebrauch im Roman des bürgerlichen Realismus. München: Hanser 1971. (= Literatur als Kunst. Eine Schriftenreihe. Hg. v. Walter Höllerer.).

Jagemann, Christoph Joseph: *Die Hölle des Dante Alighieri*. Die erste metrische Inferno-Übersetzung in Deutschland. Hg. v. Peter Kofler. Bozen: edition sturzflüge 2004. (= essay & poesie. 16. Hg. v. Elmar Locher).

Lobsien, Eckhard: *Landschaft in Texten*. Zu Geschichte und Phänomenologie der literarischen Beschreibung. Stuttgart: Metzler 1981. (= Studien zur Allgemeinen und Vergleichenden Literaturwissenschaft. 23.).

Ranzmeier, Irene: *Stamm und Landschaft*. Josef Nadlers Konzeption der deutschen Literaturgeschichte. Berlin, New York: de Gruyter 2008. (= Quellen und Forschungen zur Literatur- und Kulturgeschichte, begründet als Quellen und Forschungen zur Sprach- und Kulturgeschichte der germanischen Völker von Bernhard Ten Brink und Wilhelm Scherer. Hg. von Ernst Osterkamp und Werner Röcke. 48 (282).).

Thoene, Johannes: *Ästhetik der Landschaft*. M. Gladbach: Volksvereins-Verlag 1924.

Zeman, Herbert (Hg.): *Die Jahreszeiten in Dichtung, Musik und bildender Kunst*: Ein Kunstbrevier für Liebhaber. Graz, Wien, Köln: Verlag Styria 1989.

Zimmermann, Jörg (Hg.): *Das Naturbild des Menschen*. München: Fink 1982.

Zimmermann, Jörg, Uta Saenger und Götz-Lothar Darsow (Hg.): *Ästhetik und Naturerfahrung*. Stuttgart und Bad Cannstatt: frommann-holzboog 1996. (= exempla aesthetica. 1. Hg. v. Jörg Zimmermann.).

15.5 SEKUNDÄRLITERATUR ZUM ANALYSETEIL WIESEL

Abrahamson, Irving (Hg.): *Against Silence: The voice and vision of Elie Wiesel.* Vol. 1: New York: Holocaust Library 1985. (= International Young Presidents Organization. Madrid 1980.).

Berger, Alan L. und Jesse S. Crisler (Hg.): *Literature and Belief.* A biannual publication of the Center for the Study of Christian Values in Literature. College of Humanities. Provo: Brigham Young University 2006.

Boschki, Reinhold: *Der Schrei.* Gott und Mensch im Werk von Elie Wiesel. Mainz: Matthias-Grünewald-Verlag 1994. (= Theologie und Literatur. Hg. v. Karl-Josef Kuschel. 3.) (Zugl.: Univ.-Diss. Münster 1994).

Boschki, Reinhold und Dagmar Mensink (Hg.): *Kultur allein ist nicht genug.* Das Werk von Elie Wiesel – Herausforderung für Religion und Gesellschaft. Münster: LIT Verlag 1998. (= Religion – Geschichte – Gesellschaft. 10. Hg. v. Johann Baptist Metz, Johann Reikerstorfer, Jürgen Werbick).

Brokoff, Jürgen, Jürgen Fohrmann, Hedwig Pompe [u.a.] (Hg.): *Kommunikation der Gerüchte.* Göttingen: Wallstein 2008.

Brown, Robert McAfee: *Elie Wiesel.* Zeuge für die Menschheit. Freiburg, Basel, Wien: Herder 1990.

Didon, Sybille: *Kassandrarufe:* Studien zu Vorkrieg und Krieg in Christa Wolfs Erzählungen „Kindheitsmuster" und „Kassandra". Stockholm: Almqvist & Wiksell 1992. (= Acta Universitatis Stockholmiensis: Stockholmer germanistische Forschungen. 46.).

Diers, Michaela: *Das lächelnde Lebendige.* Frauen, Vision und Mystik: Von Hildegard von Bingen bis zu Christa Wolfs „Kassandra". Innsbruck und Wien: Tyrolia 1998.

Epple, Thomas: *Der Aufstieg der Untergangsseherin Kassandra.* Zum Wandel ihrer Interpretation vom 18. Jahrhundert bis zur Gegenwart. Würzburg: Königshausen & Neumann 1993. (= Würzburger Beiträge zur deutschen Philologie. 9.) (Zugl.: Univ.-Diss. Würzburg 1992).

Feldmann, Christian: *Elie Wiesel – ein Leben gegen die Gleichgültigkeit.* Freiburg, Basel, Wien: Herder 1998.

Fuchs, Annette: *Dramaturgie des Narrentums: Das Komische in der Prosa Robert Walsers.* München: Fink 1993. (Zugl.: Univ.-Diss. Konstanz 1991) (= Theorie und Geschichte der Literatur und der schönen Künste. 87. Reihe C, Ästhetik, Kunst und Literatur in der Geschichte der Neuzeit. 10.).

Jentgens, Stephanie: *Kassandra.* Spielarten einer literarischen Figur. Hildesheim, Zürich, New York: Olms-Weidmann 1995. (= Germanistische Texte und Studien. 51.).

Kapferer, Jean-Noël: *Gerüchte.* Das älteste Massenmedium der Welt. 1. Aufl. Berlin: Aufbau Taschenbuch Verlag 1997.

Kolbert, Jack: *The Worlds of Elie Wiesel.* An Overview of His Career and His Major Themes. London: Associated University Press, Selinsgrove: Susquehanna University Press 2001.

Lambert, Carole J.: *Is God Man's Friend?* Theodicy and Friendship in Elie Wiesel's Novels. New York, Washington, D.C./Baltimore, Bern [et al.]: Lang 2006.

Mitterrand, François und Elie Wiesel: *Nachlese.* Erinnerung, zweistimmig. Hamburg: Hoffmann und Campe 1996.

Müller, Solvejg: *Kein Brautfest zwischen Menschen und Göttern.* Kassandra-Mythologie im Lichte von Sexualität und Wahrheit. Köln, Weimar, Wien: Böhlau 1994. (= Böhlau forum litterarum. 17.) (Zugl.: Univ.-Diss. Düsseldorf 1993).

Neubauer, Hans-Joachim: *Fama.* Eine Geschichte des Gerüchts. Aktual. Neuausgabe. Berlin: Matthes & Seitz 2009.

Promies, Wolfgang: *Die Bürger und der Narr oder das Risiko der Phantasie.* Sechs Kapitel über das Irrationale in der Literatur des Rationalismus. München: Hanser 1966. (= Literatur als Kunst. Eine Schriftenreihe. Hg. v. Kurt May und Walter Höllerer.).

Schillinger, Jean: Hg.): *Der Narr in der deutschen Literatur im Mittelalter und in der Frühen Neuzeit.* Bern, Berlin, Brüssel [u.a.]: Lang 2009. (= Kolloquium in Nancy, 13.–14. März 2008).

Schmeing, Karl: *Seher und Seherglaube:* Soziologie und Psychologie des „Zweiten Gesichts". Darmstadt: Themis 1954.

Schmidt, Svenja: *Kassandra – ein Mythos im Wandel der Zeit.* Antiker Mythos und moderne Literatur am Beispiel der „Kassandra" von Christa Wolf. Marburg: Tectum 2004. (= diplomica. 13. Hg. v. Björn Bedey.).

Stern, Ellen Norman: *Wo Engel sich versteckten.* Das Leben des Elie Wiesel. 2. Aufl. Freiburg, Basel, Wien: Herder 1986.

van den Berg, Gundula: *Gebrochene Variationen.* Beobachtungen und Überlegungen zu Figuren der Hebräischen Bibel in der Rezeption von Elie Wiesel. Münster, Hamburg, London: LIT Verlag 2000. (Zugl.: Univ.-Diss. Paderborn.) (= Altes Testament und Moderne. 7. Hg. v. Hans Peter Müller, Michael Welker, Erich Zenger).

Völker, Andreas: *Elie Wiesel: Zeichen setzen – selbst zum Zeichen werden.* Grammatik eines Lebens für Frieden und Versöhnung. Berlin: LIT Verlag. (= Erinnern und Lernen. Texte zur Menschenrechtspädagogik. Hg. v. Wilhelm Schwendemann und Stephan Marks. 5.).

von Heinz, Annette und Frieder Kur: *Propheten, Seher, Zukunftsforscher.* Das große Buch der Geheimwissenschaften. Zürich: Sanssouci im Verlag Nagel & Kimche 2000.

Wannemacher, Heide: *Kassandra.* Von Priamos' schönster Tochter zum Mythos im Atomzeitalter. Versuch einer Stoffgeschichte. Wien: Diplomarbeit 1987.

Wolf, Christa: *Kassandra.* Voraussetzungen einer Erzählung. München: Luchterhand 2000. (= Werke. 7.).

16 Register